"知中国·服务中国"南开智库系列报告

教育部人文社会科学研究重大项目成果

2022

YATAI QUYU JINGJI HEZUO
FAZHAN BAOGAO

亚太区域经济合作发展报告

刘晨阳 ◎ 主编

南开大学出版社

天　津

图书在版编目(CIP)数据

亚太区域经济合作发展报告.2022 / 刘晨阳主编
. —天津：南开大学出版社，2023.12
　　ISBN 978-7-310-06562-2

　　Ⅰ.①亚… Ⅱ.①刘… Ⅲ.①区域经济合作－经济发
展－研究报告－亚太地区－2022 Ⅳ.①F114.46

中国国家版本馆 CIP 数据核字(2024)第 004981 号

亚太区域经济合作发展报告 2022
YATAI QUYU JINGJI HEZUO FAZHAN BAOGAO 2022

南开大学出版社出版发行
出版人：刘文华
地址：天津市南开区卫津路 94 号　　邮政编码：300071
营销部电话：(022)23508339　营销部传真：(022)23508542
https://nkup.nankai.edu.cn

天津泰宇印务有限公司印刷　全国各地新华书店经销
2023 年 12 月第 1 版　　2023 年 12 月第 1 次印刷
260×185 毫米　16 开本　23 印张　3 插页　420 千字
定价：112.00 元

如遇图书印装质量问题,请与本社营销部联系调换,电话:(022)23508339

《亚太区域经济合作发展报告 2022》编委会成员

内容简介

  《亚太区域经济合作发展报告》为年度研究报告，由南开大学亚太经济合作组织（APEC）研究中心组织撰写。该报告汇集了国内多位著名专家学者的真知灼见，是目前我国研究亚太区域经济合作问题的标志性学术成果之一，同时也为我国相关政府部门开展亚太区域合作方面的实际工作提供了有益参考。

  《亚太区域经济合作发展报告 2022》包括全球及亚太地区经济形势、亚太贸易投资和区域经济一体化合作、亚太数字经济和创新增长合作、亚太包容性增长与可持续发展合作等专栏，对国际和地区新形势下亚太区域经济合作的趋势和热点问题进行了深入分析。

目 录

全球及亚太地区经济形势

亚太贸易投资和区域经济一体化合作

亚太数字经济和创新增长合作

亚太包容性增长与可持续发展合作

全球及亚太地区经济形势

全球经济形势与前景分析

胡昭玲　高晓彤　逯　洋*

摘　要：全球经济在 2021 年呈现复苏态势，国际贸易强劲反弹，国际直接投资显著回升。新冠肺炎疫苗接种普及和特效药研发将有助于世界经济的稳定，区域经济合作的稳步推进以及数字经济与实体经济的融合发展为全球经济增长注入了活力。但是，新冠病毒变异与持续扩散加大了全球经济前景的不确定性，地缘冲突加剧、产业链脱钩、国际金融风险上升、部分经济体债务风险攀升等问题凸显。展望未来，全球经济可能回归中低速增长，仍充满风险和不确定性。与此同时，全球价值链重构、国际金融秩序变革或将加速。

关键词：经济复苏；新冠肺炎疫情；地缘冲突；不确定性

一、全球经济形势变化

随着各国新冠肺炎疫情（现称"新型冠状病毒感染"）防控手段逐渐成熟、防控能力提升以及各国纾困政策带来的正外部效应的扩散，2021 年全球经济呈现复苏态势，国际贸易出现明显反弹，国际直接投资（FDI）也有所回升。但是，过度量化宽松的货币政策带来了多重负面效应，如全球通货膨胀加剧、国际金融风险上升和大宗商品价格波动等。

（一）全球经济增长复苏

根据经济合作与发展组织（OECD）发布的数据，受新冠肺炎疫情冲击，2020 年全球国内生产总值（GDP）为 84 万亿美元，经济增长率为-3.29%，2008 年全球金融危机

---

*胡昭玲，南开大学经济学院教授，博士生导师。高晓彤、逯洋，南开大学经济学院博士研究生。

后首次陷入负增长。除中国保持 3.08%的正增长外，主要发达经济体和新兴经济体均呈现不同程度的负增长，其中，美国、欧盟、日本、德国的经济增长率分别为-2.24%、-2.67%、-0.72%、-1.37%，俄罗斯和墨西哥的经济增长率分别为-0.70%和-5%。2021 年，随着各国对新冠肺炎疫情的控制能力和防范手段不断成熟，叠加大规模的财政纾困政策和货币刺激政策，世界经济呈现复苏态势。在主要发达经济体中，美国经济复苏处于领跑地位，GDP 增速为 10.06%；欧盟紧随其后，增速为 9.73%；德国的经济增速为 7.06%。在主要新兴经济体中，印度和中国的经济增长率分别为 13.47%和 12.57%，墨西哥和俄罗斯的增速也分别达到 9.15%和 9.05%，为全球经济复苏注入了活力。①

从 GDP 总额变化来看，如图 1 所示，2021 年新兴经济体与发展中经济体的经济复苏强劲，GDP 总额达到 83.6 万亿美元，同比增长了 10.05%，成为拉动全球复苏的主力军；发达经济体的 GDP 总额为 61 万亿美元，同比增长了 8.97%。从 GDP 占比变化来看，新兴经济体与发展中经济体占全球 GDP 的份额较上年提升了 24.2%，发达经济体的 GDP 份额则相应下降，表明新兴经济体与发展中经济体正在积极赶超发达经济体，其经济地位进一步得到提升，全球经济格局处于深度调整阶段，"东升西降"的趋势明显显现。

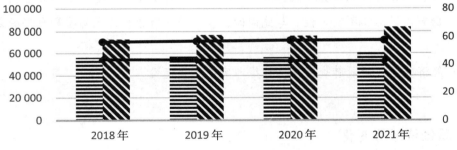

图 1　发达经济体和新兴与发展中经济体的 GDP 总额及其占比

资料来源：根据 IMF 世界经济展望数据库相关数据整理绘制，https://www.imf.org/en/Publications/WEO/weo-database/2022/April。

（二）国际贸易强劲反弹

2021 年，不同区域、不同经济体的货物贸易和服务贸易出现差异化反弹。就货物贸

---

① 国际货币基金组织（IMF）世界经济展望数据库，https://www.imf.org/en/Publications/WEO/weo-database/2022/April。

易而言，亚洲地区货物贸易增速最快，新兴经济体的增速快于发达经济体。就服务贸易而言，欧洲地区服务贸易进出口增速较快，不同经济体之间存在较为明显的差异。

世界贸易组织（WTO）相关数据显示，2021年世界货物贸易进出口强劲反弹，其中，货物贸易进口总额为22.52万亿美元，同比增长26%；货物贸易出口总额为22.28万亿美元，同比增长26.29%。世界各大区域的货物贸易进出口继2019年和2020年连续两年负增长后，于2021年迎来了快速复苏。如图2所示，2021年亚洲货物贸易进出口增速在全球三大贸易区域（亚洲、欧洲、北美洲）中最快，达28.6%，欧洲和北美洲的增速分别为22.5%和23.18%；三大区域在世界贸易中所占的份额分别为39.33%、38.28%和16.08%，其中亚洲所占份额较2020年上升了1.05%，而欧洲和北美洲所占份额均略有下降。在其他地区，南美洲、中美洲和加勒比地区货物进出口增速最快，为37.66%，但其在全球贸易中的比重较低，仅为3.5%；非洲地区的增速位居第二，达30.63%，其在全球贸易中的份额在所有区域中最低，为2.82%。从主要发达经济体的情况看，2021年欧盟货物贸易进出口实现了23.07%的增长，美国、德国、日本的货物贸易增速分别为22.44%、19.45%和19.44%。总体看来，新兴经济体的贸易增长表现优于发达经济体，2021年印度货物贸易进出口增速达到49%；其次是俄罗斯，增速为39.25%；巴西也呈现较快增长，增速为37.28%；中国和墨西哥货物贸易增速分别为29.97%和25.47%。[①]

2021年全球服务贸易进出口同样迎来了快速反弹，其中服务贸易进口总量为5.56万亿美元，增速为13.59%；服务贸易出口总量为6.02万亿美元，出口增速为16.67%。从世界主要地区来看，欧洲服务贸易的增长率为15.79%，超过亚洲（14.86%）和北美洲（13.11%）的增速。在主要发达经济体中，德国的服务贸易进出口增速较快，为21.78%；欧盟和美国的服务贸易分别增长15.33%和12.57%；日本的服务贸易恢复程度较低，仅实现4.4%的增长，相比2019年新冠肺炎疫情发生前，其增速（7.77%）下降了3.37个百分点。从新兴经济体来看，墨西哥服务贸易进出口增速最快，为45.45%；中国和印度的服务贸易也实现了较快增长，增速分别为24.11%和20.03%；俄罗斯的增速为16.74%；而巴西增速较慢，为6.85%。[②]

---

① 根据 WTO 货物贸易数据库整理，https://data.wto.org/。
② 根据 WTO 服务贸易数据库整理，https://data.wto.org/。

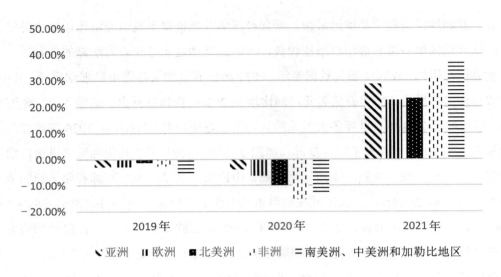

图2　世界五大区域货物贸易进出口同比增速

资料来源：根据 WTO 货物贸易数据库相关数据整理绘制，https://data.wto.org/。

（三）国际直接投资显著回升

在疫情防控形势持续向好和各国刺激性政策的共同推动下，2021 年国际直接投资显著回升，但各经济体呈现极不均衡状态。联合国贸易和发展会议（UNCTAD）于 2022 年 6 月发布的《2022 年世界投资报告》显示，2021 年全球 FDI 总额较 2020 年增长 64.3%，达到 1.58 万亿美元，超过新冠肺炎疫情前的水平。其中，流入发达经济体的 FDI 达到 7457 亿美元，是 2020 年的 2.3 倍；流入发展中经济体的 FDI 总额为 8366 亿美元，较 2020 年增长 1926 亿美元。

在主要发达经济体中，2021 年美国 FDI 流入总额在全球排名第一，为 3674 亿美元，增速达 143.6%；加拿大增长较快，增速达 157.5%，总额为 597 亿美元；欧盟较上年下降了 720 亿美元，总额为 1375 亿美元；德国也出现较大幅度下降，降幅达 51.6%，总额为 313 亿美元。

主要发展中经济体的国际直接投资状况亦出现分化。中国始终保持着对外资的吸引力，2021 年的 FDI 流入总量为发展中国家之最，达 1810 亿美元，增速为 21.2%；巴西 FDI 总额为 504 亿美元，增速达 77.9%；墨西哥 FDI 总额达 316 亿美元，实现了 13.2% 的较慢增速；而印度的 FDI 流入总额较上年有所下降，降幅达 30.2%，总额为 447 亿美元。[①]

---

① 联合国贸易和发展会议（UNCTAD）《2022 年世界投资报告》，2022 年 6 月，https://unctad.org/webflyer/world-investment-report-2022。

（四）国际金融风险上升

新冠肺炎疫情期间，大部分经济体的债务杠杆率快速提高，风险资产的价格大幅上涨，国际金融市场风险上升。国际金融协会（IIF）于 2022 年 3 月发布的《全球债务监测》报告显示，2021 年全球债务总额创历史新高，达到 303 万亿美元，较上年增加 10 万亿美元，与 GDP 的比值达到 351%。其中，新兴经济体国家债务与 GDP 的比值较上年有所上升，约为 248%。①得益于国际货币的债务危机转嫁和通货膨胀，发达国家债务占比率略有改善。但是，随着美国等西方国家进入加息缩表周期，不仅发达国家主权债务风险飙升，发展中国家也面临债务杠杆率迅速攀升的风险，持续走高的债务水平必将拖累金融体系，使得金融风险随之升高。

新冠肺炎疫情发生以来，各国加紧实施量化宽松的货币政策以减缓疫情对经济的冲击，全球风险资产价格和房地产价格在波动中快速上升，通货膨胀的风险加剧。为避免出现恶性通胀，2022 年美国等一些国家进入加息周期，全球流动性趋向收紧，全球股市和房地产市场可能会承受剧烈震荡的风险。2022 年 1 月至 4 月初，芝加哥期权交易所波动率指数（VIX）均值为 25.02，较 2021 年明显提升，表明股票市场震荡加剧。同时，宽松的金融环境和刺激性政策共同驱动着全球房价上涨。相比新兴经济体，发达经济体房价的上涨势头更加强劲。根据国际清算银行（BIS）的数据，2021 年第四季度全球实际房价同比上升 4.6%。其中，发达经济体的实际住宅价格平均上升 8.1%，以澳大利亚、新西兰和美国为代表，其增长率分别为 19%、18% 和 11%；而新兴经济体房价增速较慢，为 1.9%。②当前股市和房地产市场价格的高涨主要是由疫情期间的宽松政策所致，而非源于实体经济繁荣的驱动，较高的股市和房地产价格降低了加息政策敏感性的阈值，增加了隐匿风险和金融脆弱性。随着越来越多的国家开启加息和缩表进程，股票市场和房地产市场的震荡可能更加剧烈，甚至引发新的金融危机。

（五）全球大宗商品价格持续波动

2020—2021 年全球大宗商品价格呈现先下降后持续波动上升的趋势。如图 3 所示，2020 年 3—4 月，受新冠肺炎疫情冲击，能源等大宗商品市场的供给链和需求链断裂，导致市场供给超过需求，引发能源、金属产品和农产品等大宗商品价格跳水。随着疫情防控常态化，短期内需求复苏，但供给难以恢复，2020 年 5 月大宗商品价格开始回升，

---

① 国际金融协会（IIF）的《全球债务监测》报告，2022 年 3 月，https://www.iif.com/Research/Capital-Flows-and-Debt/Global-Debt-Monitor。
② 国际清算银行（BIS），https://www.bis.org/。

加之疫情反扑、贸易保护主义兴起等因素的影响，此后大宗商品价格一路飙升，以 2020 年 1 月 1 日为基期， 2021 年 10 月能源和金属产品价格指数达到峰值，分别为 164.3 和 156.2，2021 年 11 月农产品价格指数达 125.9。

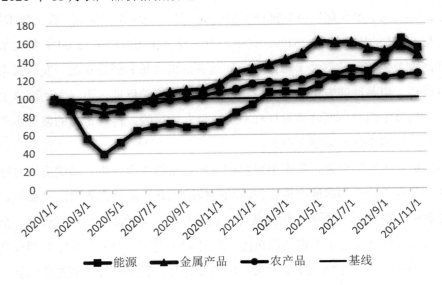

图 3   全球大宗商品价格指数（2020 年 1 月 1 日=100）

资料来源：根据世界银行《全球经济前景报告》中大宗商品价格指数数据整理绘制，https://openknowledge.worldbank. org/bitstream/handle/10986/36519/9781464817601.pdf?sequence=10&isAllowed=y。

受新冠肺炎疫情延续的影响，2020—2021 年主要发达经济体和新兴经济体的粮食价格指数出现不同程度的上升。主要发达经济体的粮食价格上升较为平缓，2021 年 9 月美国粮食价格指数为 108.46，同比上升 4.52%；德国粮食价格指数为 113.3，同比上升 4.81%；日本粮食价格指数小幅提高，为 107.79，同比上升 0.828%。在新兴经济体中，2021 年 9 月印度粮食价格指数为 128.53，同比上升 1.61%；俄罗斯粮食价格指数为 133.56，同比上升 10.59%；墨西哥粮食价格指数为 143.21，同比上升 8.75%；巴西粮食价格指数为 146.35，同比上升幅度较大，达 13.23%。对发达经济体和新兴经济体加以比较可以发现，发达经济体的粮食价格指数普遍低于新兴经济体，价格上升幅度小于新兴经济体。

如图 4 所示，2018 年全球贵金属价格指数增长率为-0.027%，其他年份均为正增长，且 2020 年增幅最大，增长率为 26.33%，贵金属价格指数达 147.9。2021 年贵金属价格指数呈现持续上升态势，为 153.28，增长了 3.64%。受经济不稳定性影响，未来贵金属价格可能持续上升。图 5 显示了 2017—2021 年全球燃料价格指数及其增长率，从图中可以看出，燃料价格指数变动较大，2018 年燃料价格指数达 132.49，增长率为 27.52%；2019 年和 2020 年出现下降；2021 年再创新高，价格指数达 146.19，增长率达到 85.8%。相对全球贵金属价格波动情况，全球燃料价格变动幅度较大。

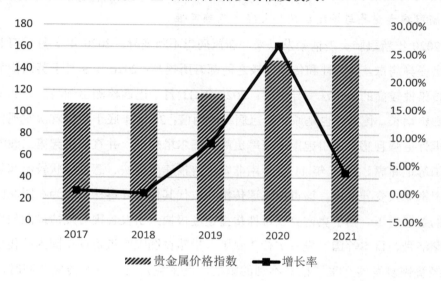

图 4　2017—2021 年全球贵金属价格指数及其增长率（2015 年=100）

资料来源：根据 UNCTAD 数据库相关数据整理绘制，https://unctadstat.unctad.org/wds/TableViewer/tableView.aspx?ReportId=140863。

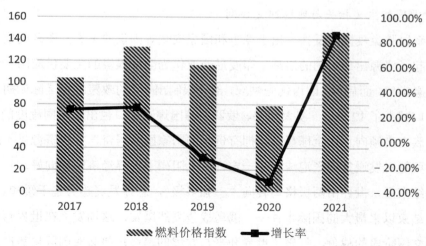

图 5　2017—2021 年全球燃料价格指数及其增长率（2015 年=100）

资料来源：根据 UNCTAD 数据库相关数据整理绘制，https://unctadstat.unctad.org/wds/TableViewer/tableView.aspx?ReportId=140863。

二、全球经济发展的影响因素

（一）全球经济发展的不利因素

1. 新冠病毒变异与持续扩散加大经济不确定性

自 2020 年新冠肺炎疫情暴发以来，新冠病毒不断变异。2020 年 5 月于南非首次检测出贝塔变异病毒，其毒性和传染性较之前都有所提高；2020 年 9 月于英国检测出毒性较强且传染性较高的阿尔法变异病毒；2020 年 11 月于巴西检测出伽马变异病毒，其毒性呈指数级增长，传染性也是原始新冠病毒的两倍；2020 年底于印度首次发现传播速度更快、毒性更强且感染后引起重症概率更高的德尔塔病毒，并直接引起第二波疫情在印度、英国等地肆虐。2021 年 11 月于南非发现传播速度极快、感染症状较温和且死亡率较低的奥密克戎变异毒株，该毒株迅速传播并取代其他变异毒株，成为在国家间主要流行传播的新冠病毒。由于奥密克戎毒株传播速度极快，引发各国对疫情扩散的恐慌，以色列、摩洛哥、日本等国家先后实行"封国"措施试图阻断该毒株在国内的传播链，这对全球经济恢复发展产生了极其不利的影响。奥密克戎还在持续传播的同时，英国在 2022 年 1 月宣布检测出比奥密克戎传染性更高的重组变体（XE）毒株。新冠病毒不断变异且在全球持续蔓延引发了对全球经济增长放缓的担忧，打击了市场上投资者的投资热情与信心，对全球就业市场和经济活动造成负面影响，加大了全球经济前景的不确定性。

2. 资源民族主义抬头与地缘冲突加剧

面对新冠肺炎疫情的反扑，出于竞争和国家安全等因素的考量，资源民族主义不断抬头，掀起了资源出口限制的浪潮。印度尼西亚作为全球煤炭的主要供应国，曾一度宣称禁止煤炭出口，而后以"国内优先供应，部分限制出口"的政策缓和国际诟病，其 2020 年煤炭出口减少了 12.4%，[①]澳大利亚、俄罗斯等国煤炭出口也出现不同程度的下降。这种资源民族主义倾向正在全球蔓延，拥有资源的国家囤积居奇，导致资源供不应求、价格上涨，可能引发通货膨胀泡沫，在一定程度上阻碍了世界经济回稳向好。

冷战结束后，世界由两极格局转向"一强多极"，总体发展趋势趋于缓和。2022 年初，冷战结束以来最大的国际事件——俄乌战争突然爆发，这场发生在世界百年变局与世纪疫情交织阶段的战争，打破了世界和平与发展的趋势，势必对国际局势产生深远影响。俄罗斯是世界三大原油生产国之一，也是世界第二大天然气生产国，在世界能源出

---

① 国际能源署，https://www.iea.org/。

口市场占有举足轻重的地位。俄乌战争发生以来，俄罗斯实行禁止油气出口措施，以反制以美国为首的西方国家的制裁，由于俄罗斯的石油和天然气出口约占全球市场的30%，短期内沙特阿拉伯、美国等国家很难实现对俄罗斯油气出口的替代，俄乌战争必然造成全球能源供需失衡，严重冲击国际能源价格稳定。俄罗斯和乌克兰在世界粮食出口国家中也占据重要地位，俄乌战争背景下，俄罗斯和乌克兰对粮食、化肥出口采取限制措施，将直接减少全球粮食市场的供应，并加剧全球化肥供应短缺形势，使得粮食减产的风险骤增，国际粮食价格大幅上涨，对国际粮食多元供给的安全格局造成严重不利影响。

　　此外，俄乌战争使得大国关系走向重构，欧洲安全秩序受到挑战。西方国家对俄罗斯实施了一系列经济制裁，甚至动用"金融武器"，俄罗斯则采取相应的反制裁手段给予回击，加剧了世界经济动荡的风险。俄乌战争也造成大量难民涌入欧洲，难民数量的激增不仅给欧洲政府带来巨大的财政压力，而且造成失业飙升、文明冲突等多重经济、社会问题。俄美矛盾进一步深化，俄罗斯与欧盟的政治、经济关系也陷入僵持，未来欧洲的地缘政治可能充斥着军事威慑和对峙，给世界和平与经济稳定发展蒙上了一层阴影。

　　3. 产业链脱钩与供应链中断

　　伴随着经济全球化深化发展，各国产业基于各自的比较优势与规模经济嵌入全球价值链，形成相互交织的生产网络。然而新冠病毒持续变异和疫情扩散打破了全球产业链的稳定局面，甚至出现产业链不同环节脱钩与中断。产业链上供给侧的国家面临停工停产和产能不足等问题，直接导致某些零部件、中间品供应短缺。对于产业链上处于需求侧的国家，核心零部件进口受阻的风险可能造成生产停摆，这在电子产业和汽车制造业尤为明显，严重影响了本国的产业安全。一些发达国家的跨国公司主动选择产业链脱钩，将相关产业转移到国内或者邻近的地区，以保证本国产业链的稳定、安全。

　　与此同时，受新冠肺炎疫情的冲击，全球航运、海运等运输体系严重受阻甚至瘫痪，加剧了供应链中断的风险。为了提升交货速度、降低运输成本、减少货期延误，许多国家出台相关政策并采取相应措施，如美国推出"货运物流优化工程"、日本采取全方位运输的方案措施，这在一定程度上促进了物流畅通，并缓和了供给和需求矛盾。但是，如上文所述，俄乌战争恶化了国际贸易环境，燃料价格持续上涨导致运输费用激增，资源民族主义呼声不断促使一些国家主动采取"脱钩"的供应链政策，这些都加剧了供需错配的结构性风险，加重了全球供应链的不稳定性和脆弱性，干扰了世界经济复苏与发展的进程。

　　4. 政策负面效应与债务风险攀升

　　新冠肺炎疫情暴发以来，世界大部分经济体实施宽松的经济政策，以减缓疫情对经济的冲击。美联储多次实施大规模超强度的量化宽松政策，短期内对经济起到一定纾困作用，但也造成通胀高企的局面。美国劳工部公布的 2022 年 1 月美国居民消费价格指数（CPI）同比上涨了 7.5%。为了缓解高通胀压力，美联储于 2022 年 3 月 16 日宣布上调联邦基金利率目标至 0.25%～0.5%。美联储此次收紧货币政策将对产出和就业产生抑制作用，并有可能刺破美国股市、房地产和信贷市场的泡沫，使美国经济面临衰退风险。欧洲和日本中央银行没有跟随美国进入加息周期，仍然维持宽松货币政策。而新兴经济体中，巴西、俄罗斯等国提高了政策利率，紧缩性货币政策虽然可以减轻资本外流和汇率贬值的压力，但也会造成产出缺口扩大和失业率提高，政策的负面溢出效应可能成为未来世界经济发展的绊脚石。

主要发达国家和发展中国家的债务风险逐步攀升，尤其是发达国家的中央政府或将面临较大偿债压力。如图 6 所示，整体来看，主要发达国家中央政府债务占 GDP 的比重处于高位，并在 2020 年第二季度有一个较大幅度的上升。其中，日本的中央政府债务占 GDP 的比重在 2021 年第四季度达到峰值（221.83%）；英国的中央政府债务占 GDP 的比重从 2019 年第一季度的 134.64% 上升至 2021 年第四季度的 159.10%，增幅为 24.46%；意大利和美国的中央政府债务占 GDP 的比重在 2021 年第一季达到峰值，分别为 154.92% 和 127.73%，随后稳定在该区间。发展中国家的中央政府债务占 GDP 的比重整体低于主要发达国家。如图 7 所示，巴西中央政府债务占 GDP 的比重在 2020 年第二季度出现攀升，达 83.22%；印度尼西亚、泰国和中国中央政府债务占 GDP 的比重在浮动中上升，在 2021 年第三季度分别达到 39.55%、54% 和 19.88%。考虑到疫情反扑和俄乌战争等不利因素的影响，主要发达国家或将面临更高的债务负担，全球债务可持续面临挑战。

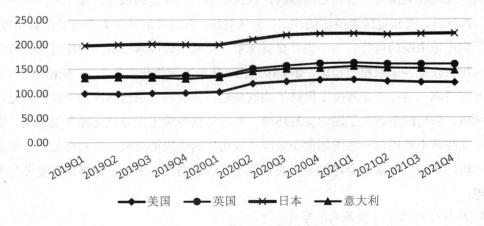

图 6　发达经济体中央政府债务占 GDP 的比重（单位：%）

资料来源：世界银行债务统计数据库，https://www.worldbank.org/en/programs/debt-statistics/qpsd#percentage-of-gdp。

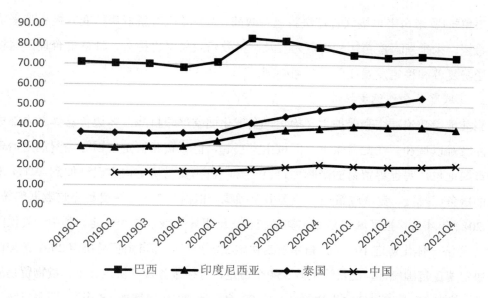

图 7　发展中经济体中央政府债务占 GDP 比重（单位：%）

资料来源：世界银行债务统计数据库，https://www.worldbank.org/en/programs/debt-statistics/qpsd#percentage-of-gdp。

（二）全球经济发展的利好因素

1. 疫苗接种普及与新冠特效药研发

疫苗接种是目前最有效的预防新冠肺炎和阻止病毒扩散的措施。截至 2022 年 4 月，全球累计接种疫苗超过 114 亿剂。截至 2022 年 4 月，在世界各国中，中国接种疫苗人口总数遥遥领先，达 33 亿剂，其次是印度和美国，分别为 18 亿剂和 5.7 亿剂，三国累计接种数量占全球总接种数量的比值约为 50%。巴西、印度尼西亚和日本的疫苗接种数量也相对较多，分别为 4.3 亿剂、3.9 亿剂和 2.7 亿剂。①据世界卫生组织统计，2021 年底全球已批准使用的新冠病毒疫苗超 25 款，处于临床研究阶段的疫苗有 137 支。未来更多的临床试验疫苗将正式投入使用，这将有助于进一步缓解疫苗不足问题。与此同时，世界银行为控制疫情，大力推进新冠肺炎疫苗的分发和接种，截至 2021 年底，已为 53 个国家投入超过 44 亿美元用于支持疫苗冷链建设、医疗卫生工作者培训等，特别是积极帮助非洲等低收入地区进行疫苗接种，这将有效突破疫苗接种率提升的瓶颈，预计到 2022 年底，60%的非洲人口可完成疫苗接种。

在新冠治疗药物方面，美国默克公司推出莫那比拉韦新冠特效药后不久，中国推出

---

① 世界卫生组织，https://www.who.int/zh/。

安巴韦单抗/罗米司韦单抗联合疗法新冠特效药,为有效应对新冠病毒变异挑战带来了信心和希望。未来新冠疫苗接种将更为普及,特效药效果将更持久、价格更合理,这将为全球经济复苏和稳定发展注入一针强心剂。

2. 区域贸易合作稳步推进

当前地缘政治冲突和保护主义抬头,全球化面临严峻挑战,多边贸易体系内部成员利益冲突难以调和。在此背景下,区域主义兴起,区域贸易协定在国际经贸规则治理中占据重要地位,对世界贸易的影响力日益上升,自由贸易协定内容已延伸到 WTO 未能覆盖的服务、投资、竞争政策和环境等多个领域。根据 WTO 区域贸易协定数据库统计,截至 2022 年 4 月,按区域贸易协定类型统计,已累计生效 577 个协定,其中,关税同盟 30 个,经济一体化协定 193 个,自由贸易协定 325 个,局部自由贸易协定 29 个。按区域贸易协定覆盖范围统计,已累计生效 354 个协定,包括服务贸易协定 2 个,货物贸易协定 168 个(其中 2021 年生效的货物贸易协定 21 个,比 2019 年增加 18 个),覆盖货物和服务贸易的区域协定累计生效 184 个(其中 2021 年生效 23 个,比 2020 年增加 16 个)。

越来越多的区域贸易协定生效有助于加强经济体之间的经济贸易联系,进而恢复中断的贸易网络并重建新的产业链,促进区域与全球经济复苏和稳步发展。特别是近年来《全面与进步跨太平洋伙伴关系协定》(CPTPP)、《区域全面经济伙伴关系协定》(RCEP)等有较大影响力的区域贸易协定生效,助推了区域贸易网络的形成和区域经贸合作的深化,并将对国际经贸规则重塑产生重要影响。以 RCEP 为例,该协定具有覆盖国家多、涉及领域广、减税力度大的特征,2022 年该协定生效将有助于推进亚太贸易一体化的进程,并助力亚太地区经济持续向好发展,进而为全球经济复苏与增长赋能。

3. 数字经济与实体经济融合发展

新冠肺炎疫情大流行推动各国数字经济加速发展,成为拉动经济复苏的新动能。各经济体为了有效应对经济下滑,积极加强人工智能、物联网、云计算等新兴技术的科研投入,聚焦数字技术相关的基础设施建设,推动传统产业数字化转型以及数字经济新业态的发展。各国数字经济占 GDP 的比重持续提升,2020 年发达国家数字经济占 GDP 的份额高达 44.6%,发展中国家相应比例为 24.8%;但从增速来看,发展中国家数字经济在 GDP 中占比增速为 4.7%,约为发达国家(2.4%)的两倍,数字经济拉动发展中国家经济增长的潜力巨大,仍有待挖掘。[①]

---

① 清华大学全球产业研究院发布的《2021—2022 全球计算力指数评估报告》。

　　为加速数字经济与实体经济的融合发展以助推经济增长，许多国家和地区积极制定相关战略与政策，以抢抓经济发展的新机遇。美国为聚力发展人工智能、量子计算、5G等关键数字技术，颁布了《数字经济议程》和《2021年美国创新和竞争法案》等政策法规；欧盟为积极布局数字经济优势领域发展，出台《塑造欧盟数字未来》《欧洲数据战略》和《欧洲数字主权》等战略性政策文件；中国为培育数字化新业态和推进数字经济快速发展，制定了《"十四五"数字经济发展规划》。各国在相关政策文件的指导下，抓紧对数字经济关键领域展开精准部署。美国将目光锁定在人工智能技术和高端制造业，韩国积极探索智能工厂以催生产品创新，日本重视工业互联网技术以加速数字技术与行业垂直融合，中国则聚焦数字产业化、产业数字化深度融合以形成具有国际竞争力的数字产业集群优势。

　　数字经济与实体经济的融合催生了以数字交付为特征的电子商务和以数字交互形式为特征的可交付服务业等新模式、新业态，不仅支撑起后疫情时代的经济复苏与稳定，也日益成为未来驱动各国经济增长的重要引擎。在2020年新冠肺炎疫情冲击全球经济的背景下，货物贸易和服务贸易受到严重冲击并进入负增长区间，而全球零售电子商务销售却实现了26.4%的增长，电商销售额占全球总体销售额的比重达到17.9%。[①]疫情期间，电子商务展现了巨大的优势，成为拉动经济增长的重要力量。同时，数字金融、数字保险、远程教育和远程医疗等数字交互形式的服务贸易新业态，突破了交付时间和空间的限制，成为后疫情时代经济增长的新动力。

三、全球经济发展前景展望

（一）全球经济回归中低速增长

　　据国际货币基金组织（IMF）预测，2022年全球经济增长率约为3.6%。发达经济体的经济增长率预计为3.3%，其中美国、欧元区国家、日本分别为3.7%、2.8%、2.4%。新兴市场和发展中经济体的经济增长率预计为3.8%，其中印度为8.9%，中国为4.4%。[②]

　　展望未来几年，随着疫苗接种率的上升和新冠特效药的研发，疫情对世界经济的冲击逐渐减弱，区域经济合作稳步推进、数字经济与实体经济融合发展等因素也为全球经济复苏奠定了基础。但是，疫情后期出现的通胀加剧、债务高涨和国家干预盛行等问题，

[①] eMarketer发布的《2022年全球电商市场预测报告》。

[②] 国际货币基金组织《世界经济展望》，2022年4月，https://www.imf.org/zh/Publications/WEO/Issues/2022/04/19/world-economic-outlook-april-2022。

以及俄乌战争引起的制裁与反制裁、全球粮食和燃料等大宗商品价格上升等的负面影响在短期内难以消除，共同掣肘全球经济恢复和高速增长。根据 IMF 对 2022—2027 年经济增长的预测，全球经济将处于 3%～4%的中低速增长，发达经济体的经济增长预计保持 1%～3%的低速增长，新兴经济体和发展中经济体则有望实现 4%～5%的增速。①未来一段时期全球经济大概率稳定在中低速增长，并且充满不确定性。

（二）国际贸易增长放缓

在经历了几年贸易增速减缓和 2020 年贸易大幅跌落之后，2021 年全球贸易又重新成为经济增长的重要引擎。2021 年国际贸易的强劲复苏离不开需求的释放和政策的刺激，具体来说，2020 年新冠肺炎疫情抑制了消费需求，在各国限制措施有所放开和普遍实施扩张性财政政策的情况下，各国积攒的消费需求得到释放。加之 2020 年受疫情影响，国际贸易基数较小，使得 2021 年国际贸易呈现强劲反弹。

展望国际贸易的发展前景，区域贸易合作的稳步推进和数字贸易的蓬勃发展为全球贸易发展注入了新的活力。2021 年非洲大陆自由贸易协定（AfCFTA）正式实施，成员之间关税和非关税壁垒的降低或消除将极大地促进非洲内部贸易；2022 年覆盖亚洲和太平洋地区 15 个国家的 RCEP 生效，激发了区域贸易活力，并为全球贸易发展提供了动力。与此同时，伴随数字技术和信息网络的日新月异，数字贸易快速崛起，数字技术重塑服务贸易基本形态，全面赋能国际贸易。

但另一方面，仍有多种因素对国际贸易增长造成干扰。首先，新冠变异病毒肆虐传播仍是当前国际贸易发展的最大威胁。虽然一些国家在 2022 年初陆续放宽或者取消入境限制，但也有国家为避免新冠肺炎疫情不确定性引发的粮食短缺、原材料中断等危机，采取了限制性贸易政策，尤其在农产品、原材料等重点领域颁布了持续时间不同的出口配额或出口禁令。例如，阿根廷宣布牛肉产品出口禁令持续到 2023 年底；哈萨克斯坦禁止谷物饲料出口；印度尼西亚禁止铝土矿和铜矿出口分别至 2022 年底和 2023 年底。这些限制性措施直接阻碍了进出口贸易，对世界贸易的稳定复苏将产生极其不利的影响。其次，新冠肺炎疫情冲击导致产业链脱钩和供应链中断，短期内难以迅速恢复，各国出于安全等因素考虑重新布局全球生产，也造成产业链、供应链"壁垒化"的"自我实现"，割裂了全球生产网络和价值链贸易。再次，俄乌冲突等地缘政治危机造成不稳定的国际形势，也给国际贸易带来极大的不确定性。俄乌战争不仅是军事战争，也是国家之间互

---

① 国际货币基金组织《世界经济展望》，2022 年 4 月，https://www.imf.org/zh/Publications/WEO/Issues/2022/04/19/world-economic-outlook-april-2022。

相实施经济制裁的经济战争，严重扰乱了国际贸易秩序。又次，主要经济体趋紧的政策风向不利于贸易的扩张。伴随着纾困性财政政策正向外溢效应的减弱，各国进口需求也有所收缩。加之 2022 年美国等发达经济体开启加息周期，其紧缩性货币政策可能引致跨境资本回流，进而大规模削减跨国投资和跨国贸易。最后，燃料价格高涨引致运输成本攀升，也将对国际贸易的开展产生负面效应。在上述因素的综合影响下，国际贸易的强劲增长或许很难延续，大概率将步入放缓阶段。

（三）全球价值链重构趋势加速

2008 年全球金融危机爆发之前，全球中间品贸易网络已逐步形成并且密切交织，几乎 2/3 的贸易是以全球价值链贸易的形式完成，价值链分工与贸易成为全球经济增长的重要引擎。2008 年金融危机后，世界经济进入深度调整阶段，全球价值链分工扩张放缓，甚至出现停滞，而中美贸易摩擦、新冠肺炎疫情、地缘政治冲突等的发生进一步对全球价值链造成冲击。由于新冠病毒的高传染性，很多国家采取了封锁限制甚至停工停产的措施，严重阻碍了全球价值链下的国际产业分工与协作。在此背景下，一些国家重新审视本国的价值链布局，采取将部分产业迁回本国或邻近地域国家等措施，以规避"断链"所带来的风险，推动了全球价值链本土化与区域化重构趋势。

为了应对疫情带来的经济冲击，欧盟提出"开放战略自主"的战略方针，在市场开放和欧洲本土经济保护之间进行权衡，特别是在技术把控和经济战略安全两个方面加强对本土经济和安全的维护。例如，德国虽然掌握了全球领先的电动汽车制造的核心技术，但是其电动汽车的电池配件却严重依赖于中日韩等亚洲国家，2020 年 2 月德国和法国制定了超级电池工厂蓝图，计划在欧洲共同推动总投资为 50 亿欧元的产业链完整配套计划。为吸引在中国的美国公司回迁，2020 年 4 月美国白宫国家经济会议主席拉里·库德洛承诺包括厂房、设备、知识产权、基建、装修等所有费用在内的回迁成本全部由政府买单。日本政府则推出了 22 亿美元的"供应链改革计划"，其中 20 亿美元的预算将用于补助日本企业迁回本土，2 亿美元将用于协助日本企业转移到东盟等其他国家和地区，以促使供应链更具弹性化、本土化，海外供应链更加分散化、多元化。

除了新冠肺炎疫情等外部环境因素推动全球价值链重构，另一个不可忽视的因素是国家内部比较优势的变化。新兴经济体前期基于低要素成本优势融入全球价值链，依靠低利润获得了发展机遇，但随着劳动力工资的提高，不再具有廉价劳动力成本的比较优势。典型的例子是一些在华企业转向越南、印度尼西亚等具有更低劳动力成本优势的国家，推动价值链不同生产环节出现异地迁移。另一方面，以中国为代表的新兴经济体虽然逐渐失去了低劳动力成本的优势，但是在一定程度上实现了物质资本和人力资本的积累，拥有了新的资源禀赋和竞争力，产业结构也从劳动密集型产业向资本密集型产业再向技术密集型产业升级，逐渐形成了"产业链集群+价值链集群"优势，推动了全球价值链重构。

不同国家的企业位于全球价值链的不同环节，而全球价值链各个环节的利润分配并不均等。拥有新的资源竞争优势的新兴经济体试图改变以发达国家跨国公司为主导的全球价值链分工格局，努力进阶发达国家垄断的全球价值链高利润和高附加值环节，向价值链高端位置攀升，打破低端锁定的魔咒，也推动了价值链分工体系重塑，对国际生产分工和世界经济格局产生了重要影响。

（四）国际金融秩序或将重塑变革

新冠肺炎疫情、俄乌冲突等一系列事件推动着国际金融秩序的重塑与变革。俄乌战争既是地缘之争，也是"金融"之战。以美国为首的西方国家加紧对俄罗斯实施全面的金融制裁，冻结俄罗斯中央银行近 3000 亿欧元的海外资产，其中美国冻结俄罗斯中央银行海外财产高达 1000 亿欧元，欧盟达 230 亿欧元。以货币作为金融战争的武器，使得各国质疑以美元作为储备货币和主要支付手段的安全性和可靠性，动摇了现存的国际货币体系，扰乱了国际金融秩序。各国必将重新考量以美元作为"避险资产"的抉择，也会重新审视并调整本国的外汇结构以加快"去美元化"进程。同时，一项可以称为"金融核弹"的制裁措施在西方国家上演，美国等西方国家宣布将俄罗斯部分银行"踢出"环球同业银行金融电信协会（SWIFT）的支付系统，这意味着俄罗斯无法通过 SWIFT 传递金融结算信息，相当于直接切断了俄罗斯金融机构与国际金融机构之间的资金融通，严重影响俄罗斯的对外贸易和对外投资等业务。而俄罗斯通过自创本国金融信息交换系统和卢布"米尔"支付系统进行反击，并积极与其他国家建立双边和多边支付体系，如与印度中央银行协商建立绕过美元的"卢比-卢布"双边支付机制等。该项金融制裁严重削弱了 SWIFT 系统的公信力，各国将积极寻求 SWIFT 系统之外的国际支付的替代方式和手段，并加速构建双边或多边的贸易支付体系。这将减少各国对美元作为贸易结算货币的依赖，进一步冲击美元的霸主地位，在后疫情时代，美元的强势地位将难以长期维持。

环球同业银行金融电信协会公开数据显示，2022 年 1 月美元、欧元仍占据超 2/3 的市场份额，其中美元的全球支付货币份额从 2021 年 1 月的 40.81%下降为 39.92%，降低了 0.89%，欧元占有 36.56%的市场份额，与上年同期相比上升 2.98%。与此同时，人民币的国际支付份额由 2021 年 1 月的 1.65%升至 3.20%，创历史新高，并超过日元（2.79%）

的国际市场支付份额，居于全球第四位。而英镑、澳元、泰铢等其他货币的国际市场支付份额则出现不同程度的下降。①虽然美元作为国际主导货币的地位尚未改变，但美元的重要性已出现下降趋势，未来欧元将成为美元强有力的竞争对手。随着中国对疫情的有力防控和在全球经济贸易中占比稳步上升，人民币在国际支付体系中的地位也将继续巩固和提高。

新冠肺炎疫情极大地推动了互联网技术渗透到经济、社会和生活的各个方面，数字货币快速兴起。虽然数字货币在现有主权货币市场竞争中很难撼动以美欧为主导的国际货币支付体系，但随着 5G、数据中心等新基建力度加大，物联网技术基础设施建设升级，区块链技术日新月异，未来国际货币的竞争或许表现为数字货币对主权货币的替代。后疫情时代，数字货币凭借着飞速发展的技术优势和政府支持的政策优势有望获得优先发展，并对已有国际货币格局产生颠覆性影响。

参考文献

[1] International Monetary Fund. Global Financial Stability Report: COVID-19, Crypto, and Climate[R]. Washington: International Monetary Fund, 2021.

[2] International Monetary Fund. World Economic Outlook: Recovery during a Pandemic—Health Concerns, Supply Disruptions, Price Pressures[R]. Washington: International Monetary Fund, 2021.

[3] International Monetary Fund. World Economic Outlook Update: Rising Caseloads, a Disrupted Recovery, and Higher Inflation[R]. Washington: International Monetary Fund, 2022.

[4] UNCTAD. Trade and Development Report 2021 Update: Tapering in a Time of Conflict[R]. New York: UNCTAD, 2022.

[5] UNCTAD. World Investment Report 2022[R]. New York: UNCTAD, 2022.

[6] World Bank. World Development Report 2022: Finance for an Equitable Recovery[R]. Washington: World Bank, 2022.

---

① 环球同业银行金融电信协会，https://www.swift.com/。

中国宏观经济形势回顾与展望

曲如晓　李　雪[*]

摘　要：2021年全球新冠肺炎疫情起伏反复，世界经济复苏分化加剧，我国宏观经济有序恢复、稳中向好，经济结构持续优化，科技创新不断进步，经济发展新动能增强。居民消费价格低位回升，工业生产者出厂价格指数高位回落。就业形势逐步恢复，预期目标顺利完成。居民收入增长，城乡居民收入相对差距进一步缩小，社会保障范围持续扩大。居民消费回暖，消费结构持续优化，升级趋势明显，新兴消费蓬勃发展。制造业投资表现亮眼，房地产开发投资企稳，基础设施投资低迷，高技术产业投资快速增长。进出口回稳向好，一般贸易比重上升，进出口商品结构持续优化，海外市场多元化布局取得成效，外贸内生动力增强。对外投资规模稳步增长，对外投资结构不断优化，与共建"一带一路"国家投资合作持续推进，境外经贸合作区建设成效显著。利用外资规模快速增长，利用外资结构不断改善，中部地区引资优势提升、外资来源地结构基本稳定。未来中国经济增长潜力巨大，发展前景良好。

关键词：宏观经济形势；国内需求；对外经济；供给侧结构性改革

一、总体经济形势回顾与展望

2021年全球新冠肺炎疫情起伏反复，世界经济复苏分化加剧，我国宏观经济有序恢复、稳中向好，实现正增长；经济结构发展新旧动能转换，产业结构持续优化，转型升级的步伐加快，科技实力不断进步，经济发展新动能增强。

---

* 曲如晓，北京师范大学经济与工商管理学院教授、博士生导师，南开大学 APEC 研究中心兼职研究员。李雪，中共河南省委党校讲师。

（一）经济增长与产业结构

1. 宏观经济实现正增长

面对新冠肺炎疫情、世界经济深度衰退等多重冲击的复杂局面，我国宏观经济顶住了持续加大的下行压力，逆势增长。2021 年国内生产总值达 114.4 万亿元，增长 8.1%（见图 1）。经济高质量发展取得成效，实现"十四五"良好开局，世界第二大经济体的地位得到巩固提升。据国家统计局估计，中国 GDP 占全球的比重预计超过 18%，中国经济对世界经济增长贡献率持续上升，是拉动世界经济复苏的主引擎之一。

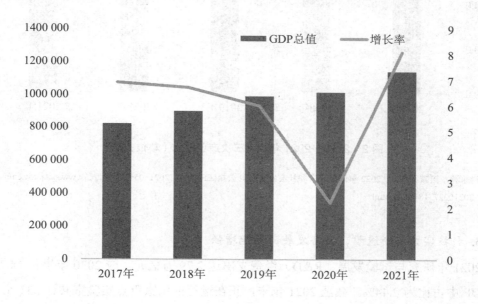

图 1　2017—2021 年国内生产总值与增速（单位：亿元，%）

资料来源：国家统计局. 2022 年国民经济和社会发展统计公报[EB/OL]. [2022-05-12]. http://www.stats.gov.cn/tjsj/zxfb/202102/t20210227_1814154.html.

2. 产业结构持续优化

从三次产业分布来看，2021 年第一、二、三产业增加值分别为 8.3 万亿元、45.1 万亿元、61.0 万亿元，较 2020 年分别增长 7.1%、8.2%、8.2%，占比分别为 7.3%、39.4%、53.3%。在 2017—2021 年间第三产业增加值占比达 52% 以上，2021 年第一产业增加值占比较 2020 年略有下降，第二产业占比在连续 4 年下降后在 2021 年上升至 39.4%（见图 2）。其中，高技术制造业增加值增长 18.2%，信息技术服务等生产性服务业发展较快，产业链韧性提升。产业结构持续优化，转型升级的步伐加快。

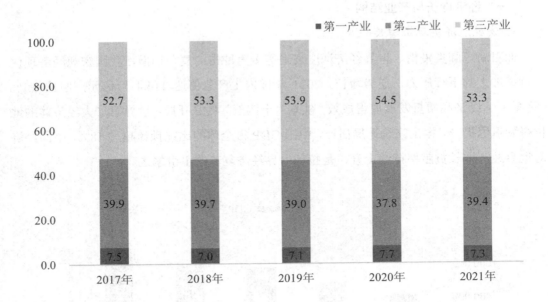

图 2　2017—2021 年国内三次产业占比（单位：%）

资料来源：国家统计局. 2022 年国民经济和社会发展统计公报[EB/OL]. [2021-05-12]. http://www.stats.gov.cn/tjsj/zxfb/202102/t20210227_1814154.html.

3. 科技实力不断进步，经济发展新动能增强

2021 年研究与试验发展（R&D）经费支出达 2.79 万亿元，较 2020 年增长 14.2%，在 GDP 中占比为 2.44%。截至 2021 年末，正在运行的国家重点实验室共计 533 个，纳入新序列管理的国家工程研究中心共计 191 个，国家企业技术中心共计 1636 家，大众创业万众创新示范基地共计 212 家。关键核心技术攻关取得重要进展，载人航天、火星探测、资源勘探、能源工程等领域实现新突破。2021 年授予专利权 460.1 万件，较 2020 年增长 26.4%。商标注册 773.9 万件，较 2020 年增长 34.3%。2021 年技术合同共签订 67 万项，技术合同成交金额达 3.73 万亿元，较 2020 年增长 32.0%。世界知识产权组织报告显示，2021 年我国创新指数在全球排名第 12 位，稳居中等收入经济体之首，是世界上进步最快的国家之一。

（二）物价形势回顾与展望

1. 居民消费价格指数（CPI）低位回升

2021 年居民消费价格指数整体呈现前低后高走势，全年 CPI 较 2020 年上涨 0.9%，涨幅回落 0.6 个百分点。2021 年上半年，CPI 月度同比与累计同比均出现相反变化趋势。

月度环比先上升后下降，从-0.3上升至1.3后下降至1.1。月度同比先下降后上升，从1下降至-0.5后逐步上升。下半年，CPI月度同比与累计同比均出现相似变化趋势。月度环比在下降至0.7后，上升至年内最高点2.3。月度同比在下降至0后上升至0.7。之后，月度同比与月度环比均出现下降（见图3）。

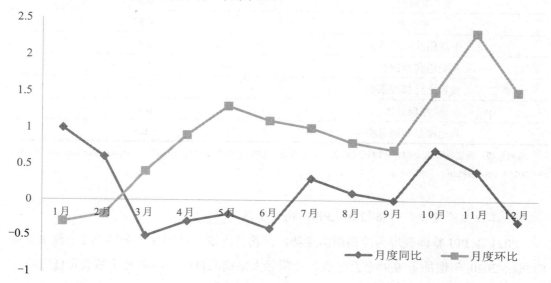

图3　2021年CPI月度涨跌幅度图（单位：%）

资料来源：国家统计局. 2021年国民经济和社会发展统计公报. [2022-06-15]. http://www.stats.gov.cn/tjsj/zxfb/202102/t20210227_1814154.html.

从CPI构成上来看，交通和通信类消费品价格涨幅最高，为4.1，是推动CPI指数上涨的主要因素。在线课堂、在线会议等现代信息技术手段的发展，缓解了新冠肺炎疫情的冲击，教育文化和娱乐类消费品价格保持平稳，涨幅达1.9。衣着类、生活用品及服务类、医疗保健类消费品CPI涨幅缓慢回升，分别为0.3、0.4、0.4（见表1）。食品烟酒类消费品价格同比涨幅大幅回落，这与处于支撑位置的畜肉类消费品价格涨幅持续走低相关。随着生猪产能不断扩大，猪肉价格由2020年上涨49.7%转为下降30.3%，影响CPI下降约0.70个百分点。在猪肉价格下降带动下，禽肉类消费品价格也有所下降。不仅如此，受洪涝灾害等极端天气影响，鲜菜鲜果类消费品价格在2021年上半年大幅下行。蛋类、食用油、水产品和酒类消费品价格小幅走低，也进一步拉低了食品烟酒类消费品价格涨幅。

表1　2021年各类消费价格增幅　　　　　　　　　单位：%

类别	增幅
食品烟酒类	−0.3
衣着类	0.3
居住类	0.8
生活用品及服务类	0.4
交通和通信类	4.1
教育文化和娱乐类	1.9
医疗保健类	0.4
其他用品和服务类	−1.3

资料来源：国家统计局. 2021 年国民经济和社会发展统计公报. [2022-06-15]. http://www.stats.gov.cn/tjsj/zxfb/202102/t20210227_1814154.html.

2. 工业生产者出厂价格指数（PPI）高位回落

2021 年 PPI 整体表现为冲高回落走势，结构性上涨特征明显。全年 PPI 上涨 8.1%，降幅较 2020 年增加了 9.9 个百分点。受国际大宗商品价格走高和对比基数走低影响，2021 年 1—5 月，PPI 同比涨幅由 0.3% 快速扩大至 9.0%，环比涨幅在波动中上升至 1.6%。6—8 月，PPI 同比涨势趋缓，涨幅在 8.8%～9.5% 波动，环比涨幅在 0.3%～1.2% 波动。9 月后，受部分能源和原材料供应偏紧影响，PPI 涨幅再次扩大，同比涨幅在 10 月达 13.5%，环比涨幅达 2.5%。随着各项保供稳价政策措施不断落实，2021 年末 PPI 涨幅高位回落，12 月同比涨幅回落至 10.3%，环比涨幅回落至 −1.2%（见图 4）。

就 PPI 的构成来看，生产资料价格由 2020 年下降 2.7% 转为 2021 年上涨 10.7%，影响 PPI 上涨约 7.97 个百分点，超过总涨幅的 98%。其中，采掘工业价格上涨 34.4%，原材料工业价格上涨 15.8%，加工工业价格上涨 6.6%。生活资料价格上涨 0.4%，涨幅比上年回落 0.1 个百分点，影响 PPI 上涨约 0.09 个百分点，整体较为平稳。其中，食品和一般日用品价格分别上涨 1.4% 和 0.5%，耐用消费品和衣着价格分别下降 0.6% 和 0.2%。

从主要行业出厂价格的变化幅度来看，随着国际大宗商品需求的快速恢复及流动性逐渐宽裕，国际市场原油、有色金属、天然气等价格走高，推升国内相关行业出厂价格，带动 PPI 上涨。石油和天然气开采业、石油煤炭及其他燃料加工业、化学原料和化学制品制造业、化学纤维制造业等石油相关行业全年平均涨幅为 16.1%～38.7%，有色金属冶炼和压延加工业、燃气生产和供应业价格分别上涨 22.7%、5.1%。以上行业合计影响 PPI

上涨约 3.95 个百分点，占总涨幅的 50%。

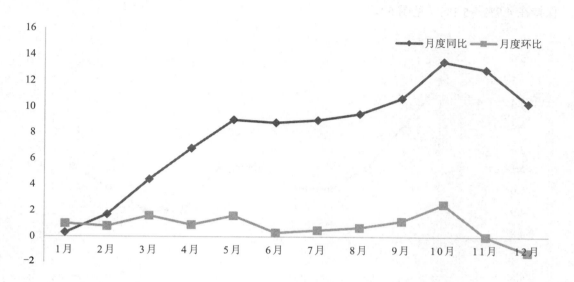

图 4　2021 年 PPI 月度涨跌幅度（单位：%）

资料来源：国家统计局.统计数据. [2022-06-15]. http://www.stats.gov.cn/tjsj/zxfb/202001/t20200109_1721985.html.

　　未来物价指数的变化还存在较多的不确定因素。一方面，随着新冠肺炎疫苗的大面积接种完成，全球经济的复苏可能使石油、动力煤等大宗商品需求扩大，同时石油输出国组织（OPEC）国家、俄罗斯和美国等石油供给大国减产协议的执行也将推高价格水平。另一方面，人民币升值可能会使价格趋于下降，存在着抑制物价上涨等客观因素。据中国宏观经济研究院初步测算，预计 2022 年 CPI 将延续温和运行态势，全年涨幅在 2%左右，其中翘尾因素和新涨价因素将分别贡献 0.7 和 1.3 个百分点。主要大宗商品价格回落将推动 PPI 同比涨幅下行，全年涨幅在 2.2%左右，翘尾因素和新涨价因素将分别贡献 4.2 和 -2.0 个百分点。

（三）就业与居民收入形势回顾与展望

1. 就业形势逐步恢复，预期目标顺利完成

　　随着国民经济持续恢复、就业优先政策实施，2021 年就业形势总体保持稳定，全年城镇调查失业率均值为 5.1%，低于 5.5%的宏观调控目标。受春节因素和部分地区散发疫情影响，城镇调查失业率在 2 月升至年内高点（5.5%）。之后随着企业生产经营稳定恢复，失业率逐步回落，保持在 5.0%～5.1%。6—8 月，毕业季和局部地区疫情、汛情造成失业率有所波动，但在 9 月得到缓解，回落至年内最低点（4.9%）。10—12 月略有上升，保持在 4.9%～5.1%（见图 5）。

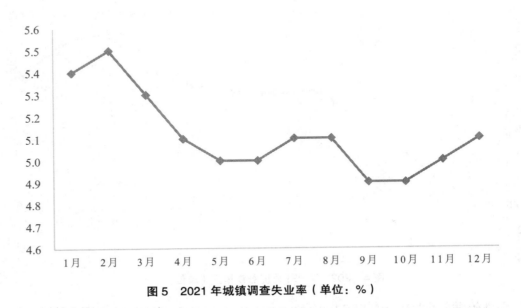

图 5　2021 年城镇调查失业率（单位：%）

资料来源：国家统计局.统计数据. [2022-06-15]. http://www.stats.gov.cn/tjsj/zxfb/202001/t20200109_1721985.html.

就重点人群而言，农民工就业形势不断改善。2021 年春节后，外来农业户籍人口失业率连续回落。12 月外来农业户籍人口失业率达 4.6%，低于全国水平 0.5 个百分点。2021 年末全国农民工规模达到 29 251 万人，比 2020 年末增加 691 万人，恢复至 2019 年同期水平。与此同时，高校毕业生就业形势总体稳定。2021 年 6—7 月高校毕业生集中求职，使得 16～24 岁青年失业率明显上升。9 月后，随着毕业生工作落实，青年失业率逐步下降。

2. 居民收入增长快速回升，城乡居民收入相对差距进一步缩小

2021 年全国居民人均可支配收入为 3.5 万元，较 2020 年增长 9.1%，扣除价格因素实际增长 8.1%，增速提高 6 个百分点，与经济增长基本同步（见图 6）。保就业、促就业等政策持续见效，推动了居民各项收入增速的回升。其中，2021 年全国居民人均工资性收入、人均经营净收入、人均财产净收入、人均转移净收入分别为 1.96 万元、0.59 万元、0.31 万元、0.65 万元，分别增长 9.6%、11.0%、10.2%、5.8%，占可支配收入的比重分别为 55.9%、16.8%、8.8%、18.6%。

城乡居民收入相对差距进一步缩小。农村居民收入增长持续快于城镇居民。2021 年

农村居民人均可支配收入为 1.89 万元，增长 10.5%，扣除价格因素，实际增长 9.7%。城镇居民人均可支配收入为 4.74 万元，增长 8.2%，扣除价格因素，实际增长 7.1%。城乡居民收入比值为 2.50，较 2020 年缩小 0.06。2021 年全年脱贫县农村居民人均可支配收入达 1.41 万元，较 2020 年增长 11.6%，扣除价格因素，实际增长 10.8%，收入分配情况进一步改善。

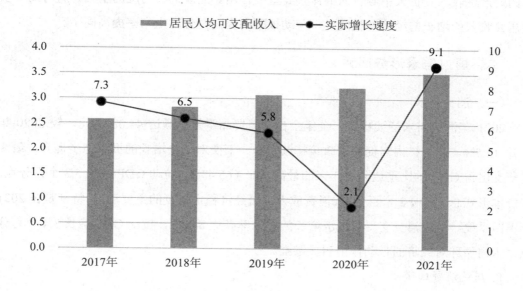

图 6　2017—2021 年全国人均可支配收入情况（单位：万元，%）

资料来源：国家统计局. 全国人均可支配收入年度数据. [2022-05-15]. http://data.stats.gov.cn/easyquery.htm?cn=C01.

3. 社会保障范围持续扩大

2021 年社会保障范围进一步扩大，全年参加城镇职工基本养老保险、城乡居民基本养老保险、基本医疗保险的人数分别为 48 075 万人、54 797 万人、136 424 万人，较 2020 年分别增加 2454 万人、554 万人和 293 万人。社会帮扶持续加力，2021 年末全国共有 738 万人享受城市最低生活保障，3474 万人享受农村最低生活保障，438 万人享受农村特困人员救助供养，全年临时救助 1089 万人次。全年国家抚恤、补助退役军人和其他优抚对象 817 万人。

尽管世界范围内疫情持续暴发，将造成全球产业链、供应链的深刻变化，整体经济秩序恢复的不确定性增强，还可能对国内就业产生外溢影响。但我国经济韧性强、基本面长期向好，加之稳就业、保就业政策的持续作用，将为就业提供更有力保障。

就业形势总体平稳和社会保障范围的扩大为居民收入稳定增长奠定了基础。与此同时，"十四五"规划纲要指出，要进一步提高农民土地增值收益分享比例、完善上市公司分红制度、开发出更多适应家庭财富管理需求的金融产品，扩宽技术工人上升渠道、提高技能型人才待遇水平和地位、实施高素质农民培育计划等，这些举措对于增加城乡居民的财产性收入、扩大中等收入群体具有重要作用。宏观调控力度的增强，将有助于实现居民收入的增长与经济增长同步，劳动报酬的提高与劳动生产率提高同步。

二、国内需求形势回顾

（一）消费需求

2021 年消费需求持续释放，全年全社会消费品零售总额达 44.08 亿元，较 2020 年上升 12.5%。随着扩内需促消费政策持续发力，消费对经济增长的贡献稳步提升，最终消费支出占 GDP 的比重达到近年来的最高水平（65.4%），拉动 GDP 增长 5.3 个百分点，较资本形式总额高 4.2 个百分点，消费成为国民经济稳定恢复的主要动力。特别是在 2021 年第四季度，最终消费支出对经济增长的贡献率高达 85.3%，拉动 GDP 增长 3.4 个百分点，国内循环对经济的带动作用明显增强。

1. 居民消费回暖

随着国内生产生活秩序的逐步恢复，居民消费逐步回暖。2021 年全国居民人均消费支出 2.41 万元，较 2020 年名义增长 13.6%，扣除价格因素影响，实际增长 12.6%。其中，城镇居民人均消费支出约为 3.03 万元，较 2020 年实际增长 11.1%，由负转正，增速加快 14.9 个百分点。农村居民人均消费支出约为 1.59 万元，较 2021 年实际增长 15.3%，高于全国和城镇增速，复苏势头强劲。2021 年城镇与农村居民人均消费支出差额约为 1.44 万元，较 2019 年持续收窄（见表 2）。

表 2　2019—2021 年我国居民消费人均支出及增速　　　　单位：元，%

年份	人均消费支出			较上年同比增速		
	全国	城镇	农村	全国	城镇	农村
2019	21 559	28 063	13 328	8.6	7.5	9.9
2020	21 210	27 007	13 713	−1.6	−3.8	2.9
2021	24 100	30 307	15 916	12.6	11.1	15.3

资料来源：国家统计局. 2021 年国民经济和社会发展统计公报. [2021-06-15]. http://www.stats.gov.cn/tjsj/zxfb/202102/t20210227_1814154.html.

2. 结构持续优化

2021 年食品烟酒、居住及交通通信消费支出三项传统支出占比 59.1%，较 2020 年、2019 年分别下降 8.7、5.8 个百分点，占比进一步下降。其中，食品烟酒、居住类消费支出占比较 2020 年分别下降 0.4、0.9 个百分点。交通通信、教育文化娱乐、医疗保健等支出占比扩大，从 2020 年的 13.02%、9.58%、8.69%，分别上升至 2021 年 13.10%、10.78%、8.78%，居民消费结构进一步优化（见图 7）。

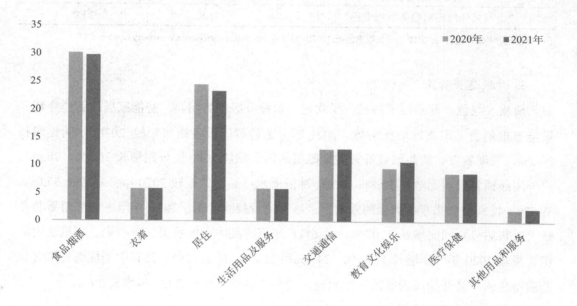

图 7　2020—2021 年居民人均消费各项支出占比（单位：%）

资料来源：国家统计局. 居民收支情况. [2022-05-29]. http://data.stats.gov.cn/easyquery.htm?cn=C01.

2021 年居民各项消费支出有序恢复，平稳增长。其中，教育文化娱乐消费支出增长 27.9%，增速最快。医疗保健消费支出、衣着消费支出、交通通信消费支出次之，分别较 2020 年增长 14.8%、14.6%、14.3%。生活用品及服务消费支出、食品烟酒消费支出、居住消费支出较 2020 年增长分别 13.0%、12.2%、8.2%。（见表 3）

表 3　2020—2021 年居民消费各项支出增速　　　　　　　　单位：%

消费支出类别	2020 年	2021 年
食品烟酒消费支出	5.1	12.2
衣着消费支出	−7.5	14.6

续表

消费支出类别	2020 年	2021 年
居住消费支出	3.2	8.2
生活用品及服务消费支出	−1.6	13.0
交通通信消费支出	−3.5	14.3
教育文化娱乐消费支出	−19.1	27.9
医疗保健消费支出	−3.1	14.8
其他用品和服务消费支出	−11.8	23.2

资料来源：国家统计局. 2021 年居民收支情况. [2022-05-29]. http://data.stats.gov.cn/easyquery.htm?cn=C01.

3. 升级趋势明显

健康、绿色、高品质等商品广受欢迎，消费升级趋势明显。智能家居、智能穿戴、智能家电消费呈现高速增长态势。2021 年，家居智能设备销售额较 2020 年同比增长 90.5%，智能腕表、智能眼镜等智能穿戴用品销售额较 2020 年分别增长 36.3%、26.8%。户外用品销售额同比增长 30.8%，帐篷、冲浪潜水产品销售额较 2020 年分别增长 57.0%、39.2%，特别是在北京冬奥会的带动下，冰雪消费持续升温，2021 年滑雪服和滑雪装备线上销售额分别同比增长 110.7%、61.6%。绿色商品中有机蔬菜、有机奶、有机食用油销售额较 2020 年分别增长 127.6%、24.1% 和 21.8%。除此之外，具有中华优秀传统文化非遗特色的产品开始成为新的消费潮流，国潮产品销售额较 2020 年增长 39%。

4. 新兴消费蓬勃发展

互联网覆盖面的持续提升，带动了居民消费新业态新模式的蓬勃发展。网络零售、跨境电商、移动支付等新业态、新模式、新场景不断涌现，线上线下消费加快融合，成为增长新引擎。2021 年全国网上零售额较 2020 年增长 14.1%，其中实物商品网上零售额增长 12%，两年平均增长 13.4%。电商模式创新推动教育、医疗等优质服务资源普惠化，在线购买职业培训服务持续增长。在线餐饮整体增速加快，销售额同比增长 30.1%，增速较 2020 年提高 27.9 个百分点。在线文娱市场快速恢复，在线文娱场次数较 2020 年增长 1.2 倍。在线上消费快速增长的带动下，2021 年快递业务量与业务收入均保持两位数增长。

尽管受新冠肺炎疫情冲击，出现居民消费信心不足、就业压力上升、收入增速放缓、区域流动受限等阻碍居民消费潜力释放的不利因素，但在总体上，宏观经济保持平稳运行，就业与居民可支配收入形势基本稳定，为消费需求的增长提供了稳固基础。不仅如此，随着数字经济与实体经济的深度融合，也为促进居民消费提供了有力支撑。

（1）就业与居民收入形势稳定。新冠肺炎疫情和中美贸易摩擦使部分企业陷入生产困境，用工规模缩减。党中央和国务院适时推出了多项稳就业和惠民生政策，并将稳就业置于"六稳"工作之首。在政策托底的大背景下，并未出现大规模的失业风险。就业与居民收入形势稳定，对于提振居民消费信心具有不可替代的积极作用。

（2）供给侧结构性改革继续深化。国内企业的中、高端供给逐渐增加，无效和低端供给开始减少，资源利用效率提升。持续深入推进的供给侧结构性改革，对于提升国内商品服务供给质量、促进境外消费有序回流具有积极作用。

（3）消费业态方式不断革新。新一代信息技术革命和数字经济的快速发展，催生了如区块链、大数据、人工智能、云计算、物联网、网络信息安全等一系列新的产业群。数字信息产业逐渐渗透到生产、分配、流通等各环节，开始创造新的消费增长点。当前，随着数字经济与实体经济的融合向生产领域扩展，传统企业与线上企业各取所长，融合形成以消费者为核心全渠道服务模式的新型消费系统，大大提高了居民消费的便利化程度，增加了居民消费的可选择性，为繁荣国内消费市场增添了新动力。

（4）促消费的政策持续发力。疫情以来，中央和地方出台了一系列促进消费扩容增质的政策。在2021年商务运行情况发布会上，商务部指出要在提升传统消费能级、加快新型消费发展、促进城市消费升级、补齐乡村消费短板、办好消费促进活动等五方面发力，持续释放国内消费潜力。不仅如此，"十四五"规划纲要中也明确提出，要"全面促进消费"并推出多项举措。促消费政策的持续发力，对稳定消费者信心、持续提升居民消费能力、促进消费环境的优化升级具有积极影响。

（二）国内固定资产投资

面对世界经济严重衰退、产业链供应链循环受阻、大宗商品市场动荡的复杂局面，在稳投资工作的推动下，2021年全社会固定资产投资达54.45万亿元，保持正增长态势，较2020年增长4.9%。其中，中部地区投资复苏势头强劲，较2020年增长10.2%，增速提高9.5个百分点，东部地区、西部地区、东北地区固定资产投资额分别较2020年增长6.4%、3.9%、5.7%。

1. 制造业投资表现亮眼

随着企业生产秩序恢复，制造业投资持续发力，整体实现正增长，表现亮眼。2021年制造业投资较2020年增长13.5%，增幅扩大15.7个百分点。其中，专用设备制造业投资增幅最大，为24.3%；电气机械和器材制造业，计算机、通信和其他电子设备制造业，以及铁路、船舶、航空航天和其他运输设备制造业较 2020 年分别增长 23.3%、22.3%、20.5%；农副食品加工业、食品制造业、化学原料和化学制品制造业、医药制造业、金属制品业增速也保持在 10% 以上。

2. 房地产开发投资企稳

房地产开发投资增长企稳，2021 年房地产开发投资达 14.76 万亿元，较 2020 年增长 4.4%。其中，东部地区、中部地区、西部地区、东北地区房地产开发投资分别为 7.77 万亿元、3.12 万亿元、3.34 万亿元、0.54 万亿元，较 2020 年分别增长 4.2%、8.2%、2.2%、−0.8%。住宅、办公楼、商业营业用房投资分别为 11.12 万亿元、0.60 万亿元、1.25 万亿元，分别增长 6.4%、−8.0%、−4.8%。商品房销售面积达 179 433 万平方米，较 2020 年增长 1.9%。其中，住宅销售面积增长 1.1%，办公楼和商业营业用房销售面积分别下降 6.9%、2.0%。

3. 基础设施投资低迷

由于疫情防控投入成本加大，挤压了积极财政政策中基础设施建设支出，同时由于近年来基建有效投资空间的持续收窄和优质基建项目的储备不足，2021 年我国基础设施投资（不含电力、热力、燃气及水生产和供应业）整体低迷，较 2020 年增长 0.4%。其中，水利管理业投资增长 1.3%；公共设施管理业投资下降 1.3%，降幅收窄 0.1 个百分点；道路运输业投资下降 1.2%，增速回落 3 个百分点；铁路运输业投资下降 1.8%，降幅收窄 0.4%。

4. 高技术产业投资快速增长

高技术产业投资延续了 2020 年的快速增长趋势，并逐渐开始发挥引领作用。2021 年高技术产业投资较 2020 年增长 17.1%，比全部投资增速快 12.2 个百分点，拉动全部投资增长 1.2 个百分点。其中，高技术制造业投资增长 22.2%，比制造业投资增速快 8.7 个百分点，拉动制造业投资增长 4.5 个百分点；电子及通信设备制造业，航空、航天器及设备制造业，医疗仪器设备及仪器仪表制造业，计算机及办公设备制造业投资分别增长 25.8%、24.1%、22.6%、21.1%；高技术服务业投资较 2020 年增长 7.9%，比服务业投资增速快 5.8 个百分点，拉动服务业投资增长 0.3 个百分点；电子商务服务业、信息服务业、科技成果转化服务业投资分别增长 60.3%、16.7%、16.0%。

近年来投资转型升级步伐加快，我国产业和地区投资结构调整取得一定进展。但受疫情冲击，现阶段投资增长的下行趋势凸显，而稳投资又是促进短期需求和稳定长期发展的关键。受多重因素影响，2022 年投资增长的"动力"与"阻碍"参半，就有利条件而言：

（1）财政政策的扶持力度加大。2022 年政府工作报告中指出，中央拟投资安排 6400 亿元，围绕国家重大战略部署和"十四五"规划，适度超前开展基础设施投资；建设重点水利工程、综合立体交通网、重要能源基地和设施，加快城市燃气管道、给排水管道等管网更新改造，完善防洪排涝设施，继续推进地下综合管廊建设等。基建投资的持续发力，将进一步增强经济发展动能，带动工业企业投资增长。

（2）新兴业态为企业投资提供新契机。在居民消费升级的促进下，旅游、文化、体育、教育培训等产业快速成长，提升供给质量、提供高端供给已经成为近年来的投资热点。新兴领域，如愈发受到重视的人工智能、区块链等应用领域，蕴含着巨大的投资潜力，开始引领投资浪潮。

（3）投资环境优化。随着近年来"放管服"改革的纵深推进，国内的营商环境得到有效改善。中国国际贸易促进委员会发布的《2021 年度中国营商环境研究报告》指出，2021 年受访企业对全国营商环境评价为 4.38 分，较 2020 年提高 0.03 分。投资审批效率的提高，对持续优化企业投资环境、激发企业投资活力、增强经济发展内生动力具有重要作用。

但同时也应看到，受新冠肺炎疫情影响，现阶段宏观环境的不确定性增强，投资的下行压力加大。在外部环境方面，全球产业链供应链布局深刻调整，跨境人流、物流受限，形势严峻。在国内环境方面，国内劳工成本上升，消费需求锐减，对中小企业和民营企业的打击严重。以上因素都会造成市场主体投资信心不足，不利于企业投资预期的改善，由此导致未来投资额下滑。

三、对外经济回顾与展望

2021 年新冠肺炎疫情持续扩散，世界经济缓慢复苏，国际产业链供应链布局深刻调整，单边主义、贸易保护主义加剧，对外经济发展的外部环境愈发错综复杂。但与此同时，国内经济秩序的稳定恢复、外贸企业竞争新优势的不断增强，以及跨境电商等新业态的蓬勃发展，都为对外经济改善向好的运行态势提供了良好支撑，未来对外经济发展的风险与机遇并存。

（一）对外贸易

在新冠肺炎疫情冲击、世界经济复苏不稳定不平衡、国际产业链供应链布局深刻调整的背景下，2021 年我国的外贸发展逆势增长，好于预期，高质量发展取得突出成效。

国家统计局数据显示，2021 年货物进出口总额达 39.10 万亿元，较 2020 年增长 21.4%。其中，出口 21.73 万亿元，增长 21.2%；进口 17.37 万亿元，增长 21.5%。货物进出口顺差 4.36 万亿元，较 2020 年增加 0.73 万亿元。2021 年服务进出口总额达 5.30 万亿元，较 2020 年增长 16.1%。其中，服务出口 2.54 万亿元，增长 31.4%；服务进口 2.75 万亿元，增长 4.8%。服务进出口逆差 0.21 万亿元。

1. 进出口总值回暖向稳

从进口总值的月度数据来看，2021 年月度同比增长与月度累计增长实现全年增长。月度同比增长前高后低，出现较强波动性，并保持在 15% 以上。月度同比在 2 月探至年内最低点 17.3% 后，逐步上升至 5 月的 51.1%，达到年内最高点；之后呈波动下降趋势，在 8 月、11 月出现两次峰值（分别为 33.1%、31.4%）。月度累计增长的变化趋势相对平稳。累计增长在 2 月达到 22.2% 后，逐月上升，在 6 月达到年内最高点（36%）。在 4—12 月，进口月度累计增长保持在 30% 以上（见图 8）。

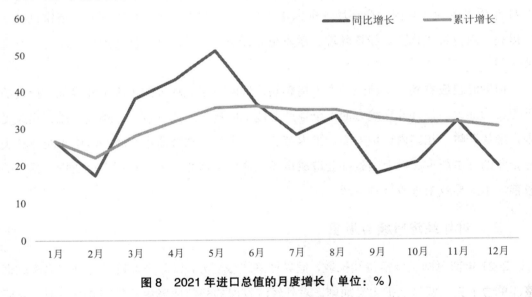

图 8　2021 年进口总值的月度增长（单位：%）

资料来源：国家统计局. 进出口贸易年度数据. [2022-05-31]. http://data.stats.gov.cn/easyquery.htm?cn=C01.

从出口总值的月度数据来看，2021 年出口月度同比增长与月度累计增长呈现相似走势，在 2 月达到年内最高点（分别为 154.9%、60.6%）后，呈下降趋势。上半年，出口月度同比保持在 25% 以上；7 月探至年内最低点（19.3%）后缓慢回升至 10 月的 32.3%，11—12 月分别降至 22%、20.9%。3—12 月，出口累计增长呈逐月下降趋势，在 12 月达到年内最低点（29.9%），其他各月保持在30%以上。

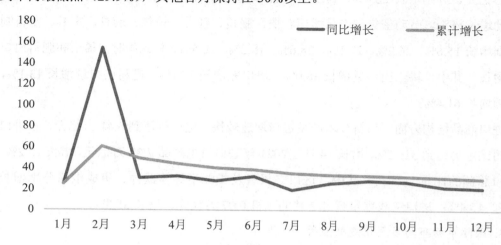

图9　2021年出口总值的月度增长（单位：%）

资料来源：国家统计局. 进出口贸易月度数据. [2022-05-31]. http://data.stats.gov.cn/easyquery.htm?cn=C01.

2. 一般贸易比重上升

贸易方式方面，一般贸易进出口占比持续上升。贸易结构有序调整，优化升级不断。2021年我国一般贸易进出口总额为3.73万亿美元，占当年货物贸易总额的61.6%，同比增长33.7%，对外贸易自主发展能力不断增强。其中，一般贸易进口额为1.68万亿美元，出口额为2.05万亿美元，较2020年分别增长33.9%、33.4%。加工贸易进出口总额为1.32万亿美元，占当年货物贸易总额的21.73%。加工贸易进口额和出口额分别为0.49万亿美元、0.83万亿美元，较2020年同期分别增长21.1%和17.6%（见表4）。

表4　2021年进出口不同贸易方式总额　　　　　　　　　　单位：亿美元，%

贸易方式	出口		进口	
	金额	增长	金额	增长
一般贸易	20 498.3	33.4	16 769.7	33.9
加工贸易	8263.1	17.6	4892.9	21.1

资料来源：商务部. 2021年1-12月外贸进出口统计综述与分析说明. [2022-01-30]. http://images.mofcom.gov.cn/tjxh/202201/20220130112534719.pdf.

3. 商品结构持续优化

出口商品结构方面，2021年机电产品、高新技术产品出口额分别为12.83万亿元、

6.33 万亿元，分别增长 20.4%、17.9%，占出口总额的比重分别为 59.02%、29.11%，实现强劲增长势头。劳动密集型产品增速较快，服装、鞋类、箱包、玩具、家具、塑料制品分别增长 15.6%、26.2%、26.1%、28.6%、18.2%、20.5%。与此同时，稀土和肥料出口高速增长。其中，稀土出口量增长 38.0%，出口额增长 77.1%；肥料出口量增长 13.1%，出口额增长 61.4%。

进口商品结构方面，高新技术产品进口增速较快，进口额达到 5.41 万亿元，占进口总额的比重仍达到 31.15%，增长 14.7%。2021 年进口机电产品 7.37 万亿元，增长 12.2%，占进口总额的比重 42.4%。其中，进口二极管及类似半导体器件、集成电路分别增长 18.2%、15.4%；进口空载重量超过 2 吨的飞机 0.07 万亿元，增长 38.3%。

4. 国际市场布局多元化成效显著

国际市场布局方面，更加均衡，市场多元化成效显著，中国的外贸伙伴扩大至 230 多个国家和地区。2021 年中国对前五大贸易伙伴东盟、欧盟、美国、日本和韩国的进出口额分别为 5.67 万亿元、5.35 亿元、4.88 万亿元、2.40 万亿元和 2.34 万亿元，分别增长 19.7%、19.1%、20.2%、9.4%、18.4%。前三大贸易伙伴合计占比为 40.69%。与共建"一带一路"国家和地区的经贸合作也进一步深化，2021 年 1—10 月中国对共建"一带一路"国家和地区进出口贸易总额达 9.3 万亿元，增长 23%，高出整体进出口增速 0.8 个百分点。对 RCEP 其他成员进出口 9.8 万亿元，增长 18.7%，占进出口总额的 31%。

5. 外贸内生动力增强

民营企业作为外贸主力军的作用进一步凸显。2021 年前三个季度，有进出口实绩的企业达到了 52.7 万家，同比增加 3.4 万家。新增对外贸易经营者备案登记 14.2 万家，其中民营主体占 94.5%。前 10 个月，民营企业进出口 15.5 万亿元，同比增长 27.5%，高出整体增速 5.3 个百分点，占进出口总额的 48.7%，比去年同期提升 2.1 个百分点。其中，出口 10.1 万亿元，增长 26.2%，占出口总额的 57.6%，提升 1.9 个百分点；进口 5.4 万亿元，增长 30.0%，占进口总额的 37.8%，提升 2.3 个百分点。外商投资企业进出口 11.4 万亿元，增长 13.8%，占进出口总额的 36.0%，下降 2.6 个百分点；国有企业进出口 4.8 万亿元，增长 26.3%，占进出口总额的 15.3%，提升 0.5 个百分点。

新冠肺炎疫情在全世界范围内蔓延，加剧了世界经济复苏的不确定性。国际贸易格局深度调整，全球价值链重构，我国外贸发展环境错综复杂。就有利条件来看：

（1）国内经济迅速恢复，呈现向好态势。2021 年国内宏观经济稳定复苏，经济结构持续优化，支撑经济发展的新旧动能加快转换，经济发展质量稳步提升，为外贸发展奠定了坚实基础。

（2）国际贸易布局进一步扩展。在巩固美、欧、日等传统市场的同时，随着我国与共建"一带一路"国家、非洲、拉丁美洲等新兴国家经贸往来的持续推进，对外贸易格局呈现出遍布全球、多点开花的新局面。

（3）进出口企业发展韧性增强。在新冠肺炎疫情的冲击下，外贸企业积极寻求突破，传统外贸企业开始借助大数据精准营销工具、B2B（商业对商业）平台、线上展会等渠道，开展客户开发、推广及引流，加快数字化转型。与此同时，还持续加大了研发投入，逐步提升出口产品的技术含量和附加值，不断向价值链上游攀升，并愈发注重供应链管理、品牌打造、专业服务、品质控制和售后服务等综合能力的提升，努力打造新的核心竞争力。

（4）外贸政策环境优化。国务院出台了多轮稳外贸政策措施，包括出口退税、出口信用保险、加工贸易梯度转移、贸易发展新业态等内容，助力外贸企业走出困境。成功举办进博会、广交会、服贸会、消博会等重要展会。新增天津、上海、重庆、海南4个服务业扩大开放综合试点地区，推进文化、数字服务、中医药服务等领域特色服务出口基地建设。2021年7月，国务院办公厅印发的《关于加快发展外贸新业态新模式的意见》明确提出，完善跨境电商发展支持政策，扎实推进跨境电子商务综合试验区建设，培育一批优秀海外仓企业，完善覆盖全球的海外仓网络。

（5）多双边经贸关系取得重要突破。2022年1月《区域全面经济伙伴关系协定》（RCEP）正式生效。中国还申请加入了《全面与进步跨太平洋伙伴关系协定》（CPTPP）和《数字经济伙伴关系协定》（DEPA），构建面向全球的高标准自贸区网络。积极参与世贸组织改革，推动数字经济、绿色低碳等新兴领域国际经贸规则制定。

但同时，新冠肺炎疫情的发展和近年来发达国家对外政策的变化，也将导致我国贸易发展所面临的不稳定、不确定因素增多，下行压力加大，具体表现如下：

（1）全球疫情形势变化频繁。虽然全球疫苗的研发和接种均有所突破，但世界各国国内疫情形势差别较大，并且随着病毒迅速变异，全球疫情有所反弹，各国仍然采取多项贸易保护措施，多国人员和商品跨境流动受限，影响着世界经济贸易的稳定复苏。

（2）宽松货币政策的刺激效果减退。为了有效提振本国经济，多国提出实施促进经济复苏的宽松货币政策。但目前大多数国家的利率水平已降至零利率甚至负利率，经济增长却仍然难以恢复，下行压力持续加大，成为阻碍世界经济稳定增长、我国外贸发展的风险性因素。

（3）贸易壁垒增加，国际贸易规则面临重塑。随着"逆全球化"思潮涌动和贸易保护主义抬头，世贸组织成员纷纷实施提高关税、限制数量、增加进口环节税收、加严海关监管等贸易限制措施。世界贸易环境的动荡使国际贸易规则面临重塑，多边贸易体制改革方向尚不清晰。美国等少数发达经济体的对外贸易政策可能发生重大改变，可能会采取实质性退出的方式重塑现有的贸易框架和规则，对外贸易发展的不确定性进一步增强。

（4）全球产业链供应链布局重构。新冠肺炎疫情的冲击将加速全球产业链供应链重构，随着世界各国的内顾倾向加剧，愈发趋向单边主义和贸易保护主义，全球产业链供应链布局开始向区域化、本土化、短链化的趋势过渡，由此将带来新一轮的挑战和竞争。

（二）对外直接投资

面对错综复杂的国内外形势，我国企业在政府对外投资方式政策的引导下，积极主动"走出去"，逐渐成长为新兴经济体跨国公司的代表，对外投资有序发展，对外投资大国的地位进一步巩固。

1. 对外投资规模稳步增长，对外投资结构不断优化

2021 年我国对外全行业直接投资 1451.9 亿美元，较 2020 年增长 9.2%。对全球 166 个国家和地区的 6349 家境外企业进行了非金融类直接投资，累计投资 1136.4 亿美元，较 2020 年增长 3.2%。其中，交通运输、仓储和邮政业，电力、热力、燃气及水生产和供应业等行业对外投资较 2020 年分别增长 92.5%、75.9%，实现了高速增长（见表 5）。对外承包工程新签合同额 2584.9 亿美元，完成营业额 1549.4 亿美元，与 2020 年基本持平。对外劳务合作派出各类劳务人员 32.3 万人，12 月末在外各类劳务人员 59.2 万人。

对外投资结构不断优化。从产业流向来看，2021 年对外投资主要流向了租赁和商务服务业及制造业、批发与零售业等行业，占比分别为 32.2%、16.2%、15.5%。

表 5　2021 年部分行业对外非金融类直接投资额及其增速　　　单位：亿美元，%

行业名称	金额	增长率	占比
农、林、牧、渔业	11.3	−18.7	1.0
采矿业	49.8	−2.2	4.4
制造业	184.0	−7.9	16.2

行业名称	金额	增长率	占比
电力、热力、燃气及水生产和供应业	48.9	75.9	4.3
建筑业	55.7	7.9	4.9
交通运输、仓储和邮政业	51.0	92.5	4.5
信息传输、软件和信息技术服务业	75.3	12.2	6.6
批发与零售业	176.5	9.8	15.5
房地产业	24.9	−8.8	2.2
租赁和商务服务业	366.2	−12.4	32.2

资料来源：国家统计局. 2021 年国民经济和社会发展统计公报. [2022-06-01]. http://www.stats.gov.cn/tjsj/zxfb/202102/t20210227_1814154.html.

2. 与共建"一带一路"国家投资合作持续推进

2021 年我国对共建"一带一路"57 个国家非金融类直接投资额 203 亿美元，增长 14.1%，占同期总额的 17.8%，较 2020 年提升 1.7 个百分点。主要投向新加坡、印度尼西亚、马来西亚、越南、孟加拉国、阿拉伯联合酋长国、老挝、泰国、哈萨克斯坦和柬埔寨等国家。在共建"一带一路"国家新签承包工程合同额达 1340.4 亿美元，完成营业额 897 亿美元，分别占同期总额的 51.9% 和 57.9%，展现出共建"一带一路"合作的活力与韧性。

3. 境外经贸合作区建设成效显著

境外经贸合作区是中国企业集群"走出去"的重要平台，也是高质量共建"一带一路"的重要内容。截至 2021 年末，纳入中国商务部统计的境外经贸合作区分布在 46 个国家，累计投资 507 亿美元，上缴东道国税费 66 亿美元，为当地创造 39.2 万个就业岗。境外经贸合作区的高质量发展，不仅扩大了我国优势产业在海外的集聚效应，也进一步降低了中国企业"走出去"的风险与成本，成为中国企业"走出去"的重要名片。

虽然近年来我国对外投资规模稳居世界前列，但与发达国家相比，还存在很大差距，国内的跨国企业仍处于成长阶段，国际运营能力还有待提升，未来我国对外直接投资的发展风险与机遇并存。一方面，受新冠肺炎疫情和"逆全球化"影响，跨境人流、物流受到极大限制，欧美国家加强了对关键基础设施、关键技术、敏感数据等领域的外商投资审查，将对我国对外投资活动产生不利影响。另一方面，我国的多双边经贸关系取得重大突破，成功签署《区域全面经济伙伴关系协定》，并如期完成中欧投资协定谈判。加之"一带一路"倡议、境外经贸合作区、第三方市场合作、多元化融资体系、高标准自贸区网络等对外开放与合作平台蓬勃发展，这对于持续优化企业"走出去"环境、促进集群式投资发展、释放企业的对外投资潜力具有强大的助力作用。

（三）外商直接投资

随着外资准入范围持续扩大和投资便利化水平的快速提升，完备的产业链供应链、广阔的市场机遇、优化的营商环境使我国成为跨国公司主要投资目的地之一。2021 年外资准入负面清单持续缩减，进一步放宽了对采矿、制造、能源以及信息技术等方面的准入限制，外商直接投资规模稳中向好、再创新高。

1. 利用投资规模快速增长

2021 年我国实际使用外商直接投资金额达 1.1 万亿元，较 2020 年增长 14.9%，首次突破 1 万亿元，并实现近 10 年来首次两位数增长，使我国继续保持第一大外资流入国地位。并且，全年外商直接投资（不含银行、证券、保险领域）新设立企业 47 643 家，较 2020 年增长 23.5%。其中，农、林、牧、渔业及批发与零售业外商直接投资额增速较快，达到了 30% 以上。从外资的产业流向来看，2021 年外商直接投资投资主要流向了制造业、租赁和商务服务业、房地产业等行业，占比分别为 19.3%、19.1%、13.7%，总计 52.1%（见表 6）。

表 6　2021 年外商直接投资（不含银行、证券、保险领域）及其增速　　　单位：亿元，%

行业名称	实际使用金额	增长率	占比
农、林、牧、渔业	55	38.4	0.5
制造业	2216	2.8	19.3
电力、热力、燃气及水生产和供应业	249	14.9	2.2
交通运输、仓储和邮政业	351	1.3	3.1
信息传输、软件和信息技术服务业	1345	18.8	11.7
批发与零售业	1098	34.1	9.6
房地产业	1571	11.7	13.7
租赁和商务服务业	2193	19.3	19.1

资料来源：国家统计局. 2021 年国民经济和社会发展统计公报. [2022-06-01]. http://www.stats.gov.cn/tjsj/zxfb/202102/t20210227_1814154.html.

2. 利用外资结构不断改善

利用外资结构持续优化，2021 年服务业实际使用外资 9064.9 亿元，同比增长 16.7%。

高技术产业实际使用外资同比增长 17.1%，其中高技术制造业增长 10.7%，高技术服务业增长 19.2%。高技术制造业中，电子工业专用设备制造、通用仪器仪表制造引资同比分别增长 2 倍和 64.9%；高技术服务业中，电子商务服务、科技成果转化服务引资同比分别增长 2.2 倍和 25%。大项目数量较快增长，合同外资 5000 万美元、1 亿美元以上大项目数量分别增长 26.1%、25.5%。

3. 中部地区引资优势提升，外资来源地结构基本稳定

随着"一带一路"倡议的持续推进和 RCEP 生效，中西部地区向西开放的区位优势进一步彰显，开放程度有效提升，成为吸引外资的新区域，2021 年东部、中部、西部地区实际使用外资同比分别增长 14.6%、20.5%、14.2%，中部地区成为吸引外资的重要增长极。与此同时，2021 年对华投资主要来源地也基本保持稳定。2021 年共建"一带一路"国家和东盟实际投资同比分别增长 29.4% 和 29%，新加坡、德国分别增长 29.7%、16.4%。

利用外资的稳中向好彰显了我国经济高质量发展和高水平对外开放成效，但考虑到复杂多变的国际政治经济格局和全球新冠肺炎疫情的持续演变，未来吸引外资仍面临着巨大挑战。一方面，单边主义抬头使各国对跨境投资的审查更加苛刻，全球产业链供应链的深度重塑也使跨国投资趋向近岸化、本土化、区域化，造成各国引资竞争更加激烈。此外，中国土地、资源等要素供求关系趋紧，成本不断增加，传统比较优势弱化，也将对我国吸引外资产生不利影响。但也应注意到，我国主要经济指标持续向好、市场空间广阔和经济高质量发展进程加快，都对优质外资产生了更大的吸引力。同时，"稳外资"是我国政府"六稳"工作的重要内容，中国商务部在 2021 年 10 月 12 日正式印发《"十四五"利用外资发展规划》，提出"十四五"时期利用外资发展的目标，对外商准入范围、外资利用结构、外资管理体制等方面提出了具体要求，政策利好也将持续释放吸引外资潜力。

参考文献

[1] 国家统计局. 2021 年国民经济和社会发展统计公报[EB/OL]. [2022-05-13]. http:// www.gov.cn/xinwen/2022-02/28/content_5676015.htm.

[2] 国家统计局. 2021 年就业形势总体稳定 [EB/OL]. [2022-05-13]. http://www.stats.gov.cn/xxgk/jd/sjjd2020/202201/t20220118_1826610.htm.

[3] 国家统计局. 2021 年 CPI 温和上涨，PPI 涨幅高位回落[EB/OL]. [2022-05-13].

http://www.stats.gov.cn/xxgk/jd/sjjd2020/202201/t20220118_1826612.html.

[4] 国家统计局. 2021 年居民收入与消费支出情况 [EB/OL]. [2022-05-13]. http://www.stats.gov.cn/xxgk/sjfb/zxfb2020/202201/t20220117_1826442.html.

[5] 国家统计局. 居民收入稳定增长 居民消费支出继续恢复[EB/OL]. [2022-05-31]. http://www.stats.gov.cn/xxgk/jd/sjjd2020/202204/t20220419_1829868.html.

[6] 国家统计局. 消费市场总体持续恢复 消费结构优化升级[EB/OL]. [2022-05-31]. http://www.stats.gov.cn/xxgk/jd/sjjd2020/202201/t20220118_1826607.html.

[7] 国家统计局. 2021 年全国房地产开发投资增长 4.4% [EB/OL]. [2022-05-31]. http:// www.stats.gov.cn/xxgk/sjfb/zxfb2020/202201/t20220117_1826440.html.

[8] 国家统计局. 2021 年全国固定资产投资（不含农户）增长 4.9% [EB/OL]. [2022-05-31]. http://www.stats.gov.cn/xxgk/sjfb/zxfb2020/202201/t20220117_1826439.html.

[9] 国家统计局. 有效投资扩大结构优化[EB/OL]. [2022-05-31]. http://www.stats.gov.cn/xxgk/jd/sjjd2020/202201/t20220118_1826608.html.

[10] 李清彬，姜雪，姚晓明，等.2021 年消费形势分析与 2022 年展望[J]. 中国物价，2022（1）：19-21.

[11] 商务部.中国对外贸易形势报告（2021 年秋季）[EB/OL]. [2022-05-31]. http://zhs.mofcom.gov.cn/article/cbw/202012/20201203021345.shtml.

[12] 商务部.中国对外贸易形势报告（2021 年春季）[EB/OL]. [2021-06-15]. http://zhs.mofcom.gov.cn/table2017//20210609112027654.pdf.

[13] 商务部.2021 年我国对"一带一路"沿线国家投资合作情况[EB/OL].[2021-06-01]. http://hzs.mofcom.gov.cn/article/date/202201/20220103239000.shtml.

[14] 商务部. 2020 年中国商务发展情况[EB/OL]. [2021-06-15]. http://www.mofcom.gov.cn/article/i/jyjl/j/202101/20210103035550.shtml/.

[15] 商务部.2020 年中国消费市场运行情况[EB/OL]. [2021-06-15]. http://www.mofcom.gov.cn/article/i/jyjl/j/202101/20210103032721.shtml/.

[16] 中国季度宏观经济模型（CQMM）课题组. 2021—2022 年中国宏观经济预测与分析[J]. 厦门大学学报（哲学社会科学版），2021（3）：68-78.

[17] 中国社科院经济研究所. 2021 年中国外贸形势分析与 2022 年展望[EB/OL]. [2021-06-15]. http://ie.cass.cn/academics/economic_trends/202202/t20220210_5392368.html.

[18] 中国宏观经济研究院市场与价格研究所形势课题组. 2021 年价格形势分析与

2022 年展望[J]. 中国物价，2022（1）：13-15.

　　[19] 中国宏观经济研究院固定资产投资形势课题组，邹晓梅，吴有红，等. 2021 年固定资产投资形势分析与 2022 年展望[J]. 中国物价，2022（1）：16-18.

　　[20] 中央人民政府. 2021 年政府工作报告[EB/OL]. [2021-06-15]. http://www.gov.cn/guowuyuan/zfgzbg.htm.

　　[21] 中央人民政府. 去年实际使用外资超万亿元，同比增长 14.9% [EB/OL]. [2021-06-15]. http://www.gov.cn/xinwen/2022-02/11/content_5672983.htm.

　　[22] 邹蕴涵. 当前我国消费市场形势分析与展望[J]. 中国物价，2021（11）：6-8.

美国经济形势分析与展望

毛其淋　钟一鸣*

摘　要： 回望 2021 年，新冠肺炎疫情的影响仍然是贯穿美国经济的主线。尽管全球已有众多国家实现了疫苗的广泛接种，但是从 2021 年初出现的变种病毒德尔塔（Delta）到 2021 年 11 月出现的奥密克戎（Omicron），疫情的反复蔓延导致美国经济的不确定性大大增强。不过，得益于 2020 年疫情大流行出现以来美国政府实施的大规模货币和财政刺激政策，美国的经济复苏之路在 2021 年取得了显著进展，经济活动逐渐开放和活跃，商品和服务的消费支出大幅增加，就业市场出现结构性复苏，经济总量显著抬升。本文首先对 2021 年以来美国经济的基本情况进行回顾，并对美国 2022 年的经济复苏前景做出基本判断。总体而言，2022 年美国经济有望延续复苏态势，但同时，通胀水平过高、货币和财政政策转向、金融市场动荡、国际政治经济环境恶化等多方面的宏观经济因素或将促使美国经济增长前景承压，经济下行风险增大。

关键词： 美国经济形势；新冠肺炎疫情；拜登经济政策；中国应对方案

2020 年，面对新冠肺炎疫情的冲击，美国政府消极抗疫，导致疫情失控且在全球范围内蔓延，美国经济形势急转直下，进入严重衰退期，全年 GDP 增速萎缩 3.5%。2021 年，在美国政府大规模的经济刺激和疫苗接种的普及推进下，美国经济重启，生产、生活及经济秩序逐步恢复，全年 GDP 同比增长 5.7%。本文首先对 2021 年以来美国的各项宏观经济指标进行解读，在此基础上结合 2022 年第一季度的美国经济数据，对其日后的经济发展前景进行预判。美国居高不下的通胀水平、易放难收的货币政策和对华不利的

---
* 毛其淋，南开大学国际经济研究所教授、博士生导师，南开大学 APEC 研究中心兼职研究人员。钟一鸣，南开大学经济学院国际经济研究所博士研究生。

经贸政策都给我国未来的经济发展带来了巨大的不确定性和风险，本文据此进一步提出中国的应对策略及措施，试图为特殊时期下中国经济的发展方向以及中美关系的处理等问题建言献策。

一、2021 年美国宏观经济指标分析

2020 年，新冠肺炎疫情给美国带来了自"大萧条"以来最严重的宏观经济冲击。2021年，尽管仍有变种病毒德尔塔变体和奥密克戎变体肆虐，但随着疫苗接种工作的持续推进，美国经济复苏态势向好。

表 1 展示了 2007—2021 年间美国经济的基本状况。2008—2009 年，国际金融危机全面爆发，美国经济遭到沉重打击，此后短期内少数指标受财政刺激政策影响而快速修复，并伴有下降趋势，但整体上经济进入缓慢复苏阶段。2020 年 2 月，新冠肺炎疫情大暴发并在全球范围内肆虐蔓延，自第二季度开始，各项经济指标均出现创纪录式下降，2020 年全年，美国国内生产总值（GDP）下跌 2.3%，创 2009 年以来最大年度跌幅。2021年，美国政府大规模的财政刺激政策和大范围的疫苗接种有力地推动了经济复苏，使得美国 GDP 同比增长 5.6%，创 1984 年以来最高。反弹和复苏态势体现在经济的每一方面和产出的每个组成部分：2021 年美国个人消费支出增长 7.0%，私人投资增长 8.9%，出口贸易和进口贸易分别增长 5.2%和 9.6%，政府消费与投资增长 0.1%。受供应链危机、油价上涨以及工资上涨的多重影响，2021 年美国通货膨胀强度出乎意料，通胀率飙升至7.0%，达到 1982 年以来的最高水平，给美国民众带来了巨大的生活成本压力。除此之外，在就业方面，随着美国经济恢复，企业对工人的需求迅速回升，使得美国的失业率回落。接下来，本文将从多个维度详细分析美国 2021 年的经济发展状况。

表 1　美国主要经济指标（2007—2021 年）　　　　单位：%

年份	GDP增长率	个人消费支出增长率	私人投资增长率	出口增长率	进口增长率	政府消费与投资增长率	居民价格指数	失业率	工资率变化（非农行业周变化）	联储基准利率
2007	2.2	2.0	-1.8	9.2	1.6	2.3	4.1	4.6	1.0	5.02
2008	-2.5	-1.5	-15.3	-2.0	-5.5	2.6	0.1	5.8	-1.0	1.92
2009	0.1	-0.2	-9.2	1.4	-5.1	3.1	2.7	9.3	2.1	0.16
2010	2.8	2.8	12.1	10.6	11.5	-1.5	1.5	9.6	1.2	0.18

年份	GDP增长率	个人消费支出增长率	私人投资增长率	出口增长率	进口增长率	政府消费与投资增长率	居民价格指数	失业率	工资率变化（非农行业周变化）	联储基准利率
2011	1.5	1.0	10.4	4.7	3.3	−3.4	3.0	8.9	−0.9	0.10
2012	1.6	1.5	4.0	3.0	0.5	−2.1	1.7	8.1	−0.1	0.14
2013	2.5	1.9	9.3	5.2	2.9	−2.4	1.5	7.4	0.4	0.11
2014	2.6	3.5	5.3	2.4	6.5	0.3	0.8	6.2	1.0	0.09
2015	1.9	2.6	2.3	−1.5	3.3	2.2	0.7	5.3	2.4	0.13
2016	2.0	2.3	1.8	1.3	2.2	1.6	2.1	4.9	1.0	0.39
2017	2.7	2.8	4.2	5.9	5.1	0.7	2.1	4.4	0.5	1.00
2018	2.3	2.6	5.2	0.2	3.4	1.0	1.9	3.9	0.7	1.83
2019	2.6	2.3	−0.8	0.3	−2.0	3.2	2.3	3.7	1.4	2.16
2020	−2.3	−2.4	2.4	−10.7	0.3	1.2	1.4	8.1	4.7	0.37
2021	5.6	7.0	8.9	5.2	9.6	0.1	7.0	5.3	0.5	0.08

资料来源：Advisors C O E. Economic Report of the President 2022 [J]. Claitors Pub Division, 2022. https://www.whitehouse.gov/wp-content/uploads/2022/04/ERP-2022.pdf.

（一）产出与经济增长

2021 年初，随着疫苗接种的普及，新冠肺炎疫情得到了有效抑制，企业重新开工，加之拜登政府推出多项经济刺激措施，有效提振了私人消费与企业投资，美国经济复苏开始提速。表 2 展示了美国相关经济指标的环比变化率。2021 年第一季度，美国 GDP 为 53 810 亿美元，同比实际增长 0.5%，环比年化增长 6.3%。其中，最核心的支撑因素是个人消费与政府支出：占美国 GDP 近七成的居民个人消费环比增加 11.4%，对 GDP 增长的贡献率达 7.44%；政府消费支出与投资环比增加 4.2%，对 GDP 增长的贡献率为 0.77%。私人投资意外成为拖累因素，环比负增长（−2.3%），拖累 GDP 约 0.37%。2021 年第二季度，美国经济基本面整体向好，继续保持较快复苏态势，GDP 同比实际增长 12.5%，超过市场预期；但环比年化增速仅为 6.7%，低于市场预期。分项来看，美国第二季度的经济增长反映了其在居民个人消费、非住宅固定投资以及出口方面的良好表现，但部分被私人投资、住宅固定资产投资和联邦政府支出的下降所抵消。2021 年第三季度，在疫情反弹、政策退潮和供给受限三大利空因素的作用下，美国 GDP 环比增长 2.3%，环比增速回落显著。这是因为：一方面，德尔塔变异病毒持续扩散，使得居民对汽车等耐用品及娱乐服务、食宿服务等接触型消费额大幅下降，消费支出增长不足；另一方面，疫情反弹导致供应链受到严重冲击，服务业受限、物资供应紧张，引致出口下滑、进口增加，贸易逆差急剧扩大，净出口持续成为美国经济的拖累，且幅度环比有所上升。2021年第四季度，美国 GDP 年化增长率为 6.9%，较前一季度提高 4.6%，回到 2021 年初的高增速，主要得益于德尔塔病毒影响逐渐消退、管控趋松，加之前期居民高储蓄释放，企业库存增加，消费依然强劲。分项来看，个人消费支出环比增长 2.5%，拉动经济增长 1.76 个百分点；私人投资增加，提振经济增长 5.82 个百分点。此外，州和地方政府支出总和环比下降 1.6%，联邦政府支出下降 4.3%，连续三个季度下滑。2022 年第一季度，不断激增的奥密克戎病毒感染病例、飙升的通胀率以及俄乌冲突等诸多因素阻碍了美国经济增长，使得美国第一季度的 GDP 增速大幅低于市场预期，出现 2020 年第三季度以来的首次负值（-1.4%）。

表 2　美国相关经济指标环比变化率　　　　　　　　　　单位：%

指标	2019 年	2020 年	2021 年第一季度	2021 年第二季度	2021 年第三季度	2021 年第四季度	2022 年第一季度
GDP 及其构成增长率（经季节调整折年率）							
实际 GDP	2.3	-3.4	6.3	6.7	2.3	6.9	-1.4
个人消费支出	2.2	-3.8	11.4	12.0	2.0	2.5	2.7
私人投资	3.4	-5.5	-2.3	-3.9	12.4	36.7	2.3
固定资产投资	3.2	-2.7	13.0	3.3	-0.9	2.7	7.3
非住宅固定资产投资	4.3	-5.3	12.9	9.2	1.7	2.9	9.2
住宅固定资产投资	-0.9	6.8	13.3	-11.7	-7.7	2.2	2.1
出口	-0.1	-13.6	-2.9	7.6	-5.3	22.4	-5.9
商品	-0.1	-10.2	-1.4	6.4	-5.0	23.4	-9.6
服务	-0.1	-19.8	-6.0	10.4	-5.9	19.9	3.8
进口	1.2	-8.9	9.3	7.1	4.7	17.9	17.7
商品	0.5	-5.6	10.6	4.3	-0.3	18.9	20.5
服务	3.9	-22.6	2.2	23.6	35.0	13.1	4.1
政府消费支出与投资	2.2	2.5	4.2	-2.0	0.9	-2.6	-2.7
联邦政府	3.8	5.0	11.3	-5.3	-5.1	-4.3	-5.9
州和地方政府	1.3	0.9	-0.1	0.2	4.9	-1.6	-0.8
GDP 构成对经济增长的贡献（百分点）							
个人消费支出	-2.55	5.27	7.44	7.92	1.35	1.76	1.83
私人投资	-0.99	1.72	-0.37	-0.65	2.05	5.82	0.43
固定资产投资	-0.47	1.37	2.25	0.61	-0.16	0.50	1.27

指标	2019 年	2020 年	2021 年 第一季度	2021 年 第二季度	2021 年 第三季度	2021 年 第四季度	2022 年 第一季度
非住宅固定资产投资	-0.73	0.97	1.65	1.21	0.22	0.40	1.17
住宅固定资产投资	0.26	0.39	-2.62	-1.26	2.20	5.32	-0.84
出口	-1.57	0.47	-0.30	0.80	-0.59	2.24	-0.68
商品	-0.76	0.52	-0.10	0.48	-0.39	1.64	-0.80
服务	-0.81	-0.05	-0.20	0.32	-0.19	0.59	0.12
进口	1.28	-1.88	-1.26	-0.99	-0.68	-2.46	-2.53
商品	0.65	-1.61	-1.21	-0.51	0.04	-2.16	-2.43
服务	0.63	-0.26	-0.05	-0.48	-0.72	-0.31	-0.10
政府消费支出与投资	0.43	0.09	0.77	-0.36	0.17	-0.46	-0.48
联邦政府	0.33	0.04	0.78	-0.38	-0.35	-0.29	-0.39
州和地方政府	0.10	0.04	-0.01	0.02	0.52	-0.17	-0.08

资料来源：BEA. Gross Domestic Product, 1st Quarter 2022 (Second Estimate), https://www.bea.gov/sites/default/files/2022-04/gdp1q22_adv.pdf.

（二）就业市场持续动荡

图 1 绘制了 2000 年 1 月至 2022 年 4 月美国失业率的变化趋势。2007 年美国爆发次贷危机，资金链断裂，国际债务飙升，导致 2008 年美国及全世界陷入自 1929—1933 年经济大危机以来最严重的经济危机，世界经济衰退，失业率高涨。美国失业率自 2007 年开始呈现逐步上升的趋势，在 2010 年达到顶峰，自此之后逐渐下降。

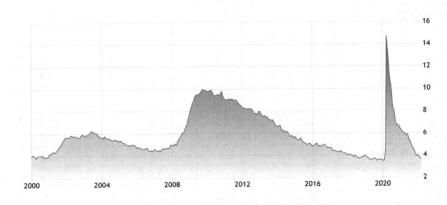

图 1　2000 年 1 月至 2022 年 4 月美国失业率变化情况（单位：%）

资料来源：美国劳工统计局（BLS）。

2020 年，在新冠肺炎疫情的冲击下，美国就业市场遭受重创，失业率高达 6.7%，就业人数较疫情前减少了 1000 万人。考虑到美国经济整体运行受阻，企业的投资活动暂停、经营前景恶化、众企业纷纷选择裁员，当时普遍预期美国的就业情况可能需要数年的时间才能恢复。然而，在拜登政府持续实施的"输血式"经济刺激下，2021 年美国劳动力市场恢复速度远超预期。图 2 展示了 2021 年 1 月至 2022 年 3 月美国失业率的变化情况，总体上看，美国失业率呈持续下降趋势，由 2021 年 1 月的 6.4%快速下降至 2021 年 12 月的 3.9%，这是自第二次世界大战以及美国 20 世纪 60 年代中期衰退以来，就业率恢复最快的一次。

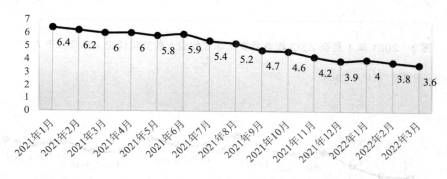

图 2　2021 年 1 月至 2022 年 3 月美国失业率变化情况（单位：%）

资料来源：美国劳工统计局（BLS）。

即便如此，美国非农就业人数的变化情况却不容乐观。图 3 展示了 2021 年 1 月至 2022 年 3 月美国非农就业人数的变化趋势。从图中可以看到，2021 年第一季度，美国就业状况逐渐好转，非农就业人数总体上呈上升趋势。然而，2021 年 3 月 11 日，拜登政府签署了 1.9 万亿美元的刺激法案，在各州原有失业救济的基础上每周增加 400 美元的失业补助，导致美国失业救济水平高于很多低收入岗位薪资，劳动力就业意愿下降，2021 年 4 月，非农就业人数呈断崖式下跌。此后，非农就业人数从谷底动荡攀升，但受疫情反复、失业补贴政策等的影响，直至 2021 年 12 月，非农新增就业人数仍远不及预期。图 4 展示了 2021 年 1 月至 2022 年 3 月美国职位空缺数量变化情况。随着疫情常态化、经济复苏，劳动力市场的需求逐渐增加，美国各行各业招工需求猛增，但是愿意就业的工人数却大大降低，数百万人仍不愿意投入劳动力市场，职位空缺率不降反增。美国劳动力市场"失业多"与"招工难"的扭曲现象严重。

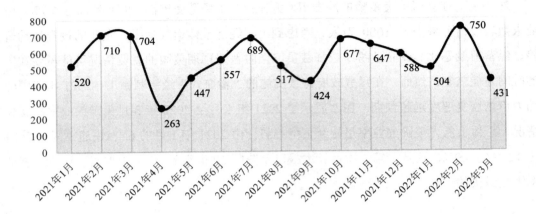

图 3　2021 年 1 月至 2022 年 3 月美国非农就业人数变化情况（单位：千人）

资料来源：美国劳工统计局（BLS）。

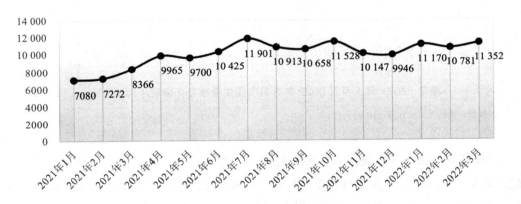

图 4　2021 年 1 月至 2022 年 3 月美国职位空缺数量变化情况（单位：千个）

资料来源：美国劳工统计局（BLS）。

　　由于急于将工人召回餐馆或酒店等服务业，雇主们不得不提供更高的薪酬、更多的休息时间或免费食物等福利，餐馆、超市等低薪行业员工的平均工资在 2021 年首次升至每小时 15 美元以上。如图 5 所示，2020 年 1 月至 2021 年 3 月美国平均工资呈持续增长态势。

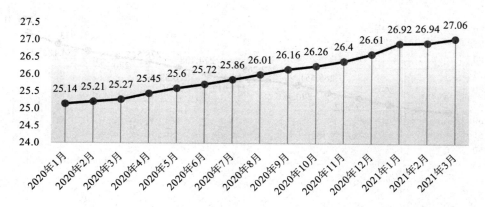

图 5　2020 年 1 月至 2021 年 3 月美国平均工资变化情况（单位：美元/小时）

资料来源：美国劳工统计局（BLS）。

（三）通货膨胀远超预期

2021 年，美国通货膨胀率持续攀升，达到 1982 年以来的最高水平。图 6 和图 7 分别绘制了 2021 年 1 月至 2022 年 3 月美国通货膨胀率和居民消费价格指数（CPI）的变化情况。2021 年第一季度，美国通货膨胀率缓慢上升，2021 年 3 月至 2021 年 6 月，通货膨胀率大幅上升。该轮大通胀起于 2021 年 3 月，当月通货膨胀率从上月的 1.7%跃升至 2.6%，高于美联储的长期通胀目标（2%），之后通货膨胀率一路大幅度上涨直到 2021 年 6 月的 5.4%，到达局部峰值，并在 2021 年 7 月至 9 月基本维持这一水平。2021 年 9 月开始，美国通货膨胀率持续大幅上升，至 2022 年 3 月创下 40 年新高，达到 8.5%。如图 7 所示，CPI 的变动情况与通货膨胀率的变动情况类似。

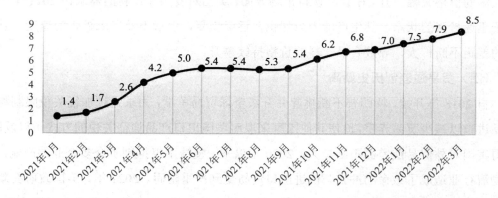

图 6　2021 年 1 月至 2022 年 3 月美国通货膨胀率（单位：%）

资料来源：美国劳工统计局（BLS）。

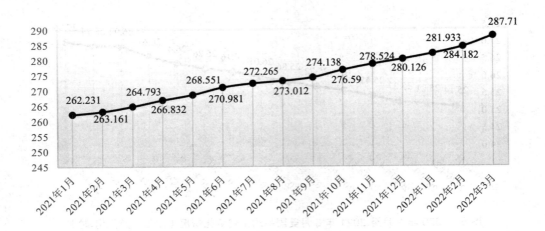

图 7　2021 年 1 月至 2022 年 3 月美国 CPI 变化情况（单位：%）

资料来源：美国劳工统计局（BLS）。

将美国居民消费价格指数按构成进行分解可知，住宅、交通运输和食品饮料三项占比最高，合计占美国 CPI 的七成以上，此三项价格的大幅上涨是造成美国此次大通胀的主要原因，对美国通货膨胀的贡献度达到九成。具体来看，在住宅方面，自 2008 年金融危机开始，美国的成屋库存即处于持续下降的状态，加之受疫情影响，建筑开工受阻，成屋库存进一步减少；而随着疫情常态化，美国的成屋销售回暖，需求量上升，刺激了房价上涨。在交通运输市场方面，2021 年 3 月起，机动车辆的销售额骤增，表现出强劲的市场需求，而汽车及其零部件的产能利用率仍处于较低水平，需求远远大于供给，使得汽车的价格大幅上升。在食品饮料市场方面，美国对食品和饮料的需求在 2021 年一直处于迅速扩张的状态，其生产能力虽然也在逐渐恢复，但远不及需求扩张的速度，且二者的差距不断扩大，导致食品饮料的价格持续攀升。

（四）贸易逆差创历史新高

自 2018 年开始，特朗普不断挑起并升级全球贸易争端，力求通过加征关税限制相关商品进口以减少贸易赤字，迫使其他国家采取对美国出口产品加征关税的方式予以反制，使得美国对外贸易逆差额不断扩大。2020 年以来，疫情不仅抑制了众多企业的产能，且对物流行业造成了致命的冲击，使进出口贸易受到严重阻碍。2021 年，美国政府在新冠肺炎疫情期间出台大规模财政支出措施，使得国民储蓄增加，刺激消费者购买更多商品，导致商品库存紧张、企业大举补充库存，进而推动进口额大幅攀升，贸易的进出口逆差不断扩大。图 8 绘制了 2021 年 1 月至 2022 年 2 月美国贸易逆差的变化情况，2021 年美国商品和服务出口额较 2020 年增长 18.5%（约 2.53 万亿美元），进口额增长 20.5%（约 3.39 万亿美元），总逆差额为 8591 亿美元，与 2020 年相比，贸易逆差扩大 26.9%。

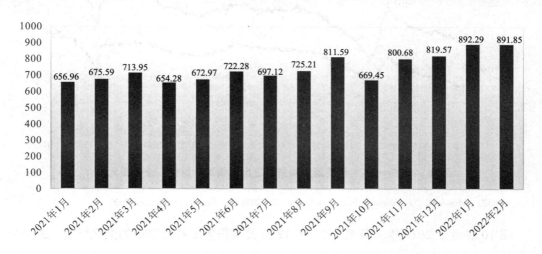

图 8　2021 年 1 月至 2022 年 2 月美国贸易逆差（单位：亿美元）

资料来源：美国经济分析局（BEA）。

图 9 绘制了 2005—2021 年美国货物贸易进出口的变化情况。美国货物贸易在 2020 年新冠肺炎疫情开始时大幅下降，之后迅速反弹，在 2021 年持续上升，货物进出口贸易额都打破了 2018 年的纪录，这种迅速而强劲的反弹与 2008 年大衰退之后的贸易停滞形成了鲜明对比。货物贸易进口创历史新高，达到 1.8 万亿美元，这主要是因为疫情后美国政府发放了近 6 万亿美元的疫情救济，刺激了消费者的商品支出。工业用品和材料的进口增长至 2014 年以来的最高水平，食品进口创历史新高，资本、消费品和其他商品亦是如此。2021 年，美国从 70 个国家的进口达到创纪录水平，其中墨西哥、加拿大和德国位于前列。在货物贸易出口方面，出口额飙升 23.3%，其中工业用品、材料、食品、消费品和石油的出口创历史新高。但即便如此，进口的强劲增长仍盖过了出口的大幅反弹，2021 年美国货物贸易逆差为 10 907 亿美元，较上一年度增长 18.3%。

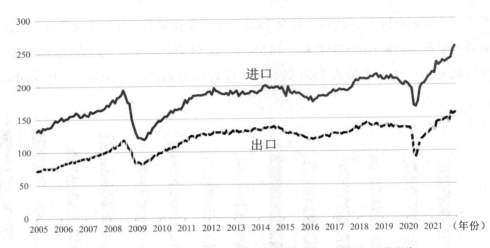

图 9　2005—2021 年美国货物贸易进出口情况（单位：十亿美元）

资料来源：Advisors C O E. Economic Report of the President 2022 [J]. Claitors Pub Division, 2022.

　　图 10 展示了 2019 年 1 月至 2021 年 12 月美国服务贸易进出口的变化情况。2020 年新冠肺炎疫情开始后，各国相继发布"居家令"和旅游限制措施，导致前往美国的国外旅客和前往海外的美国旅客数量迅速下降，旅游行业、航空客运行业受到重创，服务贸易需求受限。随着贸易及各项商业活动的恢复，2020 年 6 月起，美国服务贸易的进出口额开始缓慢回升，并在 2021 年全年持续上涨。除旅游和交通服务外，2021 年美国金融、保险、维修、建筑、信息、个人和政府服务、知识产权等服务的进出口总额均超过了 2019 年疫情开始前的水平。

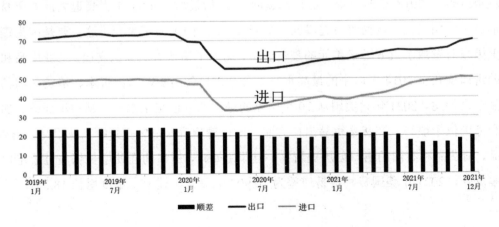

图 10　2019 年 1 月至 2021 年 12 月美国服务贸易进出口情况（单位：十亿美元）

资料来源：Advisors C O E. Economic Report of the President 2022 [J]. Claitors Pub Division, 2022.

（五）国际直接投资活动反弹增速惊人

长期以来，美国一直是海外企业投资的首选目的地，外国直接投资（FDI）也成为美国经济增长强大的驱动力之一。2020年，新冠肺炎疫情在世界范围内蔓延，受全球经济总体增长动能疲软、各种形式的贸易摩擦加剧等下行风险的影响，不确定因素增多，资金链挑战加大，重挫投资者信心和跨国投资发展，全球外商投资普遍大幅下滑。

2021年，随着各国防疫措施的不断放宽，国际贸易、投资领域逐渐复苏，资本的跨国流动再度活跃起来。与此同时，美元超发引致大宗商品价格暴涨，通胀在全球范围内传播，优质资产再次成为资本追逐的对象。作为全球最大的FDI目的地，美国吸引外商直接投资的金额不断攀升（见图11）。2021年第四季度FDI金额达747亿美元，远超疫情发生前水平；FDI全年增长114%（至3230亿美元），使得美国再度成为全球吸引外资最多的国家；其中，跨境并购规模增长了近两倍，高达2850亿美元。如此充沛的资金流动，成为拉动美国2021年经济增长的重要外力。

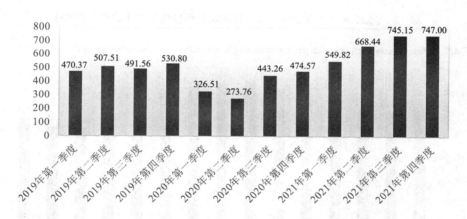

图11　2019年第一季度至2021年第四季度美国吸引外商直接投资额情况（单位：亿美元）

资料来源：美国经济分析局（BEA）。

（六）房地产行业强劲增长

2021年随着疫情后经济恢复，美国的国内外局势得到缓和，加上美国政府经济刺激措施和低利率的双重刺激，投资者的信心增强，房地产市场触底反弹，成屋销量较2020年有了很大提升（见图12）。2021年美国共售出735万套房产，较上一年度增加8.5%，创下2006年房地产泡沫高峰以来的最高水平。其中，单身公寓型住房销售量为541.3万套，共有式住宅销售量为70.7万套。而从供给侧的角度来看，疫情不仅导致了建筑材料和建筑工人短缺，新房供应增长缓慢，还使得手里有房者由于担心再也买不到房而不轻易挂牌售房，因此市场上待售房源不多，美国房屋库存不断缩减。截至 2021 年 12 月底，美国房地产市场上剩余的现房库存降至 88 万套（见图 13），创下历史新低。

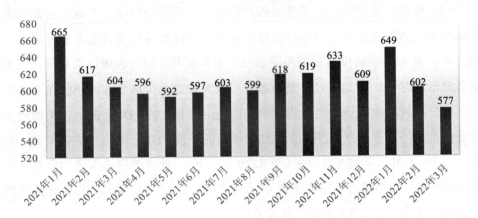

图 12　2021 年 1 月至 2022 年 3 月美国成屋销售情况（单位：千套）

资料来源：Trading Economics, https://zh.tradingeconomics.com/united-states/existing-home-sales.

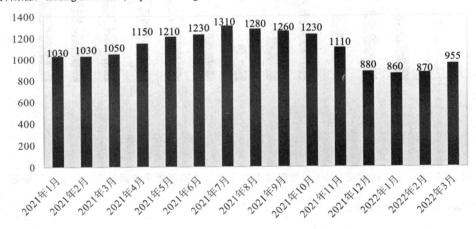

图 13　2021 年 1 月至 2022 年 3 月美国房屋总库存（单位：千套）

资料来源：Trading Economics, https://zh.tradingeconomics.com/united-states/total-housing-inventory.

而从需求侧的角度来看，美国房地产市场的需求旺盛，主要是基于以下几点原因：其一，美国 25～40 岁的"千禧一代"正在踏入买房阶段，这一代人中有房者的比例比上一代人低，对房屋的需求强烈且为刚性需求；其二，疫情冲击后，全球实行宽松的货币政策，推动抵押贷款利率快速下行，国内外的投资者不断涌入；其三，在美国宏观经济政策刺激之下，居民的可支配收入和净资产水平有所提高，购房热情上扬。房地产市场供不应求，推动美国房价不断飙升。美国凯斯·席勒（Case-Shiller）20 城综合房价指数显示（见图 14），2021 年全年房价呈持续攀升态势，但增速不断放缓。具体来看，美国房价全年上涨 18.8%，为该指数存在以来最高，大大高于 2020 年的涨幅（10.4%）。

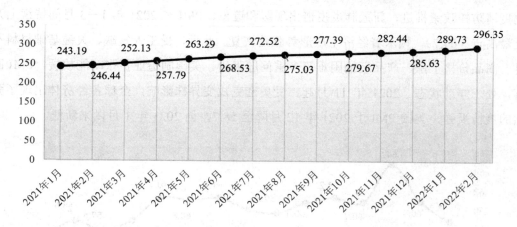

图 14   2021 年 1 月至 2022 年 2 月美国 Case-Shiller 房价指数

资料来源：Trading Economics, https://zh.tradingeconomics.com/united-states/case-shiller-home-price-index.

图 15 展示了 2021 年 1—12 月美国房屋月销售价格的中位数和平均数。从中可以看到，在 12 个月中，房价的平均数均大于中位数，说明多数购买者所购房屋类型为中低端住房。从 2021 年全年销售价格看，2021 年 6 月美国房价到达价格最高峰，价格中位数为 36.29 万美元，平均数为 38.13 万美元。

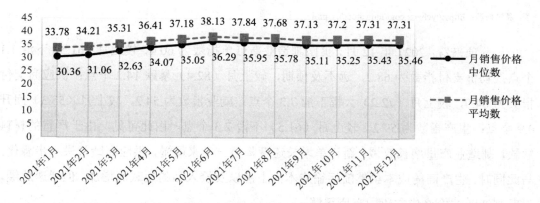

图 15   2021 年 1—12 月美国房屋月销售价格情况（单位：万美元）

资料来源：美国房地产经纪人协会（NAR）。

（七）制造业采购经理人指数（PMI）先升后降

PMI 是由美国供应管理协会（ISM）每月对制造业采购经理人进行问卷调查、汇总结果整理出的反映美国整体制造业状况、就业及物价表现的重要指标。图 16 绘制了 2021 年 1 月至 2022 年 3 月美国 PMI 的变化趋势。2021 年第一季度，随着世界各国持续常态化疫情防控政策推进，新冠肺炎疫情出现缓和迹象，PMI 在 2021 年 1—3 月间持续上升至最高点（64.7），预示着经济生产形势强劲恢复。此后，受工人短缺、关键基础材料不足、商品价格上涨、产品运输困难等多重问题阻碍，美国制造业扩张动能放缓，PMI 回落，处于浮动状态。2021 年 11 月起，受奥密克戎变异株影响，全球各经济体出现了强烈的疫情反弹，美国 PMI 于 2021 年 12 月降至 58.7，创 2021 年 1 月以来新低。

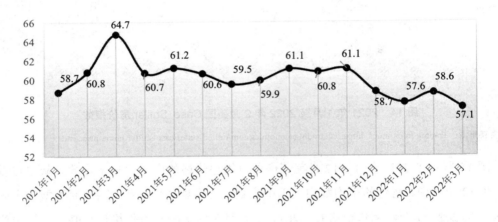

图 16　2021 年 1 月至 2022 年 3 月美国 PMI 指数

资料来源：https://ycharts.com/indicators/us_pmi.

从分项来看，2021 年 12 月，美国制造业新订单指数为 60.4，较上月（61.5）下滑 1.1 个点；物价支付指数为 68.2，远不及预期，较上月（82.4）暴跌 14.2 个点；供应商交付指数为 64.9，较上月（72.2）大幅下滑 7.3 个点；就业指数为 54.2，较上月（53.3）回升 0.9 个点；生产指数为 59.2，较上月（61.5）下滑 2.3 个点。由此可见，由于严重的材料短缺，制造业产量增长放缓，新订单增长速度降至一年来最慢，供应商绩效进一步恶化。与此同时，生产商的成本虽然随运输成本的上涨以及投入品的短缺而增加，但增速放缓，说明制造业的价格成本压力有所缓解。

2022 年第一季度，卷土重来的疫情加之地缘政治冲突加剧了供给侧的短缺，以能源和粮食为主的大宗原材料价格上涨加大了通胀压力，使得供给成本上升；地缘政治冲突致使国际运输受阻，供给效率下降。美国 PMI 呈不断下滑态势，截至 2022 年 3 月，该指数下降至 57.1，低于 2021 年全年水平。

（八）金融市场逐步复苏

2020 年，美国股市经历了大幅暴跌，但在美国政府高强度的财政政策和货币政策干预下，2021 年，美国金融市场逐步复苏。图 17 和图 18 分别绘制了 2010—2022 年美国道琼斯工业指数和 2008—2022 年标准普尔 500 指数的变化趋势。道琼斯工业指数在 2021 年上涨 18.73%，为连续第三年上涨；2021 年底的标准普尔 500 指数较 2020 年底上涨 26.9%，较疫情前（2019 年底）高出 47.5%。

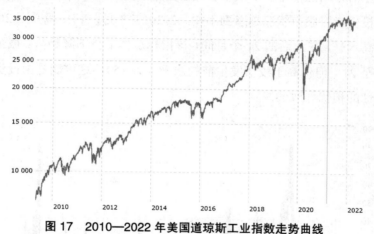

图 17　2010—2022 年美国道琼斯工业指数走势曲线

资料来源：https://www.MACROTRENDS.net/1358/dow-jones-industrial-average-last-10-years.

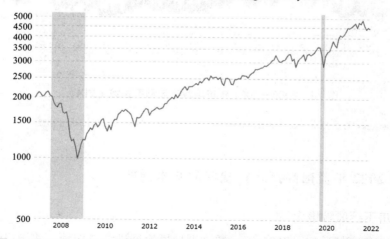

图 18　2008—2022 年美国标准普尔 500 指数（S&P 500 Index）走势曲线

资料来源：https://www.MACROTRENDS.net/2324/sp-500-historical-chart-data.

　　就板块而言，尽管科技行业全年都是投资者的重点关注对象，但事实上，能源板块才是 2021 年最大的赢家。根据标准普尔各行业指数表现，能源板块涨幅在各大主要板块中居首位，2021 年度累计上涨 46.21%。房地产板块涨幅排名第二（为 36.8%），科技板块紧随其后（为 32.73%）。此外，金融、医疗保健、非必需消费品、工业等涨幅排名也十分靠前。

　　即便如此，美国金融市场的不确定性和波动性仍然很大，远高于疫情之前的水平。图 19 展示了 2006—2021 年美国股市波动率指数（VIX）的变化情况，这一指标在一定程度上代表了当前市场的情绪，反映了投资者对未来股价波动率的预期和恐慌程度，指数越大，表明投资者对股市状况越感到不安。2020 年 3 月，VIX 飙升至 2008 年全球金融危机后的最高水平，在此后的 21 个月间，该指标总体上呈下降趋势。截至 2021 年底，VIX 逐步回落至 21，但仍高于疫情发生前的水平（为 15），这可能是由投资者对疫情未来发展不确定性的担忧导致的。

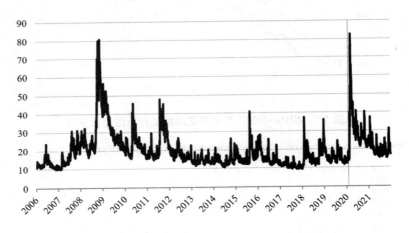

图 19　2006—2021 年美国股市波动率指数（VIX）

资料来源：Advisors C O E. Economic Report of the President 2022 [J]. Claitors Pub Division, 2022.

二、对 2022 年美国经济运行状况的基本判断

（一）经济下行风险增大

　　相比 2020 年疫情肆虐，2021 年，通过大规模地推进疫苗接种，美国已经大致上控制住了新冠肺炎疫情的迅速蔓延，并逐步摒弃最初的严厉封城等措施，使得美国的生产与生活渐入正轨。除此之外，为了帮助家庭、企业渡过难关，拜登签署了 1.9 万亿美元

的经济救助法案，刺激了美国经济快速反弹，实际 GDP 增长 5.7%。2022 年，美国经济有望延续复苏态势，但同时，多方面的宏观经济因素或将导致经济增长前景承压，经济下行风险增大。

其一，考虑到当前通胀率触及 20 世纪 80 年代以来的最高水平，美联储有理由收紧货币政策以控制通胀预期，确保实现通胀目标，以维护公信力。其二，美联储为减轻疫情对社会经济的冲击而采取空前的福利政策，再加上税收收入减少，导致财政赤字增加，美国政府或将减少公共支出来重新平衡财政预算。其三，新冠变异毒株来势汹汹，2022 年初，奥密克戎病毒在美国迅速蔓延，或迫使经济活动因新增病例再度攀升而面临新一轮的限制，疫情反扑导致劳动力暂时性减少，而各国对新型变异毒株的防控措施可能会拖累国际贸易复苏、抑制全球人员流动，其中旅游业将显著承压。其四，2022 年 2 月，俄乌冲突爆发，各方制裁与反制裁激烈博弈，引发人道主义灾难，推高全球大宗商品价格，扰乱劳动力市场和国际贸易并造成全球金融市场动荡，致使世界经济雪上加霜。基于此，国际货币基金组织在 2022 年 4 月 19 日发布的《世界经济展望报告》中下调了对全球以及美国的经济增长预期。具体地，将 2022 年和 2023 年的全球经济增速预期分别下调 0.8 和 0.2 个百分点（至 3.6%），将 2022 年美国的经济增速预期调降 0.3 个百分点（至 3.7%）。

（二）通货膨胀恐成最大风险

2021 年，美国通胀水平持续走高、远超预期，达到 40 年来最高的通货膨胀率。这一攀升态势在 2022 年第一季度延续：2022 年 3 月，美国 CPI 环比上升 1.2%，创 2005 年 10 月以来新高；同比上升 8.5%，创 1981 年 12 月以来新高。分项来看，能源价格环比增长 11%，同比上涨 32%；食品价格环比增长 1%，同比上涨 8.8%；占 CPI 比重约 1/3 的居住成本环比上涨 0.5%，同比上涨 5%，涨幅较 2022 年 2 月有所提高。前美联储副主席克拉里达表示，目前的通胀增速已远高于他的预期，他将其评价为"历史上最大的预测误差"。但美联储对通胀预期表示乐观，美联储主席鲍威尔表示，经济的重启势必会对物价造成上涨压力，供应链调整需要时间，此时的价格飙升现象只是暂时的，美联储在 2022 年加息的可能性微乎其微。

然而，在我们看来，美国仍面临着严重的通胀压力，通胀水平仍将持续走高，阶段性通胀难以避免。其一，从短期来看，最直接的影响来源于油气价格的剧烈波动。俄乌局势，特别是此前美国对俄油气制裁带来供应短缺担忧，令国际油价飙升。2022 年 3 月，美国汽油价格环比上涨 18.3%，同比飙升 48%；燃料油价格环比上涨 22.3%，同比飙升

70.1%。现代社会中，生活、生产活动都与能源密不可分，能源价格的暴涨，势必会引起价格的全面上涨，进而加剧通货膨胀。其二，从中长期来看，供给冲击持续存在，引发通胀压力。受新冠肺炎疫情冲击，全球产业链、供应链受到不同程度的冲击，多种金属原材料价格持续走升，引致了上游原材料和汽车、芯片等核心产品的供给短缺，从而导致了全球大宗商品价格上涨，也抬升了汽车和二手车等的价格。其三，美国政府实施的财政刺激则从需求侧拉升了通胀水平。从疫情开始至今，拜登政府的财政刺激计划总规模高达 10 万亿美元，为此美国联邦债务创出 30 万亿美元的历史新高，其债务率由疫情前的 79.2% 跃升至 100% 以上。然而，在美国供给尚未完全恢复的情况下，这些资金涌入房地产市场会提升房价，涌入商品市场会提升物价，由此将持续提升美国通胀水平。

（三）就业市场全面恢复仍需时日

随着经济重启和纾困政策的支持，美国的就业市场逐步复苏，失业率下降较快，截至 2022 年 3 月，美国的失业率已下降至 3.6%，仅比疫情前高 0.1 个百分点。劳动参与率指标在 2021 年的多数时间中停滞不前，反映了在职和求职者占劳动力人口的比率始终处于较低水平。但随着储蓄被消耗，以及政府慷慨的纾困措施和失业救济金给家庭带来的财务缓冲正在逐步变小，这将鼓励一些青壮年劳动力重回职场。2022 年第一季度的就业数据验证了我们的推测：2022 年 3 月，美国失业人数减少了 31.8 万人，劳动力增加了 41.8 万人，就业增加了 73.6 万人，使得劳动参与率上升至 62.4%，超过市场普遍预期。但同时，我们认为 2022 年美国劳动参与率无法完全恢复至疫情前水平，这是因为：其一，政府给予的失业经济救助削弱了失业者的就业意愿，拜登政府出台了 1.9 万亿美元经济救助计划，疫情期间的每周失业救济金在原有基础上增加了 300 美元，这使得失业者的每周收入高于平均时薪为 15 美元的全职工作者，他们不再愿意求职于低薪岗位，而会选择继续领取失业救济金；其二，随着经济回暖，市场需求随之增加，企业经营状况向好，但高通胀导致工人的实际工资增速较低，劳动力的就业意愿偏弱；其三，对疫情的担忧，加之宽松货币政策的实施导致股市上涨推动股票、养老金收益率上升，老年人提前退休的现象加剧；其四，在经历了疫情冲击后，人们的就业观念和职业兴趣发生了较长期的转变，越来越多的人倾向于选择时间灵活、病毒感染风险较小、更高薪的职业，如媒体与通信、软件开发、IT 相关的职业，而对儿童保育、个人护理等行业的兴趣减弱，职业兴趣的转变增加了人们就业时供求不匹配的摩擦，从而降低了劳动参与率；其五，疫情的反复会增加看护压力，降低居民（特别是中年居民）的劳动参与率。

（四）美元指数或大幅走强

2021 年，美元指数震荡走强，全年上涨近 6.4%，录得 6 年来最强劲的年度表现。美元指数的走势大致可分为三个阶段（见图 20）。2021 年第一季度，美债收益率的快速上升叠加油价上涨，引发市场对美国通胀前景担忧增加，预期美联储将收紧货币、将货币政策回归正常化，使得美元指数触底反弹，从 89.21 的低位一路震荡上行至 93.44 的阶段性高点。2021 年第二季度，美联储持续向市场传递"鸽派"立场，强调容忍通胀上升，同时欧元区疫苗接种进展加速，经济复苏重启，欧元阶段性走强令美元指数承压下挫，美元指数见顶回落，一度跌回了 2021 年初的低点（89.70）附近。2021 年第三至第四季度，在美国劳动力市场快速修复和实际通胀数据不断走高的背景下，美元指数重拾涨势，并不断创下年内新高。

2022 年，在加息预期震荡升温、美元流动性逐步收紧、全球复苏放缓等周期性因素的影响下，我们预测美元将继续走强。一方面，美国经济动能虽然减弱，但就业恢复相对乐观，失业率接近疫情前水平，宽松的财政政策和货币政策双重刺激、多重供给冲击、房租和工资持续上涨，以及正在形成的工资-物价通胀螺旋将进一步推高通胀，使得市场和美联储重新评估通胀风险，并推升加息预期。另一方面，全球流动性开始进入收紧周期，经济增长动能放缓，将使得外围投资机会减少，风险偏好可能倾向于回落，加之受俄乌冲突影响，经济不确定性加剧，国际金融市场避险情绪高涨，美元的融资货币属性转弱而避险货币属性凸显，支撑美元走强。

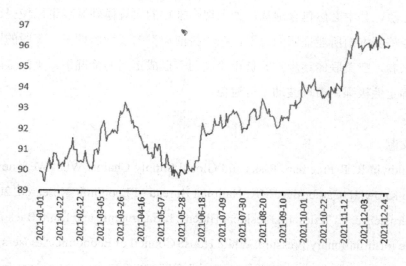

图 20　2021 年 1—12 月美元指数走势图

资料来源：Wind 数据库。

（五）资本市场面临多重挑战

尽管新冠肺炎疫情依旧肆虐，但在美联储宽松的货币政策、经济重启和强烈复苏的预期下，2021 年全年美国股票市场表现突出，三大股指在波动中攀升，频频打破纪录。然而，在步入 2022 年后，美国资本市场开始呈现震荡下行态势，截至 2022 年第一季度收官，美国道琼斯工业指数累计下跌 4.72%，标准普尔 500 指数累计下跌 5.2%，纳斯达克指数累计下跌 9.66%。

在我们看来，2022 年美股面临的不确定性较强，风险暗藏。2021 年美股的持续上涨在很大程度上依赖于美联储的宽松货币政策。美联储通过"无上限"定量宽松货币政策缓解了金融市场的恐慌，同时通过零利率的融资成本帮助金融机构和投资者在股市投资获益，共同推动了美国股市上涨。然而，美联储政策正在转变。2022 年 3 月，美国联邦公开市场委员会（FOMC）公布利率决议，将基准利率上调 25 个基点（至 0.25%～0.50%），这是美联储自 2018 年 12 月以来的首次加息，加息幅度与市场预期一致。不仅如此，美联储在会后公布的点阵图尽显"鹰派"立场。点阵图显示，75% 的官员预计今年还将加息 6 次，到 2022 年底基准利率将达到 1.9% 左右。这一形势与 2008 年有相似之处：次贷危机后，美联储曾开启三轮量化宽松政策，收购金融机构的不良资产，修复金融机构的资产负债表，有力地推动了美国股市的反弹。但在美联储开始加息并逐步退出量化宽松货币政策之后，美国股市出现了大幅下跌。当前，无论从市盈率还是市净率等指标来看，美股的估值已经处于历史高位。在企业盈利能力各方面变化不大的情况下，股价大幅上涨，其中必然包含泡沫，加上现今推行的大规模刺激政策已使美国的资产估值超过了经济基本面所能证明的水平，在"挤泡沫"的紧缩周期里，美股的回调难以避免。由此来看，在美联储逐步拧紧货币"阀门"已成定局的情况下，美国金融市场的未来前景不确定性极强，市场波动不可避免。

参考文献

[1] Baldwin R, R Freeman. Risks and Global Supply Chains: What We Know and What We Need to Know[J]. Cambridge, MA: National Bureau of Economic Research, 2021.

[2] Bernstein J, Es Tedeschi. President Biden's Infrastructure and Build Back Better Plans: An Antidote for Inflationary Pressure. White House Council of Economic Advisers, blog, 2021. https://www.whitehouse.gov/cea/written-materials/2021/08/23/president-bidens-infrastructure-and-build-back-better-plans-an-antidote-for-inflationary-pressure/.

[3] Bivens J, M Boteach, R Deutsch, et al. Reforming Unemployment Insurance[J]. Economic Policy Institute, 2021.

[4] Bown C. How COVID-19 Medical Supply Shortages Led to Extraordinary Trade and Industrial Policy[J]. Asian Economic Policy Review, 2021: 1–22.

[5] Clarida R, B Duygan-Bump, C Scotti. The COVID-19 Crisis and the Federal Reserve's Policy Response[R]. Board of Governors of the Federal Reserve System, 2021.

[6] Dee T, E Huffaker, C Phillips, et al. The Coronavirus Spring: The Historic Closing of U.S. Schools (a Timeline)[J]. Cambridge, MA: National Bureau of Economic Research, 2021.

[7] Federal Emergency Management Agency. FEMA COVID-19 Response Update. https://www.fema.gov/disaster/coronavirus, 2021.

[8] Naylor B. Biden Says Goal of 200 Million COVID-19 Vaccinations in 100 Days Has Been Met. NPR, 2021.

[9] Stiglitz J. The Proper Role of Government in the Market Economy: The Case of the Post-COVID Recovery[J]. Journal of Government and Economics, 2021.

[10] Vogel S. Level Up America: The Case for Industrial Policy and How to Do It Right. Niskanen Center, 2021.

日本经济形势分析

于　潇　梁嘉宁*

摘　要：2021 年新冠肺炎疫情在日本多次反复，持续产生影响，并在 2020 年的基础上向深层次发展。2021 年日本经济缓慢复苏，GDP 实际增长 1.6%，低于预期。在 2019 年、2020 年连续两年负增长的情况下，2021 年日本经济仍然只是小幅反弹。2021 年日本国内消费有所回升，零售额提升，消费者信心指数不断提高；失业率处于较低水平，有效职位空缺率一直处于较低水平；日本对外贸易有所恢复。日本持续实行量化宽松的货币政策，日元显著走软。2022 年日本经济复苏面临着多重压力，世界范围内疫情反复和俄乌冲突、日本人口结构、国内消费以及产业结构问题都将会影响日本经济复苏的进程。为实现经济复苏，日本发布了克服新冠肺炎疫情、开拓新时代的一系列经济措施，防止新冠肺炎疫情蔓延，启动开拓未来社会的"新资本主义"。

关键词：日本经济；国际区域合作；RECP

一、2021 年日本经济形势分析

2021 年新冠肺炎疫情在日本多次反复，持续产生影响，并在 2020 年的基础上向深层次发展。2021 年日本经济缓慢复苏。根据日本内阁府 2022 年 3 月 9 日的数据，2021 年日本 GDP 实际增长 1.6%，低于预期。在 2019 年、2020 年连续两年负增长的情况下，日本经济仍然只是小幅反弹，不但低于全球平均水平，而且低于发达国家平均水平。2021 年日本国内消费有所回升，零售额提升，消费者信心指数不断提高；失业率处于较低水

---

* 于潇，吉林大学东北亚研究中心教授、博士生导师，南开大学 APEC 研究中心兼职研究人员。梁嘉宁，吉林大学东北亚研究院博士研究生。

平,有效职位空缺率一直处于较低水平。受益于中国和美国经济恢复,2021 年日本对外贸易有所恢复。日本持续实行量化宽松的货币政策,加之欧美主要央行货币政策转向,日元显著走软。

(一)经济缓慢复苏

2021 年,日本经济在新冠肺炎疫情严峻的背景下艰难前行。尽管成功举办了东京奥运会,但为了控制疫情,前三个季度日本均实施了紧急状态,总时长超过 200 天。由于经济活动受限、内需不足,日本经济复苏乏力。根据 2022 年 3 月 9 日日本内阁府发布的最新报告,日本 2021 年全年完成的实际 GDP 为 536.8 万亿日元,经济增长率为 1.6%。与 2020 年的负增长相比,日本经济仍然是小幅回升,不但低于全球平均水平,而且低于发达国家平均水平。

分季度来看,2021 年日本四个季度的环比增速分别为-0.4%、0.6%、-0.8%和 1.0%(实际季节调整前期比),呈现波动态势(见图 1)。为遏制新冠病毒变异毒株的蔓延,日本采取了一定的防疫措施,日本经济也因此受到影响。同时,因疫情原因,尽管在第三季度,日本举办了奥运会,但经济依然没有得到提振。根据东京奥委会、日本政府和东京都政府发布的最新收支情况,日本政府和东京都(市)政府对奥运的直接投入金额为9230 亿日元,并无直接收入进账。

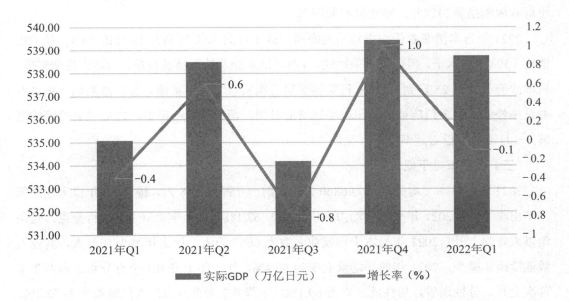

图 1　2021—2022 年第一季度日本各季度实际 GDP 和增长率

资料来源:日本内阁府,https://www.esri.cao.go.jp/jp/sna/data/data_list/sokuhou/files/2022/qe221_2/gdemenuja.html.

2021 年，日本私人消费增长了 1.3%，私人住宅投资减少了 1.9%，私营部门设备投资下降了 0.7%，政府最终消费支出增长了 2.1%，公共固定资本形成降低了 3.7%，净出口增长了 11.6%。由此可见，主要是出口推动了日本增长。受益于全球市场复苏，特别是中国和美国经济快速恢复，2021 年外需对日本经济增长的贡献度是 1.0 个百分点，内需的贡献度是 0.6 个百分点。

（二）国内消费有所回升

2021 年，日本国内需求总额为 538.12 万亿日元，比 2021 年增长了 0.6%，其中私人消费增长了 0.5%，公共需求增长了 0.9%。2021 年，日本私人消费总额为 289 万亿日元，第一季度私人消费降低了 0.8%；第二季度有所回升，增长了 0.7%；第三季度受到新冠肺炎疫情防控政策的影响，私人消费受到一定限制，降低了 1%；第四季度，随着防疫政策的放宽，私人消费环比增长 2.4%。

2021 年日本零售额较 2020 年上升 1.9%。几乎所有零售项目都有所回升，其中机动车辆上升最多，为 2.5 个百分点；其次是燃料，上升 15.8 个百分点，燃料零售额的上升是由石油价格的上升导致的。分季度来看，第一季度、第二季度和第四季度与 2020 年同期相比，均有所增长，第三季度略有下降。在第三季度，针对新冠病毒奥密克戎变异株的传播，日本采取了相关防疫措施，使得零售额略有下降，但在第四季度，随着疫情的缓解和限制措施的放开，零售额有所回升。

2021 年日本消费者信心指数不断提高，从 1 月的 30.0 提高到 12 月的 38.8，接近疫情前（39.0）的水平，但仍低于荣枯线。4 月，日本暴发新冠肺炎疫情，为防止疫情扩散，日本政府于 4 月 25 日到 6 月 20 日实施了第三次紧急状态。实施紧急状态期间，大型商业设施停业，很多门店被迫关闭或缩短营业时间，消费者信心降低，之后随着疫情的缓解，6 月消费者信心逐渐回升（见图 2）。

（三）失业率处于低位

2021 年，日本平均劳动力为 6860 万，比前一年减少了 8 万，继 2020 年以来连续第二年出现下降。2021 年平均劳动力人口比率为 62.1%，比上年上升 0.1 个百分点，是两年以来首次上升。2021 年日本平均就业人数为 6667 万人，比上年减少 9 万人，就业人数连续两年减少。2021 年的平均就业率为 60.4%，比上年上升 0.1 个百分点，为两年来首次上升。分性别看，男性就业率为 69.1%，下降 0.2 个百分点；女性就业率为 52.2%，上升 0.4 个百分点。分季度来看，2021 年第一至第四季度就业率分别为 60.1%、60.4%、60.6% 和 60.4%，第一季度就业率较低，第二季度、第三季度逐渐上升，第四季度略有下降。

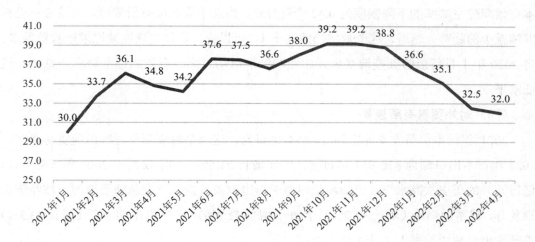

图2　2021—2022年4月日本消费者信心指数

资料来源：日本总务省统计局，https://www.e-stat.go.jp/stat-search/files?page=1&toukei=00100405&tstat=000001014549.

2021年日本平均完全失业率为2.8%，与上年持平（见图3）。日本2021年完全失业人数为193万人，增加了2万人，完全失业人数连续两年增加。分性别看，男性失业率为3.1%，上升0.1个百分点，女性为2.5%，与上年相同。分季度来看，第一至第四季度完全失业率分别为2.8%、3.0%、2.8%和2.6%，与上年相比，第一季度、第二季度失业率分别上升了0.4%和0.2%，第三季度和第四季度比上年分别下降0.2%和0.3%。

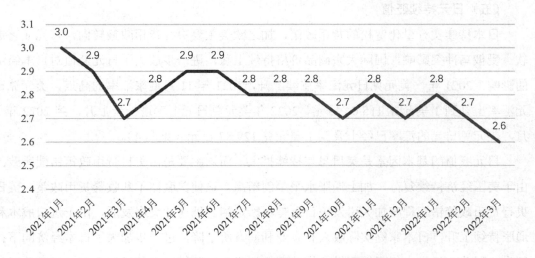

图3　2021—2022年3月日本完全失业率（单位：%）

资料来源：日本总务省统计局，https://www.stat.go.jp/data/roudou/sokuhou/nen/ft/pdf/index.pdf.

2021 年日本有效职位空缺率较上年下降 0.05 个百分点，为 1.13。2019—2020 年日本有效职位空缺率的下降幅度为 0.42 个百分点，虽然下降幅度有所放缓，但较去年仍有继续减少的趋势。然而，这个数字仍然高于 1，可以说，职位空缺数量比求职者数量多。自 2020 年 1 月新冠肺炎疫情蔓延开始影响经济活动以来，有效职位空缺率一直处于较低水平。

（四）对外贸易有所恢复

2021 年日本贸易收支赤字为 16 694 亿日元，这也是时隔两年再次出现贸易赤字。2021 年日本出口额为 830 931 亿日元，同比增长 21.5%，创下仅次于 2007 年（839 314 亿日元）的历史次高水平。出口增长得益于新冠肺炎疫情下一度急剧萎缩的全球经济企稳复苏，日本的钢铁（增长 48.2%）、汽车（增长 11.9%）、公共汽车和卡车（增长 43.3%）等产品出口额增长喜人。

受到资源价格上涨和日元贬值造成的物价上涨影响，日本贸易进口额同样也刷新了 1979 年以来的最高值，达到了 845 761 亿日元的历史高位，较 2020 年增加了 24.6%。2021 日本贸易进口额猛涨和贸易逆差现象，固然受到了新冠肺炎疫情的冲击和俄乌军事冲突的影响，但是日元的大幅度贬值，使能源等商品进口费用飙升是其背后的重要原因。

从进口品类来看，2021 年矿物性燃料增长 50.8%，其中原油增长 49.1%，石油制品增长 72.0%，液化石油气增长 70.4%；原料增长 26.0%，其中钢铁增长 50.5%，非铁金属增长 64.5%。受进口新冠病毒疫苗因素影响，医药品也增长了 30.9%。

（五）日元持续贬值

日本持续实行量化宽松的货币政策，加之欧美主要央行货币政策转向，日元显著走软。受俄乌冲突影响，国际大宗商品价格持续上涨，进一步放大了日元贬值对日本经济的影响。2021 年，美元兑日元汇率持续上升，2021 年 11 月迎来汇率的高点，美元兑日元汇率上升到 1 美元兑 115.04 日元。2022 年美元兑日元汇率进一步上升，到 2022 年 4 月，美元兑日元的汇率已经上升到 1 美元兑 129.87 日元（见图 4）。

日元贬值的基本因素是美日息差持续扩大，而这主要是由美日货币政策错配所致。由于美国经济持续复苏，加上通胀水平屡创新高，迫使美联储不断收紧货币政策。美日央行货币政策错配程度加大引发美日息差不断走阔。俄乌冲突爆发后，由于进口成本和通胀持续上升，日本家庭实际收入和企业利润有所下降，进一步加大了日本经济的下行压力。因此，日本央行不得不继续维持宽松的货币政策，以支持经济复苏。当前美联储持续紧缩，美债收益率不断上升，投资价值日益凸显，投资者纷纷借入日元投资美债，导致日元汇率进一步下跌。

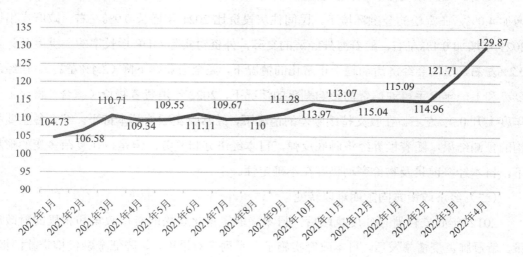

图 4　2021—2022 年 4 月日元兑美元汇率

资料来源：日本银行，https://www.boj.or.jp/statistics/pub/sk/data/sk2.pdf.

二、日本经济发展趋势分析

（一）经济面临多重压力

日本经济虽然受到长期新冠肺炎疫情的影响，但 2021 年 9 月末紧急事态宣言及防止蔓延等重点措施解除以后，严峻的状况逐渐缓和，出现了好转的动向。但是，仍需要充分注意包括奥密克戎毒株在内的新冠病毒对内外经济的影响、供给方面的制约和原材料价格动向导致的下行风险，同时需要关注金融资本市场变动等的影响。在这种情况下，政府极力推出了以防止疫情扩大、重启新冠肺炎疫情下的社会经济活动和应对下一次危机的"克服新冠肺炎疫情、开拓新时代的经济对策"（简称"经济对策"）。另外，启动"新资本主义"，实现"增长和分配良性循环"，使经济步入自律增长轨道。在这种情况下，2021 年日本的实际 GDP 为 536.8 万亿日元，经济增长率为 1.6%，消费者物价变化率预计为-0.2%。

2022 年，日本经济仍将面临多重风险与压力。日本内阁府预测，2022 年日本实际 GDP 增长率为 3.2%左右，名义 GDP 增长率为 3.6%左右，GDP 有望创历史新高，在公共支出的经济支撑下，将在消费复苏和稳健设备投资的带动下，稳步向以民需为导向的自主增长和实现"增长与分配良性循环"迈进。另外，2022 年消费者物价变化率预计为

0.9%左右。在兼顾疫情扩散和社会经济活动的情况下，预计 2022 年个人消费比 2021 年增加 4.0%，在宽松的金融环境下，民间住房投资比 2021 年增长 0.9%左右，政府支出比 2021 年增加 0.1%左右，随着海外经济的复苏，外资对实际 GDP 增长率的贡献度预计在 0.2%左右。在社会经济活动趋于正常化的情况下，完全失业率下降（2.4%左右）。在经济复苏和上一年度手机通信费的影响剥落的情况下，2022 年消费者物价（综合）将比上一年度上升 0.9%左右。在收支持续顺差的情况下，经常收支顺差基本持平。综合各主要机构的预测结果，随着世界经济触底反弹，日本经济亦将复苏。但是，在复杂多变的形势下，日本经济前景及物价变动仍存在不确定性。

（二）经济政策方向短期难以转变

2012 年底安倍晋三二度执政后，日本采取了量化宽松的货币政策和积极的财政政策。新冠肺炎疫情暴发后，日本政府实施了一系列应对措施，如降低金融机构贷款门槛、取消年购债规模限制、扩大公司债额度等，以保持充裕的流动性，为企业营造宽松的融资环境。2020 年菅义伟继任首相后，基本延续了安倍时期的货币政策和财政政策。2021 年 10 月岸田文雄继任后，提出"新资本主义"的核心是构建经济增长与公平分配的良性循环，消除因新冠肺炎疫情而扩大的社会贫富差距，开拓后疫情时代的新社会。

2021 年 12 月 24 日，日本政府公布了自 2022 年 4 月开始的新一财年预算草案。根据 2022 财年预算，日本政府预算支出约为 107.6 万亿日元。这一数额刷新了 2021 年的纪录，为日本政府自第二次世界大战以来最大规模的年度预算，日本政府预算也连续 10 年创历史新高。①日本央行 2022 年 4 月宣布，将继续坚持 2%的通胀目标，坚持超宽松货币政策，并密切关注国内外因素对日本经济的影响，必要时将推出进一步的宽松措施。在国内疫情未得到有效控制、通缩状况不见明显改善、经济复苏势头不稳定的情况下，日本宽松货币政策、积极财政政策的方向尚难改变。

（三）经济复苏面临的外部压力加大

1. 全球新冠肺炎疫情前景难测

新冠病毒奥密克戎变异株正在全球范围内迅速扩散，给全球经济复苏增加了不确定性。新冠肺炎疫情的蔓延可能会使日本重启紧急状态，导致个人消费的再度下滑，进而影响日本经济复苏。得益于美国和中国疫情的复苏，2021 年支持日本经济恢复的一大原因是外贸。但若全球疫情持续反复，危及全球供应链，日本制造业受供给侧因素制约减

---

① 第一财经. 砸重金促复苏：日本政府 2022 年度预算创纪录新高[EB/OL]. [2021-12-24] https://baijiahao.baidu.com/s?id=172000 8123451612747&wfr=spider&for=pc.

产、停产的风险仍然存在。

2. 国际金融环境令日本宽松货币政策面临较大压力

美联储为了应对 40 年来最严重的通货膨胀，货币政策转向加息缩表，紧缩性货币政策对世界经济产生较大影响。欧美主要央行转向收缩金融政策，而日本央行坚持依然实行宽松货币政策，继续追求 2% 的通胀目标。日本与欧美主要央行金融政策方向的不同会导致日元贬值，从而带来能源资源等进口商品价格高涨，这将使难以进行价格转嫁的企业收益进一步恶化，日本将由此陷入企业收益恶化—工资难以上涨—消费更加低迷的恶性循环。与其他发达国家相反，当前日本经济面临的主要问题不是通胀，而是通货紧缩。"安倍经济学"的目标之一是保持 2% 左右的通胀水平，这一目标至今仍然难以实现，因此在美国收缩性货币政策的背景下，日本仍然采取量化宽松、负利率和日元贬值的政策，实现"安倍经济学"刺激经济目标的难度进一步加大。

3. 内需低迷，复苏乏力

自 2021 年 10 月日本全面解除紧急状态以来，个人消费逐渐回暖，然而报复性消费反弹并未出现。很多企业因进口成本大幅上涨却难以通过提价向终端传导而面临很大的经营压力。2021 年日本企业破产率非常低，失业率也很低，其中的原因是日本政府持续对企业进行财政扶持。但是日本内在的结构性问题并没有解决，疫情之后没有理由继续补贴中小企业，因此可能会出现新的问题阻碍经济复苏。

4. 人口老龄化形势日益严峻

日本是世界上人口老龄化最严重的国家，2021 年日本 65 岁以上的老龄人口占总人口的比例已经达到了 29%。在劳动生产率增速尚难抵销老龄化副作用的情况下，人口老龄化持续加剧，一方面导致医疗、社保费用膨胀，政府财政负担加重；另一方面使居民收入减少，经济社会活力不足，整体创新能力下降，对企业创新水平提升产生长期不良影响。

5. 中美战略博弈长期化

百年未有之大变局下，国际政治经济秩序震荡调整，中美博弈已经进入相持阶段，并呈现出长期化、复杂化的趋势。2021 年 3 月，美国国务卿布林肯在公开演讲中首次提出"竞争、合作、对抗"的对华外交模式，强调对华"该竞争的时候竞争，能合作的时候合作，必须对抗的时候对抗"，这被视为拜登政府对华政策框架的雏形。2021 年 5 月 26 日，布林肯在乔治·华盛顿大学发表对华政策演讲，重申美对华开展"长期战略竞争"，并且提出以"投资、协同、竞争"（invest，align，compete）为支柱的对华政策框架。在中美长期战略博弈的背景下，中日地缘战略冲突将会被放大，中日关系将长期面临新的挑战。

综上所述，日本欲要促进经济持续稳定增长，不仅需要有效应对国内各种灾害以及少子、老龄化形势，进一步推动改革，完善营商环境，提高居民收入，促进消费和投资，也需要灵活、妥善地应对错综复杂的外部形势，适时适度调整宏观经济政策，规避和降低风险。

三、日本应对新冠肺炎疫情、开拓新时代的政策措施

受新冠肺炎疫情影响，日本经济形势依然严峻，病毒感染扩散持续时间长于预期。日本于 2021 年 11 月 19 日发布"克服新冠肺炎疫情、开拓新时代的经济对策"，力求在控制新冠肺炎疫情扩散蔓延的前提下，早日恢复与往常相近的社会经济活动。

（一）完善医疗体系，防止新冠肺炎疫情再次扩散

一是强化医疗服务提供系统，在公立医院设立专用床位，以确保至少有 80% 的床位用于治疗感染患者，与当地医疗机构合作，采取彻底的措施进行居家和过夜治疗；促进疫苗接种，改善试验环境，保障治疗药物供应；采取彻底的感染预防措施，为地方发展提供临时补助，在幼儿园、日托中心、学校等采取感染预防措施。二是支持受新冠肺炎疫情影响而处境困难的人群和企业。企业支援方面，根据企业的规模提供优惠（企业复兴支持基金），不限于地区或企业类型；扩大现金流支持，如提供低息和无担保的贷款，为当地发展提供临时赠款。对于受疫情影响的个人，如针对免征住宅税的家庭，每户提供 100 000 日元补贴；处境困难的学生，采取延长就业补贴期限等特别措施。三是针对能源价格上涨的措施。充分考虑到最近原油等能源价格上升等经济下行风险，政府将关注对国民生活和经济活动的影响，与国际能源署（IEA）等进行合作，并推动主要产油国增产。

（二）在新冠肺炎疫情下恢复社会经济活动

一是确保安全和安心地重启社会经济活动。充分利用疫苗和检测包，年内发放电子疫苗接种证明，进行无须预约且免费的核酸（PCR）和抗原定性等检查。通过确保安全和安心的 Go To 旅行（旅行振兴计划）等刺激需求。二是从根本上加强传染病紧急应对。支持疫苗和治疗药物等的研究开发到实用化，建立确保生产和稳定供应的体制，支持在紧急情况下可转用于疫苗制造的两用生产设备的建设。三是积极开展消除传染病的国际合作。通过新冠疫苗实施计划支持发展中国家，支持亚洲和大洋洲地区的冠状病毒对策

和社会经济活动的恢复，实现与海外往来的正常化。四是及时适当地执行新冠肺炎疫情对策预备费。如因感染扩散而需要经费，通过及时启动"新冠肺炎疫情对策预备费"，迅速机动地应对。

（三）启动开拓未来社会的"新资本主义"

主要包括增长战略和分配策略。增长战略方面，一是实现科技立国。加强科技创新投资，年度内设置 10 兆日元规模的大学基金，加强青年研究人员的人才培养；大胆投资数字、绿色、人工智能、量子、生物、航天、海洋领域等前沿科技研发，促进民间投资。二是加大清洁能源投资。推动汽车电动化，促进大规模投资，确保国内蓄电池和半导体的基础生产。支持初创企业，增强创新生态系统功能；开放式创新促进税制。三是搞活地方，连接世界的"数字田园城市国家构想"。建设本地 5G 等数字基础设施，通过大规模部署拨款推进远程办公、无人机快递等数字基础设施建设，通过数字促进委员会在全国范围内部署综合数字鸿沟；加速数字转换（DX）的推进，以数字厅为司令塔，推进准公共领域（健康、医疗、护理、教育等）的数据利用，行政程序在线化，给予每人最多 2 万日元的次要积分；活跃地方投资，搞活农林水产业，加强农林水产业的出口能力和生产基础，实现旅游的高附加值、地区公共交通支援、文化艺术振兴。四是建立经济安全保障基金，以支持尖端半导体生产基地的国内布局和尖端关键技术的实用化。①

分配策略方面，加强对"人"的投资，促进安全和增长。一是大力支持私营部门加强分配。推动加薪，从根本上加强对加薪企业的税收支持，加强对分包交易的监督制度；扩大对提高最低工资事业者的补助；促进劳动转移畅通，有力推进人才培养，三年投入4000 亿日元，通过职业培训和再就业支援相结合，支持劳动力流动和提升；实施加强数字人才培养等措施，扩大回流教育和职业培训；通过工作方式改革等实现工作方式多样化，支持多样化的人才发挥作用，落实远程办公，促进兼职副业，改善非正规劳动者的待遇。二是加强公共部门的分配功能，提高护理、保育、幼儿教育等一线工作者的收入，支持医疗人才的培养；推进"儿童和育儿支援"，在新冠病毒影响长期化的情况下，向育儿家庭支付每人 10 万日元的津贴，为"待机儿童"准备保育设施，给予育儿家庭住房支持。

（四）推进防灾减灾、国土强韧化等措施，确保国民安全安心

一是推进防灾减灾、国土强韧化，根据五年加速措施，加强防灾减灾和国家土地复

---

① 宋朝龙，崔慧敏. 日本金融财阀统治下岸田文雄"新资本主义"政策的结构性困境[J]. 湖北社会科学，2022（4）：26-35.

原力。二是加速进行自然灾害后的恢复重建，如在东京电力公司福岛第一核电站废弃后，处理受污染的水，帮助灾害受害者恢复生活和生计。三是确保国民安全。在周边安全环境以前所未有的速度变化的情况下，自卫队对国际形势做出即时反应，推进战略性海上保安体制的构筑等。

参考文献

[1]［日］总务省统计局[EB/OL]. https://www.stat.go.jp/index.html.

[2]［日］内阁府（经济社会综合研究所）[EB/OL]. https://www.esri.cao.go.jp.

[3] 王哲. 日元大幅贬值下的日本经济[J]. 国际金融，2022（10）：38-42.

[4] 周学智. 东京奥运会对日本经济的影响几何[J]. 中国外汇，2021（21）：76-77.

[5] 曹远征. 跨越俄乌冲突陷阱：重新思考以规则为核心的国际秩序[J]. 当代世界，2022（3）：18-29.

[6] 王文. 美国"印太经济框架"口惠而实难至[J]. 当代世界，2022（6）：72-73.

[7] 吴怀中. 共建契合新时代要求的中日关系[J]. 人民论坛，2002（9）：109-111.

[8] 王彦军. 俄乌冲突与日本区域合作战略新调整[J]. 东北亚论坛，2002（4）：16-19.

[9] 刘江永. 岸田文雄的"新时代现实主义外交"[J]. 世界知识，2022（4）：13-16.

[10] 宋朝龙，崔慧敏. 日本金融财阀统治下岸田文雄"新资本主义"政策的结构性困境[J]. 湖北社会科学，2022（4）：26-35.

东盟经济形势分析

王　勤*

摘　要：随着新冠肺炎疫情的全球蔓延，东盟国家经济陷入自1997年亚洲金融危机以来最严重的衰退。2021年，东盟国家经济呈现恢复性增长，显露出复苏的迹象。面对全球疫情的变化，各国继续出台经济援助配套计划，调整疫情防控措施，推进国内产业转型升级，加快RCEP的落地实施，促进国内数字化转型。2022年，东盟国家经济将保持持续复苏的态势，但由于全球疫情尚未消退，国际经济和地缘政治形势急剧动荡，各国经济复苏仍存在着诸多不确定性。

关键词：全球疫情；东盟国家；经济复苏；数字化转型

在全球疫情下，2021年东盟国家经济增速普遍由负转正，呈现出恢复性增长的态势。为应对疫情变化和促进经济复苏，各国采取了一系列政策，继续出台经济援助配套计划，调整疫情防控措施，推进国内产业转型升级，促进《区域全面经济伙伴关系协定》（RCEP）的落地实施，加快经济、社会与政府数字化转型。2022年上半年，东盟国家仍保持经济复苏的走势，但也存在较大的不确定性，各国经济全面复苏的前景尚未明朗。

一、疫情下东盟经济呈现复苏态势

新冠肺炎疫情的全球蔓延导致世界经济陷入全面衰退，东盟国家经济增速也急转直下，出现了自1997年亚洲金融危机以来最严重的衰退，2020年各国经济普遍出现负增长。2021年第一季度，东盟国家经济衰退仍未止步，直到第二季度才开始显露复苏的迹

---

* 王勤，厦门大学东南亚研究中心教授，博士生导师，南开大学APEC研究中心兼职研究人员。

象,而在第三季度一些国家又出现负增长,第四季度和全年主要国家经济增速均由负转正,而文莱和缅甸则是由正转负的东盟国家。

2021 年,东盟主要国家宏观经济总体保持稳定的局面,国内经济逐渐复苏,通货膨胀维持在较低水平,失业率略有上升,财政赤字相对扩大,国际收支状况有所改善。据统计,2021 年文莱经济增长率为-0.7%,柬埔寨为 2.2%,印度尼西亚为 3.7%,老挝为 2.1%,马来西亚为 3.1%,缅甸为-17.9%,菲律宾为 5.6%,新加坡为 7.6%,泰国为 1.6%,越南为 2.6%(见表 1)。从需求结构看,东盟主要国家的私人消费和政府消费均扭转负增长,固定资本形成有所扩大,进出口贸易增长较快,多数国家进出口贸易均取得两位数增长,一些国家还创出近年来新高,这成为一些国家经济复苏的重要外部动力;从供给结构看,各国农业、工业和服务业呈现出复苏景象,尤其是制造业在国外需求扩大的带动下强劲增长,推动国内经济触底反弹,东盟国家旅游及其相关行业受疫情影响仍然低迷。

表 1　2004—2022 年东盟国家实际国内生产总值增长率　　　　　　单位:%

国家	2004—2013 年	2014 年	2015 年	2016 年	2017 年	2018 年	2019 年	2020 年	2021 年	2022 年
文　莱	0.0	−2.5	−0.4	−2.5	1.3	0.1	3.9	1.1	−0.7	5.8
柬埔寨	7.9	7.1	7.0	6.9	7.0	7.5	7.1	−3.1	2.2	5.1
印度尼西亚	5.9	5.0	4.9	5.0	5.1	5.2	5.0	−2.1	3.7	5.4
老　挝	7.8	7.6	7.3	7.0	6.9	6.3	4.7	−0.4	2.1	3.2
马来西亚	5.0	6.0	5.0	4.4	5.8	4.8	4.4	−5.6	3.1	5.6
缅　甸	9.1	8.2	7.5	6.4	5.8	6.4	6.8	3.2	−17.9	1.6
菲律宾	5.4	6.3	6.3	7.1	6.9	6.3	6.1	−9.6	5.6	6.5
新加坡	6.7	3.9	3.0	3.6	4.7	3.7	1.1	−4.1	7.6	4.0
泰　国	4.0	1.0	3.1	3.4	4.2	4.2	2.2	−6.2	1.6	3.3
越　南	6.4	6.4	7.0	6.7	6.9	7.2	7.2	2.9	2.6	6.0

资料来源:根据 IMF 2022 年 4 月《世界经济展望》数据编制。

注:2004—2013 年为年平均增长率,2022 年为预测数。

印度尼西亚是东盟国土面积最大和人口最多的国家,其国内生产总值(GDP)约占东盟地区的 1/3。自 2020 年 3 月 2 日印度尼西亚首次发现新冠肺炎疫情确诊病例后,疫情始终未得到缓解,2021 年 1 月 26 日累计确诊病例达到 100 万例,5 月后疫情防控形势日趋严峻，6月、7月和8月累计确诊病例分别突破200万例、300万例和400万例，2022年2月、3月累计确诊病例分别超过500万例和600万例。2020年，印度尼西亚陷入严重的经济衰退，人均国民收入萎缩，世界银行宣布将其从上年刚确认的上中等收入国家重新降级为下中低收入国家。尽管2021年第一季度印度尼西亚经济仍为负增长，但到第二至第四季度经济增速由负转正，全年人均收入为4349美元，印度尼西亚政府宣称其又可重新回归上中等收入国家的行列。

泰国和菲律宾是经济遭受疫情冲击较大的两个东盟国家，累计确诊病例分别超过450万例和370万例。从2020年第一季度开始，泰国和菲律宾连续5个季度经济增速同比为负数。泰国疫情的蔓延使得原本低迷的经济陷入严重衰退，疫情下结构性问题日显突出，过度依赖旅游业使得经济复苏举步维艰。自2020年7月以来，菲律宾确诊病例数一直处于高位增长，国内经济从快速增长陷入严重衰退，经济增长的动因减弱，基础设施建设受阻，业务流程外包（BPO）减少，作为第二大外汇来源的海外劳务人员侨汇收入骤降。2021年第二季度，泰国和菲律宾经济均结束了长达5个季度的负增长，菲律宾还创下33年来最大幅度的季度增长，但在第三季度泰国经济再次出现负增长，在第四季度又转为正增长。

马来西亚在2020年2月3日发现首例本国确诊病例后，国内疫情经历了多次反复，累计确诊病例超过460万例，政府实施了严格的疫情防控措施，也先后多次延长全国行动管制令，由此国内经济陷入严重的衰退。从2020年第二季度起，马来西亚连续4个季度经济增速同比为负增长，国内消费与投资下降，生产与出口受挫，失业人数增加，民生问题凸显。2021年第二季度，马来西亚经济增长出现转机，季度经济增速扭转了连续4个季度的负增长，但第三季度又重回负增长。同时，马来西亚经济连续两个季度环比负增长，呈现出技术性衰退的现象，而第四季度经济增速的反弹使其全年经济为正增长。

2021年第一、第二季度，新加坡和越南经济均实现了正增长。在经历了建国以来最严重的经济衰退后，新加坡的季度和全年经济增速由负转正，制造业和建筑业率先复苏，出口贸易出现明显回升，服务业部门也逐步恢复增长，其中制造业持续扩张，但因防疫措施的限制和国境仍未全面开放，建筑、海事和岸外工程领域均面临严重的劳动力短缺问题。越南在2020年经济取得正增长的基础上，在2021年前两个季度，经济保持了持续增长的态势，上半年经济同比增长5.64%。不过，2021年5月起，受第四波疫情的冲击，越南累计确诊病例超过1000万例，成为东盟确诊病例最多的国家。第三季度越南出现自2000年公布季度经济增速以来的首次负增长，而第四季度和全年则保持了正增长。

缅甸和文莱是两个经济负增长的东盟国家，但其经济衰退的原因不尽相同。缅甸经济增速的大幅下滑，是受政局突变后社会动荡和第三波疫情的影响。2021 年 2 月初，缅甸军方接管政权，国内爆发大规模抵抗运动，使得正常的经济与社会活动受到严重冲击，加上国内疫情肆虐，导致农业生产停滞，工业产出下降，进出口贸易减少，本国货币大幅贬值，外资不断撤离。文莱经济严重依赖油气产业，石油和天然气的生产与出口是其国民经济的支柱，油气行业占国内生产总值的比重超过一半。近年来，文莱油气行业产值下降，其主要原因是原油天然气勘探减少和液化天然气减产，以及疫情对建筑业和服务业的影响较大。

二、东盟各国促进经济复苏的措施

2020 年 11 月 12 日，第 37 届东盟峰会通过了《东盟全面复苏框架》及其实施计划，作为东盟应对新冠肺炎疫情并实现社会经济稳步复苏的指导性文件。该框架计划是东盟层面应对疫情的协调一致战略，旨在通过聚焦关键部门和弱势群体，确定符合行业和区域优先方向的行动举措，实现更有韧性、包容和可持续的复苏。[①] 从 2021 年 4 月起，东盟国家疫情相继出现反弹，疫情防控形势日趋严峻，直到 2022 年 4 月后疫情才逐渐稳定。为应对这一轮疫情蔓延，各国继续出台经济援助配套计划，调整疫情防控措施，推进国内产业转型升级，加快 RCEP 的落地实施，以求尽快摆脱经济衰退的困境。

（一）各国推出新的经济援助配套计划，延续疫情下经济复苏的措施

在全球疫情扩散的背景下，东盟国家积极调整宏观经济政策，扩大财政支出，加大疫情防控的投入，援助受疫情影响的部门行业、中小企业和弱势群体。2020 年，印度尼西亚实施经济刺激配套政策，政府削减当年国家和地方预算的非优先支出，为 21 个工业、农业和服务业领域提供了税务优惠。从 2020 年 2 月起，马来西亚先后出台了 6 个经济振兴配套方案，总值达 3400 亿林吉特，加上 3220 亿林吉特的财政预算拨款，总额达 6620 亿林吉特。新加坡连续出台 5 个经济援助配套计划，纾困资金近千亿新元，政府扩大财政支出，财政赤字高达 649 亿新元，相当于国内生产总值的 13.9%，其中政府动用了 520 亿新元国家储备金，相当于 1996—2019 年财政盈余的总额。泰国先后出台了两个经济振兴预算案，预算金额分别达 9240 亿泰铢和 1520 亿泰铢。

2021 年 4 月开始，东盟国家启动了新一轮加强疫情防控和促进经济复苏的政策措

---

① ASEAN Secretariat (2020). ASEAN Comprehensive Recovery Framework and its Implementation Plan. https://asean.org/asean-comprehensive-recovery-framework-implementation-Plan.

施。印度尼西亚成立国家疫情防控和经济复苏委员会，政府加大了疫情防控的投入，为工商业和中小微企业提供税收优惠和政策扶持。马来西亚于 2021 年 5 月底宣布总值 400 亿林吉特的第七个经济振兴配套计划，6 月底又出台了总值 1500 亿林吉特的经济复苏配套计划，包括政府直接注入 100 亿林吉特的拨款，其重点是继续关怀人民、支持企业和提高疫苗接种率。2021 年新加坡财政预算案的重点从紧急援助转向经济结构性调整，即从疫情防控为主过渡到经济转型，除疫情防控预算外，政府拨出 240 亿新元以鼓励企业创新与转型，拨款 6000 万新元设立农业产品转型基金，拨款 3000 万新元资助电动车发展计划。2021 年 6 月，泰国政府内阁出台了 1400 亿泰铢的一揽子经济刺激计划，旨在减轻下半年疫情对经济的影响，其中包括发放现金、电子代金券等；2022 年 7 月，泰国内阁批准新一轮总值 274 亿泰铢的经济刺激配套，向全国约 2650 万符合条件者发放总额为 212 亿泰铢、向 1334 万领有国家福利卡的低收入民众发放总额为 53 亿泰铢、向 223 万名特殊需求者发放总额为 8.92 亿泰铢的援助，以缓解物价上涨对居民造成的生活成本压力，并刺激国内消费和促进经济复苏。2021 年 7 月 1 日，越南出台了总值 26 万亿越南盾的经济刺激计划，援助受疫情影响的企业和劳动者，政府发放超过 15.8 万吨大米帮助受困的民众，越南社会保险公司 2021 年向国内 74.2 万家企业和 4280 万名劳动者提供近 71.5 万亿越南盾的扶持资金。[①]

（二）调整疫情防控措施，逐步恢复社会经济生活的新常态

随着疫情形势的变化，东盟国家开始调整疫情防控政策，一些国家放弃了原有的病例清零的防控政策，采取了与病毒共处的政策，加快疫苗接种，逐步重新开放，灵活实施社交距离，为生产经营活动创造便利条件。2021 年 6 月 24 日，新加坡率先宣布启动与新冠病毒共处、如常生活的全面计划，但该计划因国内突发德尔塔变异株传播而搁浅；在疫情逐渐受控和近八成人口完成疫苗接种后，8 月 19 日新加坡正式启动该计划。2021 年 10 月，越南颁布了有效控制新冠肺炎疫情的第 128 号决议，放弃了原有"社区零确诊"的疫情防控政策，采取了与病毒共处、加快疫苗接种、尽可能降低患病率和死亡率、减少疫情对经济和社会民生影响的措施。2022 年 3 月，马来西亚宣布调整疫情防控政策，从 4 月 1 日起从大流行病阶段进入地方性流行病过渡阶段，5 月 1 日起大幅放宽防疫措施，取消社交距离限制。2022 年 3 月，泰国政府提出分四个阶段将新冠肺炎疫情全面过渡为地方性流行病：第一阶段（3 月 12 日至 4 月初）为疫情战斗阶段，第二阶段（4

---

① 努力保障和改善民生，促进经济社会快速增长[N]. 越通社，2022-05-10.

月至 5 月）为疫情控制阶段，第三阶段（5 月下旬至 6 月 30 日）为疫情下降阶段，第四阶段（7 月 1 日起）解除疫情大流行。2022 年 4 月政府提出大幅放宽疫情防控措施，从 5 月 1 日起调整疫情防控区域，放宽国际旅客入境条件；从 7 月 1 日起，泰国宣布新冠肺炎疫情正式进入地方病或"后疫情时代"（Post-Pandemic）。①

作为东盟国家经济的支柱产业，旅游业遭受疫情的冲击最大，东盟各国在疫情相对稳定后均急切放宽入境管控。2021 年 9 月，新加坡单方面向风险低的国家和地区开放边境；2021 年 9 月起，新加坡陆续推出疫苗接种者旅游走廊计划（Vaccinated Travel Lane，VTL），先后与 21 个国家建立了疫苗接种者旅游走廊，通过 VTL 入境新加坡的游客不必隔离，而是以入境检测取代。印度尼西亚对有效防控疫情的国家实施"旅游泡沫"计划，2021 年 10 月 14 日起，巴厘岛恢复向境外游客开放，但抵离该岛的国际航班暂未恢复，2022 年 1 月 4 日起开通到巴淡岛和民丹岛的安全旅游走廊，接待来自新加坡的游客。泰国从 2021 年 11 月 1 日起开启免隔离入境游，确定解除疫苗接种率超过 70% 的曼谷等 17 个入境府的宵禁措施，并发布 46 个被允许免隔离入境游的国家和地区名单②；12 月 16 日起，泰国进一步放宽入境限制，来自 63 个低风险国家和地区的游客入境后改为抗原快速筛查，阴性者无须进行隔离；2022 年 2 月 1 日起，泰国全面开放全球已接种疫苗的旅客入境，符合条件者入境后免隔离。菲律宾从 2022 年 2 月 10 日起开放符合条件的外国游客入境，这是自 2020 年 3 月菲律宾关闭国门后首次向外国游客开放。越南政府拟定了分三个阶段实施的国际游客接待计划，从 2021 年 11 月起，在富国市、庆和省、广南省、岘港市、广宁省等通过包机航班和国际商业航班，根据各旅游套餐试点项目来接待国际游客；2022 年 1 月起，扩大国际旅游接待范围，通过包机航班和定期的国际商业航班连接各目的地；随后根据疫情形势和前两阶段试点情况，再确定对国际游客全面开放。③

（三）加大基础设施建设，推动国内产业转型升级

为了加快国内经济复苏，东盟国家加大了基础设施投资建设，一些重点基础设施建设项目取得新进展。印度尼西亚雅万高速铁路建设稳步推进，雅万高铁全长约 142 公里，最高设计时速 350 公里，自 2018 年 6 月开工以来，整体工程施工完成 73%，全线 13 座隧道已贯通 8 座，大部分重点路段连续梁和框架墩施工完成，主要路基、桥梁、隧道和车站等工程建设有序进行，有望在 2023 年 6 月实现运营。菲律宾的"大建特建"基础设

---

① 泰今起进入新冠肺炎"后疫情时代"[N]. 泰国：星暹日报，2022-06-30.
② 泰国政府大踏步开放国门欢迎入境游[N]. 泰国：中华日报，2021-10-23.
③ 越南计划自 2022 年第二季度对国际游客全面开放[N]. 越通社，2021-10-29.

施建设计划并未中断，该计划拟在 2017—2022 年投资 8.4 万亿比索，涵盖道路、桥梁、机场、铁路、港口、防洪设施等 30 多个基础设施建设项目。2021 年上半年，菲律宾政府的基础设施建设支出达 4266 亿比索，同比增长 43.2%，全年计划支出 1.2 万亿比索，占 GDP 的 5.1%。[①] 目前，在菲律宾首都大马尼拉市、宿雾省、达沃市、卡加延-德奥罗市、桑托斯将军城、三宝颜市、锡亚高岛等地一些项目业已完工或即将完工，如萨马省甲描育机场修复工程、大马尼拉地区地铁和轻轨扩建项目等。[②] 泰国积极实施东部经济走廊发展计划，推进三大机场连接高速铁路、乌塔堡机场、廉差邦港口三期、航空维修中心、东部航空城五大基础设施项目建设，该五大建设项目投资额达 6950 亿泰铢。其中，乌塔堡机场改造升级项目预计 2023 年完工，东部航空城是集工业、旅游、物流和航空为一体的综合中心，该项目横跨差春骚、春武里和罗勇三府，拥有 34 个工业园区和 6033 家工厂。

随着新一轮工业革命浪潮的兴起，数字技术和智能制造驱动产业转型与升级，改变了现有价值链的生产分工和利润分配，提升了中游制造环节的生产效率和定制化水平，劳动力不再成为驱动跨国公司海外投资的重要约束。美、日、韩等国鼓励制造业回流，在抢占产业制高点的同时解决本土制造业空心化等问题。新兴经济体也利用新技术和新产业，促进传统产业的转型，推动价值链升级，试图摆脱价值链的"低端锁定"。近年来，作为高度外向型的经济体，东盟国家纷纷出台了"工业 4.0"战略与政策，确立了"工业 4.0"的主导行业和领域，以加快融入全球价值链和区域生产网络。印度尼西亚优先促进电子、汽车、纺织服装、食品和饮料、石化工业的转型；马来西亚重点发展电子电气、机械设备、化工、医疗器械、航空航天等高增长和有潜力行业；新加坡推出 23 个制造业和服务业领域的产业转型蓝图；泰国确定新一代汽车制造、智能电子、未来食品加工、农业和生物技术、高端旅游、生物能源与生物化工、数字经济、工业机器人、航空物流和医疗卫生产业等；越南政府也公布了 2030 年第四次工业革命国家战略。同时，一些国家还实施了具体部门的转型升级方案。例如，越南发布了《2020 年纺织服装业发展规划及 2030 年展望》，提出到 2030 年越南纺织业本地化率达到 70%，确定了 7 个纺织服装产业集群；为推进服务外包价值链升级，菲律宾发布了"2016—2022 年菲律宾信息技术业务流程管理（IT-BPM）路线图"，计划在 2022 年 IT-BPM 业务规模达到 400 亿美元，在全球离岸服务外包市场占 15%的份额，创造 180 万直接就业和 760 万间接就业，其中

---

① 上半年基础设施支出增长 43.2%[N]. 菲律宾商报，2021-07-27.
② 抗疫期间菲完成多项基础设施建设项目[N]. 菲律宾：世界日报，2021-04-17.

73%为中高端就业。

（四）注重引进跨国公司价值链投资，推动中小企业参与全球价值链

在全球价值链重构下，美、日、韩等国家实施了鼓励本国跨国公司回归本土或从中国转向东盟国家的措施，面对西方国家的政策转向，东盟国家积极调整外资政策，政策重心从一般吸引外资转向引进价值链特定环节。一些东盟国家根据跨国公司全球价值链的具体环节和区位选择，立足本地区的产业优势、配套优势和部分领域先发优势，制定了有针对性的吸引跨国公司价值链和产业链的政策，引进行业领先的跨国公司全球价值链和区域生产网络，引导当地企业，尤其是中小企业参与跨国公司的产业链和供应链，成为中间产品（半成品和零部件）的供应商，推动产业链优化升级，并逐步向全球价值链的中上游位置攀升。近年来，越南加大开放力度，调整外资政策，大力吸引跨国公司的价值链投资，加快国内企业融入全球价值链和区域生产网络。2008 年，越南引进韩国三星公司到越南北宁省投资设厂，此后该公司在越南的投资不断扩大。目前，三星在越南共有 6 个生产厂和 1 个研发中心，涉足手机、电视、芯片、显示器等领域，投资额超过 177 亿美元，员工人数达 13 万人，2020 年公司出口额逾 560 亿美元，三星已成为越南规模最大的外资企业。

由于大多东盟国家尚未建立起完整的工业体系，辅助工业发展滞后，中小企业竞争力弱，阻碍了国内产业和企业融入全球价值链和区域生产网络。近年来，东盟国家采取了一系列政策措施，鼓励和扶持国内辅助工业发展，增强中小企业能力建设。2017 年 1 月，越南政府出台辅助工业发展计划，提出到 2020 年能向越南境内跨国公司和组装企业提供零部件的配套企业从现有的 300 多家增至 1000 家，到 2030 年达到 2000 家。越南政府指出，辅助产业是基础产业，在决定经济结构调整、提高生产力、劳动技能和附加值、改善产品和国民经济竞争力等方面起着非常重要的作用。[①] 由于辅助工业欠发达，越南加工制造业过度依赖进口的原辅料、零配件供应源，尤其是电子、纺织服装、皮革、鞋类和箱包、汽车生产及组装等产业，国产化率较低。目前，在全国 1800 家零配件生产公司中，只有大约 300 家国内企业能够参与跨国公司的生产网络。越南政府提出要在全国范围内建设技术支持中心，为工业生产企业或从事相关工业服务领域的企业提供全面协助。2020 年 6 月，越南工贸部启动了国内加工制造业、辅助工业数据库，旨在帮助国内企业、投资商快速准确地搜寻信息，满足越南企业与外国企业、跨国集团之间的投资

---

① 打造辅助产业新高地[N]. 越通社，2020-11-28.

对接和加强合作的需求。2020 年底，越南工贸部设立越南-韩国技术解法与咨询中心及模具技术中心。

（五）推动完成 RCEP 国内程序，加快 RCEP 的落地实施

2020 年 11 月，RCEP 正式签署。RCEP 对标国际高水平自贸规则，既涵盖货物贸易、服务贸易和投资，又纳入了知识产权、电子商务、竞争、政府采购、中小企业、经济技术合作等领域，形成了区域内更加开放、自由和透明的经贸规则，是一个高标准和高质量的区域自贸协定。2021 年 4 月，新加坡率先完成国内批准程序，随后，文莱、柬埔寨、老挝、泰国和越南等也完成国内程序，2022 年 1 月，该协定对这些国家正式生效。2022 年 1 月 17 日，马来西亚通过国内程序并向东盟秘书处提交 RCEP 核准书，该协定于 3 月 18 日起对马来西亚生效。

在 2021 年 1 月 RCEP 正式生效当天，东盟秘书处指出将继续致力于支持 RCEP 进程，确保其有效和高效实施。[1] 东盟国家对该协定的落地实施高度重视，并推出一系列政策措施。2021 年 7 月，东盟秘书处与东亚商业理事会联合举办了"挖掘 RCEP 货物贸易机会"研讨会，这是东盟召开的 2021 年 RCEP 系列线上研讨会的首场会议，旨在向商界宣传该协议带来的商机。新加坡贸工部与各商团商会合作，组织举办拓展活动和网络研讨会。2022 年 1 月，越南政府出台了"RCEP 实施计划"，旨在对各政府部委和省市机关进行任务分工和政策指导，以便充分高效落实该协定，该计划提出要通过各种渠道和方法宣讲 RCEP，开展区域市场的贸易促进活动，制订扶持计划和政策指引，继续完善招商引资政策和机制，推动国内企业与 RCEP 成员企业的对接，协助越南企业参与全球价值链和供应链等。[2] 2020 年越南的一项调查显示，当地企业了解自贸协定的比例仅为 23%，针对这一情况，越南工商会与越南中央经济管理研究院联合举行了"RCEP：企业须知"研讨会，发布了企业指南，为企业参与 RCEP 提供政策指引和专业服务。[3] 此外，近年东盟国家致力于区域贸易与投资自由化便利化，也为各国加快 RCEP 的落地实施创造了有利的条件。例如，东盟区域内实现零关税商品税目已占 98.6%，"东盟单一窗口"、原产地自主认证制度、海关跨境系统均已启用，区内服务部门开放数超过了 70%，《东盟全面投资协定》生效后先后签署了 4 份修订议定书等。

---

① RCEP Agreement Enters into Force, https://asean.org/rcep-agreement-enters-into-force/.
② 越南出台《区域全面经济伙伴关系协定》实施计划[N]. 越通社，2022-01-06.
③ 增进企业对 RCEP 的了解和理解[N]. 越通社，2021-11-05.

三、东盟国家加快数字化转型

近年来，东盟推出数字总体规划及其行动计划，各成员国纷纷出台数字化转型的政策措施，加快数字经济、数字社会和数字政府的转型，致力于构建数字共同体。东盟国家数字化转型的路径主要表现为各国均将数字化转型上升为国家战略，确立数字化转型的战略目标和重点领域，以政府为主导、吸引私人部门和外资参与，注重构建数字治理框架，强调数字化转型的区域合作。

（一）东盟国家确立"工业 4.0"与数字转型的战略目标和重点领域

在第四次工业革命的浪潮中，数字技术及其应用是新一轮工业革命的重要引擎，数字经济是"工业 4.0"的本质特征，数字化技术加快产业数字化和数字产业化，数字基础设施塑造新型的基础设施，数字经济成为国民经济新的增长点，数字化带动社会结构、政府机制和企业治理的转型。2021 年 1 月和 10 月，东盟分别出台了《东盟数字总体规划 2025》和《东盟第四次工业革命的综合战略》，将该区域的数字化转型与"工业 4.0"有机结合，并确立"工业 4.0"与数字化转型的战略目标和重点领域。

从东盟区域的规划与战略看，《东盟数字总体规划 2025》提出，推动东盟区域数字发展与合作，将东盟建设成一个由数字服务、技术和生态系统驱动的领先数字共同体。该规划设定 8 项预期目标，即加速东盟从疫情中恢复的优先行动，提升固定和移动宽带基础设施质量和覆盖率，提供可信赖的数字服务，为数字服务建立可持续、有竞争力的市场，提升电子政务的质量和运用，促进产业对接和跨境贸易的数字服务，提升业界和民众参与数字经济的能力，构建数字包容性的共同体。[1]《东盟第四次工业革命的综合战略》提出，通过数字基础设施、能力建设、制度与治理、资源配置、合作与协同及有效监管，实现技术治理与网络安全、数字经济和社会数字化转型三大目标。其中，数字经济确定三个战略重点领域，即数字贸易、先进制造业和新兴服务业。此外，该综合战略还关注智能农业和中小微企业数字化转型等。[2]

从各成员国的数字化转型计划看，各国数字化转型聚焦数字基础设施、数字政府、数字经济、数字社会和企业数字化转型，确定了数字化转型的重点领域。例如，印度尼西亚确立了数字交通与旅游、数字贸易、数字金融服务、数字媒体和娱乐、数字农业和

---

[1] ASEAN Secretariat (2021). ASEAN Digital Masterplan 2025. Jakarta: ASEAN Secretariat.

[2] ASEAN Secretariat (2021). Consolidated Strategy on the Fourth Industrial Revolution for ASEAN. https://asean.org/book/consolidated-strategy-on-the-fourth-industrial-revolution-for-asean.

渔业、数字房地产与城市、数字教育、数字健康、数字工业、数字政府等十大重点领域；马来西亚"工业4.0"政策重点关注电子电气、机械设备、化工、医疗器械、航空航天等五大高增长和有潜力的行业；新加坡确立了产业转型的23个重点行业，制造业包括能源和化工、精密工程、海事工程、航空业、电子业等，服务业包括贸易、交通运输、房地产、医疗保健、金融、教育、食品制造与服务等，同时，政府将制定2025年产业转型蓝图（ITM 2025），更新原有23个产业转型蓝图，加快产业数字化转型；[①] 文莱确定了数字化转型的九大重点领域，即物流和运输、能源、商业服务、旅游、金融服务、健康、农产品、教育和清真产业，使得国内经济增长主要来源于数字产业，并通过数字化转型带动其他部门的发展。

（二）各国加快数字基础设施建设

所谓数字基础设施（digital infrastructure）是指以数字经济为特征的新一代信息基础设施建设，涵盖5G互联网、数据中心、人工智能、工业互联网等数字化基础设施及其配套设施，也包括通过数字化和智能化改造的传统基础设施。在数字时代，数字基础设施是国家数字化转型的先决条件，是构建数字经济、数字社会和数字政府的技术支撑。除新加坡等少数国家，东盟国家数字基础设施大都相对落后，且相互间差距较大，尤其是信息通信基础设施。2017年，国际电信联盟（ITU）发布了世界各国和地区信息通信发展指数（ICT development index）排名，在176个国家和地区中，东盟国家中仅有4个国家居于世界前100位，其中新加坡在世界中居第18位，文莱第53位，马来西亚第63位，泰国第78位，菲律宾第101位，越南第108位，印度尼西亚第111位，柬埔寨第128位，缅甸第135位，老挝第144位。[②]

为加快数字基础设施建设，东盟提出卓越的电信基础设施是任何数字转型的核心，但基于各国发展水平的差异，东盟期望所有成员国在相同级别投资于连接性改进是不现实的。因此，东盟提出了数字基础设施的九项行动，涵盖基础设施的投资、建设、应用全流程，鼓励信息通信技术领域的外来投资，扩大数字基础设施覆盖范围，提升固定和移动宽带基础设施质量等。[③] 同时，各国加快了国家数字化转型的步伐，将数字基础设施建设置于重要的战略地位。2021年10月，马来西亚推出第十二个五年计划，提出为创造有利的数字经济增长环境，政府将与私营部门合作加强数字基础设施建设；新加坡

---

① 制定产业转型蓝图2025，新加坡未来经济委员会为未来五年发展规划新道路[N]. 新加坡：联合早报，2021-05-01.
② International Telecommunication Union (2017). Measuring the Information Society Report 2017. Geneva: ITU.p31.
③ ASEAN Secretariat (2021). ASEAN Digital Masterplan 2025. Jakarta: ASEAN Secretariat.

提出以数字基础设施等为重点，打造新一代数字产业的增长引擎；2020 年 6 月，越南出台国家数字化转型计划，越南共产党第十三次全国代表大会确定了数字转型是国家经济发展的动力，政府成立了国家数字化转型委员会，提出到 2030 年越南普及光纤宽带和第五代移动通信技术（5G）网络服务，力争在数字化转型方面跻身东盟国家前三和世界前五十[①]。

随着第五代移动通信技术迅速发展，东盟国家 5G 用户市场潜力巨大。菲律宾是较早开通 5G 网络的东盟国家，环球电信（Globe Telecom）和菲律宾长途电话公司（PLDT）两大国内电信营运商均使用华为技术，菲律宾第三大电信运营商迪托电话（DITO）与华为等公司启动 5G 基站项目的建设；2020 年 3 月，泰国率先发布 5G 业务，由泰国电信运营商分别与华为、中兴通讯公司合作开展 5G 业务；2020 年 6 月，新加坡颁发两个全国 5G 许可证，新加坡电信公司与爱立信，以及星和（StarHub）、第一通（M1）两家电信公司与诺基亚合作建立 5G 基站，计划到 2022 年底和 2025 年底 5G 网络分别覆盖国土面积一半和全覆盖；2021 年 3 月，马来西亚政府成立国家数码公司（DNB），其与爱立信公司签署合约，争取 2024 年将 5G 网络覆盖全国八成人口；2021 年 5 月，印度尼西亚国有移动运营商 Telkomsel 公司推出 5G 服务，政府计划到 2022 年底将 5G 网络扩展到爪哇岛的 6 个省会城市、5 个优先旅游目的地和 1 个工业区；越南主要与爱立信和诺基亚两家公司建设合作 5G 网络，分别在河内和胡志明市建设 5G 基站。同时，东盟各国大力兴建大数据中心，以应对数字化转型的迫切需求。据高纬环球（Cushman & Wakefield）的 2019 年度数据中心研究报告预测，2019—2024 年，东盟国家主机托管数据中心市场年均增长率为 12.9%，新加坡是仅次于冰岛和挪威的世界范围内最具竞争力的数据中心市场。[②] 此外，东盟各国纷纷制定和实施人工智能发展规划。2017 年和 2019 年，新加坡两度发布人工智能战略，推进智能市镇及邻里、交通物流、教育、医疗保健和安全与保安领域采用人工智能科技；2020 年，印度尼西亚公布了 2020—2045 年人工智能发展蓝图，其人工智能聚焦在教育与研究、医疗服务、行政体制改革、粮食安全、机动性和智慧城市等领域；2022 年，马来西亚出台国家机器人技术路线图（NRR），旨在将机器人的使用强度从 2019 年每万名工人 55 台增至 2030 年的 195 台。

（三）各国数字化转型以政府为主导，吸引私人部门和外资企业参与

由于数字化转型以数字技术开发与应用为导向，涉及数字基础设施、数字产业化和

---

① 越南数字化转型愿景[N]. 越通社，2022-02-06.

② 报告：我国连续第三年是亚洲最具竞争力数据中心[N]. 新加坡：联合早报，2019-08-19.

产业数字化，以及企业数字化转换，尤其是数字基础设施涵盖 5G 互联网、数据中心、人工智能、工业互联网等领域，具有科技含量高、资金投入大、建设周期长、技术更新快、投资风险高等特点。一般来说，在数字基础设施建设的初期，以政府部门的投入为主，私人部门的参与相对较少。随着技术开发相对成熟，应用场景相对明确，私人部门的投入才会逐渐扩大。

在数字基础设施建设中，东盟国家政府制定了一系列发展规划和重点项目，国有企业扮演着重要的角色。印度尼西亚最大的移动运营商 Telkomsel，政府持股 51.19%，该公司于 2021 年 5 月推出了商用 5G 移动服务；2021 年 3 月，马来西亚政府成立了国家数码公司（DNB），采用单一批发网络的方式，负责 5G 网络的基础建设，近期政府接受了国内四大电信公司的建议，将股权开放给私人电信从业者，允许其加入 5G 基础设施建设；新加坡电信公司（SingTel）是国内最大的电信营运商，也是新加坡政府控股的全资公司，该公司成为国内两个独立的 5G 运营商之一，从 2021 年起推出独立 5G 电信网络；越南军队电信集团（Viettel）是国内规模最大的信息通信集团，也是全球十五大电信运营商之一，其掌控着国内研发终端设备、接入网和核心网等电信网络基础设施，在越南信息通信产业中起着引领作用。

由于东盟国家信息通信产业发展滞后，当地企业缺乏产业核心技术，各国数字基础设施建设大多依靠外资，利用信息通信跨国公司的资本与技术，通过 BOT（建设-经营-转让）、TOT（移交-经营-移交）模式引进外资，与当地国有企业或私营企业进行数字基础设施建设。目前，东盟国家的 5G 通信技术、大数据中心等几乎均依靠国外跨国公司的资本与技术进行营运。菲律宾两大电信营运商环球电信和 PLDT 公司均使用华为技术；泰国 5G 电信营运商主要与中国的华为、中兴通讯公司合作；新加坡将瑞典爱立信、芬兰诺基亚公司作为 5G 营运的合作方；马来西亚国家数码公司委托瑞典爱立信公司负责 5G 网络基础设施的设计、建设与营运；印度尼西亚国有移动运营商 Telkomsel 与中兴通讯公司签署 5G 商业合作谅解备忘录，并推出 5G 服务；越南主要与爱立信和诺基亚两家公司合作建设 5G 网络。同时，新加坡大型云服务商和托管业务发展商主要是世界著名的跨国公司，如亚马逊、阿里巴巴、微软和谷歌等公司；微软、宝泽数据中心（AIMS Data Centre）、维谛技术（Vertiv）、电讯盈科（PCCW）等公司在马来西亚数据中心市场占有重要地位。

在东盟智慧城市网络建设中，多数国家主要通过引进外资开展城市的信息化和智能化建设。目前，日本大约有 200 多家企业参与到东盟国家 26 个城市的智慧城市建设项目中，包括越南的河内和岘港、缅甸的曼德勒、马来西亚的亚庇、印度尼西亚的雅加达、菲律宾的新克拉克城等城市。其中，越南最大的智慧城市项目由日本住友集团（Sumitomo）与越南著名房地产公司 BRG 集团合作开发，总投资达 42 亿美元，占地 272 公顷，于 2019 年 10 月动工，计划于 2028 年全部竣工。

（四）各国数字化转型中重视构建数字治理框架

跨入数字时代，世界尚未形成统一的国际规则和各国相互协调的数字治理体系，美、欧各自主导了两大数字治理框架，全球数字治理呈现碎片化和分裂化的特点。新兴经济体和发展中国家在数字规则制定、数字安全保障能力上与发达国家存在较大差距，大多没有形成完善的数字治理体系。这些国家的国际数字治理主要表现为普遍对数据跨境流动采取限制措施；通过数据本地化实现数据价值的本地化，把数字资源和要素留在国内，以带动本土数字经济发展；强调个人隐私保护，纷纷建立或修改有关个人数据隐私保护法律法规；要求外国企业向政府部门提供数字服务时，须公开源代码；实施数字税，以保护本国市场和本土中小数字企业。[①]

近年来，东盟国家加快制定和完善与数字经济相关的法律法规，以创造数字经济社会健康发展的生态环境。1998 年 7 月，新加坡首次颁布《电子交易法》（ETA），并于 2021 年进行了修订；2012 年出台了《个人数据保护法》（PDPA），并于 2020 年进行重大修订。泰国于 2001 年通过了《电子交易法》，2019 年通过了《个人数据保护法案》和《网络安全法案》，旨在强化个人数据的收集、储存、使用或处理，以加强网络空间的法律保障，确保国家安全，保护个人数据隐私。[②] 马来西亚数字经济蓝图提出，为保证数字经济的健康发展，要对相关法律进行梳理和修订，包括 2023 年前要修订知识产权法和竞争法，2025 年修订《个人数据保护法》。同时，东盟国家纷纷开征数字税。从 2020 年 1 月起，新加坡向全球年营业额超过 100 万新元、在新加坡销售额超过 10 万新元的海外数字服务供应商缴纳 7%的消费税；马来西亚向年销售额超过 50 万林吉特的外国数字服务供应商征收 6%的增值税；2020 年 7 月起，印度尼西亚向数字服务供应商征收 10%的增值税；2021 年 9 月起，在泰国提供数字服务、年收入超过 180 泰铢的外国服务公司或平台须缴纳 7%的增值税；2021 年 10 月，菲律宾众议院通过国税法修正案，拟对数字交易征收 12%的增值税。

---

① UNCTAD (2021). Digital Economy Report 2021: Cross-border Data Flows and Development-For Whom the Data Flow.

② Personal Data Protection Act (2019). https://www.mdes.go.th/law/detail/3577-Personal-Data-Protection-Act-BE-2562-2019; Cybersecurity Act (2019). https://www.mdes.go.th/law/detail/3572-Cybersecurity-Act-B-E-2562-2019.

（五）加强数字化转型的区域合作

早在 2018 年，东盟就颁布了《东盟数字一体化框架》，作为指导区域数字经济发展的纲领性文件，框架中确定了六大中期优先领域。① 此后，东盟制定了《〈东盟数字一体化框架〉行动计划（2019—2025）》，根据六大中期优先领域，确定了具体行动、预期成果、完成时间和实施机构。② 2018 年 4 月，东盟出台智慧城市网络（ASCN），旨在促进各国在智慧城市发展方面的合作，催化可融资项目获得私营企业投资，并确保该计划能够获得东盟外伙伴国家的资金和支持。同年 5 月，东盟推出《促进智慧城市发展的特定城市行动计划》，并选定 26 个试点城市。同年 11 月，第 33 届东盟峰会通过了《东盟智慧城市网络框架》，提出东盟智慧城市建设应在有竞争力的经济、稳定的环境、高质量的生活三个相互依存的目标之间实现平衡。③ 2019 年 1 月，东盟签署《东盟电子商务协定》，该协定合作领域涵盖电子商务各领域，包括信息通信技术（ICT）基础设施、教育和技术能力、网上消费者保护、电子商务法律和监管、电子交易安全、电子支付和结算、贸易便利化、知识产权、竞争、网络安全和物流等。④ 2021 年 1 月东盟公布了《东盟数字总体规划 2025》，作为东盟区域数字化转型的纲领性文件，该规划设定 8 项预期目标，并辅以若干项赋能行动和时间表。⑤ 2021 年 10 月又出台了《东盟第四次工业革命的综合战略》，提出东盟数字共同体的愿景和数字化转型三大目标。⑥

目前，东盟数字化转型的区域合作相继展开，并将数字技术应用于区域合作项目。2018 年初，"东盟单一窗口"（ASW）正式运行，该系统整合了区域内不同国家的单一窗口系统，实现成员国之间贸易相关文件的电子交换，包括使用 ATIGA 电子原产地证书（ATIGA e-Form D）和交换东盟海关申报单。2020 年 11 月，东盟海关跨境系统（ACTS）开始营运，通过该系统，贸易商只需办理一次海关申报手续就可实现在成员国之间自由运输货物。2020 年 11 月，东盟智慧物流网络（ASLN）正式启动，该网络首个项目——越南永福省集装箱堆场（ICD）物流中心动工。

---

① ASEAN Secretariat (2018). ASEAN Digital Integration Framework. Jakarta: ASEAN Secretariat.

② ASEAN Secretariat (2019). ASEAN Digital Integration Framework Action Plan (2019–2025). Jakarta: ASEAN Secretariat.

③ ASEAN Secretariat (2018). ASEAN Smart Cities Framework. Jakarta: ASEAN Secretariat.

④ ASEAN Secretariat (2019). ASEAN Agreement on Electronic Commerce. Jakarta: ASEAN Secretariat.

⑤ ASEAN Secretariat (2021). ASEAN Digital Masterplan 2025. Jakarta: ASEAN Secretariat.

⑥ ASEAN Secretariat (2021). Consolidated Strategy on the Fourth Industrial Revolution for ASEAN. https://asean.org/book/consolidated-strategy-on-the-fourth-industrial-revolution-for-asean.

四、东盟国家经济复苏的前景

在全球疫情下，东盟国家经济呈现出复苏的态势，2022 年各国经济将保持持续增长，但国际经济组织和各国官方均下调了经济增长的预期。2021 年东盟国家经济同比增速由负转正，大多基于上年各国经济急剧衰退使得同期基数较低。由于全球疫情尚未消退，国际经济和地缘政治形势急剧变化，东盟国家面临的不稳定和不确定性因素大增，这些国家经济复苏的前景尚未明朗。

由于新冠病毒变异毒株不断出现，给世界经济复苏带来更大的不确定性，成为世界经济可持续复苏的主要障碍。据 2022 年 7 月 27 日世界卫生组织（WHO）的统计显示，全球新冠肺炎疫情确诊病例数累计超过 5.7 亿例，死亡病例数超过 638 万例。世界卫生组织强调，虽然全球新增确诊和死亡病例数持续下降，但新冠肺炎疫情大流行仍是国际关注的突发公共卫生事件。疫情暴发以来，大宗商品市场急剧波动，全球价值链和供应链断裂，尤其是俄乌冲突爆发，西方国家对俄制裁使得石油、天然气和粮食等供应短缺，国际市场上大宗商品价格大幅上涨，引发全球性通货膨胀，这让世界经济复苏进程雪上加霜，全球经济可能陷入"滞胀"风险。同时，欧美国家开始收紧货币政策。2022 年 3 月美联储宣布提高利率，5 月又加息 50 个基点，6 月和 7 月又分别两次加息 75 个基点，美联储还从 6 月 1 日起缩减规模近 9 万亿美元的资产负债表。美国收紧货币政策，可能会刺破国内资本市场泡沫，对大宗商品价格构成压力，导致其他国家货币贬值，吸引短期国际游资回流美国，对新兴市场国家的金融市场造成严重的冲击。

近期，国际经济机构均调低了 2022 年全球经济增长率，也调低了东盟国家经济增速。据 IMF 预测，2022 年世界经济年度增长率为 3.2%，发达经济体为 2.5%，新兴市场和发展中经济体为 3.6%，亚洲新兴发展中国家为 4.6%，东盟五国（印度尼西亚、马来西亚、菲律宾、泰国和越南）为 5.3%。[①] 据世界银行预测，2022 年世界经济年度增长率为 2.9%，发达经济体为 2.6%，新兴市场和发展中国家为 3.4%，柬埔寨为 4.5%，印度尼西亚为 5.1%，老挝为 3.8%，马来西亚为 5.5%，菲律宾为 5.7%，泰国为 2.9%，越南为 5.3%。[②] 亚洲开发银行预测，2022 年印度尼西亚的经济增长率为 5.2%，马来西亚为 5.8%，菲律

---

① IMF (2022). World Economic Outlook Update July 2022. https://www.imf.org/en/Publications/WEO/Issues/2022/07/26/world-economic-outlook-update-july-2022.

② World Bank (2022). Global Economic Prospects, June 2022. https://openknowledge.worldbank.org/handle/10986/37224.

宾为 5.7%，新加坡为 3.9%，泰国为 2.9%，越南为 5.8%。①

截至 2022 年 8 月，东盟国家的疫情仍未消退，新冠肺炎疫情累计确诊病例超过 3000 万例，其中越南超过 1000 万例，印度尼西亚超过 610 万例，马来西亚和泰国均超过 450 万例，菲律宾超过 370 万例，新加坡超过 150 万例，累计死亡病例超过 35 万例，因而疫情形势的严峻仍是该地区经济走向持续复苏的最大障碍，也使得各国经济增长存在着诸多不确定性。据东盟主要国家统计，2022 年第一季度印度尼西亚的经济增长率为 5.01%，全年预计为 4.9%～5.4%；马来西亚第一季度为 5%，全年预计为 5.3%～6.3%；菲律宾第一季度为 8.3%，全年预计为 7%～8%；新加坡第一季度为 3.7%，全年预计为 3%～5%；泰国第一季度为 2.2%，全年预计为 2.5%～3.5%；越南第一季度为 5.03%，全年预计为 6%～6.5%。同时，各国经济将呈现出"K"形复苏的走势，即不同国家或不同产业部门涨跌互现，经济复苏形成分叉走势。

由于国际油价和大宗商品价格上扬，将引发东盟国家物价上涨，一些国家相继调高了 2022 年通货膨胀率预测，如印度尼西亚预期全年的通货膨胀为 3.5%～4.5%，菲律宾为 3.7%～4.7%，新加坡核心通货膨胀率将超过 4%，泰国为 4.5%～5.5%。为此，菲律宾在 2022 年 5 月和 6 月两次上调基准利率 25 个基点后，7 月再次上调基准利率 75 个基点至 3.25%。7 月新加坡金融管理局再次收紧货币政策，让新元加速升值，这是自 2021 年 10 月以来第四次和 2022 年第二次收紧货币政策。泰国预计 7 月也将加息。同时，一些国家货币加速贬值，如马来西亚林吉特兑美元汇率创下逾 5 年来新低，菲律宾比索兑美元汇率已降至 17 年来的最低水平，泰铢兑美元汇率也降至 2015 年以来的新低。

参考文献

[1]　ADB. Asian Development Outlook 2022. Manila：Asian Development Bank, 2022.

[2]　ASEAN Secretariat. ASEAN Comprehensive Recovery Framework and Its Implementation Plan. https://asean.org/asean-comprehensive-recovery-framework-implementation-Plan, 2020.

[3]　ASEAN Secretariat. Consolidated Strategy on the Fourth Industrial Revolution for ASEAN. https://asean.org/book/consolidated-strategy-on-the-fourth-industrial-revolution-for-asean, 2021.

---

① ADB (2022). Asian Development Outlook Supplement July 2022. https://www.adb.org/sites/default/files/page/810921/ados-july2022-presentation-slides.pdf.

[4]   ASEAN Secretariat. ASEAN Digital Masterplan 2025.Jakarta: ASEAN Secretariat, 2021.

[5]   Cassey Lee, Elleen Lee. E-Commerce, Competition and ASEAN Economic Integration. Jakarta: ASEAN Secretariat, 2021.

[6]   ERIA. Study on MSMEs Participation in the Digital Economy in ASEAN: Nurturing ASEAN MSMEs to Embrace Digital Adoption. Jakarta: Economic Research Institute for ASEAN and East Asia, 2019.

[7]   IMF. World Economic Outlook April 2022. Washington, D.C, 2022.

[8]   Joergen Oerstroem Moeller. Asia's Transformation: From Economic Globalization to Regionalization. Singapore: ISEAS – Yusof Ishak Institute, 2020.

[9]   World Bank. Global Economic Prospects June 2022. Washington, DC: World Bank, 2022.

[10] World Bank. East Asia and Pacific Economic Update, April 2022: Braving the Storms. Washington, DC: World Bank, 2022.

[11] 王勤. 东南亚蓝皮书：东南亚地区发展报告（2020—2021）[M]. 北京：社会科学文献出版社，2021.

亚太贸易投资和区域经济一体化合作

美国"印太战略"的新发展及中国的应对

余　振　秦　宁*

摘　要：拜登政府以"制衡中国"为实际战略目标，通过引入新议题、重塑实施"印太战略"的国际制度平台、重视盟友、构建战略支点国家体系等举措，打造升级版"印太战略"。"印太战略"呈现出战略议题政治化、战略布局精细化、战略实施手段机制化的新动向。"印太战略"实施后，对中国而言，可能会降低中国参与亚太区域合作的运行机制效率，恶化中国周边的战略环境，有可能形成全方位围堵中国的区域联盟；对亚太地区而言，可能会延缓亚太经济一体化进程，推动亚太地区秩序向两极化发展，恶化亚太区域合作的外部环境。对此，中国应突破地域束缚，充分利用 APEC 这一多边机制，立足全球视角谋划 APEC 发展，立足 APEC 成员需要设计合作新议题，推出 APEC 发展共享计划，加强面向 APEC 区域的经济开放。

关键词：印太战略；新动向；亚太区域合作；新对策

从地理学的角度来说，印太地区是指印度洋与太平洋海域以及这两大洋的沿岸国家。但是，美国"印太战略"更多地强调印太地区的地缘属性，聚焦于从东经 140°到东经 60°、南至南印度洋、北抵沿海国家的广阔区域。①该区域涵盖了日本、韩国和澳大利亚等亚太发达国家以及美国传统盟友，也包含中国与印度两大东方崛起之国，发挥着全球经济增长极的重要作用。奥巴马上台后，实施"亚太再平衡"战略，将美国区域战略重心由"中东"转移至"亚太"再转向"印太"，"印太战略"雏形初现。2019 年，特朗

---

　* 余振，武汉大学美国加拿大经济研究所执行所长，教授，博士生导师，南开大学 APEC 研究中心兼职研究人员。秦宁，武汉大学美国加拿大经济研究所研究助理。
　① 韦宗友. 美国在印太地区的战略调整及其地缘战略影响[J]. 世界经济与政治，2013（10）：140-155，160.

普在其任期内正式提出"印太战略",提升印太地区在美国全球地缘战略中的重要性,还将"印太战略"作为应对中国崛起的途径之一。拜登政府执政以来,对印太地区日益重视,在"印太战略"方面不仅延续了特朗普政府"自由开放的印太"的提法,而且在对华战略定位及"印太战略"目标等方面也多有继承。然而,拜登政府的外交政策理念与特朗普政府迥然不同,当前美国"印太战略"的具体政策与实施手段也出现了一些新的动向与趋势,对亚太经济合作将产生深远影响,对中国经济发展的外部环境也会带来新的挑战。

一、美国"印太战略"的历史演变

自奥巴马政府执政以来,亚太地区重回美国视野,美国也越来越重视东方崛起大国——中国对其全球霸主地位的影响。针对中国的发展态势与印太地区的地缘价值,"印太战略"应运而生。当前,"印太战略"是美国最重要的区域战略之一,经历了三届政府的迭代与升级,逐渐从构想走进现实。

(一)奥巴马政府初步构想"印太战略"

奥巴马政府执政期间,虽然并未正式提出"印太战略"这一概念,但已经开始将太平洋与印度洋地区看作一个整体进行战略部署,"印太战略"雏形初现。奥巴马政府的"印太"构想主要具有以下三个特征。

第一,将"亚太再平衡"战略拓展至印度洋地区,实现太平洋与印度洋的人为联结,创造"印太"地缘单元。21 世纪初,美国基于国内局势与亚太格局的变化,出台了"亚太再平衡"战略,旨在建立符合美国利益的亚太地区秩序。虽然官方文件均以"亚太"命名,但美国高级官员的发言与战略报告均表明"亚太再平衡"战略焦点正在向"印太"转移。2010 年,时任美国国务卿的希拉里首次提到"印太"概念,"我们在扩大同印度海军在太平洋的合作,因为我们知道印太盆地对于全球贸易和商业有多么重要"[①]。2012 年,时任代理助理的国务卿尹汝尚曾强调,"我们在亚太地区的责任是强大且不可逆的,我们非常支持并欢迎印度及其他南亚国家参与亚太事务"[②]。美国国防部于 2014 年发布的《四年防务评估报告》提出,深化与印度洋地区的接触,以支持美国向亚洲的"再平

---

① Hillary Clinton. America's Pacific Century. Foreign Policy, November 2011, p.57.

② Joseph Yun. The Rebalance to Asia: Why South Asia Matters (Part 1). https://docs.house.gov/meetings/FA/FA05/20130226/100306/HHRG-113-FA05-Wstate-YunJ-20130226.pdf, p.7

衡"。①从这些官方发言与战略报告中可以看出，美国政府高度重视印度洋的重要作用，人为地连接太平洋与印度洋地区，意图以"印太"取代"亚太"。造成这一现象的原因主要有两点。其一，印度洋的矿产资源与海上要道对美国具有战略意义。印度洋的矿产资源充裕，类型以石油与天然气为主，广泛分布于波斯湾地区。途经印度洋海域附近的马六甲海峡与霍尔木兹海峡的原油运输量大，这两个海峡是全球能源海上运输的咽喉要道。美国日益提升印度洋在国家战略中的地位，企图控制印度洋关键的海峡与港口，保持美国在印太地区的战略优势。其二，印度洋与太平洋的经济联系逐渐紧密。印太地区国家之间的贸易一体化、投资一体化、金融一体化程度不断加深，横穿印度洋、经过马六甲海峡到达西太平洋地区的"印太"经济网络逐渐成形。这一客观现象也使得美国将太平洋与印度洋地区看作一个整体进行战略部署。

　　第二，战略议题以军事为主，以经济、价值观、国际秩序为辅。一般而言，美国区域性战略是服务于国家利益与国家总体战略的。根据 2010 年与 2015 年的《美国国家安全战略》，奥巴马政府明确界定美国所追求的国家利益为安全、繁荣、价值观与国际秩序，并且由于安全是繁荣的基石与保障，其成为首要国家利益。在国家利益的驱使下，奥巴马政府大力强化在印太地区的军事部署，并辅之以经济活动、价值观传播与秩序构建。其一，加强与印太盟友的军事安全合作，共同应对安全挑战。美国同澳大利亚、日本、韩国、菲律宾等传统盟友深化军事安全合作。例如，2014 年美国与澳大利亚签订军事部署协议，为美国强化在澳大利亚的军事存在构建政策与法律框架；2015 年美国与日本完成《美日防卫合作指针》的修订，该指针突破了日本"和平宪法"的限制，使得日本武装力量可以在其领土附近或更远的地方协助受到攻击的美国飞机与舰船；②美国不断增强驻韩美军的军事力量，还决定在驻韩美军基地部署"战区高空区域防御系统"，即"萨德"。此外，美国还进一步开展与印度、越南、马来西亚等新兴伙伴的军事安全合作。例如，2015 年美国、印度达成《防务合作框架协议》共识，随后签署《后勤交流备忘录协定》，促进两国为对方提供军事后勤支持；2015 年美国、越南签署《关于防务关系的共同愿景声明》，2016 年美国全面解除对越南的武器禁运。其二，构建由美国主导的多边机制，深度参与印太经济事务。奥巴马政府主导并推动了"跨太平洋伙伴关系协定"（TPP）谈判，设立了当时世界上最严格的劳工权利与环境保护标准，对印太地区的国际经贸规

---

① U.S. Department of Defense. Quadrennial Defense Review. http://archive.defense.gov /pubs/2014_Quadrennial_Defense_Review.pdf.

② 仇朝兵. 奥巴马时期美国的"印太战略"——基于美国大战略的考察[J]. 美国研究，2018，32（1）：37-69.

则产生深远影响；美国还通过"美国-东盟扩大经济合作倡议""新丝绸之路"与"印太经济走廊"，强化与东南亚、南亚等国的经贸联系。其三，加大"民主"和"人权"价值观的宣传力度，企图影响印太政治发展。美国借助其在印太地区的公共外交活动、文化交流、国际反腐败制度建设、保护妇女与儿童权益项目等，大力推广美国价值观。其四，塑造以规则为基础的地区秩序，维护美国在印太地区的利益。奥巴马政府建立并升级与印太国家的伙伴关系，开展在海洋、经贸、气候变化、人文活动等方面的互动实践，提升美国在印太秩序中的话语权。

第三，对亚太区域一体化进程产生深远影响。奥巴马政府开始"跨太平洋伙伴关系协定"谈判后，东盟十国中的新加坡、马来西亚、越南和文莱选择加入"跨太平洋伙伴关系协定"，东盟十国的经贸规则与关税优惠的国别差异进一步增大，破坏了东盟十国的友好合作关系，对东盟自由贸易区的建设带来了挑战，冲击了以东盟为中心的亚太区域合作体系。其次，作为一个域外国家，美国介入印太地区事务，严重降低了亚太国家的区域认同感，延缓了亚太区域一体化进程。

（二）特朗普政府正式提出"印太战略"

2019 年 6 月，美国国防部正式发布《印太战略报告》，"印太战略"成为美国最重要的区域性战略之一。特朗普政府的"印太战略"呈现以下三个特征。

第一，首次官方提出"印太战略"，标志着"印太战略"进入正式部署阶段。2017 年12 月，特朗普政府发布《国家安全战略报告》，将"印太"作为美国地区安全战略的基础性概念推出，还把"印太"区域列为美国需要高度关注的战略区域首位。[1]2018 年 1 月，美国国防部发布《国防战略报告》，将"维护印太地区的权力平衡"作为国家安全目标之一。[2]2019 年 6 月，美国国防部正式发布《印太战略报告》，明确了美国在印太地区的战略目标，即保卫国家、保持美国在全球的军事领先地位、确保关键地区的力量平衡与构建符合美国利益的国际秩序，[3]并加快"印太战略"的部署实施。此外，美国国防部还将"太平洋司令部"改名为"印度洋-太平洋司令部"，表明美国在"亚太"区域地缘战略真正拓展至"印太"地区。

---

① The White House. National Security Strategy of the United States of America. https://www.whitehouse.gov/wpcontent/uploads/2017/12/NSS-Final-12-18-2017-0905-2.pdf.

② U.S. Department of Defense. Summary of the 2018 National Defense Strategy of the United States of America. http://news.usni.org/2018/01/19/2018-department-defense-national-defense-strategy.

③ U.S. Department of Defense. Indo-Pacific Strategy Report: Preparedness, Partnerships, and Promoting a Networked Region. https://media.defense.gov/2019/Jul/01/2002152311/-1/-1/1/DEPARTMENT-OF-DEFENSE-INDO-PACIFIC-STRATEGY-REPORT-2019. PDF.

第二，大国竞争色彩愈发明显。不同于奥巴马政府的多边外交战略，特朗普政府突出对华竞争，意图拉拢盟友，构建孤立中国的"印太秩序"。特朗普政府发布的《国家安全战略报告》指出，中国宣称其行为能使多方获益，但中国的主导地位会侵害印太各国的国家主权。[①]2018年美国《国防战略报告》将同中国的长期战略竞争列为美国国防部的优先事项。[②]在2019年的《印太战略报告》中，美国无端指责中国胁迫其他国家，塑造符合其自身利益的"印太秩序"。[③]这些官方报告说明，美国认为中国崛起会威胁其在印太地区的霸权地位，从而将中国视为其在印太地区的最大竞争对手，因此，遏制中国也成为美国"印太战略"的首要目标。美国的上述行为毫无依据，纯属污蔑。

第三，特朗普政府的"印太战略"收效甚微，主要原因在于缺乏国际制度平台和国际社会支持。2021年特朗普任期结束，美国未参与的《全国与进步跨太平洋伙伴关系协定》（CPTPP）与《区域全面经济伙伴关系协定》（RCEP）谈判进展良好，亚太区域合作程度进一步深化，美国并未掌握印太地区的秩序主导权。这主要源于两点：其一，美国退出"跨太平洋伙伴关系协定"后，缺乏同印太国家对话的官方制度平台与机制，[④]丧失了在印太地区的部分国际话语权；其二，特朗普擅自退出自由贸易协定、发起贸易摩擦的单边主义行为引发其盟友的不满，"印太战略"缺乏广泛的国际社会支持。

（三）拜登政府推动"印太战略"脱虚向实

拜登政府的"印太战略"继承前任政府"对华战略竞争，维护美国的地区主导权"的政策基调，战略目标涵盖政治、经济、安全、地区治理及盟伴关系等诸多维度，如在政治上继续维持以美国为中心的国际秩序，在经济上通过"印太经济框架"等战略工具维护美国在印太地区的经济利益，在地区治理上强化美国在气候变化、清洁能源和应对新冠肺炎疫情等话题方面的引领能力。为了实现以上目标，拜登政府推行的"印太战略"包括以下主要举措。

第一，重塑美国在印太地区经济与安全领域的制度基础。与特朗普倡导"美国优先"并屡次退出多边协定的风格不同，拜登构建了非传统自贸协定形式的多边机制，并将其

---

① The White House. National Security Strategy of the United States of America. https://www.whitehouse.gov/wpcontent/uploads/2017/12/NSS-Final-12-18-2017-0905-2.pdf.

② U.S. Department of Defense. Summary of the 2018 National Defense Strategy of the United States of America. http://news.usni.org/2018/01/19/2018-department-defense-national-defense-strategy.

③ U.S. Department of Defense. Indo-Pacific Strategy Report: Preparedness, Partnerships, and Promoting a Networked Region, https://media.defense.gov/2019/Jul/01/2002152311/-1/-1/1/DEPARTMENT-OF-DEFENSE-INDO-PACIFIC-STRATEGY-REPORT-2019.PDF.

④ 赵菁，李巍. 霸权护持：美国"印太"战略的升级[J]. 东北亚论坛，2022，31（4）：24-46，127.

作为实施"印太战略"的制度平台。首先,正式启动"印太经济框架"。这一框架填补了美国退出 TPP 后在印太地区制度平台的空白,解决了"印太战略"的经济短板。相比其他区域经济安排,"印太经济框架"的内容范围非常广,涵盖了供应链韧性、公平与弹性贸易、基础设施与清洁能源、税收改革和反腐败四大"支柱"议题。"印太经济框架"是非传统意义上的经济协定,强调贸易便利化而非贸易自由化,尽管目前并未涉及关税减免与市场准入方面的话题,谈判形成的协定对各成员可能不具有强制性与法律效力,难以用规则约束各成员的经济行为,但初始成员只需要加入一个"支柱"领域并参与讨论,更具灵活性也是印太经济框架的一种优势。其次,升级美日印澳"四方安全对话"机制。拜登上任后,进一步强化"四方安全对话"在"印太战略"中的机制性作用。2021 年 3 月和 9 月,美国推动"四方安全对话"会议级别再升级,分别于线上和华盛顿举办两次领导人峰会,决定将首脑级会议机制化,成立关键和新兴技术、气候变化、基础设施协调、疫苗专家等多个工作小组。[1]最后,推动美英澳"三边安全伙伴关系"纵深发展。2021年 9 月,美英澳三国首脑宣布建立新型"三边安全伙伴关系"。同年 11 月,美国签署《海军核动力信息交换协议》,美英开始帮助澳大利亚部署核潜艇,[2]强化美澳联盟在印太地区的军事力量。随后,美英澳"三边安全伙伴关系"进一步引入人工智能、量子技术、网络安全等关键领域的安全合作,将美英澳"三边安全伙伴关系"从单一的军事合作伙伴关系发展成为印太区域的新型安全制度平台。

第二,强调重点国家的战略支点作用。拜登政府立足于"经济"与"安全"两大自身需求与盟友优势,精准匹配盟友与合作领域,使盟友在"印太战略"中起到重要的战略支撑作用。在关键技术领域,美国加紧同日本、韩国、澳大利亚等传统盟友的合作。这些国家在全球供应链领域与美国具有互补性,进行生产合作有利于美国打造半导体等关键行业的全产业链优势;在高标准贸易规则、气候变化等议题上与美国有相似诉求,有利于美国进一步掌握新领域的国际话语权与规则主导权。在地缘经济与地缘政治领域,美国积极与印度、越南等开展密切合作。由于印度、越南与中国在地理位置上靠近、在全球产业链地位上存在竞争,美国大力扶持印度、越南的军事与产业活动,在军事布局

---

① 张根海."印太"背景下美日印澳"四边机制"新动向及对南海安全的影响[J]. 南亚研究,2022(2):133-155,160.

② The White House. Memorandum on the Presidential Determination on the Proposed Agreement between the Government of the United States of America, the Government of Australia, and the Government of the United Kingdom of Great Britain and Northern Ireland for the Exchange of Naval Nuclear Propulsion Information. https://www.whitehouse.gov/briefing-room/presidential-actions/2021/11/19/a-memorandum-on-the-presidential-determination-on-the-proposed-agreement-between-the-government-of-the-united-states-of-america-the-government-of-australia-and-the-government-of-the-united-kingdom-o/.

与地理位置上包围中国，在经济上削弱中国在全球供应链中的不可替代性。

第三，统筹"安全"与"繁荣"，在对外经济活动中引入数字贸易规则、供应链、基础设施建设等新议题。拜登政府确定"推进印太地区的繁荣"和"保障印太地区的安全"两大目标。其一，重视印太地区数字贸易等新兴领域的规则制定。在 2022 年《美国印太战略》中，"数字"一词出现了 7 次。2022 年 4 月，美国牵头组建的全球跨境隐私规则论坛，也旨在构建孤立中国的全球跨境隐私规则体系，进一步掌握印太地区数字经济的规则主导权。其二，强调关键产业的供应链安全合作。为解决国内供应链脆弱性的问题，拜登政府分别在全球、区域与双边层面进行"供应链外交"，如召开首届全球供应链韧性峰会，为由价值观主导的"民主供应链同盟"构想奠定基础，将供应链安全与韧性列为"印太经济框架"的支柱之一，积极同日本、韩国、印度等具有不同产业优势的国家开展合作，吸引这些国家的企业赴美设厂，提高美国的产业链完整性，降低对华的产业依赖性。其三，重启印太地区基础设施建设。拜登政府于 2021 年 6 月的七国集团（G7）峰会宣布启动"重建更美好世界"倡议。2021 年 7 月，白宫称美国愿为部分 APEC 经济体提供高标准、融资透明的基础设施建设投资；同年 9 月，"四方安全对话"机制达成共识，同意引入美国的"重建更美好世界"倡议，重启"蓝点网络"计划，共创印太高标准基础设施合作网络。

二、美国"印太战略"的新动向

2022 年 2 月，拜登政府发布《印太战略报告》，较为全面地阐述了美国在印太地区的战略利益、战略目标与行动方案。报告强调，美国是"印太大国"，印太地区对于美国的安全与繁荣至关重要；美国在印太地区不仅拥有广泛的商业利益，更有对盟友的安全承诺及防止"旗鼓相当的竞争者"出现的安全利益与战略利益。[①]具体而言，拜登政府的"印太战略"呈现出以下三点新动向。

第一，战略议题政治化。除了印太地区的地缘政治价值，美国愈发关注该地区作为全球发展增长极的重要经济意义。拜登政府利用印太各国的制度与价值观差异，制造中国与其他印太国家在经济领域的对立局面，削弱中国的经济影响力，维护美国在印太地区的经济主导权。美国"印太战略"以"国家安全"与"地区繁荣"为主要目标，将主要议题从军事合作拓展到贸易、供应链、气候变化、基础设施等经济领域；从"边境外"

---

① The White House. The Indo-Pacific Strategy of the United States, February 2022. https://www.whitehouse.gov/wp-content/uploads/2022/02/U.S.-Indo-Pacific-Strategy.pdf.

政策为主的贸易协定谈判深入"边境内"政策协调、数字经济与劳工标准、环境保护规则等新兴领域的谈判；将供应链安全视为国防安全的重要组成部分，把供应链安全合作设为"印太经济框架"的支柱之一，主张构建以价值观为导向的"民主供应链联盟"。美国企图重塑印太地区的规则，未来有可能利用这些高标准规则限制中国在印太地区的贸易与投资。这些行为表明，美国正在模糊经济与政治的概念界限，推动经济问题政治化与意识形态化，为其打造孤立中国的印太秩序提供合法性，提升其在印太地区的经济话语权。

第二，战略布局精细化。拜登政府基本沿袭奥巴马政府重视盟友的策略，广泛开展联盟合作，但在联盟布局上具有区域聚焦与盟友分工的新特征。拜登政府根据印太地区各经济体的地缘政治与地缘经济条件、对美依赖性以及战略自主性，锁定具有"印太战略"支撑作用的战略伙伴，通过"拉小圈子"的方式，实现更精细的战略布局。与此同时，拜登政府强化盟友分工，依据盟友的经济实力、地理位置、政治诉求，将盟友划分至"印太经济框架""四方安全对话"机制、美英澳"三边安全伙伴关系"等合作重点不同的框架与机制，在多领域展开排他性竞争，实现对竞争对手在经济上脱钩、在政治上孤立、在军事上包围的目标，确立美国在印太地区的秩序主导权。

第三，战略实施手段机制化。吸取了特朗普政府在退出区域自由贸易协定、缺席多边合作机制领导人会议后，美国在印太地区话语权与影响力被削弱的教训，拜登政府重启多国对话机制与区域伙伴关系，大力构建实施"印太战略"的制度平台与对话机制，促进"印太战略"脱虚向实。由于"印太经济框架""四方安全对话"机制等运行框架与机制不具有贸易协定的强制性与法律效力，美国还通过加快谈判进程、定期举办高级别会议等途径极力保障"印太经济框架"与"四方安全对话"机制的长效性与稳定性。例如，启动"印太经济框架"后，拜登政府宣布加快进行相关谈判工作，希望能在 12～18 个月内完成谈判，规定贸易支柱由美国贸易代表办公室负责，其他三大支柱由美国商务部负责。"四方安全对话"四国首脑在 2021 年首届领导人峰会上达成共识，将定期举行高级官员会晤，每年至少举办一次外长级别对话。2022 年 5 月，美日印澳四国于东京举行会晤，宣布 2023 年"四方安全对话"领导人峰会将由澳大利亚主办。

三、美国"印太战略"新动向的影响

美国"印太战略"历经三届政府的迭代与升级，在战略议题、战略布局与战略实施手段三方面呈现出新动向，这将对亚太区域合作及中国未来参与亚太区域合作产生重大

影响。

（一）美国"印太战略"新动向对亚太区域合作的影响

"印太"一词本就是美国用来替代"亚太"的概念，"印太战略"及其新动向将对亚太区域合作产生深远影响，具体包括延缓亚太经济一体化进程、推动亚太地区秩序向两极化发展及恶化区域合作的外部环境。

第一，延缓亚太经济一体化进程。在新冠肺炎疫情全球蔓延与反经济全球化思潮高涨的双重压力下，亚太经济一体化进程减缓。在印太多国的共同努力下，RCEP、CPTPP、"一带一路"倡议等多边机制为亚太区域合作提供有利的制度平台与合作框架。但是，美国为维护其全球霸主地位，拒绝重返 CPTPP，推出"印太经济框架"，意图打造由美国主导的"印太战略"制度平台。这一举措会冲击已有的亚太区域经济合作框架，降低 RCEP 与 CPTPP 亚太区域合作两大重要载体的经济成效，延缓亚太经济一体化进程。此外，亚太区域成员异质性较大，各国在经济发展阶段、经济结构、政治体制、国家主权、社会价值等方面存在差异性，导致各国的合作需求与合作标准难以统一。美国的"印太战略"强调议题的高标准，涉及半导体行业、数字经济、气候变化等新兴领域，部分亚太国家没有相应的技术与制度，被美国与其他亚太强国孤立与抛弃，这将进一步拉大亚太经济鸿沟，增加亚太区域合作的协调成本，加大亚太经济一体化的难度。

第二，亚太地区主导权博弈愈发激烈，亚太地区秩序可能会向两极化发展。一般而言，国际秩序是指国际体系内的国家根据国际规范采取非暴力方式处理冲突的状态，具体要素包括主导价值观、国际规范和制度安排。[①]从主导价值观上来看，中国在印太地区乃至全球事务上始终坚持"命运共同体""合作共赢""与邻为善、以邻为伴，坚持睦邻、安邻、富邻"的价值观；而美国致力于建立以民主为基础的地区，企图通过价值观差异分裂中国与其他印太国家的关系。从国际规范上看，中国坚决维护印太各国主权独立与平等，不干涉别国内政；而美国及其盟国屡次介入他国事务，在中国台湾、中国香港、新疆问题上设立双重标准，违反国际规则。从制度安排来看，亚太区域合作机制繁多，亚太区域主导权之争非常激烈。各国纷纷发起区域合作倡议，希望通过签订协定、成立组织与机构搭建亚太区域合作的制度平台，如东亚自由贸易区、"东盟+6"、APEC、亚洲基础设施投资银行等。当前，美国引入新型合作框架"印太经济框架"，配合使用美日印澳"四方安全对话"机制、美英澳"三边安全伙伴关系"等机制，意图掌控亚太地区的

---

① 阎学通. 无序体系中的国际秩序[J]. 国际政治科学, 2016, 1（1）: 1-32.

经济、政治与军事主导权，这将引起亚太地区长时间的主导权博弈，多个合作机制相互制约，亚太地区主导权归属存在不确定性。综合来看，中国与美国两大经济体在价值观、国际规范与制度安排上存在较大差异，这可能会加速亚太地区的秩序转型，并推动亚太秩序向两极化发展。

第三，恶化亚太区域合作面临的地区安全环境。为维护美国的国家安全，美国加大在印太地区的军事存在，拉拢盟友，建立军事联盟体系。这会导致未来亚太国家关系呈现阵营化与分裂化的趋势，亚太国家的地区认同感与团结度被进一步削弱，区域内的竞争与对抗风险增大，恶化亚太地区的地缘政治环境。在当前区域冲突和局部战争的背景下，美国"印太战略"会进一步加大亚太国家对军事安全的关注度，使得亚太地区军备竞赛愈发激烈，恶化亚太地区的紧张局势，不利于为亚太区域合作提供和平稳定的外部环境。

（二）美国"印太战略"新动向对中国参与亚太区域合作的影响

"印太战略"逐渐上升为美国最重要的区域战略，为美国加大同印太地区盟友的通力合作、增强其在印太地区的秩序主导权、制衡中国在印太地区的国际影响力提供了战略支撑。因此，"印太战略"及其新动向可能会对中国参与亚太区域合作带来重大影响。

第一，降低亚太区域合作的运行机制效率。多年来，中国始终坚持"开放发展，合作共赢，与世界共享发展机遇"的原则，提出"一带一路"倡议，力促 RCEP 正式生效。当前，"一带一路"倡议与 RCEP 已成为亚太地区较为核心的两大合作机制，中国在亚太地区的国际话语权逐渐提升。为维护全球霸主地位，美国对标"一带一路"倡议、RCEP的合作范围与主要议题，启动"印太经济框架"，加大对东盟国家互联互通的扶持力度，为印太国家提供"中国方案"的替代性选择，增强其在印太地区的国际影响力。"印太经济框架"初始成员与共建"一带一路"国家、RCEP 成员高度重合；"印太战略"涵盖了贸易便利化、贸易规则制定、数字经济、网络通信、新型基础设施建设等议题，这将与货物贸易、服务贸易、基础设施建设等领域的"一带一路"项目、RCEP 中部分贸易与投资条款形成竞争性关系，增加区域内合作的协调成本，降低"一带一路"倡议与 RCEP 的经济效益，制衡中国在印太地区的国际影响力。

第二，加大中国的地区战略风险。美国"印太战略"把"安全"作为战略目标之一，拉拢盟友，建立排他性"小圈子"，打造围堵中国的军事联盟体系。拜登政府延续前任政府的"印太海上安全倡议"，通过在"四方安全对话"机制内共享卫星数据、与太平洋岛国建立海上态势感知体系、对部分东南亚国家实施单向海洋援助计划等方式健全亚太至印度洋海域的军事部署，旨在形成包围中国的"海、陆、空"三维军事布局。①美国"印太战略"的军事计划将严重威胁中国周边环境的和平与稳定，加剧台海与南海的紧张局势，恶化中国参与亚太区域合作的外部环境。

第三，形成孤立中国的印太地区经济秩序。美国"印太战略"从产业基础、新兴技术、国际规则三个方面构建全方位围堵中国的区域经济联盟，使得中国经济在印太地区"边缘化"。其一，建立"去中国化"的供应链同盟，增大中国供应链断链风险。面对美国产业空心化日益严重与中国全产业链优势凸显的失衡格局，拜登政府将供应链韧性与安全作为美国国防战略的优先方向，通过提出"民主供应链同盟"构想，深化与日本、韩国等半导体制造强国的高端供应链合作，增强同印度、越南等有可能替代中国供应链地位的新兴制造业大国的经贸往来，实现对中国高端供应链封锁、中低端供应链替代的双重打击。其二，阻碍中国参与新兴技术领域的国际合作，不利于中国技术创新与产业升级。美国构建独立于 APEC 框架的全球跨境隐私规则系统；在全球供应链峰会上倡导建立以价值观为主导的供应链同盟；寻找 5G 移动通信技术的替代供应商，这些举措将限制中国在数字贸易、先进技术等新兴领域的国际合作，制约中国在核心技术上的研发能力与国际主导权。其三，利用西方标准来重塑国际经贸规则，增大中国规则对接国际的难度。"印太经济框架"包含高标准劳工与环境保护规则的制定，美国有可能将美墨加协定中被称为史上最严格的劳工与环境保护标准引入"印太经济框架"，使用西方标准定义印太经贸规则，掌握地区规则主导权。这将导致中国与国际在规则上存在差异，延缓中国制度型开放的进程，抑制中国在亚太地区的制度话语权。

四、中国推动 APEC 新发展的对策

拜登政府制定升级版美国"印太战略"，给未来中国参与亚太区域合作带来了新挑战。对此，中国应积极借助 APEC 这一合作平台，以全球大视野谋划 APEC 合作，在主动开放中彰显大国担当，实现由全球化"追随者"到"引领者"的角色转变，同世界分享发展机遇。

第一，立足全球视角谋划 APEC 发展。当前，在部分国家保护主义与霸权主义盛行的背景下，中国要突破地域束缚，在全球视角下思考 APEC 的发展问题。其一，把 APEC 打造为人类命运共同体的"试验田"。坚持开放、发展、包容、创新、规则导向，以 WTO

---

① The White House. The Indo-Pacific Strategy of The United States, February 2022. https://www.whitehouse.gov/wp-content/uploads/2022/02/U.S.-Indo-Pacific-Strategy.pdf.

"特殊与差别待遇"原则为基石，充分考虑 APEC 经济体之间的开放水平差异，在 APEC 平台上推出多层次、多领域、多主体的合作项目，反对 APEC 区域合作碎片化与封闭化。其二，利用 APEC 合作平台融入全球经济治理体系。推动 APEC 与联合国、二十国集团、金砖国家等多边机制的议题与项目对接，促进 APEC 经济体与 APEC 非经济体共同参与 WTO 争端解决机制改革，维护和加强多边贸易体制。其三，协调"一带一路"倡议融入 APEC 框架。持续供应高质量的全球公共产品，建立涵盖共建"一带一路"国家及 APEC 经济体的机制框架，推动基础设施、产能合作、人员流动等方面的项目对接，实现"一带一路"倡议与 APEC 框架优势互补。

第二，结合 APEC 成员需要设计合作新议题。美国基于其自身利益，借助"印太战略"向亚太各国宣传数字经济规则制定等新兴议题。对此，中国要结合 APEC 成员，尤其是发展中成员的实际发展需要，既要肯定"印太战略"新议题在亚太地区的可行性，又要充分考虑亚太经济体自身发展的需要，在 APEC 框架下引入基础设施、粮食安全等热门话题。其一，积极申请加入《数字经济伙伴关系协定》，提升中国在数字经济新领域的国际话语权，推动中国数字规则与亚太其他国家规则对接。推动亚太地区跨境数据有序流动，对涉及国家安全、个人隐私保护等敏感数据流动加以监管，对不涉及公共安全的一般性数据实行跨境自由流动。加快同亚太国家或地区达成实质性的数字领域信任协定和争端解决机制协定等，利用中国数字经济应用市场的巨大优势，以人工智能、互联网、数字贸易等领域为突破口，就数字领域经贸规则、数据跨境流动认证机制达成协议，打通区域间的数字贸易和数据流通壁垒。其二，关注亚太地区互联互通进程，推动 APEC 经济体基础设施建设。充分发挥由 APEC、联合国、世界银行等组织联合构建的"全球基础设施基金"和"全球连通性联盟"的积极作用，为 APEC 基础设施建设项目准备资金和提供对策建议；强化 APEC 区域内的公私合作机制运行，吸引私人部门参与 APEC 基础设施项目，解决基础设施项目融资难的问题。其三，持续参与 APEC 粮食市场合作，缓解部分亚太国家的粮食危机。聚焦亚洲地区，在 APEC、金砖国家、二十国集团的框架下，建立健全中国与 APEC 亚洲成员的农业部长会议机制，结合工作组与联络员机制，保障会议共识落地实施；加强与 APEC 发达经济体的粮食生产技术合作，重点在农业生产技术、农业装备智能控制、现代物流网等存在优势互补的领域展开合作。

第三，推出 APEC 发展共享计划。在疫情的冲击之下，仅靠市场共享难以实现亚太经济复苏与平衡增长。对此，中国可以适时提出亚太发展倡议，强调发展共享，推出 APEC 发展共享计划。其一，提出环境共享计划。以《APEC 领导人关于气候变化、能源安全和清洁发展的悉尼宣言》为合作基础，以 2030 年在 APEC 范围内将能源强度降低至少25%为具体目标，结合《中美关于在 21 世纪 20 年代强化气候行动的格拉斯哥联合宣言》、东盟气候弹性网络等次区域气候合作框架展开 APEC 气候合作，完善亚太环境治理，共同应对气候变化。其二，提出亚太减贫共同行动计划。推广中国扶贫经验，为亚太减贫事业提供"中国方案"。积极参与 APEC 数字减贫研讨会、APEC 区域基础设施 PPP（公共部门与私营企业合作）项目，立足于当地生态资源，发挥大数据优势，推动数字扶贫，为 APEC 部分经济体脱贫减贫提供经验和一定程度上的资金支持。其三，提出"健康亚太"行动计划。关注健康发展，健全亚太公共卫生体系，就卫生系统复原能力、精神健康和大规模传染性疾病疫苗研发工作等方面发表建议，推动建立 APEC 地区传染病防控与卫生应急系统，制定弱势群体的健康覆盖政策。

　　第四，加强面向 APEC 成员的经济开放。中国要大力倡导 RCEP 升级谈判，积极申请加入 CPTPP，参与构建亚太自由贸易区，以更加主动的态度推动亚太区域合作。其一，主动推动 RCEP 升级谈判。强化国内改革力度，提高中国制度型开放水平，在《关于高质量实施 RCEP 的指导意见》的引领下，推动企业理清 RCEP 各国关税优惠承诺、熟悉原产地积累规则，推动国内企业对接 RCEP 规则；推动 RCEP 升级谈判，对标 CPTPP、《美墨加三国协议》（USMCA）等国际高标准自贸协定，组织成员就电子商务、竞争政策、政府采购、劳工标准、环境保护规则等议题进一步谈判，推动 RCEP 提质升级。其二，积极申请加入 CPTPP。加大对于 CPTPP 以及 USMCA 等国际高标准经贸协定的研究力度，尤其是关于劳工标准、环境规则、市场开放的条款，提高谈判成功率；在自贸区进行"竞争中性"监管原则的压力测试，将竞争中性原则作为制定监管条款的指导思想，参照 CPTPP 的监管规则制度，在知识产权、劳工标准、数据流动、环境保护、国企改革等方面加以规范，探索中国遵循竞争中性原则的可行性，实现国内规则与 CPTPP 接轨。其三，大力参与亚太自由贸易区建设。加强亚太经济体的政治互信与合作理念构建，在包容与开放的基础上，充分考虑谈判国的经济发展水平与国内环境等因素，制定"适当标准"而非一味强调"高标准"，缩小区域经济鸿沟，共建亚太命运共同体；设立专门的科研团队与研究基地延续亚太自由贸易区的战略研究，参考《APEC 推动实现亚太自贸区北京路线图》的实践方案，结合当前贸易协定的热门议题与谈判特点，对亚太自由贸易区的已有成果、谈判障碍、实践路径、效果评估进行量化与质化研究，共享可视化研究成果，号召其他国家共同参与亚太自由贸易区的可行性研究。

参考文献

[1]　仇朝兵. 奥巴马时期美国的"印太战略"——基于美国大战略的考察[J]. 美国研究，2018，32（1）：5-6，37-69.

[2]　韦宗友. 美国在印太地区的战略调整及其地缘战略影响[J]. 世界经济与政治，2013（10）：140-155，160.

[3]　阎学通. 无序体系中的国际秩序[J]. 国际政治科学，2016，1（1）：1-32.

[4]　张根海."印太"背景下美日印澳"四边机制"新动向及对南海安全的影响[J]. 南亚研究，2022（2）：133-155，160.

[5]　赵菩，李巍. 霸权护持：美国"印太"战略的升级[J]. 东北亚论坛，2022，31（4）：24-46，127.

亚太自由贸易区的进展和前景分析

刘均胜　沈铭辉*

摘　要：从亚太自由贸易区（FTAAP）的产生和进展来看，总体上处于启动建设的初期，其前景在外部冲击下具有更多的不确定性。为了研究 FTAAP 的前景，需要找出 FTAAP 发展背后的决定因素，这其中包括 FTAAP 存在的合理性、APEC 的引领作用和区域内大国的关键性推动。在此基础上，本文认为 FTAAP 的短期前景并不乐观，中长期前景取决于路径的选择和大国的博弈情况。文末从中国的角度给出政策建议。

关键词：亚太；APEC；FTAAP；巨型自贸区

在逆全球化、中美大国博弈、新冠肺炎疫情三重冲击叠加的严峻国际经济环境下，亚太自由贸易区（The Free Trade Area of Aisa-Pacific，FTAAP）的建设不但受到影响，其未来前景也面临更多的不确定性。一方面，在三重冲击下，全球尤其是亚太地区的产业链未来可能存在撕裂或脱钩的危险，这使得 FTAAP 建设的重要性上升，因为作为覆盖整个亚太地区的巨型自贸区，其具有整合地区产业链并确保其运行的功能。而且，随着亚太地区《全面与进步跨太平洋伙伴关系协定》（CPTPP）和《区域全面经济伙伴关系协定》（RCEP）的相继建立，FTAAP 建设的基础进一步被夯实。[①]另一方面，在三重冲击下，贸易保护主义抬头，全球化和区域化受到冲击，FTAAP 建设及前景也难免受影响。因此，考察 FTAAP 的进展情况，并从复杂关系中分析其前景具有重大的理论和现实意义。

---

* 刘均胜，中国社会科学院亚太与全球战略研究院副研究员。沈铭辉，中国社会科学院亚太与全球战略研究院研究员。

① 建设 FTAAP 的一个思路是在亚太地区现有的制度性安排基础之上，如东盟加三国（ASEAN+3）、东盟加六国（ASEAN+6）、跨太平洋伙伴关系协定（TPP）等。后来，在 ASEAN+6 的基础上形成了 RCEP，而 TPP 后来被 CPTPP 代替。APEC. Pathways to FTAAP. https://www.apec.org/Meeting-Papers/Leaders-Declarations/2010/2010_aelm/pathways-to-ftaap.

一、FTAAP 的产生和进展

与亚太地区大量的双边、次区域的"浅自贸区"不同，FTAAP 属于覆盖整个地区的全面、高质量的巨型自贸区。[1]由于巨型自贸区在内容和操作上的复杂性，以及亚太地区国家间存在的异质性，FTAAP 自被提出起就存在很大的争议性，其后来的发展也并非顺利。到目前为止，在 APEC 层面对 FTAAP 的建设原则、目标、规模、可能的演化路径、重点的议题等方面已达成基本共识，作为支持的信息交流机制和能力建设正在展开，总体上处于启动建设的初期。

从产生来看，学术界对 FTAAP 的论述最早见于 20 世纪末。伯格斯滕（C. Fred Bergsten）针对亚太地区双边自贸区大量出现所导致的问题进行研究，认为较为可行的一揽子措施是建立 FTAAP。[2]政策上，2004 年 11 月亚太经合组织工商咨询理事会（ABAC）向 APEC 第 12 次峰会提交了《亚太自由贸易区方案的初步评估：为 ABAC 准备的一份文件》，从原则、内容和规模等方面首次对 FTAAP 进行了论述，由于中、美、日之间存在分歧，该届 APEC 峰会没有采纳 FTAAP 的倡议。[3]

直到 2006 年 APEC 第 14 次峰会，FTAAP 才被列为地区经济整合的一项长期目标。因为时任美国总统布什提出要加强对 FTAAP 的宣传和研究，呼吁各方郑重考虑 FTAAP，并就一些细则和定义达成最广泛的共识。[4]其他的 APEC 成员开始对 FTAAP 产生兴趣（见表 1）。

表 1　历届 APEC 峰会有关 FTAAP 的进展

时间	承办国	提议者	级别	反响和具体内容
2004	智利	ABAC	会议报告	中、美、日等对 FTAAP 构想存在分歧，该构想没有被采纳
2006	越南	美国	会议报告	美国高调支持 FTAAP，各方产生兴趣，FTAAP 成为地区经济整合的长期目标

---

① The Beijing Roadmap for APEC's Contribution to the Realization of the FTAAP, Annex A to 2014 Leaders' Declaration. https://www.apec.org/meeting-papers/leaders-declarations/2014/2014_aelm/2014_aelm_annexa.

② C Fred Bergsten. A New Strategy for APEC. Presentation at the 16 General Meeting of the Pacific Economic Cooperation Council, Seoul, South Korea, September, 2005.

③ 张振江. 亚太自由贸易区：美国战略与中国应对[J]. 世界经济与政治，2009（4）.

④ C Fred Bergsten, Marcus Noland and Jeffery J Schott. The Free Trade Area of Asia-Pacific: A Constructive Approach to Multilateralizing Asian Regionalism. ADBI working Paper Series, No.336, 2011.

续表

时间	承办国	提议者	级别	反响和具体内容
2007	澳大利亚	澳大利亚、新西兰	峰会批准文件和宣言	FTAAP 标志性进步，达成共识；通过切实和渐进步骤来推进
2009	新加坡	新加坡、日本	峰会宣言	美国高调宣布加入 TPP；重申探讨 FTAAP 的可行性；2010 年末提出实现的各种途径
2010	日本	APEC 全体	峰会宣言和附件	美国提出 TPP 作为路径之一被写进附件"通向 FTAAP 之路"；FTAAP 涵盖"下一代"贸易和投资等内容；总体上要循序推进
2011	美国	美国	峰会宣言	FTAAP 成为优先议题，对各成员建立 FTAAP 能力需求进行调查
2012	俄罗斯	APEC 全体	峰会宣言	突出强调区域内区域贸易协定/自由贸易协定（RTA/FTA）规则一致性是实现 FTAAP 的切实步骤
2014	中国	中国	峰会宣言和附件	优先议题，提出 FTAAP 可行性研究的倡议，通过了《APEC 推动实现亚太自贸区北京路线图》
2015	菲律宾	APEC 全体	峰会宣言	全面和系统地推进 FTAAP 建设，呼吁早日完成 RCEP 谈判，以便同 TPP 构成 FTAAP 的演进路径
2016	秘鲁	APEC 全体	峰会宣言和附件	批准《亚太自贸区联合战略研究报告》和相关政策建议，并基于此发表了《亚太自贸区利马宣言》
2020	马来西亚	APEC 全体	峰会附件	用全面和高标准的 FTAAP 推动实现茂物目标和经济一体化

资料来源：根据历届 APEC 领导人宣言的有关内容整理。参见 http://www.apec.org/Meeting-Papers/Leaders-Declarations。

2007 年 APEC 峰会在《悉尼宣言》中首次对 FTAAP 予以明确表态，APEC 全体成员都表示了积极支持的态度，这标志着就 FTAAP 开始达成共识。值得一提的是，胡锦涛同志在峰会发言中表示，建立 FTAAP 是一个长期、逐步的过程，中方愿意就有关 FTAAP 的远景问题进行研究。

由于 2008 年全球金融危机爆发，2008 年 APEC 峰会对 FTAAP 的关注度有所下降，但 APEC 发表了一份深度分析亚太自贸区可能的经济影响报告。2009 年美国宣布加入跨太平洋伙伴关系协定（TPP），由此美国对 FTAAP 的态度再次出现变化，更倾向于推进

TPP，对 FTAAP 的热情下降。不过，此时 APEC 其他成员对 FTAAP 的态度更趋积极，新加坡提出要为建立 FTAAP 这一长远目标拟定发展方向，日本则宣称要为实现 FTAAP 打下基础，并于 2010 年末提出实现 FTAAP 的各种路径方案。

2010 年 APEC 峰会发表了领导人宣言附件"通往 FTAAP 之路"，深入探讨了 FTAAP 的实现路径和具体内容，这为后续进展奠定了基础。①附件呼吁采取切实措施实现 FTAAP 以深化亚太地区一体化，在 ASEAN+3、ASEAN+6 和 TPP 等现有合作框架的基础上，建立一个全面的 FTAAP。通过将 TPP 纳入 FTAAP 的实现路径，避免了 TPP 等 FTA 对 FTAAP 的冲击。此外，还提出 APEC 扮演"孵化器"的角色，为 FTAAP 提供引导和智力支持，对其所涵盖的"下一代"贸易和投资问题，APEC 可以发挥关键性作用。

2011 年美国 APEC 峰会将 FTAAP 同"下一代"贸易列为优先议题。2012 年俄罗斯 APEC 峰会同意"提高 RTA/FTA 透明度规范"的提案，呼吁将提高 RTA/FTA 亚太自贸区规则的一致性作为实现 FTAAP 的一个切实性步骤。2013 年峰会重申支持 FTAAP，提出 APEC 在协调信息共享、透明度、能力建设上应发挥关键性作用。

2014 年中国 APEC 峰会对 FTAAP 具有关键意义。在中国的倡议下，FTAAP 成为优先议题，并提出对 FTAAP 开展可行性研究和启动建设进程。领导人会议批准了《APEC 推动实现亚太自贸区的北京路线图》，包括开展对亚太自贸区的联合战略研究、建立信息共享机制和关于经济一体化的能力建设等内容，这些成为 FTAAP 建设的指导性文件。

2015 年菲律宾 APEC 峰会领导人宣言呼吁以全面和系统的方式推进 FTAAP，并将其作为最终实现区域经济一体化进程的一个重要工具。宣言重申 FTAAP 应该是在现有区域合作进程基础上构建的一个全面自由贸易区。鉴于当时 TPP 谈判取得重大突破，APEC 呼吁早日完成 RCEP 的谈判，二者可能构成未来通向 FTAAP 的路径。

为了落实 2014 年领导人会议关于 FTAAP 的决议，APEC 成立了"FTAAP 联合战略研究小组"。APEC 贸易部长会议同意通过 FTAAP 联合战略研究的总体规划，为研究的开展铺平了道路。总体规划对联合战略研究的目标、汇报、研究结构、工作范围、关键成果、具体时间表，以及研究报告的主要章节策划都做了较为具体的规定。对于报告，全体成员经济体都有评价和参与的机会。报告终稿、摘要及建议，都于 2015 年秘鲁 APEC 领导人会议上提交。

为了广泛征求和共享对关键议题的意见和建议，APEC 有关成员还积极组织与

---

① Pathways to FTAAP. Annex to 2010 Leaders' Declaration. https://www.apec.org/meeting-papers/leaders-declarations/2010/2010_aelm/pathways-to-ftaap.

FTAAP 有关的研讨会。中国作为主办方，于 2015 年 8 月在菲律宾宿务市组织了 FTAAP 联合战略研讨会。为了加强 RTA/FTA 的信息交流机制建设，有关成员还组织了关于 RTA/FTA 贸易和中小企业方面的对话。

2016 年秘鲁 APEC 峰会上 FTAAP 成为焦点，领导人会议批准了《亚太自贸区联合战略研究报告》和相关政策建议，并在此基础上发表了《亚太自贸区利马宣言》，这标志着在 FTAAP 建设上迈出了实质性的一步，具有里程碑意义。[①]

英国脱欧加剧了逆全球化浪潮，加之 2017 年初新上任的美国总统特朗普宣布退出 TPP，这给 FTAAP 建设前景蒙上了阴影。实际上，2016 年以后的 APEC 峰会很少提及 FTAAP，甚至列不上日程。[②]2018 年在巴布亚新几内亚落幕的 APEC 峰会首次没有发表领导人宣言。[③]紧接着，2019 年智利圣地亚哥 APEC 部长级会议和领导人会议被迫取消，这可以说是对 APEC 的双重打击。APEC 一直扮演着 FTAAP 的"孵化器"和"倡议者"的角色，其式微必然对 FTAAP 建设产生不利的影响。

2020 年是 APEC"茂物目标"的原定时间结束点，此后 APEC 进入"后茂物时代"。[④]在 2020 年 APEC 峰会上，国家主席习近平在领导人非正式会议上呼吁："我们要继续推进区域经济一体化，早日建成亚太自由贸易区。"[⑤]会后发表的《2040 年 APEC 布特拉加亚愿景》中确立了未来 20 年的三大合作支柱。在三大支柱之一的贸易和投资便利化与自由化中，重申"用市场化方式，包括在 FTAAP 上的努力来建设高标准和全面的自贸区，以进一步推动茂物目标的实现和经济一体化"[⑥]。

以上是 FTAAP 产生和进展的具体内容与发展轨迹，可见其虽然历时较长，但 FTAAP 的发展是逐步深入的，其发展势头和引领动力也是不断变换的。开始是 APEC 工商咨询理事会（ABAC）牵头提出构想但引发了相当的争议，然后是在美国倡议下取得共识并被 APEC 正式批准，后来在美国转向 TPP 后，日本、新加坡等亚太成员继续探索其路径和深化其内容，之后在中国的倡议下开展可行性研究和启动建设进程，而后来的《亚太

---

① Lima Declaration on FTAAP. Annex A to 2016 Leaders' Declaration. https://www.apec.org/meeting-papers/leaders-declarations/2016/2016_aelm/2016_annex-a.

② 张蕴岭. 转变中的亚太区域关系与机制[J]. 外交评论，2018（8）.

③ APEC 未能发表宣言，遗憾与希望[N]. 环球时报，2018-11-19.

④ 1994 年，APEC 在印度尼西亚的领导人非正式会议确定了"茂物目标"，规定发达成员不迟于 2010 年、发展中成员不迟于 2020 年实现贸易和投资自由化。http://mddb.apec.org/Pages/BrowseLeadersDeclarations.aspx?Setting=browseLeadersDeclaration&DocType=%22Leaders%27%20Declaration%22.

⑤ 习近平在亚太经合组织第二十七次领导人非正式会议上的讲话. http://www.xinhuanet.com/world/2020-11/20/c_1126767392.htm.

⑥ APEC Putrajaya Vision 2040. https://www.apec.org/meeting-papers/leaders-declarations/2020/2020_aelm/annex-a.

自贸区联合战略研究报告》和《亚太自贸区利马宣言》则具有里程碑意义，此后贸易保护主义的冲击使其发展势头不断下降，而目前在三重冲击下具有更大的不确定性。

二、FTAAP 发展背后的决定性因素

关于 FTAAP 的发展前景如何，需要从其内外决定因素的相互作用来判断。一般来说，事物的发展取决于内外因素的共同作用，那些内在决定事物发展的因素或力量不但在过去，也在将来影响和决定事物的发展。这也是新制度经济学中的路径依赖概念，其本质就是过去影响事物发展的因素或力量也会影响事物的后来发展。[①]因此，有必要对到目前发展过程中对 FTAAP 起决定性作用的因素或力量进行考察，从而为判断 FTAAP 未来发展前景提供依据。

（一）FTAAP 的合理性在于其所拥有的巨大潜在经济收益和影响力

根据区域合作理论，一个区域安排的潜在收益大小是决定其建立与否的基础，而参与方拥有共同利益则是实现区域安排的必要条件。从 FTAAP 的发展轨迹来看，尽管其提出时就充满争议，且在后来的发展过程中势头高低交替，但 APEC 仍将其列为长期目标，这说明 FTAAP 有其存在的合理性。亚太地区存在高度异质性，主要表现如下：经济发展程度上，该地区既有发达国家，又有最不发达国家；经济体制上，既有资本主义国家，又有社会主义国家；文化上，既有佛教文化，又有伊斯兰文化、基督教文化。此外，许多国家之间还存在历史恩怨和领土纠纷。因此，这种地区的高度异质性对 FTAAP 建设构成挑战，也让人们怀疑 FTAAP 构建的合理性。

对此，区域一体化理论从贸易创造和贸易转移比较的角度来判断一个潜在自贸区建立的合理性。经验表明，贸易创造大于贸易转移的是"好的"自贸区，具有建立的合理性，而且一旦建立，便能够发展下去；而贸易创造小于贸易转移的是"不好的"自贸区，不具有建立的合理性，或即使建立了，也难以持续下去。为了衡量贸易创造和贸易转移，目前已开发出一套包括市场规模、区内关税水平、外部关税水平、区内贸易程度、产业结构竞争与互补程度、经济发展水平差距和地理远近程度等的指标体系。[②]通过对上述指

---

① 路径依赖类似于物理中的惯性，事物一旦进入某种途径，就会对这种途径产生依赖。道格拉斯·诺思因用路径依赖理论成功地阐释了经济制度的演进而在 1993 年获得诺贝尔经济学奖。道格拉斯·诺思. 制度、制度变迁与经济绩效[M]. 上海：上海三联书店，1994.

② D Park, I Park, G E B Estrada. Prospects of ASEAN-China Free Trade Area: A Qualitative and Quantitative Analysis. China & World Economy, 2009, 17(4).

标体系进行分析，FTAAP 基本满足条件，符合一个"好的"自贸区的标准。[①]

除了上述合理性分析外，文献中还有众多关于 FTAAP 潜在收益的定量分析，其区别主要在应用不同的模型、对不同假设条件下场景的模拟，以及所采用数据库样本的大小和新旧。这方面的基本结论是，对比多边贸易多哈回合谈判、亚太区域内部自贸区和亚太地区非歧视性的贸易自由化，FTAAP 都会带来显著的收益和福利改善。

一是从与多边体系相比较来看，FTAAP 的潜在收益将显著超过世界贸易组织（WTO）多哈回合的收益，尽管后者在贸易规模上超过前者一倍。[②]这是因为 FTAAP 一旦建成，其在削减贸易壁垒方面的力度将超过多哈回合，而且 FTAAP 是世界上规模最大、人口最多的自贸区，所属亚太地区又在全球产出和贸易中占据重要地位。从这个角度看，如果 WTO 多哈回合难以取得成果，FTAAP 可以成为其替代方案。这使得 FTAAP 不仅具有区域性自贸区的意义，还对多边贸易体系的发展产生深远的影响。

二是 FTAAP 的经济收益将超过其内部次区域自贸安排，这给出了从 FTAAP 的角度整合亚太地区所存在的区域贸易安排的理由。有关研究表明，2025 年 FTAAP 产生的收入增长将达 2.4 万亿美元，相当于世界 GDP 的 2.3%，而 TPP 和 RCEP 将分别占世界 GDP 的 0.2%和 0.6%。[③]而且，不同于 TPP 和 RCEP 对非成员造成的贸易转移不利影响，FTAAP 将大幅提高地区整体成员的收入和福利。而从路径演化的角度看，在收益和福利上，无论是从 TPP 路径演化的 FTAAP，还是从 RCEP 路径演化的 FTAAP，二者分别是 TPP 和 RCEP 总和的三倍和两倍。[④]

三是即使是货物贸易意义上的 FTAAP，其所带来的收益和福利大致等同于"茂物目标"实现所达到的程度。也就是说，低标准的 FTAAP 也会给大多数亚太经济体带来收益和好处，尽管并不显著，但只要提高标准，随着服务贸易、投资议题的加入，FTAAP 就会给亚太成员带来显著的收益和福利改善。[⑤]

（二）为了自身发展，APEC 将 FTAAP 作为长期建设目标

从 FTAAP 的产生和发展过程可见，APEC 一直发挥着"孵化器""引领者"的作用。APEC 做出的努力也被写入《APEC 推动实现亚太自贸区北京路线图》中，同时强调

---

① Sangkyom Kim, Innwon Park Soonchan Park. A Free Trade Area of the Asia Pacific (FTAAP): Is It Desirable? Journal of East Asian Economic Integration, 2013, 17(1).

② 张振江. 亚太自由贸易区：美国战略与中国应对[J]. 世界经济与政治，2009（4）.

③ Peter A Petri, Ali Abdul-Raheem. Can RCEP and the TPP be Pathways to FTAAP? 2014-10.

④ P A Petri, M G Plummber, F Zhai. The Trans-Pacific Partnership and Asia Pacific Integration: A Quantitative Assessment. East West Center, Economics Series Working Paper No.119, Honolulu, 2011.

⑤ Collective Strategic Study on Issues Related to the Realization of the FTAAP. CTI Report to Ministers, APEC, 2016.

FTAAP 将在 APEC 外实现，平行于 APEC 进程。一方面，APEC 作为非约束性的松散组织，没有强制性推动自贸区谈判的能力；另一方面，其吸取推动早期自愿部门自由化（EVSL）失败的教训，避免一旦推动 FTAAP 失败，会对 APEC 产生不利影响。

在推动 FTAAP 上发挥"引领者"和"孵化器"作用可以作为 APEC 的发展动力，充实其合作内容。在 1998 年亚洲金融危机之前，APEC 有力地推动了亚太地区甚至全球多边贸易自由化，但亚洲金融危机之后，APEC 由于 EVSL 失败和令危机国家失望的救援表现而遭遇信任危机，其推动地区贸易自由化的能力不断弱化。

而且，尽管 APEC 在贸易、投资的自由化和便利化方面取得了很大的成绩，但效果是边际递减的，具体表现是 1989—2012 年平均关税出现明显下降，2013—2018 年的下降幅度非常小。从非关税壁垒来看，1997 年 APEC 成员开始通过单边行动降低非关税壁垒和提高透明度，总体上，APEC 非关税壁垒呈下降趋势。但 2008 年全球金融危机后，贸易保护主义抬头。这说明，APEC 在关税方面已将"低垂的果实"采尽，剩下的都是像农产品等难啃的"骨头"。"茂物目标"是 APEC 的一面旗帜，FTAAP 的出现使 APEC 认识到，可以将其作为抓手来推动"茂物目标"的实现，从而提振其自身的发展势头。

可以说，APEC 对 FTAAP 的引领和智力资源投入，反过来也激发了 APEC 的活力，巩固了 APEC 在区域框架中的地位。否则，APEC 将退化为信息交流和领导人年度会面的平台，甚至"清谈馆"。

此外，支持 FTAAP 还有助于推进区域一体化，这也符合 APEC 的宗旨。APEC 建立的初衷还包括协调区内的次区域合作和一些小的"增长三角"，避免它们走向保护主义，构建整个亚太区域的经济一体化。在 1998 年亚洲金融危机后，亚太地区内以自贸区为代表的次区域安排数量出现激增，这表明区内成员经济体的热情已经从构建亚太区域一体化组织转向次区域和双边自贸区。据统计，2000—2017 年每年平均签署的、至少包含一个亚洲经济体的 FTA 数量超过 6 个，期间所签署的 87% 的亚洲 FTA 中都至少包括东盟（ASEAN）和东亚中的一个经济体。到 2017 年，亚洲的 FTA 数量已达到 170 个，其中生效的有 154 个。[①]

区内大量的 FTA 对 APEC 形成很大的竞争压力。尤其是高标准的 FTA，与论坛性质的 APEC 相比，其无疑具有更高的吸引力。大量的双边 FTA 不但分散了推动 APEC 建设的动力，还削弱了 APEC 在贸易、投资自由化和便利化方面的成果。不同的双边 FTA 在

---

① Sasidaran Gopalan, et al. Trade Configurations in Asia: Assessing de Facto and de Jure Regionalism. The World Economy, 2019-11-12.

关税税率、减让品种和时间表、原产地规则等方面存在很大差异，因此当它们大量重叠在一起的时候，就会产生"意大利面碗"效应。[①]该效应会加重区域合作的运行成本和监管成本，背离了 APEC 一直倡导的贸易、投资自由化和便利化宗旨。

对此，2005 年 APEC 出台了 RTA/FTA 最佳范例，以保证区内 FTA 不会与 APEC 目标和 WTO 规则相违背，同时加强各个 FTA 之间的协调，实现彼此间的合作与相互开放。[②]不过，由于 APEC 缺乏强制的执行和监督机制，单纯的协调和规范并没有实际产生多大的效果。

后来，APEC 发现推动 FTAAP 可以遏制区内 FTA 增长的态势，增强 APEC 的凝聚力：一是避免一些发达成员因为对 APEC 推进贸易投资自由化进程失望而另外建立 FTA；二是从福利效应上看，大规模的 FTA 要优于小规模的 FTA。而且，FTAAP 是全面高标准的自贸区。相比之下，亚太地区大量的双边 FTA 条款主要集中于货物贸易等传统领域。追求高标准会提高 FTA 的建立成本，这在一定程度上能打破"多米诺骨牌效应"。高标准还会降低已建立 FTA 的吸引力，甚至低标准的 FTA 会加入高标准的 FTA 中。

当然，也应该看到在高度异质性的亚太地区，双边或次区域性质的 FTA 谈判有助于解决敏感商品关税和非关税壁垒这些"难啃的骨头"。从积极方面来说，这些双边和次区域性质的 FTA 可以作为通向覆盖整个区域 FTA 的"垫脚石"。从亚太区域一体化的制度演进路径来说，大量双边和小规模 FTA 的出现是整个地区 FTA 必经的阶段，这为最终目标 FTAAP 的实现提供了基础。因此，APEC 无论是从巩固自身地位，还是推进一体化的角度，都有动力推动 FTAAP 以整合区内存在的众多重叠的 FTA，以解决"意大利面碗"效应。

（三）区域内大国博弈对 FTAAP 建设具有关键性的作用

根据公共产品理论，作为覆盖整个地区的巨型自贸区，FTAAP 属于一种公共产品。由于公共产品具有非竞争性和非排他性，这样"搭便车"就会导致公共产品的供给总是处于不足的状态。要获得公共物品，必然要付出成本，而且公共物品的规模和其他技术特性会导致最初的公共产品价格非常之高。[③]也就是说，对于组织和启动 FTAAP 这样的巨型 FTA，只有关注额外经济和战略利益的大国才愿意承担创立成本，而区域内的小国只想获得正常经济利益，采取"搭便车"或追随策略才是最优选择。从 FTAAP 的产生和

---

① Richard E Baldwin. Managing the Noodle Bowl: The Fragility of East Asian Regionalism. ADB Paper No.7, 2007-2.

② 刘晨阳，宫占奎. 中国参与双边 FTAs 进程及其与 APEC 的政策协调[J]. 亚太经济，2007（2）：17-20.

③ 曼瑟尔·奥尔森. 集体行动的逻辑[M]. 陈郁，等译. 上海：上海人民出版社，2012.

进展来看，中国、美国作为区域内大国的确发挥了关键性作用。

2008 年全球金融危机前，美国支持 FTAAP 构想的经济和战略意义主要是避免被排除在东亚合作之外和获得亚太区域合作的主导权。因此，当 2000 年后东亚地区相继出现不包括美国在内的东盟加中国（ASEAN+1）及东盟加中、日、韩（ASEAN+3）时，这让美国十分担忧。FTAAP 构想在地理范围上涵盖东亚和美国，为美国参与该地区的合作提供了法理基础，基于此，美国倡议支持 FTAAP。

此外，美国支持 FTAAP 还为了获得主导亚太区域合作进程的机会。[1]根据新区域主义，区域合作的主导权主要是指决定区域内规则的能力。[2]作为大国，制定和主导国际经济规则贯穿美国对外政策的始终。随着实力下降，美国更加重视通过制定国际经济规则来维护自身的利益。美国先利用自己同谈判国的不对称优势不断在 FTA 中引入超 WTO 规则，如服务贸易、知识产权、与贸易相关的投资措施（TRIMs）、环境、劳工和竞争政策等。然后，再利用区域贸易集团的谈判力量将这些引入的规则推广到全球多边贸易规则中。[3]对于 FTAAP，美国想复制同样的做法，突出的表现是将"下一代"贸易和投资等引入 FTAAP 中。因为这方面的规则有的已经出现在美国已经达成的 FTA 中，所以无论从谈判经验、规则制定，还是经济发展程度来说，相对于亚太其他成员，美国都有更多的优势，这有利于美国主导 FTAAP，进而提升其在多边贸易体系中的话语权。

不过，随着 2008 年全球金融危机爆发，美国经济出现全面衰退的趋势，整体实力受到很大的削弱。而中国依然保持高增长趋势，于 2010 年超过日本成为仅次于美国的第二大经济体，经济总量也从相对于美国的 12%增长到 41%。中国已成为亚洲大多数国家最大的贸易伙伴或出口市场，全球金融危机后，中国更是成为亚洲经济增长的主要拉动者。[4]而且，在东亚正在形成围绕中国的合作格局。鉴于此，美国开始将注意力从 FTAAP 转移到 TPP 上，主要原因是中美实力由差距悬殊到逐步缩小，导致美国对华政策开始从接触转为防范。

在美国奥巴马总统时代，尽管对中国政策出现转变，但目的还不是把中国排除在美国构建的规则体系之外。美国构建 TPP，用奥巴马的话说就是"不允许中国书写全球经

---

① 张蕴岭. 美国主导泛太平洋伙伴关系协议对中国的影响[J]. 经济研究参考，2012：284-286.

② 李向阳. 新区域主义与大国战略[J]. 国际经济评论，2003（7-8）：7.

③ 这一过程被称为有序的谈判过程（sequential negotiation）。C Van Grasstek. US Plan for a New WTO Round: Negotiating More Agreements with Less Authority. World Economy, No.9, 2000, P673-700.

④ Donghyun Park, Kwanho Shin. Can Trade with the People's Republic of China be an Engine of Growth for Developing Asia? ADB Economics Working Paper, Series No. 172, 2009.

济规则"①。美国希望先以 TPP 为模板主导地区和"下一代"经贸规则，中国作为规则的接受者，然后在此基础上建立 FTAAP。这就是美国当时转而优先推进 TPP 谈判，而 FTAAP 受冷落的原因。

作为后起的大国，中国在 FTAAP 建设上发挥着关键的推动作用。2014 年 APEC 峰会上，中国作为主席国，强调启动 FTAAP 进程，通过了《APEC 推动实现亚太自贸区北京路线图》，2016 年 APEC 峰会推动批准了《亚太自贸区联合战略研究报告》，发表了《亚太自贸区利马宣言》，成为 FTAAP 建设上的里程碑。

2014 年以前中国推动 FTAAP 主要是侧重于支持 APEC 重振发展势头，以促进地区贸易投资自由化、便利化进程。而 FTAAP 被认为是服务于"茂物目标"，实现亚太地区一体化最终目标的一个重要工具。② 因此，通过支持推动 FTAAP，可以充实 APEC 的议题内容，增强其凝聚力和提振其发展势头。

2014 年之后，随着亚太地区 TPP 和 RCEP 两大自贸区谈判启动，中国推动 FTAAP 主要是侧重于缓和 TPP 和 RCEP 双轨竞争导致的区域架构分裂，从而弱化欧美另起炉灶、建立新的全球贸易平台的动机。亚太区域合作最初是基于地理上相近和经济上的相互依赖，反映成员对大市场效应和地区产业比较优势的经济理性追求，属于自然型 FTA。③TPP 的出现在很大程度上是基于地缘政治原因的合作，割裂了亚太地区业已形成的地区分工和产业链网络。从成员上看，TPP 不包括地区最大的发展中经济体——中国，RCEP 不包括最大和最发达经济体——美国，这被认为是二者之间最大的区别。尽管美国没有明确反对中国加入 TPP，但 TPP 模糊的加入条款和高标准的自由化内容实际上提高了中国加入的门槛。在 TPP 达成基本协定，谈判取得突破的情况下，美国进一步将注意力转向"跨大西洋贸易与投资伙伴协议"（TTIP），而不是在 TPP 路径基础上推动亚太地区整体的贸易自由化进程。鉴于此，中国作为地区大国，以 FTAAP 为目标，通过引领 TPP 和 RCEP 成为地区一体化和繁荣的"垫脚石"（stepping blocs），而非"绊脚石"（stumbling blocs），这对于促进亚太地区的一体化和巩固全球多边体系具有重要意义。

值得一提的是，中国推动 FTAAP 建设符合自贸区战略的要求，可以抓住机遇参与到地区和"下一代"贸易规则的制定中去。党的十七大把自由贸易区建设上升为国家战

---

① http://news.sohu.com/20151005/n422610694.shtml.

② C F Bergsten. Towards a Free Trade Area of the Asia Pacific. Policy Briefs in International Economics, http://www.peterson institute.org/publications/pb/pb07-2.pdf.

③ Jeffrey Frankel, Ernesto Stein, Shang-jin Wei. Trade Blocs and the Americas: the Natural, the Unnatural, and the Supernatural, Journal of Development Economics, 1995(47).

略，党的十八大提出要加快实施自由贸易区战略。党的十八届三中全会提出要以周边为基础加快实施自由贸易区战略，形成面向全球的高标准自由贸易区网络。加快实施自由贸易区战略，已成为新时期中国新一轮对外开放的重要内容。[①]新一轮对外开放主要是制度型开放，不仅包括对内的制度改革，还包括参与国际经济规则的制定，从过去国际规则的接受者向参与者转变。FTAAP 是全面、高水平的自贸区，涉及下一代贸易规则的制定。中国推动 FTAAP 建立可以以创始国的身份参与到地区经贸规则的制定中，占据有利地位，避免作为后来参与者只能被动接受规则的命运。

综上，笔者认为 FTAAP 潜在的收益和影响、APEC 的"引领者"和"孵化器"作用，以及区域内大国的关键推动，这三个因素在过去推动了 FTAAP 的产生和发展，同样，它们在未来 FTAAP 的发展中也会发挥作用，决定 FTAAP 的前景。这三个因素的地位和重要性是不同的。FTAAP 的潜在收益和影响属于基础性因素，在整个 FTAAP 的发展过程中都会对区域内成员发挥着吸引和凝聚作用。APEC 的"引领者"和"孵化器"作用属于框架性的支持因素，在 FTAAP 中发挥着召集、组织、协调等降低摩擦成本的作用。区域内大国的关键推动，尤其是中、美两国的推动对于 FTAAP 建设不可或缺。

三、关于 FTAAP 的发展前景

从 FTAAP 的潜在收益和影响、APEC 的"引领者"和"孵化器"作用，以及区域内大国的关键推动这三方面因素出发，可以对 FTAAP 的发展前景做出基本的判断，在时间上主要分为短期与中长期两个维度。

（一）在三重危机的冲击下，FTAAP 的建设在启动后出现前进乏力的态势，短期前景并不乐观

从前面论述的三方面因素看，主要是因为中美大国博弈导致大国关键推动上出现问题。有的观点认为，中美两国爆发贸易战，表明 FTAAP 建设已不可能。从短期来看，这样的观点有一定道理。不过，如果从中长期看，FTAAP 的潜在收益和影响、APEC "引领者"和"孵化器"作用这两个因素并没有发生根本性的改变，而且这两个因素也在一定程度上有利于缓解中美之间的大国博弈。从这个意义上说，FTAAP 建设不仅是结果，更是一个过程。

2016 年以后，中美大国博弈加剧，三重危机开始显现。2017 年特朗普上任后，美国

---

① 加快实施自由贸易区战略，构建开放型经济新体制. 习近平在主持中共十八届中央政治局第十九次集体学习时的讲话要点，2014-12-05. http://theory.people.com.cn/n1/2018/0103/c416126-29742921.html.

在经济上宣布退出 TPP，转向双边贸易谈判和单边主义，对中国采取贸易战这种更直接的打压方式；在政治上，在陆续发布的《美国国家安全战略》《美国国防战略报告》和《核态势评估报告》中将中国定位为"竞争者"，而非"合作伙伴"。中美贸易战宣告了美国持续 40 年之久的对华经济接触战略的终结，拉开了中美经济竞争的序幕，"经济脱钩"的风险上升。①拜登上台后，美国在战略上仍将中国视为首要战略挑战，推出"印太战略"。与特朗普的"美国优先"理念和单边主义不同，拜登政府的"印太战略"更强调盟友、伙伴等小集团网络，同时在战略目标推进中更注重在外交、经济、军事乃至地区治理议题上多管齐下，对华展开全方位战略竞争。②

中美大国博弈的本质是如何处理霸权国与崛起国的关系。根据传统霸权国和崛起国之间的关系，一般都是以较为激烈的方式实现世界霸权和国际体系中的权力转移。现实主义观点认为，国际体系中没有维持现状的国家，大国很少对眼前的权力分配感到满足，整个世界充斥着永久的大国竞争，因此，大国政治会陷入一种宿命式的悲剧。③

不过，由于第二次世界大战后核武器的威慑、主权规范的深入和经济的相互依赖，使得传统通过战争方式实现大国争霸已经不可能，更理性的选择是通过国际规则、国际机制来实现权力转移。④合作的制度论观点认为，在霸权国实力下降而崛起国实力还没有强到足以抗衡霸权国之前，霸权国可以通过国际或区域的制度安排，利用规则的力量实现有利于自身的利益分配格局，以制约崛起国，并继续从以前格局中获得利益。从这个角度看，美国推动 FTAAP 作为区域性的制度安排，比将中国作为竞争对手进行直接打压，对美国更为有利。

随着中美博弈的延续，美国国内反对中美竞争的意见可能会变得更强烈，一旦自由派力量超过保守派，则美国的对外政策可能会改变。新自由制度主义理论的创立者罗伯特·基欧汉认为，2016 年之前美国政策精英围绕全球秩序的辩论主要是讨论美国是应该积极领导，还是收缩、退出联盟等，其针对的是崛起的新兴国家。但是，随着特朗普当选为美国总统，美国面临的最大外交挑战来自内部，而不是外部。⑤四年后，越来越多的美国人认识到，美国前途和命运的主要决定因素在于能否解决好国内问题。从实际经济

---

① 李巍. 从接触到竞争：美国对华经济战略的转型[J]. 外交评论，2019（5）.

② 韦宗友. 拜登政府的"印太战略"及对中国的影响[J]. 国际问题研究，2022（3）.

③ 约翰·米尔斯海默. 大国政治的悲剧[M]. 王义桅，唐小松，译. 上海：上海人民出版社，2003.

④ 杨原. 大国无战争时代霸权国与崛起国权利竞争的主要机制[J]. 当代亚太，2011（6）.

⑤ Jeff D Colgan, Robert O Keohane. The Liberal Order is Rigged: Fix it Now or Watch it Wither. Foreign Affairs, 2017, 96（3）.

表现来看，美国对中国的竞争和打压，其政策效果并不明显。2014—2020 年，相比中国，美国作为超级大国的衰落更加明显。按照布鲁克斯和沃尔弗斯提供的数据，2014 年中国经济总量占美国的比重为 59.6%。2020 年，新冠肺炎疫情暴发以来，中美经济总量差距进一步缩小，中国经济总量将首次达到美国的 70%以上，比 2019 年 10 月的预测提前了 1 年。[1]而且，美国在与中国的贸易战中对来自中国的商品加征关税，导致美国的国内通货膨胀水平上升，普通民众生活成本提高和失业率上升，美联储的货币政策调控空间被进一步压缩，美元的世界货币地位下降，经济迟迟难以走出衰退。在这种情况下，美国商务部部长开始主动联系中国，希望对一些产品减免加征的关税，这可以看作美国对中国竞争政策松动的一个迹象。

（二）中长期 FTAAP 的前景取决于 CPTPP 和 RCEP 两大路径的完善建设，以及中美大国关系的调整

关于 FTAAP 的建设路径，2010 年 APEC 峰会的宣言附件"通向 FTAAP 之路"和 2014 年 APEC 峰会宣言附件《APEC 推动实现亚太自贸区北京路线图》中指出，采取切实步骤实现 FTAAP 以深化亚太地区一体化，在 ASEAN+3、ASEAN+6 和 TPP 等现有合作框架的基础上，建立一个全面的 FTAAP。2016 年 APEC 峰会领导人批准的《亚太自贸区联合战略研究报告》中，明确将 TPP 和 RCEP 作为建设 FTAAP 的路径。

全面与进步跨太平洋伙伴关系协定（CPTPP）是在 TPP 基础上建立的。2009 年 11 月 TPP 开始谈判，2015 年 10 月完成谈判。2017 年 1 月，特朗普上任后宣布美国退出 TPP。在日本安倍政府的努力下，其余成员继续推进 TPP，并于 2017 年 11 月在越南岘港 11 个成员达成框架协议，决定将 TPP 正式更名为 CPTPP。[2]2018 年 1 月达成最终文本协议，同年年底，CPTPP 在日本、澳大利亚、新西兰、墨西哥和新加坡五国正式生效。

RCEP 的概念是在 2011 年 2 月第 18 次东盟经济部长会议上首次提出的，这可以看作东亚经济体谋求东亚合作摆脱困境、深入推进的一种尝试。2013 年 5 月 RCEP 正式开始谈判，尽管多次超过预定谈判结束时间，但最终仍突破各种阻力于 2020 年 11 月 15 日签署文本协议。RCEP 是亚太地区人口最多、规模最大和潜力最高的自贸区。

从 TPP 和 RCEP 产生的过程可以发现，美国的 TPP 战略刺激了 RCEP 的启动。[3]一

①　IMF. World Economic Outlook: The Great Lockdown. 2020. https://www.imf.org/en/publications/WEO/Issues/2020/04/14/weoapril-2020.

②　常思纯. 日本主导 CPTPP 的战略动因、影响及前景[J]. 东北亚学刊，2019.

③　孙溯源. 美国 TPP 战略的三重效应[J]. 当代亚太，2013（3）：4.

是美国的 TPP 战略改变了中日在区域合作上的博弈。二是美国的 TPP 战略削弱了东盟在地区合作中的地位，使东盟有分裂的风险。[①]在 TPP 2011 年第一次扩容后，东盟采取了一系列行动为 RCEP 的启动做准备，如成立 RCEP 工作组、通过 "RCEP 谈判的指导原则与目标" 等。2012 年 11 月东亚峰会期间，东盟 "10+6" 领导人发表了启动 RCEP 谈判的联合声明，RCEP 进程正式启动。

TPP 和 RCEP 从产生开始就存在竞争关系，而且由于 TPP 不包括中国、RCEP 不包括美国，使得这种竞争带有更浓重的大国地缘竞争战略色彩。为了避免 TPP 和 RCEP 竞争而导致亚太地区合作的分裂，在 APEC 的协调下，TPP 和 RCEP 被明确作为建设 FTAAP 的途径，并以领导人宣言附件的形式固定下来。TPP（后来的 CPTPP）代表了高质量、强约束的制度性合作。在 TPP 基础上，未来是通过不断吸纳地区新成员而走向 FTAAP。RCEP 的路径实际上是以东盟为中心，从东盟+3 整合发展而来的。RCEP 则更偏向于东亚方式的合作，即自愿、灵活、开放和浅制度化的发展性合作，这反映了东亚国家在长期合作中积累的本土经验，符合东亚成员的条件和特性，得到东亚国家的广泛认同和普遍支持。[②]

在美国退出 TPP 后，FTAAP 的 RCEP 路径比 CPTPP 路径更有希望成为建设 FTAAP 的主渠道。CPTPP 相对于 TPP，在市场份额、经济体量、贸易和投资规模，以及全球影响力上都显著下降，如总 GDP 从占全球的 40% 下降到 13%，对外贸易规模下降为 TPP 的 57%，吸引外资和对外投资规模分别为 TPP 的 37% 和 46%。[③]而 RCEP 的总人口达 22.7 亿，约占世界人口总量的 30%，总 GDP 约占全球 GDP 总量的 33%，总出口约占全球贸易总额的 28%。从横向比较上看，RCEP 覆盖的区域人口是 CPTPP 的 4.5 倍、欧盟的 5 倍以上，制造业产出约占全球的 50%，是全球对外直接投资的重要目的地和来源地，也是全球投资增长的主要源泉和制造业的动力源之一。[④]

在标准上，RCEP 主要侧重传统贸易规则，而 CPTPP 的标准要明显高于 RCEP，更侧重 "下一代" 贸易和 "边境后" 规则。从这点看，RCEP 和 CPTPP 两个路径不是相互排斥的，而应该是互补的，这样才有利于建立一个全面、高质量的 FTAAP。

更为重要的是，现在的 RCEP 和 CPTPP 都不包括美国，未来基于这种路径上建立的

---

① Jianmin Jin. China's Concerns Regarding TPP No More Than Empty Worries? Fujitsu Research Institute, 2012.

② 孙溯源. 美国 TPP 战略的三重效应[J]. 当代亚太，2013（3）：8.

③ 蔡彤娟，郭晓静. TPP 到 CPTT：中国面临的新挑战和对策[J]. 区域与全球发展，2019（2）：5-15.

④ UNCTAD. RCEP Agreement a Potential Boost for Investment in Sustainable Post-COVID Recovery. Global Investment Trends Monitor, 2020: 5-6, https://unctad.org/system/files/official-document/diaeiainf2020d5_en_0.pdf.

自贸区还不是真正意义上的 FTAAP。从地区市场和生产链的角度看，不包括中国或美国的亚太 FTA，就构不成 FTAAP。从实力上来看，中美都是地区大国，可以左右本地区自贸区协议的成败。因此，只有当美国回归 CPTPP 或 RCEP 时，FTAAP 才有真正建立的可能，而这取决于中美大国关系的调整。

四、我国推进 FTAAP 的策略选择

经过 2014 年的启动建设，2016 年迈出实质性建设一步后，FTAAP 进展乏力。特别是在三重危机的冲击下，FTAAP 的前景充满了更多的不确定性。中国作为地区的新兴大国，在 FTAAP 启动建设的过程中发挥了关键性作用。鉴于 FTAAP 启动建设后面临诸多政治上、经济上和技术上的难题，中国有必要从全球视野和自身发展的战略高度，在政策上支持 FTAAP 建设，以便在区域和多边体系重构中占据主动地位。

第一，提升 FTAAP 在国家自贸区战略中的地位，以长期和务实的态度渐进性地推进 FTAAP。加快实施自由贸易区提升战略，已成为新时期中国新一轮对外开放的重要内容。从党的十七大开始，自由贸易区建设上升为国家战略，十八届三中全会提出要以周边为基础加快实施自由贸易区战略，形成面向全球的高标准自由贸易区网络。FTAAP 属于亚太地区的巨型自贸区，无论对亚太地区，还是全球多边贸易体系都有重要的影响。中国实施自贸区战略并不是为了主导和另起炉灶制定地区规则，而是同亚太其他经济体一道共商共建共享亚太地区的一体化，促进全球多边体系的健康发展。FTAAP 是全面、高水平的自贸区，将 FTAAP 纳入国家自贸区战略，可以向世界传递中国坚持改革开放的信号，以回击 2016 年逆全球化、贸易保护主义和单边主义的不实传言。鉴于亚太地区的高度异质性和缺乏地区认同，要更多地从 FTAAP 潜在巨大的利益和影响的角度入手，从培育地区的利益认同开始走向地区的观念认同，这就需要在推动 FTAAP 过程中从长期着眼，以渐进的方式务实地推进，不因一时的保护主义逆风兴起而打退堂鼓。

第二，大力支持以 APEC 为平台，通过发挥其"引领者"和"孵化器"的作用来推动 FTAAP 的建设。经过 30 多年的发展，APEC 已成为亚太地区规模最大、级别最高、领域最广、成员最多、影响力最大的区域合作机制。APEC 是目前唯一联系太平洋东西两岸的区域合作机制，也是中国参与的第一个区域合作组织，在中国与周边地区经济合作方面发挥了重要的作用。APEC 在亚太地区贸易和投资自由化与便利化、经济合作等方面贡献巨大，尽管 1997 年亚洲金融危机后遭遇挫折，但 APEC 作为平台具有不可替代的咨询、沟通和领导人会面的功能。尤其是在当前大国竞争加剧、贸易保护主义抬头

和国家间保守封闭气氛弥漫的情况下，APEC 的平台功能具有更加重要的意义。

第三，以 RCEP 和 CPTPP 为路径推动 FTAAP。2016 年 APEC 峰会领导人批准的《亚太自贸区联合战略研究报告》中，明确将 TPP 和 RCEP 作为建设 FTAAP 的路径。在经济发展程度上，一方面，RCEP 成员发展程度差异性在目前各类自贸协定中最大，人均 GDP 从不足 1000 美元到 5 万美元以上不等，成员间产业结构互补性较强。另一方面，CPTPP 谈判议题范围超越了传统 FTA，重视"下一代"贸易议题，涉及国有企业、透明度等。RCEP 比 CPTPP 更重视中小企业、人力资源、经济技术合作等发展性议题。从亚太地区存在的高度异质性来看，RCEP 在成员结构上更具包容性，规则标准上更具灵活性和发展性，因此，在亚太地区，由 RCEP 和 CPTPP 共同探索建设 FTAAP 相对更为适合。

第四，利用推动 FTAAP 来倒逼国内的改革发展。40 多年来的伟大实践表明，中国的改革开放，不仅发展了自己，也造福了世界。中国的改革开放顺应了当时世界经济全球化的趋势，契合了世界各国人民要发展、要合作、要和平生活的时代潮流。无论是 FTAAP，还是 RCEP、CPTPP，都被定位为全面、高标准的自贸区，在推动和参与这些高标准的自贸区过程中，首先需要改革国内经贸体制和规则，使国内和国外能够在制度和规则上实现接轨。加速推进国内的改革，可以在推动这些自贸区谈判时占据主动地位，从而获得更多的话语权。目前，中国已经加入 RCEP，正在申请加入 CPTPP，也支持建设 FTAAP，以高水平的 FTAAP 作为建设目标，同时推动国内改革，使得中国更好地适应和构建新发展格局。

第五，以开放的心态对待中美大国博弈。中美两国对于 FTAAP 具有关键的推动作用，没有任何一方，都不能建立真正意义上的 FTAAP。当前，作为世界和区域大国，中美两国在经济依赖程度上比历史上任何时期都要高，在国际政治上没有对方的支持都难以有所作为。中美两国任意一方都不应过分追求最大化利益，双方都能共赢的结果才是稳定和持久的。尽管中美当前关系遭遇困难，但中国作为新兴大国，从时间和发展趋势上看，未来局势对我们更有利。因此，中国应以开放心态面对中美大国博弈，从人类命运共同体的高度去推动 FTAAP 的建设。

参考文献

[1] 贺平. 地区主义还是多边主义：贸易自由化的路径之争[J]. 当代亚太，2012（6）：129-153.

[2] 刘晨阳，宫占奎. 中国参与双边 FTAs 进程及其与 APEC 的政策协调[J]. 亚太经济，2007（2）：17-20.

[3] 刘昌明. 双边同盟体系制约下的东亚地区主义：困境与趋向[J]. 当代世界社会主义问题，2011（1）：113-127.

[4] 刘均胜. 关于 APEC 启动亚太自贸区进程的思考[J]. 天津社会科学，2014（6）：85-89.

[5] 李向阳. 新兴经济体的崛起与新经济秩序的建立[M]//中国国际经济交流中心. 全球智库经济观察（2013），北京：中国社会文献出版社，2013：106.

[6] 李向阳. 中国周边战略目标与面临的挑战[J]. 现代国际关系，2013（10）：37-39.

[7] 李杨，黄宁. 东盟四国加入 TPP 的动因及中国的策略选择[J]. 当代亚太，2013（1）：101-124.

[8] 钱进. 亚太自贸区"轮辐"效应研究[J]. 兰州学刊，2019（5）：67-85.

[9] 盛斌. 亚太自由贸易区的政治经济分析：中国视角[J]. 世界经济与政治，2007（3）：62-71.

[10] 孙溯源. 美国 TPP 战略的三重效应[J]. 当代亚太，2013（3）：4-22.

[11] 王丽琴，朱美琳. 中国推动地区经济一体化的路径研究：从东亚自贸区到亚太自贸区[J]. 同济大学学报（社会科学版），2018（12）：48-58。

[12] 张蕴岭. 美国主导泛太平洋伙伴关系协议对中国的影响[J]. 经济研究参考，2012（1）：77-79.

[13] C F Bergsten. Towards a Free Trade Area of the Asia Pacific. Policy Briefs in International Economics.

[14] http://www.peterson institute.org/publications/pb/pb07-2.pdf.

[15] Van Grasstek. US Plan for a New WTO Round: Negotiating More Agreements with Less Athority[J]. World Economy, 2000(9): 673-700.

[16] David M Lampton. A New Type of Major-Power Relationship: Seeking A Durable Foundation for U.S.-China Ties[J]. Asia Policy, 2013(16): 51-68.

[17] D Irwin. Trade Policy Disaster: Lessons from the 1930s[J]. MIT Press, 2012: 45.

[18] Inkyo Cheng. Negotiations for the Trans-pacific Partnership Agreement: Evaluation and Implications for East Asian Regionalism[J]. ADBI Working Paper, Series No.428, 2013: 3-28.

[19] Park Innown, Park Soonchan, Kim Sangkyom. A Free Trade Area of Asia Pacific (FTAAP): Is It Desireable?[J]. MPRA Paper 26680，2010: 1-37.

[20] Peter A Petri, Michael G Plummer. The Trans-Pacific Partnership and Asia-Pacific Integration[J]. Policy Implications, 2012: 1-10.

[21] P Missios, Saggi K, Yildiz H M. External Trade Diversion:Exclusion Incentives and the Nature of Preferential Trade Agreements[J]. MPRA Paper, 2015, 99: 105-119.

[22] Richard E Baldwin. Managing the Noodle Bowl: The Fragility of East Asian Regionalism[J]. ADB Paper No.7, 2007: 1-32.

[23] Shintaro Hamanaka. Evolutionary Paths Toward A Region-wide Economic Agreement in Asia[J]. Journal of Asian Economics, 2012, 23(4): 383-394.

RCEP 新进展与亚太区域经济一体化进程

于晓燕*

摘　要： 亚太区域经济一体化进程近期的一项新进展是《区域全面经济伙伴关系协定》（RCEP）正式生效（2022 年 1 月 1 日）。该协定谈判启动于 2012 年前，显示了当时亚太地区各成员推动区域经济一体化进程的信心和决心。协定谈判期间，亚太地区的经济合作形势发生了重要变化。逆全球化趋势的增强，加之新冠肺炎疫情的打击，使得区域经济一体化进程面临重重困难。RCEP 的生效有助于提振当前亚太区域经济一体化合作的信心，在一定程度上弥合地区成员间目前存在的矛盾和冲突，继续引导和鼓励亚太成员迈向建立亚太自由贸易区的共同目标。同时，RCEP 的生效和未来升级也将有助于中国全面落实自由贸易协定战略，建立国内国际双循环的新发展格局，促进宏观经济稳定增长。但同时，RCEP 的未来发展也面临着来自多方面的新挑战，如大国地区战略矛盾和冲突升级，"印太战略"在经济领域对亚太地区合作的牵制和影响等，上述因素都会给 RCEP 及亚太区域经济一体化进程带来挑战。

关键词： RCEP；亚太；区域经济一体化；贸易投资自由化

一、RCEP 的新进展

2012 年 11 月 20 日，在柬埔寨金边举行东亚领导人系列会议期间，东盟十国与中国、日本、韩国、印度、澳大利亚、新西兰的领导人共同发布了《启动〈区域全面经济

---

* 于晓燕，南开大学 APEC 研究中心副研究员。

伙伴关系协定〉谈判的联合声明》，正式启动这一覆盖 16 个国家的自贸区建设进程。①
《区域全面经济伙伴关系协定》谈判历时 8 年，最终于 2020 年 11 月 15 日签署正式文本，
并于 2021 年 11 月 2 日达到协定文本规定的生效门槛。在此期间，RCEP 成员有所变更，
印度于 2020 年 11 月协定文本签署前退出 RCEP 谈判，但 RCEP 声明，自协定生效之日
起即对印度加入保持开放。②2022 年 1 月 1 日，RCEP 对已核准的 10 个国家（文莱、柬
埔寨、老挝、新加坡、泰国、越南 6 个东盟成员和中国、日本、新西兰、澳大利亚 4 个
非东盟成员）正式生效。2022 年 2 月 1 日，RCEP 正式对韩国生效。2022 年 3 月 18 日，
RCEP 正式对马来西亚生效。

　　如表 1 所示，RCEP 的经济规模巨大，地区经济影响力非常引人注目，但同时，成
员间的经济发展水平差异也十分显著。2021 年，RCEP 成员的 GDP 及人口总和均为世界
总规模的 30%左右。商品进口约占全球的 26%，出口约占全球的 30%。服务进口约占全
球的 22%，出口约占全球的 17%。同时，RCEP 各成员经济发展水平存在较大的差异。
新加坡、澳大利亚、新西兰、日本、韩国、文莱和中国的人均 GDP 均已超过世界平均水
平，而缅甸、柬埔寨和老挝的人均 GDP 则仍处于较低水平。RCEP 具有较高的包容性，
为不同经济发展水平国家共同推进经济一体化、分享经济发展所带来的福利效应提供了
良好范例。

表 1　2021 年 RCEP 成员经济概况

项目	GDP（现价美元）	人均 GDP	人口	商品进口（现价美元）	商品出口（现价美元）	服务进口（BoP，按现价美元计）	服务出口（BoP，按现价美元计）
	万亿美元	美元	亿人	亿美元	亿美元	亿美元	亿美元
世界	96.100	12 262.9	78.366 3	225 922.75	223 930.54	55 625.88	60 426.52
中国	17.734	12 556.3	14.123 6	26 875.29	33 639.59	4383.57	3384.41
日本	4.937	39 285.2	1.256 8	7689.76	7560.32	2084.20	1700.29
韩国	1.799	34 757.7	0.517 4	6150.93	6444.00	1242.96	1211.87
澳大利亚	1.543	59 934.1	0.257 4	2612.63	3435.94	401.53	452.29
新西兰	0.250	48 801.7	0.051 2	494.62	448.67	136.12	98.31

---

　　① 中国自由贸易区服务网援引中国商务部新闻办公室. 区域全面经济伙伴关系协定谈判进程正式启动. [2012-11-21].
http://fta.mofcom.gov.cn/article/ftanews/201211/11207_1.html.
　　② 参见《区域全面经济伙伴关系协定》领导人联合声明（2020 年 11 月 15 日）之附件：关于印度参与《区域全面经
济伙伴关系协定》的部长声明. [2020-11-11]. http://images.mofcom.gov.cn/www/202011/20201118100500957.pdf.

续表

项目	GDP（现价美元）	人均 GDP	人口	商品进口（现价美元）	商品出口（现价美元）	服务进口（BoP，按现价美元计）	服务出口（BoP，按现价美元计）
	万亿美元	美元	亿人	亿美元	亿美元	亿美元	亿美元
文莱	0.014	31 722.7	0.004 4	82.82	110.65	12.06*	3.51*
柬埔寨	0.027	1591.0	0.169 5	280.27	179.71	21.04	6.57
印度尼西亚	1.186	4291.8	2.763 6	1960.41	2298.50	287.11	140.33
老挝	0.019	2551.3	0.073 8	65.31	76.20	4.45*	3.46*
马来西亚	0.373	11 371.1	0.327 8	2379.80	2290.28	356.09	208.69
缅甸	0.065	1187.2	0.548 1	146.94	154.49	36.65**	66.83**
菲律宾	0.394	3548.8	1.110 5	1238.84	746.09	194.53	336.27
新加坡	0.397	72 794.0	0.054 5	4062.26	4573.57	2235.80	2298.66
泰国	0.506	7233.4	0.699 5	2676.00	2711.74	655.01	245.02
越南	0.363	3694.0	0.981 7	3315.82	3359.29	194.07	36.73
RCEP 合计	29.607	—	22.939 8	60 031.7	68 029.04	12 192.03	10 119.44
RCEP 占世界比重（%）	30.81	—	29.27	26.57	30.38	21.92	16.75

资料来源：世界银行公开数据，https://data.worldbank.org.cn/.

注："*"代表 2020 年数据，"**"代表 2019 年数据。

　　RCEP 由序言、正文 20 章（包括初始条款和一般定义，货物贸易，原产地规则，海关程序和贸易便利化，卫生与植物卫生措施，标准、技术法规和合格评定程序，贸易救济，服务贸易，自然人临时流动，投资，知识产权，电子商务，竞争，中小企业，经济技术合作，政府采购，一般条款和例外，机构条款，争端解决，最终条款），以及 4 个市场准入承诺表附件（关税承诺表、服务具体承诺表、服务和投资保留及不符措施承诺表、自然人临时流动具体承诺表）组成（具体条款参见表 2）。[①]总体而言，RCEP 是一项全面的、高质量的自由贸易协定，覆盖领域广泛，自由化承诺水平相对较高。

---

① 中国自由贸易区服务网援引商务部新闻办公室. 商务部国际司负责同志解读《区域全面经济伙伴关系协定》(RCEP).
[2020-11-15]. http://fta.mofcom.gov.cn/article/rcep/rcepjd/202011/43618_1.html.

表 2　RCEP 文本主要内容

章节		主要条款	章节附件
正文	序言		—
	第一章 初始条款和一般定义	区域全面经济伙伴关系自由贸易区的建立，一般定义，目标	—
	第二章 货物贸易	第一节　总则和货物市场准入 定义，范围，国内税和国内法规的国民待遇，关税削减或取消，加速关税承诺，关税差异，商品归类，海关估价，过境货物，货物的临时准入，集装箱和托盘的临时准入，无商业价值样品的免税入境，农业出口补贴，关税承诺表的转换，减让的修改 第二节　非关税措施 非关税措施的适用，普遍取消数量限制，非关税措施的技术磋商，进口许可程序，进口和出口规费和手续，部门倡议	—
	第三章 原产地规则	第一节　原产地规则 定义，原产货物，完全获得或者生产的货物，累积，区域价值成分计算，微小加工和处理，微小含量，包装、包装材料和容器的处理，附件、备件和工具，间接材料，可互换货物或材料，生产用材料，标准单元，对特定货物的待遇，直接运输	产品特定原产地规则
		第二节　签证操作程序 原产地证明，原产地证书，原产地声明，背对背原产地证明，第三方发票，经核准出口商，申请享受优惠关税待遇，进口后申请享受优惠关税待遇，核查，拒绝给予优惠关税待遇，微小差错，文件保存要求，磋商，原产地电子信息交换系统，在途货物过渡性条款，处罚，交流语言，联络点，产品特定原产地规则的转版，附件的修正	最低信息要求
	第四章 海关程序和贸易便利化	定义，目标，范围，一致性，透明度，咨询点，海关程序，装运前检验，抵达前处理，预裁定，货物放行，信息技术的应用，对经认证的经营者的贸易便利化措施，风险管理，快运货物，后续稽查，放行时间研究，审查和上诉，海关合作，磋商和联络点，实施安排	执行承诺的期限
	第五章 卫生与植物卫生措施	定义，目标，范围，总则，等效性，适应地区条件（包括适应病虫害非疫区和低度流行区的条件），风险分析，审核，认证，进口检查，紧急措施，透明度，合作和能力建设，技术磋商，联络点和主管机关，实施，争端解决	—
	第六章 标准、技术法规和合格评定程序	定义，目标，范围，《技术性贸易壁垒协定》的确认和并入，国际标准，指南和建议，标准，技术法规，合格评定程序，合作，技术讨论，透明度，联络点，实施安排，争端解决	—

续表

	章节	主要条款	章节附件
正文	第七章 贸易救济	第一节　RCEP 保障措施 定义，RCEP 过渡性保障措施的实施，通知和磋商，调查程序，RCEP 过渡性保障措施的范围和期限，微量进口和特殊待遇，补偿，RCEP 临时保障措施，全球保障措施，其他条款 第二节　反倾销和反补贴税 一般规定，通报和磋商，禁止归零，基本事实的披露，机密信息的处理，不适用争端解决	与反倾销和反补贴调查相关的做法
	第八章 服务贸易	定义，范围，承诺减让表，国民待遇，市场准入，最惠国待遇，具体承诺表，不符措施承诺表，附加承诺，透明度清单，本地存在，过渡，承诺表的修改，透明度，国内法规，承认，垄断和专营服务提供者，商业惯例，支付和转移，拒绝给予利益，保障措施，补贴，增加东盟成员国最不发达国家缔约方的参与，承诺的审查，合作	金融服务 电信服务 专业服务
	第九章 自然人临时流动	定义，范围，配偶及家属，准予临时入境，自然人临时移动具体承诺表，处理申请，透明度，合作，争端解决	—
	第十章 投资	定义，范围，国民待遇，最惠国待遇，投资待遇，禁止业绩要求，高级管理人员和董事会，保留和不符措施，转移，特殊手续和信息披露，损失的补偿，代位，征收，安全例外，投资促进，投资便利化，工作计划	习惯国际法 征收
	第十一章 知识产权	第一节　总则和基本原则 目标，知识产权的范围，与其他协定的关系，原则，义务，知识产权权利用尽，国民待遇，《与贸易有关的知识产权协定》与公共健康、多边协定 第二节　著作权和相关权利 作者、表演者和录音制品制作者的专有权，获得广播报酬的权利，保护广播组织和载有加密节目的卫星信号，集体管理组织，规避有效技术措施，保护权利管理电子信息，为技术措施和权利管理电子信息提供保护和救济的限制和例外，政府使用软件，限制和例外 第三节　商标 商标保护，证明商标和集体商标的保护，商标分类制度，商标的注册和申请，权利授予，例外，先于地理标志的商标保护，驰名商标的保护，恶意商标，与多个类别货物或服务相关的同一份申请 第四节　地理标志 地理标志的保护，保护地理标志的国内行政程序，异议和注销的理由，复合用语，地理标志的保护日期，根据国际协定保护或承认地理标志，根据已缔结的国际协定保护或承认地理标志	特定缔约方过渡期 技术援助请求清单

章节		主要条款	章节附件
正文	第十一章 知识产权	**第五节　专利** 可授予专利的客体，授予的权利，授予权利的例外，未经权利持有人授权的其他使用，专利的实验性使用，审查，注册的程序事项，专利宽限期，专利电子申请制度，18个月公布，在互联网上向公众提供的在先技术的信息，快速审查，引入国际专利分类制度，保护植物新品种 **第六节　工业设计** 工业设计的保护，在互联网上向公众提供设计的现有外观设计技术信息，工业设计的注册、授权及申请，引入国际工业设计分类制度 **第七节　遗传资源、传统知识和民间文学艺术** 遗传资源，传统知识和民间文学艺术 **第八节　不正当竞争** 有效防范不正当竞争，域名、未披露信息的保护 **第九节　国名** 国名的使用 **第十节　知识产权权利的实施** **第一小节　一般义务** 一般义务 **第二小节　民事救济** 公平和合理的程序，损害赔偿，诉讼费用和律师费，销毁侵权货物、材料和工具，民事司法程序中的机密信息，临时措施 **第三小节　边境措施** 依权利人申请中止放行涉嫌盗版的货物或假冒商标货物，申请中止或扣押，保证金或同等的担保，主管机关向权利持有人提供的信息，依职权中止放行涉嫌盗版货物或假冒商标货物，权利持有人在依职权采取行动的情况下向主管机关提供的信息，主管机关在合理期限内做出侵权认定，主管机关的销毁令，费用 **第四小节　刑事救济** 刑事程序和处罚 **第五小节　数字环境下的执法** 数字环境反侵权的有效行动 **第十一节　合作与磋商** 合作和对话 **第十二节　透明度** 透明度 **第十三节　过渡期和技术援助** 最不发达国家缔约方的过渡期，特定缔约方过渡期，与缔约方特定过渡期有关的通知，技术援助 **第十四节　程序事项** 改善知识产权管理程序，简化书面程序要求	

续表

章节		主要条款	章节附件
正文	第十二章 电子商务	第一节 一般条款 定义，原则和目标，范围，合作 第二节 贸易便利化 无纸化贸易，电子认证和电子签名 第三节 为电子商务创造有利环境 线上消费者保护，线上个人信息保护，非应邀商业电子信息，国内监管框架，海关关税，透明度，网络安全 第四节 促进跨境电子商务 计算设施的位置，通过电子方式跨境传输信息 第五节 其他条款 电子商务对话，争端解决	—
	第十三章 竞争	目标，基本原则，针对反竞争行为的适当措施，合作，信息保密，技术合作和能力建设，消费者保护，磋商，不适用争端解决	第十三章第三条（针对反竞争行为的适当措施）和第四条（合作）对文莱达鲁萨兰国的适用
			第十三章第三条（针对反竞争行为的适当措施）和第四条（合作）对柬埔寨的适用
			第十三章第三条（针对反竞争行为的适当措施）和第四条（合作）对老挝的适用
			第十三章第三条（针对反竞争行为的适当措施）和第四条（合作）对缅甸的适用
	第十四章 中小企业	目标，信息共享，合作，联络点，不适用争端解决	—
	第十五章 经济技术合作	定义，目标，范围，资源，工作计划，东盟成员中最不发达国家缔约方，不适用争端解决	—
	第十六章 政府采购	目标，范围，原则，透明度，合作，审议，联络点，不适用争端解决	缔约方用于发布透明度信息的纸质或 电子方式

章节		主要条款	章节附件
正文	第十七章 一般条款和例外	定义，适用的地理范围，信息的提供，行政程序，审查和上诉，信息披露、保密，反腐败措施，《生物多样性公约》，审查机制和争端解决，一般例外，安全例外，税收措施，保障国际收支平衡的措施，《怀唐伊条约》	—
	第十八章 机构条款	RCEP 部长会议，设立 RCEP 联合委员会，RCEP 联合委员会的职能，RCEP 联合委员会程序规则，RCEP 联合委员会会议，RCEP 联合委员会的附属机构，附属机构会议，联络点	RCEP 联合委员会附属机构的职能
	第十九章 争端解决	定义，目标，范围，总则，场所的选择，磋商，斡旋，调解或调停，设立专家组的请求，多个起诉方的程序，第三方，专家组的设立和重新召集，专家组的职能，专家组程序，程序的中止与终止，最终报告的执行，执行审查，补偿和中止减让或其他义务，最不发达国家缔约方的特殊和差别待遇，费用，联络点，语言	—
	第二十章 最终条款	附件、附录和脚注，与其他协定的关系，修订或继承国际协定，修正，保管方，生效，退出，一般性审查，加入	
附件	附件一	关税承诺表	—
	附件二	服务具体承诺表	—
	附件三	服务和投资保留及不符措施承诺表	—
	附件四	自然人临时流动具体承诺表	—

　　RCEP 目前已在多个领域取得了丰硕成果，其承诺内容在贸易投资自由化等多个相关领域已经达到了较高的自由化和便利化水平。第一，在传统货物贸易领域，协定生效后区域内 90%以上的货物贸易将最终实现零关税，主要是立刻降税到零和 10 年内降税到零。[1]协定所制定的关税减让措施及采用的原产地累积原则可以为贸易参与者提供更多降低成本的机会。此外，RCEP 是中国和日本之间达成的首个自由贸易协定，作为世界两个贸易大国，RCEP 将会为两国带来更为优惠的贸易安排，创造更多的市场机会。第二，在服务贸易领域，各成员的承诺均在一定程度上超越了 WTO《服务贸易总协定》，以及东盟与中国、日本、韩国和澳大利亚、新西兰所分别签署的自由贸易协定下的承诺，并在形式上采用了正面清单与负面清单相结合的方式。其中，日本、韩国、澳大利亚、新加坡、文莱、马来西亚、印度尼西亚等 7 个成员采用负面清单方式承诺，中国等其余

---

　　[1] 中国自由贸易区服务网援引中国商务部新闻办公室. 商务部国际司负责同志解读《区域全面经济伙伴关系协定》（RCEP）之二. [2020-11-26]. http://fta.mofcom.gov.cn/article/rcep/rcepjd/202011/43619_1.html.

8 个成员采用正面清单承诺，并将于协定生效后 6 年内转化为负面清单。第三，RCEP 内容还广泛涉及投资、贸易便利化及合作等重要领域，并可进一步促进上述领域的合作与交流。其中，知识产权保护、电子商务、政府采购及竞争政策等均属于目前高质量自由贸易协定所涉及的内容，同时也是世界各国所关注的经济合作的新兴领域。第四，RCEP 对发展中成员采取了差别待遇，也有利于发展中成员合理安排贸易自由化速度，避免对经济造成过度冲击。目前，各成员正在积极落实各项承诺内容。第五，RCEP 也是一项动态的协定，未来各成员将根据合作需要，进一步开展各领域的升级谈判，不断提高RCEP 的自由化水平，增强其对区域经济一体化进程的贡献和影响。

二、亚太区域经济一体化进程的新挑战

RCEP 建设体现了亚太地区部分成员推进区域经济一体化的共同意愿和决心，这也是多年来亚太区域经济一体化合作的重要成果之一。2020 年以来，受到新冠肺炎疫情蔓延及逆全球化趋势增强等多重因素的影响，亚太地区的经济合作进程困难重重，在诸多领域面临新的严峻挑战。RCEP 谈判的发起根植于亚太地区各成员以多种形式推进区域经济合作的强烈意愿。而近期错综复杂的地区经济合作形势新变化无疑会对 RCEP 的未来建设和发展带来很多不确定因素。

（一）新冠肺炎疫情对亚太地区的供应链合作及贸易投资自由化进程带来了巨大的冲击

首先，APEC 近年来不断推进的贸易投资自由化和便利化进程，以及供应链合作等各项行动计划遭到了阻断和遏制。贸易投资自由化是 APEC 较早开始推进的合作领域。近年来，APEC 进一步强化了贸易投资自由化和便利化合作、互联互通建设及供应链合作，在基础设施、人员及软件条件等多方面创造条件，降低流通及交易成本，密切成员间的联系，加强供应链的相互融合。通过实施贸易便利化行动计划、供应链合作及互联互通等多项相关倡议，APEC 各成员的经济合作在更加广泛的领域取得了积极进展。然而，疫情的发生在一定程度上阻断或减缓了成员间的合作计划和各项倡议的推进速度，在一定程度上导致 APEC 合作进程在近两年有所放缓。

其次，在世界范围内，受到新冠肺炎疫情及其他多重因素影响，多边贸易体制运行出现了困难。2019 年起，世界贸易组织就因争端解决机制仲裁法官人选不足等问题逐步陷入困境，无法满足各成员对贸易争端解决的诉求。此外，关于多边贸易体制的改革及未来发展方向问题也成为各成员争论的议题。2020 年，受到新冠肺炎疫情的影响，原计

划当年 5 月召开的第 12 届部长级会议（MC12）一再延期，各项计划议程无法按期推进，严重影响了多边贸易体制的运行。直至 2022 年 6 月 12 日至 17 日，世界贸易组织第 12 届部长级会议才在瑞士日内瓦成功举办。该次会议最终在新冠肺炎疫情应对、防疫相关知识产权豁免、粮食安全、人道主义粮食采购、渔业补贴和电子传输暂免关税等全球广泛关注的议题上取得成果，但在农业补贴、世界贸易组织改革等重要议题上仍未达成一致。该次会议的举办意味着多边合作仍然是全球经济发展的主要方向，但同时，近期所面临的困难和阻力也应引起高度关注。

最后，运输及交易等成本的上升，对亚太地区宏观经济发展造成了负面影响，致使贸易保护主义倾向进一步增强。2020 年，亚太地区主要成员的经济发展速度显著下降，贸易及投资规模出现萎缩趋势。疫情引致的封控及边境管理措施的增强客观上导致贸易投资便利化水平下降，全球供应链运行受阻，贸易和投资的成本显著提高，各成员的贸易保护主义倾向也随之增强。地区宏观经济发展面临较为严峻的挑战。2021 年以后，地区经济发展有所复苏，但疫情的影响仍未完全结束，各成员仍需合作努力，以应对宏观经济领域的压力。

（二）世界范围内逆全球化趋势的增强

近年来，亚太地区经济合作出现了很多不和谐因素，逆全球化趋势显著增强。各成员间的对立及矛盾冲突增加，地区合作势头被遏制，出现了撕裂的倾向。美国等地区大国的单边主义战略倾向增强在一定程度上减缓了地区合作的势头。2022 年初爆发的俄罗斯与乌克兰之间的冲突进一步加剧了世界各国之间的争端和矛盾，亚太地区经济合作进程也因此受到影响，出现了裂痕。2022 年 5 月 21 日至 22 日在泰国曼谷召开的 APEC 贸易部长会议中，部分成员实施了针对俄罗斯代表的退场抗议。各成员罕见地未发表部长会议联合声明，而是由主办方泰国发表了会议主席声明。上述撕裂倾向将可能在一定程度上影响亚太区域经济一体化进程。

（三）大国战略调整及印太合作发展对亚太合作的牵制影响

亚太地区经济合作形势往往容易受到地区内大国外交及对外经济合作战略调整的影响和干扰。美国拜登政府的地区合作战略调整对亚太地区合作格局也产生了重要影响。美国曾经是亚太经济合作的重要推动者。然而，从特朗普政府退出 TPP 开始，美国的地区合作战略出现了重要调整。此后，美国在国际范围内建立了包括美英澳三边安全机制（AUKUS）、美日澳印四方安全对话（QUAD）等一系列地区合作机制，以增强其在国际事务中的影响力，制约和干预地区形势。近年来，伴随着"印太战略"的推进和实施，相关经济合作战略也出现了新变化。2022 年 5 月 17 日，美国商务部部长称，总统拜登将在 5 月 23 日东京访问期间宣布启动"印太经济框架"（IPEF）。根据白宫随后发表的声明，IPEF 共包括 13 个初始成员，分别为美国、澳大利亚、文莱、印度、印度尼西亚、日本、韩国、马来西亚、新西兰、菲律宾、新加坡、泰国和越南。2022 年 5 月 26 日，斐济加入 IPEF，成为第 14 个初始成员。根据白宫的上述声明，IPEF 将重点在 4 个关键领域开展合作，即互联互通的经济（贸易）、有韧性的经济（供应链）、清洁的经济（清洁能源）和公平的经济（反腐败）。在此之前，美国与东盟于 2022 年 5 月在华盛顿召开了美国-东盟峰会，并发表了共同愿景声明。上述行动显示，美国有意将东盟拉拢入其规划中的"印太经济框架"，巩固和提升其在地区事务中的大国影响力。目前，IPEF 仍然处于规划阶段，尚未确定实质性的合作模式。但从目前美国所公布的关键合作领域分析，IPEF 的合作范围将全面渗透到国际贸易、全球供应链合作、环保及反腐败等诸多领域。

美国的这一做法对亚太地区经济合作的牵制和影响需引起亚太地区各成员的关注。在未来一段时间，"印太"与"亚太"的相互制约和影响也将是东亚地区各成员普遍关注的问题。印太合作向经济领域的渗透，有可能会牵制和吸引部分亚太地区，特别是东亚地区成员转变经济合作方向，对多年来形成的亚太区域经济合作关系造成不利影响。

三、RCEP 对亚太区域经济一体化进程的影响

RCEP 在一定程度上增强了亚太地区成员的经济合作意愿，深化了贸易投资自由化与便利化合作，为推动亚太区域经济一体化进程提供了可选择的路径，并为更加深入和广泛的地区经济一体化奠定了基础。在面临逆全球化趋势增强、地区不稳定因素增多及疫情导致的经济衰退等多重不利因素挑战之时，RCEP 的建设和实施有利于与区域内其他经济合作形式共同发力，稳定地区合作关系，推动经济复苏，增强人民福祉。

第一，作为一个高质量、全面的地区性自由贸易协定，与地区内数量众多的双边自由贸易协定相比，RCEP 的成员覆盖范围大、经济规模更加可观、影响更为深远，并且有利于降低双边自由贸易协定激增所导致的管理成本。21 世纪以来，双边自由贸易协定的不断增加在一定程度上提高了地区贸易投资自由化及便利化水平，有助于地区经济一体化发展。但同时，纷繁复杂的协定规则和条款也在客观上增加了各协定的执行和管理成本。近年来，地区内已经出现了对自由贸易协定进行整合和优化的趋势。RCEP 是在东盟与其主要合作伙伴已签署的多项自由贸易协定的基础之上谈判并达成的协定。各成员间原有的各项自由贸易协定继续有效，同时，企业在经营活动中又可以选择充分利用

新协定所带来的便利和优惠。特别是在原产地规则及贸易便利化措施等方面，RCEP 的累积原则为协定各成员企业提供了新的商业机会。RCEP 的上述作用都将有助于促进地区经济的稳定发展。

第二，RCEP 与《全面与进步跨太平洋伙伴关系协定》（CPTPP）及太平洋联盟（PA）等区域性自由贸易协定共同推动了亚太经济一体化进程，成为未来亚太自由贸易区（FTAAP）建设的基石。2014 年《亚太经合组织第二十二次领导人非正式会议宣言》将亚太自由贸易区建设作为 APEC 合作的宏观目标。此后，APEC 努力探讨通过各种方式和途径推动亚太自由贸易区建设。RCEP 与 CPTPP 及 PA 等共同形成了迈向亚太自由贸易区的可行路径。目前，上述几项自由贸易协定均已生效，且呈现出合作范围广、自由化水平高等特征。部分亚太成员同时签署了多项协定。上述协定的生效及后续谈判客观上将亚太成员间的贸易投资自由化及便利化合作提升至新的高度。RCEP 合作主要覆盖东亚及澳大利亚、新西兰等国，与 CPTPP 及 PA 在成员覆盖范围上既有重叠又互为补充。而中国作为世界第二大经济体，其加入无疑增加了 RCEP 的地区影响力。未来，RCEP 将会继续在迈向亚太自由贸易区的进程中发挥重要作用。

第三，在后疫情时代，RCEP 可为地区经济复苏提供必要的动力。新冠肺炎疫情的传播对亚太地区经济发展造成了巨大影响。目前，亚太地区的一项重要工作就是在有效做好疫情防控的同时，全面复苏地区经济发展。RCEP 的生效有利于降低贸易及投资成本，强化地区成员间的经济联系，创造更为便利、透明和公平的商务环境，加速资金、人员及其他生产要素在地区内的有序流动，促进地区供应链的融合，助推地区经济复苏。

第四，RCEP 有助于弥合亚太合作目前出现的裂隙和矛盾，继续维护和推动地区经济合作势头。RCEP 的建设及升级谈判在强化各成员间经济贸易往来的同时，也构筑了必要的政策交流及沟通渠道。各成员有机会就各领域的政策及利益诉求等进行更加深入的沟通和磋商，协商解决可能遇到的矛盾和问题，共同探讨未来亚太地区经济合作的目标和方向，并有助于弥合目前亚太成员之间存在的矛盾。

四、RCEP 对中国的影响

在目前复杂的国际及地区局势下，RCEP 的生效和实施对于进一步推进我国的区域经济合作战略部署，建立国内国际双循环的新发展格局，落实稳定经济增长的目标等均具有重要的意义。

（一）RCEP 对中国亚太区域经济合作战略的影响

2015 年《国务院关于加快实施自由贸易区战略的若干意见》要求加快正在进行的自由贸易区谈判进程，积极推动与中国周边大部分国家和地区建立自由贸易区，在中长期形成包括邻近国家和地区、涵盖共建"一带一路"国家及辐射五大洲重要国家的全球自由贸易区网络。党的十九大和十九届历次全会也就加快实施自由贸易区战略做出了指示和安排。RCEP 所在的亚太地区是中国实施自由贸易区战略的重要组成部分，该协定的生效意味着中国在建设面向全球的高标准自由贸易区网络进程中迈出了重要和坚实的一步。目前，亚太地区已生效的重要区域性全面自由贸易协定主要包括 RCEP 和 CPTPP 等。尽管中国已经表示有意向参与 CPTPP 合作，但是从开始谈判到成功加入和落实承诺势必要经历复杂而漫长的过程。RCEP 作为一个经济规模巨大、合作领域广泛的地区性自由贸易协定，有利于强化中国在亚太地区的自由贸易协定网络构架，增加中国在地区经济合作中的参与度和影响力，是中国实施自由贸易协定战略进程中不可或缺的重要一环。

（二）RCEP 有利于推动建立国内国际双循环的新发展格局

2020 年 4 月 10 日，习近平总书记在中央财经委员会第七次会议上发表题为《国家中长期经济社会发展战略若干重大问题》的重要讲话，首次提到"新发展格局"这一重要概念，强调国内循环越顺畅，越能形成对全球资源要素的引力场，越有利于构建以国内大循环为主体、国内国际双循环相互促进的新发展格局，越有利于形成参与国际竞争和合作的新优势。此后，习近平总书记多次强调建立新发展格局的重要意义。2021 年 3 月，《中华人民共和国国民经济和社会发展第十四个五年规划和 2035 年远景目标纲要（草案）》提出，要加快构建以国内大循环为主体、国内国际双循环相互促进的新发展格局，为中国宏观经济发展定下了重要的战略目标。RCEP 的生效和落实一方面有利于进一步促进深化改革，提高效率，发掘潜力，充分发挥国内市场竞争优势，促进国内循环；另一方面有利于畅通国际贸易和投资渠道，降低国际交易成本，创造公平、便捷的国际市场营商环境，便于中国企业寻求更多国际市场商机，充分发挥外部经济循环的作用。因此，RCEP 对于在新时期建设国内国际双循环的新发展格局具有良好的促进作用。

（三）RCEP 可助力落实稳经济保增长的目标

在做好疫情防控工作的同时，保持经济稳定增长是当前我国宏观经济发展所面临的重要挑战。2021 年 12 月 6 日召开的中共中央政治局会议强调，2022 年的经济工作要稳字当头、稳中求进。①2022 年上半年，国务院也多次召开会议，强调高效统筹疫情防控和经济社会发展，推动稳经济一揽子政策进一步生效，下大力气巩固经济恢复基础，着力稳定宏观经济大盘，保持经济在合理区间运行，优先保障稳就业、稳物价目标实现。②RCEP 生效后可能产生贸易投资促进效应，对于实现稳定经济增长的目标具有良好的助推作用。

截至 2022 年，中国在落实 RCEP 承诺、促进贸易投资发展等领域已经取得了初步成果。根据海关总署公布的信息，2022 年 1 月至 6 月，RCEP 实施半年以来，中国出口企业申领 RCEP 原产地证书和开具原产地声明 26.6 万份、货值 979 亿元，可享受进口国关税减让 7.1 亿元，主要商品为服装及衣着附件、塑料及其制品、皮革制品等。RCEP 项下享惠进口货值 238.6 亿元，减让关税 5.2 亿元，主要商品为钢铁、塑料及其制品、机械器具及其零件等。③在货物贸易领域，RCEP 所带来的经济效益已初步显现。随着协定承诺的全面深化和落实，在服务、投资及其他相关经济领域，RCEP 将会带来更为广泛的经济促进效应。

为了更好地落实 RCEP 内容，充分利用协定所带来的经济促进效果，2022 年 1 月 24 日，中国商务部等 6 部门共同发表了《关于高质量实施〈区域全面经济伙伴关系协定〉（RCEP）的指导意见》，④就高质量实施 RCEP 的指导思想、总体目标、重点任务及组织实施等做出了全面细致的安排。RCEP 的全面落实和充分利用将是近期我国在参与亚太区域经济一体化进程中的一项重点工作。

参考文献

[1] 中国商务部. 商务部国际司负责同志解读《区域全面经济伙伴关系协定》（RCEP）. 中国自由贸易区服务网援引商务部新闻办公室，[2020-11-15]. http://fta.mofcom.gov.cn/article/rcep/rcepjd/202011/43618_1.html.

[2] 中国商务部. 商务部国际司负责同志解读《区域全面经济伙伴关系协定》

---

① 新华社. 中共中央政治局召开会议分析研究 2022 年经济工作. [2021-12-06]. http://www.gov.cn/xinwen/2021-12/06/content_5657931.htm.
② 新华社. 李克强主持召开国务院常务会议 部署持续扩大有效需求的政策举措，增强经济恢复发展拉动力等.[2022-07-22]. http://www.gov.cn/premier/2022-07/22/content_5702362.htm.
③ 中国自由贸易区服务网援引人民网. RCEP 上半年"成绩单"出炉,享惠红利持续释放. [2022-07-20]. http://fta.mofcom.gov.cn/article/fzdongtai/202207/49217_1.html.
④ 中国商务部国际经贸关系司网站（商国际发〔2022〕10 号）. http://gjs.mofcom.gov.cn/article/dongtai/202201/20220103239468.shtml.

（RCEP）之二. 中国自由贸易区服务网援引中国商务部新闻办公室，[2020-11-26]. http://fta. mofcom.gov.cn/article/rcep/rcepjd/202011/43619_1.html.

[3]《区域全面经济伙伴关系协定》（RCEP）领导人联合声明. [2020-11-15]. http:// mofcom.gov.cn/ www/202011/20201118100500957.pdf.

[4] 沈铭辉，李天国. 区域全面经济伙伴关系：进展、影响及展望[J]. 东北亚论坛，2020（3）.

[5] 张薇薇. 战略分析视角下的拜登政府"印太战略"[J]. 和平与发展，2022（2）.

APEC 金融发展与合作趋势分析

涂 红 高 飞*

摘 要：亚太地区已成为全球经济、金融活力最强的地区，APEC 各成员因处于不同的经济发展阶段，呈现出金融发展模式多样化、金融深化不断推进、数字金融创新发展着力点不同等特点。APEC 成员间需要增强互联互通和加强金融合作来促进地区经济的增长、包容、可持续发展。对 APEC 财长会议联合声明的词频分析表明，APEC 金融合作始终围绕贸易投资便利化、自由化及区域经济技术合作这三大支柱领域展开，同时考虑 APEC 地区的气候环境、人文因素等，呈现出较明显的金融合作服务于实体经济发展与合作的目标的特点。在未来，APEC 金融合作除了继续在推动贸易投资便利化和自由化相关的金融服务领域开展以外，将更多地在数字化、包容性、可持续性方面展开。

关键词：APEC；金融发展；金融合作；金融创新

一、APEC 成员金融发展的特点与趋势

（一）APEC 成员金融发展模式具有显著多样性

金融发展与经济发展息息相关，APEC 成员间经济实力悬殊，经济处于不同发展阶段，金融发展因此呈现出显著的多样性。APEC 成员金融发展模式大致可以分为以下几种类型。

1. 海外扩张带动金融发展型

海外扩张带动金融发展型比较典型的 APEC 成员是日本和美国。日本金融行业凭借

---

* 涂红，南开大学 APEC 研究中心教授，博士生导师。高飞，南开大学经济学院博士研究生。

其雄厚的资金实力，在经济金融全球化的浪潮下向海外迅速扩张，其金融领域地位日益提升。在向海外扩张的过程中，国际金融摩擦日益增长，相对落后的国内金融体系无法满足金融行业外部持续扩张的需求，于是日本加大开放国内金融市场并加快实施金融自由化和金融深化的进程。1952 年，日本在伦敦设立了 5 家银行分行，在纽约设立了 6 家银行分行，在旧金山设立了 1 个办事处。随后其海外扩张速度加快，特别是在 20 世纪 70 年代，日本的各大银行包括信托银行、地方银行、都市银行等纷纷在国外建立分行或办事处。1991 年，日本银行海外分行增加至 318 家，办事处增加至 424 家，日本海外分行、持股银行及办事处的总数位列世界第一。在金融机构迅速向外扩张的同时，日本金融对外开放相对缓慢。与日本金融机构在海外的发展相比，外国金融机构在日本的发展不仅在数量上相差甚远（1990 年，外国银行在日本设立分行共有 130 家，办事处共 126 家），也未向高层次金融领域发展。外资主要是市场性资金、自由利率存款等稳定性较差的资金。

美国在 20 世纪 70 年代时采取的分业经营，造成美国银行业规模小、业务单一，难以实现规模效益。在金融行业向国际化、全球化发展的浪潮下，不同融资工具、技术和服务之间的差距缩小，不同金融产品和服务之间的替代性增大，银行业、证券业、保险业之间的联系越来越紧密。面对欧洲、日本的全能银行，美国金融业受到外国银行全面金融业务的竞争压力。为了提高本国金融业的国际竞争力，适应金融全球化、国际化发展的趋势，美国于 1999 年制定了《金融服务现代化法案》，允许商业银行以金融控股公司形式从事全面的金融服务，实行混业经营，推动美国国内及全球范围内金融的进一步开放、发展。

2. 国际资本中转中心发展型

APEC 地区的两个重要国际金融中心——新加坡和中国香港，均属于国际资本中转中心发展型。中国香港于 20 世纪 80 年代开始发展离岸金融业务，逐步发展成全球顶级金融中心。根据英国智库 Z/Yen 集团和中国深圳综合开发研究院发布的 2021 年和 2022年全球金融中心指数（global financial centres index，GFCI），中国香港均排名全球第三、亚太地区第一。中国香港是全球排名靠前的国际金融中心、国际贸易中心和国际航运中心。三个中心相辅相成，金融发展围绕国际贸易、专业物流，呈现出鲜明的离岸金融特色：金融监管制度与离岸金融相契合，只设最基本的指导意见，由银行自行研究制定具体细节，更好地提供离岸金融服务；居民账户与非居民账户相同，可直接向境内外支付或接受资金，有着全球最高水平的自由兑换货币；持续推动境外金融机构进驻，在全球

32 个主要商业城市设立办事处。2006—2020 年，跨国公司在中国香港设立的区域总部及办事处从 6354 家增至 9025 家，增长 42%，其中，金融及银行业机构从 789 家增至 1735 家，增长近 1.2 倍。

1997 年亚洲金融危机后，新加坡以建设世界级金融中心为目标，加速发展本国金融业。根据 2022 年全球金融中心指数，新加坡排名全球第六，是全球顶级金融中心。1998 年新加坡正式出台了打造世界级金融中心的蓝图，凭借自身优越的地理位置，其金融机构可以与世界各地进行金融交易，成为全天候的外汇和证券交易中心；国际货物流、资金流和信息流在新加坡交汇，由此带来了大量的国际汇兑、贸易融资、海事金融、商业保险等业务。新加坡的金融业在本国经济中有着举足轻重的地位。新加坡金融管理局数据显示，2019 年新加坡的银行、基金、金融公司、支付系统运营商等金融机构总数为 666 家，而 2022 年金融机构总数则达到了 1203 家，较 2019 年增长了 80.6%。2021 年新加坡的金融与保险业增加值占 GDP 的 13.83%，就业人数占总就业人数的 5.74%。在金融全球化的趋势下，新加坡以全面开放的姿态培植亚洲美元市场、金融期货市场等金融市场并重点关注金融行业的现代化和国际化。

3. 产业结构调整推动金融发展型

中国台湾和韩国于 20 世纪 80 年代经济腾飞后，劳动力成本不断上升，致使一些劳动密集型产业在岛内失去比较优势，向岛外转移。而岛内金融业受到严格管制，金融机构生存空间缩小，岛外企业出现融资困难，其海外发展受到制约。原有金融体系的发展严重滞后，导致金融发展与产业结构不匹配。连续的国际收支盈余和外汇储备累积对国内经济运转也形成冲击，造成金融与实体经济脱节。为满足实体经济发展需要、应对外部环境变化、增强本地金融业的国际竞争力，中国台湾和韩国的金融体系逐渐从被压抑向更加自由和开放转变，从金融发展落后于工业和贸易部门转向通过影响资金的流动方向、改变生产要素在不同产业部门的分配情况，助力产业结构的调整升级。因此，在经济发展水平提高的过程中，金融业在产业结构调整的推动下不断发展。

4. 吸引外部融资带动金融发展型

世界银行调查显示，中高等收入国家依靠国际市场及本国雄厚的财政资金支持金融发展，而低等收入国家普遍面临融资困难、国内金融基础设施不健全及财政支持有限等问题。为促进国内金融和经济的发展，APEC 成员越南、印度尼西亚、泰国等低收入经济体自 20 世纪 90 年代起积极主动推进金融的改革开放，试图通过率先发展金融业来刺激和带动整个经济的发展，走一条"金融率先发展"的道路。各经济体通过大力发展证券市场、实施贸易开放和金融合作，吸引外部资金。大量外资涌入，促进当地金融机构加快变革，以国际市场的惯例处理投融资和金融业务，优化经济体内部的金融结构和贸易结构，为外商和合资企业创造更便捷的投资环境，从而提高了金融体系效率。但因受低等收入国家经济实力和金融体系仍不健全的限制，风险也在这些经济体内部积聚。

虽然 APEC 成员的金融发展模式各不相同，但是不同发展模式的实质却是一致的，即通过金融改革加速金融开放，进而促进经济体的金融自由化与国际化。APEC 各成员经济体的金融市场日益开放，对金融业的管制逐步放宽，金融市场的自由化和国际化程度不断提高，各经济体的金融体系逐渐融入国际金融运转的统一机制中。

（二）APEC 成员金融体系不断完善，金融深化不断推进

在金融自由化和国际化的浪潮下，APEC 成员认识到金融发展对经济发展的促进作用，逐步放开金融抑制政策，建立健全金融体系，推行金融自由化和金融深化。迈入 21 世纪后，随着全球经济的逐步复苏、金融危机阴影的淡化，金融自由化在广度和深度上持续发展。尽管全球新冠肺炎疫情对各成员经济体造成了一定的冲击，各经济体为实现经济复苏的具体措施和进展程度各不相同，但总体而言，健全金融体系、持续推进金融深化的趋势是一致的。各成员减少了对金融机构的过分干预，放宽了对银行信贷、利率和金融机构业务服务的限制，支持银行和金融机构扩大活动领域，放松对利率和汇率的控制，允许资金相对流动，并有效地抑制通货膨胀，使金融和经济形成相互促进的良性循环。

在美元霸权体系下，美国拥有全球最发达的金融市场。2008 年全球金融危机以来，美国在强监管之后逐步放松管制，主要原因之一是严格的监管政策在一定程度上会损伤美国金融的国际竞争力。美国政府先后提出构建新的美国金融监管体系的 7 项核心原则（2017 年）、《金融选择法案》（*The Financial Choice Act*）（2017）、《2018 年经济增长、放松监管与消费者保护法案法案》（*The Economic Growth，Regulatory Relief，and Consumer Protection Act*）等，积极推动一系列旨在打破以往"多德-弗兰克"金融监管的框架，放宽对金融机构的监管。除此以外，美国政府还进一步放宽对银行机构的金融监管、修订《多德-弗兰克法案》的主要条款，以及大幅度修订后危机时代联邦金融监管部门所采取的诸多重大监管政策与措施等，削弱了现有金融监管体制对美国金融机构的严格限制与羁绊，从而在很大程度上减轻了金融机构所面临的监管负担，解除以往《多德-弗兰克法案》对美国银行机构的桎梏，为其金融活动及商业运营带来了诸多好处，激发了金融活力。

　　作为世界第二大经济体，中国的金融发展史是一部改革开放与经济繁荣、金融监管与金融创新的历史。总体来看，中国金融业的发展趋势同 APEC 其他成员一样，是逐渐开放自由的。2008 年全球金融危机之后，中国金融市场化进程进一步加快。中国社会融资规模年增量从 2008 年的 6.98 万亿元飞速增长至 2021 年的 31.35 万亿元。同时，金融业增加值占 GDP 的比重从 2007 年的 5.62% 快速提高到 2021 年的 8%，并在 2015 年达到了 8.4%，该比重显著高于欧美发达国家。中国金融监管的包容性得到提升，金融管制在一定程度上呈现逐步放松态势，金融业进入历史性快速发展阶段。中国金融业的快速发展离不开完善的金融体系。2017 年 11 月国务院金融稳定发展委员会获批设立，2018 年 3 月原银监会和原保监会合并重组为银保监会，宏观审慎政策职责划入中国人民银行，再加上证监会，至此形成了"一委一行两会"的金融监管架构，这项举措一方面填补了对银行业和保险业系统可能带来的监管真空问题，另一方面赋予中国人民银行宏观审慎的监管权力，以使监管措施与货币政策可以有效结合。2019 年中国进一步优化对金融市场的监管，科创板审核权下放至上海证券交易所，放松资本市场对外资流入的限制。2020 年，中国实施了新《证券法》，新股发行实施注册制。一系列举措的落地实施表明中国正逐步完善金融体系，金融深化不断推进，金融体系的韧性与弹性不断增加。

（三）APEC 成员创新发展速度迅速，数字金融发展具有不同着力点

　　创新和数字化是近年来 APEC 成员在经济和金融领域发展的重点之一，是《2040 年 APEC 布特拉加亚愿景》（简称《布特拉加亚愿景》）的核心支柱之一，也是 APEC "奥特亚罗瓦行动计划"（Aotearoa Plan of Action）的重要议程。过去 10 年，APEC 成员朝着金融数字化的方向蓬勃发展，将人工智能、区块链、云端运算和大数据等金融科技应用在支付、结算、存款、借贷集资、保险及投资管理等金融领域，各成员在不同的数字金融领域中有着不同的着力点。

　　澳大利亚数字金融领域中最活跃的是另类借贷，其市场规模已超过 6 亿美元。另类借贷市场的增速也超过了韩国、日本等国家。由于澳大利亚的信贷资源主要由四大银行掌握，小银行无法提供足够多的信贷，而大银行在放贷时对中小企业要求较高，不允许其出现较高的违约率，中小企业和零售客户基本无法满足大银行的风控要求，这就使得大银行会忽视中小企业和零售客户的融资需求。随着数字金融的迅速发展，澳大利亚借助自身强劲的数据应用能力，针对中小企业的另类借贷规模迅速增加。澳大利亚有 70% 左右的另类借贷都是直接流向中小企业（SMEs）。例如，发票融资即澳大利亚金融科技初创企业为中小企业提供线上市场，供其出售发票给投资者，一旦投资者决定购买，融

资人可在 24 小时内获得这笔资金。

中国数字金融发展最先涉足的领域为支付领域，其得益于中国开放的金融政策、较为完备的金融基础设施建设，以及巨大的网民数量和智能电话的广泛使用。2021 年全球金融包容性指数数据库显示，中国已有 80% 的成年人进行网上购物和使用手机线下支付，这个数据远超其他发展中国家。此外，中国传统银行金融业务加速与金融科技融合，特别是 2017 年以来，国有五大行纷纷与金融科技公司就多个金融领域展开合作。银行和金融科技公司之间的关系不再是颠覆或者对抗关系，双方优势各有侧重，互为补充。除国有五大行外，部分城市商业银行等中小银行也在提升银行核心业务能力、业务效率、用户体验，在降低风险与成本等方面进行了有益的探索与实践，并取得了亮眼的成绩。中国数字金融的发展已经慢慢从跟随美国脚步逐步发展到领先全球之势。中国金融科技企业也开始其全球化布局，例如，截止到 2017 年 7 月，支付宝已经接入了海外 26 个国家超过 12 万家线下门店，微信支付已经登陆 13 个海外国家和地区，覆盖超过 13 万家线下门店。

日本金融厅积极主动地应对比特币和其他加密货币的发展，成为全球第一个强制加密货币交易平台注册的政府。当前日本数字金融最活跃的领域是加密货币。日本金融厅 2018 年发布的《日本虚拟货币交易现状报告》显示，日本拥有着全球 30%～40% 的比特币交易平台和超过 350 百万（相当于日本总人口 3%）的数字货币交易者，日元在比特币交易量中占 40%～60%。虽然日本的现金支付仍旧比移动支付更流行，但是通过与银行账户连接的二维码进行支付的趋势已经初步显现。

中国香港在数字金融领域发展的主要趋势是数字普惠金融。中国香港的数字金融发展迅猛，一些金融技术，如开放式应用程序接口（API）、虚拟银行和分布式记账大幅提高了银行业的运营效率，实现了数字金融普惠，带来了更好的顾客体验。开放式应用程序接口允许银行和其他行业，如生活服务、医疗保健和零售服务等之间实现更有效的系统与服务集成。虚拟银行将为数字技术在金融普惠上提供额外的推动力，并在移动和数字银行业务方面带来新的客户体验，虚拟银行通常以零售客户为目标，涵盖个人或中小型企业。为推动中国香港虚拟银行业务的发展、促进数字金融的普惠性与包容性，香港金融管理局于 2018 年 5 月发布修订版的《虚拟银行的认可》。随着 2017 年香港金融管理局对分布式记账技术概念的验证获得成功，中国香港的 7 家银行决定将该技术商业化，建立一个名为"香港贸易融资平台"（HKTFP）的系统，用来实现贸易文件数字化、贸易融资流程自动化，减少风险和欺诈。此外，中国香港的其他传统金融业务也正经历着数字化过程。以储值支付工具为例，自 2015 年该牌照发布以来，13 家运营商和 3 家银行已经发行了此工具。这些运营商和银行正在积极扩大其覆盖范围并推出新服务，包括支付出租车车费、电子机票、家庭成员电子钱包管理、网上购物、汇款、保险、二维码支付等。2017 年第四季度，储值支付工具的价值总和超过 387 亿港币，同比上升了 27.7%。

二、APEC 金融合作的进展

（一）APEC 推进金融合作的组织机制

一直以来，APEC 形成了由领导人会议、部长级会议、高官会、各委员会和工作组构成的金字塔结构，建立了比较完善的组织和运营模式，形成了自上而下的推进模式来深化各领域合作。APEC 金融领域的合作主要在财长会议机制（Finance Ministers' Process，FMP）的框架下开展，由财长会议（Finance Ministers' Meeting，FMM）推动。该框架于 1993 年建立，包括财长会议、财政央行副手会、财政高官会。第一次 APEC 财长会议于 1994 年召开，此后每年举行一次。该会议旨在通过一系列措施及方法，为更多的人群提供金融服务，从而促进经济实现更强劲、持续、平衡和包容的增长。财政央行副手会在每次财长会议的前一天举行，其主要任务是为财长会议服务，对财长会议内容进行一次预讨论，主要讨论区域经济金融形势、审议财长会议的政策议题和各倡议活动的进展报告。在两次财长会议间，下一届的轮值主席将举行两次工作组会议。2006 年 12 月开始，工作组会议升级为财政高官会，其主要任务是讨论宏观经济金融形势、提出并审议当年财长会议的政策议题、通报各倡议活动进展等，为财长会议做准备。

在财长会议的领导下，APEC 先后设立了亚太普惠金融论坛（The Asia-Pacific Forum on Financial Inclusion，APFIF）、亚太基础设施建设伙伴关系（The Asia-Pacific Infrastructure Partnership，APIP）、亚太金融论坛（The Asia-Pacific Financial Forum，APFF），作为私营部门、公共部门和国际组织之间的合作平台，以更高效地执行财长会议所认可的政策建议。

APFIF 成立于 2010 年，是 APEC 财长会议机制政策倡议的一部分，设在 APEC 工商咨询理事会（The APEC Business Advisory Council，ABAC），由亚洲开发银行（ADB）牵头，并得到发展合作基金会（FDC）和亚洲开发银行研究所（ADBI）的支持。作为 APEC 历年开展的众多项目之一，其重点是根据 APEC 每年东道主确定的具体优先事项，发布财长会议机制的金融普惠目标。APFIF 倡议的一个关键特点是聚焦经济中的金融普惠性与包容性，注重经济增长对贫困人口的积极影响。因此，APFIF 为成员经济体的监管机构和公共部门、私营部门合作促进弱势群体（包括妇女、青年、老年人和残疾人）及中小微企业获得金融服务提供了一个能力建设平台。

APIP 由 ABAC 倡议，于 2011 年 APEC 财长会议上审议通过并成立，旨在促进 APEC 地区私人部门更多地为基础设施提供融资，并为财政部部长针对有关基础设施问题提供相关建议。APIP 为政府、私人部门及国际组织提供了一个区域性平台，探讨影响基础设施公私合作的有关问题，并寻求切实的解决方案。

APFF 是由 ABAC 倡议，于 2013 年 APEC 财长会议上审议通过并建立的国际金融论坛，由 APEC 财长授权 ABAC 代表工商界进行管理，是 APEC 框架下金融领域公私对话与合作的重要平台，旨在推动亚太地区发展稳健的一体化金融市场与服务，促进金融业健康可持续发展。APFF 涵盖了对亚太地区经济和金融服务发展至关重要的金融市场关键领域，主要包括信用基础设施、贸易和供应链金融、保险和退休收入、资本市场、金融市场基础设施，旨在加速 APEC 地区金融市场稳健发展。

（二）APEC 金融合作运行机制

由于 APEC 遵循相互尊重、平等互利、协商一致、自主自愿的原则，与其他领域的合作一样，APEC 的金融合作形式也呈现多元化、自由化特点。从单边行动计划、"探路者方式"、强化对"最佳范例"的推广实施和效果评估到集体行动计划，APEC 金融合作运行机制不断发展完善。单边行动计划是 APEC 实施投资自由化的主渠道，所谓"单边行动计划"，是由各成员依据自身情况制订和实施行动计划，没有硬性标准和要求。根据《大阪行动议程》执行框架的规定，从 1996 年起，APEC 成员每年都要制订各自投资自由化和便利化的单边行动计划，并经高官会汇总后提交年底的部长级会议和领导人会议审议通过。从 1997 年开始，APEC 成员每年需要报告上一年度单边行动计划的执行情况。"探路者方式"是 APEC 为解决成员经济体因经济发展阶段存在差异，各方利益诉求不同导致的 APEC 合作执行力不足而采用的一种创新性方式。APEC 的"探路者方式"已建立完备的运行机制，包括明确的指导原则、优先领域、行动方式及筛查评估机制。其鼓励成员经济体根据各自区域的具体情况率先采取行动，推广实施"最佳范例"并进行效果评价，待积累了一定的经验或条件成熟后，将进一步强化"最佳范例"的推广实施，将合作逐步推广至 APEC 更多的成员。根据中国信息通信研究院发布的《全球数字治理白皮书》统计，截至 2020 年 12 月，APEC 以"探路者方式"实施行动共计 16 项，大部分行动与计划得到多数成员的支持和积极参与。集体行动计划是相对于单边合作而言的，是指两个以上的经济体进行国际合作。例如，APEC 在温哥华高层会谈上形成了一个建立类似亚洲货币基金组织的协议，以促进 APEC 地区金融稳定，共有 14 个 APEC 成员加入该协议，包括中国、中国香港、美国、澳大利亚、文莱、加拿大、印度尼西亚、日本、韩国、马来西亚、新西兰、菲律宾、新加坡、泰国。

（三）APEC 金融合作的主要内容

由于 APEC 金融领域的合作主要在 FMP 框架下开展，由 FMM 推动，各委员会、工作组与论坛的成果均体现在财长会议的联合声明中。APEC 财长会议联合声明的内容将集中反映 APEC 金融合作的内容和发展趋势。鉴于字词的重要性是随着在文件中出现的次数成正比增加的，因此可以用词频来评估某个词在该文档或者报告中的重要程度。本报告对 1994—2021 年 APEC 财长会议联合声明进行词频分析，从而可以更准确地把握 APEC 金融合作的内容和发展趋势。

词频分析表明，在过去 30 年中，基础设施、财政问题一直被 APEC 财长会议提及，这两个几乎是所有过去联合声明陈述中最常被使用的概念。其次是增长、投资、监管和发展。这些经常被提及的词汇指明了过去 30 年来 APEC 金融合作的重点。

对不同时期 APEC 财长会议联合声明词频的分析还显示了 APEC 金融合作的动态变化特点。在 20 世纪 90 年代，财长会议较多提及国际化、资本、资金流入与流出、贸易和汇率等关键词。在 20 世纪初，风险、培训、规则和标准等关键词被频繁使用。20 世纪 10 年代，公私合作（PPP）、包容性和可持续增长及数字化成为高频词。2020 年全球新冠肺炎疫情暴发后，财长会议重点围绕新冠肺炎疫情提及复苏，同时再次频繁提及包容性、可持续增长和数字化。

这些不断变化的高频词汇表明了相应时间阶段内 APEC 财长会议确定的优先事项，也反映了 30 多年来 APEC 金融合作的重点领域。20 世纪 90 年代，APEC 侧重于推动贸易自由化和经济全球化中的金融服务合作。21 世纪初，APEC 金融合作的重点是对系统性金融风险的把控，以及健全地区经济、金融规则的决心。21 世纪 10 年代，APEC 金融合作强调对经济和环境可持续性及包容性的推动，并开始关注数字经济的影响。特别是在 2018 年的 APEC 财长会议联合声明中，数字化是被提及次数最多的概念，会议以"把握包容性机遇，拥抱数字化未来"为主题，深入探讨数字化在亚太地区促进经济增长、可持续发展的潜力。2020 年，新冠肺炎疫情暴发，使 APEC 地区经济发展受阻，在经济复苏是各经济体发展的重中之重的背景下，APEC 领导人提出了《布特拉加亚愿景》，该愿景是继 1994 年《茂物目标》后确立的又一个 APEC 未来 20 年的远大发展规划。在《布特拉加亚愿景》中，可持续和包容性的增长及创新和数字化被列为经济驱动的重要因素，而 APEC 金融合作也将围绕《布特拉加亚愿景》展开，在推进数字金融发展的同时，利用数字金融发展促进普惠金融和可持续金融合作已然成为当下 APEC 区域金融合作的重点内容。

可以看出，APEC 框架下的金融合作始终是围绕贸易投资便利化、自由化及区域经济技术合作这三大支柱领域展开的，同时考虑 APEC 地区的气候环境、人文等因素，呈现出较明显的金融合作服务于实体经济发展与合作目标的特点。

（四）APEC 金融合作的主要成果

APEC 会议主题及同期财长会议所提出的优先事项决定了每年的金融合作方向，因此，APEC 在每年会议主题及优先事项的框架下，针对区域金融合作的发展方向和存在的问题，取得当年的金融合作成果。

1998 年财长会议通过了《APEC 金融监管人员培训计划》（FRTI），为提高金融监管的质量和效率提供了系统、综合和持续的方法。

2001 年启动了金融与发展计划（AFDP），以促进 APEC 地区的金融发展与金融稳定。

2002 年，APEC 支持国际货币基金组织和世界银行将反洗钱金融行动工作组的 40 项反洗钱建议和 8 项特别建议（金融行动工作组"40+8"）列入编写的《遵守标准和守则报告》中，致力于打击恐怖主义融资和洗钱活动。

2003 年 9 月 5 日，APEC 财长会议机制签署了《APEC 金融机构与参与经济体的中小企业合作谅解备忘录》，旨在为 APEC 经济体中小微企业的发展提供必要的支持，特别是在融资、公司治理和创业领域。

2005 年，通过了关于加强区域合作应对人口老龄化挑战的《济州宣言》，采取包括建立可持续养老金体系、开发更广泛的储蓄产品和提高金融知识等一系列措施，以应对人口老龄化的挑战。

2008 年，财长会议支持主权财富基金国际工作组制定的公认原则和做法或"圣地亚哥原则"。这些原则有助于促进对主权财富基金制度和运营实践的更好理解，减少保护主义压力，并有助于全球金融稳定。

2009 年，财长会议支持在圣安德鲁斯举行的 20 国集团财长和央行行长会议上启动"强劲、可持续和平衡增长框架"，APEC 成员将努力在强劲、可持续和平衡的全球增长方面发挥重要作用。

2010 年，APEC 财长会议审议通过了京都成长战略与财务报告，强调促进健全财政管理的重要性，特别是考虑到人口老龄化对公共财政构成的挑战，还强调加强基础设施融资，改善中小微企业和家庭的融资渠道。

2012 年，财长会议通过了"金融素养和教育政策声明"，以增加对金融知识教育主题的理解。

2014 年，财长会议通过了"开发成功的基础设施公私合作的实施路线图"，强调基础设施投资中 PPP 模式的可行性及改善区域实体经济服务的重要性。

2015 年，财长会议审议通过并启动了《宿务行动计划》（CAP），目的是建立一个金融一体化、透明、有弹性和互联互通的 APEC 区域。《宿务行动计划》由 4 个支柱组成：促进金融一体化、推进财政改革和增加透明度、增强金融弹性，以及加快基础设施建设和融资。

2019 年，APEC 财长会议把数字经济作为优先议题，通过了"普惠金融能力建设一揽子计划""APEC 金融服务数据生态系统路线图"及"贸易和供应链金融数字化战略"，以促进金融融合和具有包容性的金融数字化发展。

2020 年，财长会议通过了"APEC 数字普惠金融路线图"，重申数字化对于促进包容、可持续、创新经济增长的重要性。

2021 年，财长会议通过了《宿务行动计划落实新战略》，以支持《布特拉加亚愿景》的实现。《宿务行动计划落实新战略》重申促进四大支柱的高层目标，并增加两方面的内容：第一，采取行动应对新冠肺炎疫情对经济的负面影响，以实现 APEC 地区经济复苏，并应对气候变化等长期挑战，使增长更具包容性和可持续性；第二，采取与《布特拉加亚愿景》的一个或多个经济驱动因素相一致的行动，即"贸易和投资""创新和数字化"及"强劲、平衡、安全、可持续和包容性增长"。

三、APEC 金融合作的趋势分析

未来的 APEC 金融合作除了继续在推动贸易投资自由化、便利化相关的金融服务领域开展以外，将更多围绕数字化、普惠性、可持续性方面展开。

（一）数字金融合作

移动电话和互联网等数字技术的普及被认为是近年来金融加速数字化转型以实现包容、可持续增长的主要驱动力之一。在亚太地区，2022 年近一半的人口（49%）已连接到移动互联网，而在 1989 年，使用手机或互联网的人数占总人数的比例不到 1%。通过数字技术提供创新金融服务或产品，利用包括大数据、人工智能和移动互联网在内的

广泛技术组件，为储蓄、贷款、风险管理和金融咨询等金融服务带来新的应用，亚太地区的技术进步经历了前所未有的增长。在每年提交的金融科技专利申请中，中国、美国、日本和韩国已成为金融科技创新的全球领导者。

随着互联网、移动通信和金融科技的快速进步，越来越多的个人数据被采集和应用到各个方面。在金融行业，征信之外的第三方数据和数据分析服务使很多无法获得正规金融服务的人群有机会享受到金融服务，有效地促进了金融普惠。但是，数据滥用、数据泄漏和隐私侵犯等问题也不断爆发，在一定程度上影响了公众对数字经济和数字金融的信心。考虑到大多数 APEC 经济体还没有个人数据保护法，也没有专门的个人数据保护监管机构，APFF 定期召开数据规制会议，于 2019 年制定了"APEC 金融服务生态系统路线图"，为促进 APEC 经济体的法律、政策、法规与现有国际商定的原则、框架和良好做法保持一致提供了工具，并确定了需要制定新的最低基准的领域，以实现区域一致性。

全球新冠肺炎疫情使金融数字化速度呈指数级增长，APEC 成员在不同程度上加大了实施数字技术解决方案的力度，以应对危机期间公民的需求并保持其经济运转。许多政府加速进行电子支付的开发或采用，包括数字信息共享平台、电子商务、数字支付系统等。例如，泰国于 2021 年将 PromptPay（数字钱包支付平台）与新加坡 Paynow（跨银行转账支付）的数字支付链接进行扩展，使银行客户能够轻松地在两个经济体之间转移资金；此外，泰国还启动了数字个人贷款计划和数字保理生态发展项目，旨在促进经济发展。菲律宾中央银行与亚洲开发银行合作，通过一个两阶段的数字化转型试点计划，将坎蒂兰（Cantilan）银行的核心银行系统迁移到云端，以提高终端用户服务。印度通过数字平台为公民提供贷款申请和银行支付。

后疫情时代，绝大多数 APEC 成员的战略重点在于经济复苏和可持续发展。其中，数字化在加速修复受损经济战略中占据重要地位。APEC 领导人宣言将数字化转型列为新冠肺炎疫情后经济复苏的一个关键方面，将"创新和数字化"列为《布特拉加亚愿景》的核心支柱之一，可以预期未来的 APEC 金融合作将围绕数字化转型，特别是扩大数字基础设施、支持中小微企业的数字化展开，以促进亚太地区平衡、包容、可持续、创新和安全的经济增长。

（二）普惠金融合作

普惠金融的概念最早是在 2009 年 G20 领导人峰会上被提及，会议上发表了关于普惠金融的声明，并承诺改善对贫困人口的金融服务。同年 APEC 财长会议表示，强烈支持将 G20 议程从解决全球危机扩大到实现更加平衡和可持续的增长模式，并致力于追求包容和基础广泛的经济增长。普惠金融的重点是向社会中的弱势群体提供金融服务，最终目的是使他们获得经济机会、提高生活水平和减少贫困。金融教育、金融消费者保护和金融包容性是普惠金融的重点工作领域。

APEC 主要通过财长会议机制发起金融包容性倡议，旨在提高社会弱势群体的金融素养并增加其获得金融服务的机会，包括增加妇女获得金融服务的机会、提高贫困家庭的金融意识和知识水平，以及扩大中小微企业的金融准入范围等。2015 年，财长会议机制启动了《宿务行动计划》，分享金融包容性和战略是该计划下的一个具体行动。2017 年，APEC 领导人非正式会议批准了《APEC 促进经济、金融和社会包容行动议程》，金融包容性成为该行动议程的主要支柱之一。

考虑到快速的技术变革，财长会议机制于 2018 年开始制定以金融创新和消费者保护为重点的普惠金融能力建设计划，旨在分享 APEC 经济体之间的经验和良好做法。财长会议机制还开展了提高消费者数字金融知识和认知的活动，确保保护金融消费者的同时促进金融创新。APEC 帮助各成员经济体收集相关数据，以帮助它们设计促进金融包容性的战略、框架和政策，包括研究中小微企业的资金缺口、支持银行和非银行融资的政策、提升企业家和中小微企业的金融知识，以及强调市场借贷和基于区块链的首次代币发行（ICO）的中小微企业融资机制的潜力。截至 2019 年 10 月，21 个 APEC 成员经济体中有 20 个已经启动了官方的经济金融扫盲计划（FLP），旨在让消费者了解可用的金融工具和服务，以帮助他们做出明智的储蓄和投资决策。15 个 APEC 经济体制定了具有具体目标和行动计划的国内普惠金融战略。例如，澳大利亚积极参与与东盟的包容性金融转型（SHIFT）计划，提供金融和数据分析资源，以及政府、监管机构和金融服务商之间的网络平台，以促进金融普惠；加拿大通过在线应用程序和基于激励的试点计划提升国民金融知识，提高整体财务决策水平和管理能力；印度尼西亚实施无网银行服务方式，为偏远地区的人们提供金融工具。2020 年，APEC 发起了一项针对马来西亚、越南和菲律宾散户投资者和加密资产的调查，帮助 APEC 经济体评估将加密资产作为该地区投资和融资工具的可行性。APEC 还将在亚太地区开展案例研究，以评估女性和青年融资问题的限制因素。

目前扩大金融普惠性的方式之一是金融服务的数字化，但是数字化给普惠金融带来好处的同时也面临着诸多挑战，包括 APEC 地区金融科技使用率低，提供金融服务所需的高成本物理基础设施建设、互联网和移动服务不足，基础技术的不确定性，监管层、企业和消费者缺乏经验，以及无法适配当前金融科技发展的制度框架和金融教育等问题。如何在数字化进程中更好地实现包容性发展将是未来 APEC 金融合作需要重点解决的问题之一。

（三）可持续金融合作

可持续发展最早在 1993 年 APEC 经济领导人发表的经济远景声明中被提及，该声明为 APEC 可持续发展工作提供了授权。1994 年部长们通过了"环境远景声明"和"亚太经合组织经济与发展一体化原则框架"。1995 年在日本发表的《亚太经合组织经济领导人行动宣言》重申将环境和可持续发展问题纳入 APEC 的活动。1997 年加拿大经济领袖宣言声明"实现可持续发展是 APEC 任务的核心"。尽管自 1997 年环境部长会议以来，高级环境官员小组没有举行过正式会议，但由于可持续发展是一个跨领域问题，相关举措已由相关部门论坛实施，具体到金融领域，则主要是绿色金融。

金融机构、政府和国际组织均对绿色金融有着不同的见解。德国发展研究所（DIE）认为，绿色金融应包括三个要素：绿色投资、公共绿色政策实施所提供的金融服务和支持绿色投资的绿色金融体系。国际金融公司（IFC）进一步对绿色投资的对象做了细分，包括碳捕获和碳储存、能源效率、环境保护、可再生能源、绿色交通、废物处理和水资源。前期，绿色金融以银行开展风险环境评估和发放绿色贷款为标志。随着对经济可持续发展的关注增加，绿色债券、绿色指数、绿色保险等多元化的金融产品快速发展，同时，金融机构的绿色融资能力逐渐增强，绿色金融的国际合作实现了跨越式发展。然而，相对于严峻的环境挑战和绿色融资需求，全球绿色融资供给依然不足，投向绿色领域的金融资源仍不能满足庞大的需求。统计数据显示，只有不到 10% 的银行贷款被明确定义为绿色贷款，带有绿色标签的债券占全球债券市场的比例不到 1%，绿色基础设施资产占全球机构投资者资产组合的比例也低于 1%。

近年来，随着越来越多的机构投资者和基金被纳入各种企业社会责任（CSR）及环境、社会和治理（ESG）投资计划，绿色金融迅速发展。随着联合国可持续发展目标（SDG）的推动，ESG 金融已成为金融行业协会、多边机构、政府和监管机构关注的重点。在 2020 年的对话中，APEC 财长对 ABAC 关于 ESG 融资的建议表示欢迎。ABAC 呼吁制定全球标准、框架、原则和最佳实践的包容性流程。部长们已同意建立可持续金融发展网络（SFND）平台，以促进成员经济体之间 ESG 融资方法的一致性，并加强亚太地区在制定全球标准中的作用。

四、APEC 金融合作面临的挑战

（一）区域摩擦不断增加，金融合作态势减弱

随着国际形势不断变化，区域间矛盾正逐渐被激发。贸易保护主义盛行、俄乌冲突等事件的发生，对世界秩序变革、亚太地区的发展产生了深远的影响。亚太地区是全球各大国角力的重点地带，尤其是美国将战略重心不断转移至亚太地区，推出"印太战略"，试图削弱或取代亚太合作。美国的行径得到日本、印度、澳大利亚等国家的积极响应，这可能会削弱 APEC 在亚太区域经济合作整体格局中的主要地位，对 APEC 合作造成负面影响。亚太局势的紧张程度不断攀升，经济活动受到严重影响，2018 年 APEC 领导人非正式会议首次未能通过领导人声明，这将削弱 APEC 成员参与合作的信心，阻碍 APEC 地区经济金融合作的顺利进行。

（二）新冠肺炎疫情仍在持续，经济、金融风险日益凸显

在国际社会的共同努力下，新冠肺炎疫情的预防与治疗得到了很大的改善，但疫情的持续传播仍严重威胁各个国家、地区人民的健康和财产安全。此外，疫情的扩散也导致各国不得不调整自身的货币政策、财政政策和贸易政策等，以缓和自身受到的影响。疫情加剧了金融市场的波动，金融市场动荡，粮食、能源等资源短缺加速了全球通货膨胀，进而对实体经济的活动产生了负面冲击，全球金融的脆弱性进一步加剧了全球金融市场上避险情绪的升温。在这样的背景下，各个国家和地区及跨国公司、跨国金融机构将会重新对全球的投资进行风险评估和定价，对资产组合进行重新调整和布局。据 APEC 数据统计，2020 年亚太地区经济已萎缩 3.7%以上，造成 2.9 万亿美元的产出损失。在此背景下，APEC 经济体的整个复苏进程有所放缓，金融风险日益增大。

（三）APEC 成员间综合实力差距较大，金融合作效率偏低

APEC 成员间经济发展水平、发展路径迥异，综合实力差距明显，各成员在金融合作方面的侧重点不同，内部机制缺乏约束力，非约束性和自愿性的机制设计不能保证 APEC 合作共识的落实。APEC 遵循非约束性、自愿性、开放性和灵活性原则，适应了亚太地区的差异性，保证了 APEC 成员的参与度，是 APEC 保持活力的重要来源。然而，在 APEC 合作推进的过程中，内部机制缺乏约束力的问题逐渐暴露出来。APEC 发达成员金融基础设施完备，其合作重点多集中在金融创新、可持续发展和与之相匹配的规则制定上，而发展中成员则注重追求经济、金融合作中的平等及提高本国金融基础设施建

设水平，进而提升国内经济。此外，"探路者模式"大多集中于发达国家，仅有少部分发展中国家参与其中，这可能导致部分金融合作无法高效达成。

五、推进 APEC 金融合作的政策建议

（一）加强对话沟通，积极推动多边主义发展

阻碍多边主义发展、建立以个别大国为主的单边机制将会导致全球经济陷入严重衰退。当下全球面临贸易保护主义、区域军事冲突等问题，这些问题都直接关系到人类社会的可持续发展。APEC 作为亚太地区规模最大、影响力最强和级别最高的区域合作机制，各成员应主动承担相应责任，积极推动各方通过和平谈判的方式解决问题，在平等互利的基础上深化成员间经济贸易合作，践行多边主义，始终坚持平等相待、相互尊重、合作共赢、开放包容，而非继续挑动对立。亚太地区的人民最渴望的是发展，最需要的是安全。APEC 成员，特别是主要的大国成员应当急亚太地区人民之所急，帮助亚太地区人民解决好发展和安全两件大事，并为此提供建设性助力。

（二）进一步推动利用数字创新促进 APEC 地区金融的包容和可持续发展

遏制新冠肺炎疫情的传播、复苏经济，需要 APEC 所有成员的共同努力。各成员应切实保障人员安全有序往来和各领域交流合作，在贸易紧张和政策不确定性的情况下助力经济增长，共同实现利益最大化。新冠肺炎疫情给金融合作带来严峻挑战的同时，也为金融业加快数字化转型，促进金融包容、可持续发展提供了重要机遇。由于 APEC 成员来自不同收入群体，处于经济、金融和技术发展的不同阶段，需要采取微妙的平衡行动，加强信息共享，使 APEC 能够更深入地了解哪些举措和政策改革是适当和可行的，在促进经济强劲增长的同时确保经济收益更公平地进行分配。中国于 2021 年 APEC 领导人非正式会议上提出，促进数字时代互联互通倡议，支持强化数字经济国际合作，并已申请加入《数字经济伙伴关系协定》。作为全球最大的发展中国家，中国可在电子商务、数字化转型、标准统一化等多个领域开展跨国合作建设，促进各成员间的交流和相关政策推进。同时，中国应积极参与亚太地区电子商务、数字货币、数字税收等领域的国际数字规则制定和相关规范协商，推动亚太区域实现数字经济合作开放、公平发展。未来，APEC 需要借助数字技术，在跨境电子支付、互联网金融、数字资产及网络安全领域加强经验互享、模式互鉴，从而为 APEC 区域金融全面创新带来强有力的引擎效应。同时，数字战略应始终关注其成员的多样化经济环境，不仅要确保经济高质量增长，还要提高妇女、青年、老人和其他社会弱势群体的经济参与度，密切关注数字创新在动态和不确

定的全球环境中的相关性。

（三）加强区域金融监管合作，推动区域性多边金融监管合作

首先，应充分利用 APEC 平台，遵循平等互利的原则，在 APEC 成员广泛参与的前提下，协调各国之间的信息共享与对话。其次，在金融监管合作过程中，构建分层次的金融监管合作框架，在现有合作的基础上，针对 APEC 成员间合作诉求的不同，始终坚持多边主义策略，从容应对各国合作诉求的差异。一方面，充分整合可用资源并调动各成员积极性，积极与其他成员共同合作；另一方面，保证区域内资源分配的公平性，联合立场或诉求相同的经济体，拓宽各国在经济、金融、财政政策等方面的监管合作途径。最后，根据不同梯度国家金融发展的实际情况，建立有区别、分层次的金融风险预警机制。例如，中国应积极支持和帮助东南亚国家健全金融业行业协会的监督机制，提高应对和处理金融危机的能力，从而维护区域金融稳定。

参考文献

[1] 陈松川. 亚太地区政治经济新格局及中国的对策[J]. 亚太经济，2010（1）：6-10.

[2] 刘宏松. 中国参与 APEC 机制 30 年：角色与机遇[J]. 人民论坛，2021（36）：100-103.

[3] 全毅. 后茂物时代亚太地区大国博弈与区域合作前景[J]. 国际贸易，2021（10）：13-20.

[4] 沈伟. 试论 APEC 的金融一体化和金融合作[J]. 国际商务研究，1997（4）：33-36.

[5] 张靖佳，刘晨阳. APEC 金融服务贸易发展及其竞争力分析[J]. 南开学报（哲学社会科学版），2019（1）：167-175.

亚太数字经济和创新增长合作

亚太数字经济贸易规则发展趋势与中国的策略选择

李　静　杨泽瑞*

摘　要：近三年来，亚太地区的数字经济与数字贸易①协定大量出现，一方面为相关国家间数字经济贸易的发展创造了条件，为传统的贸易投资协定做了补充；另一方面又给地区经济一体化带来很多新问题，特别是对传统贸易投资协定的替代与内容冲突，以及可能导致地区数字经济贸易规则的碎片化。协定的背后是规则，规则的背后是发展。亚太地区数字经济贸易协定的大量签订，不仅反映了相关国家对数字经济与数字贸易发展规则制定权的争夺，更重要的是反映了相关国家的地缘政治、地缘经济战略意图，是对未来发展空间的全方位布局。本文研究了亚太地区新出现的数字经济贸易协定及其内容的异同，讨论了 APEC 在推进亚太地区数字经济贸易一体化方面的成效，分析了这些数字经济贸易协定的发展趋势，提出中国应对之策的初步思考。

关键词：亚太；数字经济；数字贸易；规则；趋势与对策

随着中国申请加入《数字经济伙伴关系协定》（DEPA）②和美国拜登政府积极推进"跨太平洋数字贸易协定"③，亚太地区数字经济与数字贸易的规则问题受到越来越多的重视。根据媒体报道，"跨太平洋数字贸易协定"将针对数字贸易制定标准，包括数据的使

---

*　李静，北京师范大学研究生。杨泽瑞，中国太平洋经济合作全国委员会研究室主任，南开大学 APEC 研究中心兼职研究员。

①　因为当前数字经济、数字贸易缺乏明确的、广为接受的定义，其内涵与外延界限不清，导致国际国内通常将两词混用。本文采用并提的方法，即数字经济贸易，或数字经济与数字贸易。

②　商务部. 中方正式提出申请加入《数字经济伙伴关系协定》（DEPA）. [2021-11-01]. http://www.mofcom.gov.cn/article/xwfb/xwbldhd/202111/20211103213288.shtml.

③　丛琬晶. 数字贸易协议：美国重拾亚太领导力的新思路. [2021-08-10]. https://fddi.fudan.edu.cn/02/9f/c21253a393887/page.htm.

用和电子海关安排等前沿内容。美国贸易代表戴琪已与亚太地区 8 个国家的贸易部长讨论过此问题，美国、加拿大、智利、澳大利亚、日本和新加坡等国家可能是首批成员，印度也有可能在未来加入其中。①

近年来，由于数字经济的蓬勃发展，亚太地区的数字经济与数字贸易协定大量出现。这些数字经济贸易协定，有些是作为传统自由贸易协定的一部分，有些是单独成篇。它们一方面为相关国家间数字经济与数字贸易的发展创造了条件，为传统的贸易投资协定做了补充；另一方面又给地区经济一体化带来很多新的问题，特别是对传统贸易投资协定的替代与内容冲突，可能导致地区数字经济贸易规则的碎片化。

协定的背后是规则，规则的背后是发展。亚太地区数字经济与数字贸易协定的大量签订，不仅反映了相关国家对数字经济与数字贸易发展规则制定权的争夺，更重要的是反映了相关国家的地缘政治、地缘经济战略意图，是对未来发展空间的全方位布局。因此，亚太地区的数字经济贸易协定对本地区所有国家都是至关重要的。

本文研究了亚太地区新出现的数字经济贸易协定及其内容的异同，讨论了 APEC 在推进亚太地区数字经济贸易一体化方面的成效，分析了这些数字经济贸易协定的发展趋势，并提出中国应对之策的初步思考。

一、亚太数字经济贸易协定的兴起及问题

根据通常的理解，数字经济是指以数字技术和计算技术为核心和基础的经济活动，内容包括所有由网络和其他数字通信技术支持的商业、经济、社会、文化活动等。2016年，二十国集团（G20）杭州峰会通过的《二十国集团数字经济发展与合作倡议》将"数字经济"界定为以数字化的知识和信息作为关键生产要素、以现代信息网络作为重要载体、以信息通信技术的有效使用作为效率提升和经济结构优化的重要推动力的一系列经济活动。②数字经济和技术，如大数据、万物互联、人工智能、机器人、区块链和云计算等，为全球经济发展提供了广泛的机遇，促进了创新和繁荣。在这个数字化时代，数字经济成为经济活动的主要内容，几乎所有经济活动都要被数字化了。③

数字贸易则是一个更新的概念。2013 年，美国国际贸易委员会（USITC）首次提出

---

① Peter Martin, Eric Martin, Saleha Mohsin. Biden Team Weighs Digital Trade Deal to Counter China in Asia. https://www.bloomberg.com/news/articles/2021-07-12/biden-team-weighs-digital-trade-deal-to-counter-china-in-asia.

② 二十国集团数字经济发展与合作倡议. http://www.g20chn.org/hywj/dncgwj/201609/t20160920_3474.html.

③ 杨泽瑞. DEPA 对亚太合作意味着什么[J]. 世界知识, 2020（23）.

"数字贸易"的概念，并将其范围界定为数字产品与服务贸易。[①]韦伯（Weber）最早提出数字贸易是通过互联网等电子化手段传输商品或服务的商业交易活动。[②]中国学界认为数字贸易是以互联网为依托、以数字交换技术为工具，为交易双方提供商品交易所需的数字化电子信息，旨在以数字化信息为交易标的，实现一种新的商业模式。比如，盛斌等人将经济合作与发展组织（OECD）对数字贸易的定义进一步拆解，结合交易方式，引入交易对象，将数字贸易分为数字订购的产品、数字订购的服务、数字交付的服务及数字交付的信息四种类型，数据成为由数字贸易引入的一种新的国际贸易标的物。[③]马述忠认为，数字贸易是以现代信息网络为载体，通过信息通信技术的有效使用，实现传统实体货物、数字产品与服务、数字化知识与信息的高效交换，进而推动消费互联网向产业互联网转型并最终实现制造业智能化的新型贸易活动，是传统贸易在数字经济时代的拓展与延伸。[④]孙杰则从数字贸易与传统贸易之间的关系出发，认为数字贸易是以作为关键生产要素的数字化知识和信息为核心内容，借助现代信息网络进行传输甚至完成交易的贸易活动，其最终目的是提升传统经济活动的效率并优化经济结构。[⑤]

虽然数字经济、数字贸易是近年新出现的概念，但可以肯定的是，数字经济和数字贸易的出现是人类社会进入全球化时代和信息化时代的必然产物，是传统经济和贸易发展的自然演进，是一个不可逆的进程。全球数字经济与数字贸易的规模与日俱增、相互促进，其核心推动力主要体现为贸易方式数字化——由大型科技公司主导的数字平台已成为国际贸易的重要载体，推动传统贸易方式的各类商业场景进一步数字化，以及贸易对象数字化——基于数据要素产生的商品和服务已成为重要的贸易标的物，新型数字商品及服务深化了全球价值链跨越地理空间的经济联系。

2019—2022年期间，亚太地区新出现了8个数字经济贸易协定或包含数字经济贸易内容的自由贸易协定，即《区域全面经济伙伴关系协定》（Regional Comprehensive Economic Partnership，RCEP）、《日英全面经济伙伴关系协定》（Japan-UK Comprehensive

① 2013年，USITC在《美国与全球经济中的数字贸易》中将数字贸易界定为通过互联网络传输产品或服务的国内商务活动与国际商务活动，主要包括数字内容、社交媒介、搜索引擎、其他产品和服务四大类，该定义受到了国内外众多学者的认可。随后，USITC进一步扩充了对数字产品和服务的解释，于2017年将数字贸易的定义修订为各行各业的企业在互联网交付的产品和服务，包括互联网基础设施及网络、云计算服务、数字内容、电子商务、工业应用、通信服务6种类型的数字产品和服务。

② Rolf H Weber. Digital Trade in WTO-Law-Taking Stock and Looking Ahead[J]. Asian Journal of WTO & International Health Law and Policy, 2010, 5(1): 1-24.

③ 盛斌，高疆. 超越传统贸易：数字贸易的内涵、特征与影响[J]. 国外社会科学，2020（4）：18-32.

④ 马述忠. 数字贸易高质量发展需全方位发力[J]. 中国信息界，2021（4）：26-29.

⑤ 孙杰. 从数字经济到数字贸易：内涵、特征与挑战[J]. 国际经贸探索，2020（5）：87-89.

Economic Partnership Agreement，JUKEPA）、《新加坡-澳大利亚数字经济协定》（Singapore-Australia Digital Economy Agreement，SADEA），《新加坡-新西兰-智利数字经济伙伴关系协定》（Singapore-New Zealand-Chile Digital Economy Partnership Agreement，DEPA）、《美日数字贸易协定》（U.S.-Japan Digital Trade Agreement，USJDTA）、《美国-墨西哥-加拿大协定》（United States-Mexico-Canada Agreement，USMCA）、《日欧经济伙伴关系协定》（Japan-EU Economic Partnership Agreement，JEUEPA）和《全面与进步跨太平洋伙伴关系协定》（Comprehensive and Progressive Agreement for Trans-Pacific Partnership，CPTPP）。其中，RCEP、JUKEPA、USMCA、JEUEPA 和 CPTPP 是内容全面的自由贸易协定，包含电子商务或者数字经济贸易章节。①另外三个协定（《美日数字贸易协定》《新加坡-新西兰-智利数字经济伙伴关系协定》和《新加坡-澳大利亚数字经济协定》）则是"纯数字贸易协定"。上述协定均已生效。

　　这些双边和多边的数字经济贸易协定试图在数字经济贸易领域设定国际框架，以推动数字经济贸易规则的协调，加强国际标准合作和创造互操作的系统。这些协定无论是格式还是语言都与传统的自由贸易协定有很多相同点。②目前来看，新协定带来了三大问题。

　　一是与传统自由贸易协定的关系问题。无论是作为传统贸易协定的一部分，还是作为单独的数字经济贸易协定，它们之间的关系都很复杂和微妙。若作为传统贸易协定的一部分，这些数字经济/电子商务章节对数字经济贸易方面的规定往往不够充分，很多内容过于宽泛；而作为单独的数字经济贸易协定的话，又与传统贸易协定的内容有很多重复之处，很多时候又会产生新的矛盾和纷争。③

　　二是概念、规则的复杂化问题。"数字经济"只是近几年才被普遍使用的概念，以前都称作"新经济""互联网经济""电子商务"等。由于数字经济、数字贸易是新出现且快速发展的，当前的数字经济贸易协定对一些重要概念并没有进行明确定义。比如，对于数字经济、数字贸易、数字产品、数字服务、数字身份、人工智能、物联网、个人数据与隐私等数字经济贸易方面的核心概念，以及它们应该包括的具体内容等问题，各协定基本上只使用、不定义。因此，各协定中关于概念的理解和规则的制定千差万别，远

---

　　① CPTPP 和 USMCA 为分别在原来的 TPP 和 NAFTA 的基础上更新、修改、增加、删减了部分内容而成。

　　② 彼特·拉夫洛克. 新一代数字贸易协定符合目的吗？[J]. 太平洋经济合作研究（2020 年合刊），2021.

　　③ 将来在国际经济贸易协定中，关于如何处理数字经济贸易问题，可能有三种前景：一是使传统的自由贸易协定包含更详细的数字经济贸易方面的内容；二是以新的数字经济贸易协定为蓝本，将传统的自由贸易协定内容纳入其中；三是传统的自由贸易协定与数字经济贸易协定平行存在，各司其职。

远达不到统一、和谐的地步。

三是这些协定导致数字经济与数字贸易的碎片化问题。与传统的自由贸易协定导致地区经济贸易碎片化一样，新的数字经济贸易协定使地区数字经济贸易的碎片化问题更严重，"意大利面碗"现象将会更普遍。

二、亚太地区 8 个数字经济贸易协定的内容分析

对于亚太地区新出现的 8 个数字经济贸易协定，其框架和概念大同小异，但内容和规则差距较大。总体说来，8 个协定各有侧重点，也各有不足之处，但没有哪一个协定是完美无缺的（见表1）。

（一）《区域全面经济伙伴关系协定》（RCEP）

RCEP 于 2020 年 11 月 15 日签署，于 2022 年 1 月 1 日正式生效，是世界上人口数量最多、成员结构最多元、发展潜力最大的自由贸易协定，其成员包括东盟十国和中国、日本、韩国、澳大利亚、新西兰。根据 2020 年的统计，RCEP 15 个成员约有 22 亿人口，GDP 总和约为 30 万亿美元，出口额约为 6 万亿美元，三大指标约占全球的 30%，是世界上最大的自由贸易区。[①]

RCEP 电子商务章节规定了电子认证和签名、在线消费者保护、在线个人信息保护、网络安全、跨境电子方式信息传输等条款，提出了个人信息保护、消费者保护等在全球信息数据自由流动情形下应遵循的目标，同意采纳并维持消费者保护的有关法律，以打击欺诈性商业活动，禁止对电子交易征收关税和各成员为偏袒国内服务提供者而采取歧视措施，鼓励各成员之间的服务贸易使用电子认证和电子签名形式等。[②]

相比 TPP/CPTPP，RCEP 在数字经济/电子商务方面的规定较宽泛，内容较少，标准并不高。但这"并不高"的标准"正好"符合东亚地区的需要，为发展中国家占多数并主导进程、发达国家参与的地区合作设立了标杆。因此，从长期来看，RCEP 将参与亚太地区数字经济贸易规则的竞争，为一时无法达到"高标准"的经济体提供选择。

（二）《日英全面经济伙伴关系协定》（JUKEPA）

JUKEPA 包含了日英双边数字经济贸易方面的内容，于 2020 年 10 月 23 日签署，并

---

① https://baike.baidu.com/item/%E5%8C%BA%E5%9F%9F%E5%85%A8%E9%9D%A2%E7%BB%8F%E6%B5%8E%E4%BC%99%E4%BC%B4%E5%85%B3%E7%B3%BB%E5%8D%8F%E5%AE%9A/22570067?fromtitle=RCEP&fromid=7500405&fr=aladdin.

② https://rcepsec.org/#:~:text=The%20Regional%20Comprehensive%20Economic%20Partnership%20(RCEP)%20is%20a%20proposed%20free,its%20six%20FTA%20partners%20(Australia%2C.

于 2021 年 1 月 1 日生效。日本和英国在双边贸易协定谈判中，就先进数字标准达成一致，不强迫两国公司披露算法及交出用于保护专有公司技术和信息的密钥，也不要求两国公司在本国边界内建立服务器本地化存储数据，为建立保护知识产权和数据自由流通的国际框架铺平道路。①

（三）《新加坡–澳大利亚数字经济协定》（SADEA）

SADEA 由新加坡和澳大利亚在 2020 年 8 月 6 日签署，并于 2020 年 12 月 8 日正式生效。SADEA 是在现有 CPTPP 及新澳自由贸易协定的基础上发展而来的，包含一系列数字经济贸易的规则。作为 SADEA 的一部分，两国还签署了一系列关于电子发票、电子证书、个人信息保护和数字身份证等谅解备忘录。②

（四）《新加坡–新西兰–智利数字经济伙伴关系协定》（DEPA）

DEPA 由新加坡、新西兰和智利三国于 2020 年 6 月 12 日签署，并于 2021 年 1 月 7 日对新西兰、新加坡正式生效，2021 年 11 月 23 日对智利正式生效。DEPA 建立的目的是加强成员间在数字经济贸易上的合作，提高互操作性，③其包括数字产品待遇、数字问题、新兴技术、数字包容性和中小企业合作等章节。中国已于 2021 年 11 月 1 日正式申请加入，韩国和加拿大正考虑加入。

（五）《美日数字贸易协定》（USJDTA）

USJDTA 于 2020 年 1 月 1 日开始实施，其提供了两国间数字贸易的优先领域指南。④该协定与 USMCA 相对应，包含禁止对数字产品征税或其他保护主义的措施等关键内容。值得一提的是，美国和日本在 2019 年 10 月分别签署了两份协定——贸易协定和数字贸易协定，两份协定平行存在、平行发挥作用。⑤

（六）《美国–墨西哥–加拿大协定》（USMCA）

USMCA 是美国、墨西哥和加拿大之间的自由贸易协定，其于 2020 年 7 月 1 日开始实施，取代了北美自由贸易协定（NAFTA）。USMCA "电子贸易" 章节是在 TPP 相关章节基础上发展而来，包括禁止对数字产品征税，保护数据流动、隐私和知识产权，推动

---

① https://www.mofa.go.jp/files/100120283.pdf.

② https://www.mti.gov.sg/Improving-Trade/Digital-Economy-Agreements/The-Singapore-Australia-Digital-Economy-Agreement.

③ MTI. Digital Economy Partnership Agreement. https://www.mti.gov.sg/Improving-Trade/Digital-Economy-Agreements/The-Digital-Economy-Partnership-Agreement.

④ USTR. U.S.-Japan Digital Trade Agreement. https://ustr.gov/sites/default/files/files/agreements/-japan/Agreement_between_the_United_States_and_Japan_concerning_Digital_Trade.pdf.

⑤ USTR. Fact Sheet on U.S.-Japan Digital Trade Agreement. https://ustr.gov/about-us/policy-offices/press-office/ fact-sheets/2019/october/fact-sheet-us-japan-digital-trade-agreement.

网络安全合作等。①

（七）《日欧经济伙伴关系协定》（JEUEPA）

JEUEPA 包含较详细的数字经济和数字贸易的内容，并于 2019 年 2 月 1 日正式生效。该协定生效后，日欧形成世界上最大的自由贸易区之一，覆盖 6 亿多人口，国内生产总值占世界经济总量的近三成，贸易总量占全球贸易总量的近四成。根据协定，日欧双方将立即或分阶段取消大部分关税。欧盟将逐步取消约99%的自日本进口商品的关税，日本将逐步取消约 94%自欧盟进口商品的关税。日本政府期待这一协定推动其国内经济增长，并有力抵制贸易保护主义。②

（八）《全面与进步跨太平洋伙伴关系协定》（CPTPP）

CPTPP 是澳大利亚、文莱、加拿大、智利、日本、马来西亚、墨西哥、新西兰、秘鲁、新加坡和越南 11 个国家之间的自由贸易协定，从 2018 年 12 月 30 日开始逐步实施。

CPTPP 的"电子商务"章节旨在推动与商业相关的数据转移和数字产品贸易，设定了便利数字贸易的规制，允许成员优惠进入其他成员的市场，包括推动数据流动、保护隐私和消费者权利及知识产权。该章强调了贸易的数字性质，明确将数字贸易定义为电脑程序、文本、视频、图像、声音记录，或者其他经数字化编码、生产用于商业销售或分销，可通过电子传输的数字产品，以及个人信息；制定了禁止数据储存的本地化要求，禁止对数字产品征收关税，以促进信息和数据在更大范围内的流动和应用。同时，该章节重视数字贸易中个人客户财务信息、账户信息、企业商业机密等数据保护规则，有助于促进区域内数字经济的发展。该章还禁止缔约国要求他人或其他缔约国提供软件源代码，以此作为进口、销售或使用该软件的条件。

表 1　亚太数字经济贸易协定比较

协定名称	签署 / 生效日期	跨境数据流动限制	数据本地化要求	源代码和算法	个人信息保护
区域全面经济伙伴关系协定（RCEP）	2020 年 11 月 15 日签署，2022 年 1 月 1 日生效	原则上禁止，但有广泛例外	原则上禁止，但有广泛例外	不禁止强制转移源代码和算法，承诺加强对话	需要保护个人信息的法律框架，但有广泛的例外

① USTR, USMCA. https://ustr.gov/trade-agreements/free-trade-agreements/united-states-mexico-canada-agreement/agreement-between.

② MOFA. https://www.mofa.go.jp/ecm/ie/page4e_000875.html.

续表

协定名称	签署／生效日期	跨境数据流动限制	数据本地化要求	源代码和算法	个人信息保护
日英全面经济伙伴关系协定（JUKEPA）	2020 年 10 月 23 日签署，2021 年 1 月 1 日生效	禁止，只有极少数例外	禁止，只有少数例外	禁止强制传输源代码、算法和加密方式	需要保护个人信息的法律框架
新加坡-澳大利亚数字经济协定（SADEA）	2020 年 8 月 6 日签署，2020 年 12 月 8 日生效	禁止，只有极少数例外	禁止，只有极少数例外	禁止强制传输源代码和加密方式	需要保护个人信息的法律框架，采用 APEC 的跨境隐私规则（CBPR）和 OECD 的指导原则
新加坡-新西兰-智利数字经济伙伴关系协定（DEPA）	2020 年 6 月 12 日签署，2021 年 1 月 7 日生效	禁止，只有极少数例外	禁止，只有极少数例外	禁止强制传输源代码、算法和加密方式	需要保护个人信息的法律框架
美日数字贸易协定（USJDTA）	2020 年 1 月 1 日生效	禁止，只有极少数例外	禁止，无例外	禁止强制传输源代码、算法和加密方式	跨境数据处理方法包括个人信息，需要保护个人信息的法律框架
美国-墨西哥-加拿大协定（USMCA）	2020 年 7 月 1 日生效	禁止，只有极少数例外	禁止，无例外	禁止强制传输源代码和算法	允许包含非歧视性数据传输限制的隐私法律，承认 APEC 的 CBPR 系统
日欧经济伙伴关系协定（JEUEPA）	2019 年 2 月 1 日生效	三年内重新评估	未包括，可能在三年内重新评估	禁止强制转移源代码	欧盟个人数据的传输受限制
全面与进步跨太平洋伙伴关系协定（CPTPP）	2018 年 12 月 30 日开始生效	禁止，只有极少数例外	禁止，但有少数例外	禁止强制转移源代码	需要保护个人信息的法律框架

资料来源：作者根据相关资料制表。

　　从内容来看，这八大数字经济贸易协定中比较有代表性的当属 CPTPP、RCEP 和 DEPA。CPTPP 在数据流动方面仍沿用 TPP 的规定，致力于拓展市场化的边界，在保护本国数据隐私和更大范围开放中倾向于选择后者。而 RCEP 基于成员数字化程度同步性差的背景，对跨境数据流动采取保留态度，即在确保数据不流失的基础上倾向于低程度的数据跨境流动，为本国监管机构实施监管留出较大空间，确保跨境数据流动的可管制性，从数据通道上进行了主动截断。因此，RCEP 对跨境数据流动的自由度设置障碍较多。[①]

作为最有代表性和最有前瞻性的数字经济贸易协定，DEPA 由 16 个主题模块构成，包括商业和贸易便利化、数字产品及相关问题处理、数据问题、更广阔的信任环境、商业和消费者信任、数字身份、新兴趋势和技术、创新和数字经济、中小企业合作、数字包容性、透明度和争端解决等。[②]这些内容涵盖在数字时代支持数字经济和贸易方方面面的内容。比如，支持工商界的无纸贸易，加强网络安全，保护数字身份，加强金融科技领域的合作。DEPA 也有章节回应了市民和社会关注的问题，比如个人隐私、消费者保护、数据管理、透明和开放等问题。[③]DEPA 的有些条款是 3 个签署国早前协定中已有的内容，有些是新的内容，比如数字包容性，比传统贸易协定中的电子商务章节，或者 WTO 当前电子商务谈判中的内容更丰富。该协定也是一份"活"文件，可以随着贸易政策和电子商务模式的发展而修改。

DEPA 与 TPP/CPTPP 中的"电子商务"一章相比，内容更全面、规定更细致，是 TPP/CPTPP 中"数字经济"条款的升级换代，反映了在数字经济快速发展的当下，国际数字经济贸易规则的与时俱进。

三、APEC 在推进亚太数字经济贸易一体化方面效果式微

作为亚太地区级别最高、范围最广、合作内容最多、机制最健全、成果最丰富的经济合作组织，APEC 从 2005 年开始即致力于推动各成员对数字经济规则的理解，推进数字经济发展与数字互联互通建设，避免亚太地区数字经济规则陷入分裂。APEC 跨境隐私规则系统（CBPR）和 APEC《互联网和数字经济路线图》（AIDER）正是此方面的代表性工作，也是 APEC 在数字经济方面的实践与探索。但到目前为止，APEC 在推进亚太数字经济贸易一体化方面效果式微。

早在 2005 年，在韩国和美国的大力推动下，APEC 领导人通过了《APEC 隐私框架》

[①] 全毅，高军行. CPTPP 与 RCEP 的竞争及中国推进亚太区域合作策略[J]. 东南亚研究，2022（2）：48-70.

[②] https://www.mfat.govt.nz/en/trade/free-trade-agreements/free-trade-agreements-in-force/digital-economy-partnership-agreement-depa/.

[③] 杨泽瑞. DEPA 对亚太合作意味着什么[J]. 世界知识，2020（23）.

（*APEC Privacy Framework*），提出了 APEC 隐私保护的主要内容和途径。为了实施《APEC 隐私框架》，2011 年，APEC 领导人通过了 CBPR，并于 2012 年开始实施。考虑到 2005 版的"隐私框架"过于宽泛及数字经济的快速发展，APEC 于 2015 年重新修订了该框架。新《APEC 隐私框架》包括序言、范围、APEC 信息隐私原则和实施（包括国内实施和国际实施）。[1]CBPR 由四部分组成：自我评估、合规审查、承认/接受、争议解决和执行。[2]

CBPR 为参与成员提供跨境数据传输规则，要求在加入系统的成员之间传输公民的个人信息应符合 CBPR 的要求。到 2021 年 2 月为止，美国、日本、墨西哥、加拿大、新加坡、韩国、澳大利亚和中国台北等 8 个 APEC 成员加入了 CBPR，菲律宾已提出正式申请。[3]

简单来说，CBPR 希望位于不同成员的不同公司，统一承诺并遵循《APEC 隐私框架》提出的九大个人信息保护原则，个人数据在这些公司之间流动应该不受阻碍，从而促进个人数据跨境流动。由于这些公司都通过同一套规则来保护个人信息，那么参与 CBPR 的 APEC 成员就不得再以保护个人信息为由，阻碍个人信息的跨境流动。[4]但总体来看，CBPR 的利用目前还处于起步阶段。

2017 年，APEC 领导人意识到数字经济和技术带来的巨大变化，通过了 AIDER，希望促进成员经济体之间的技术和政策交流，促进创新、包容和可持续增长，弥合 APEC 地区的数字鸿沟。

AIDER 为 APEC 设置了众多的相关议程，包括如下 11 项[5]：

- 数字基础设施的开发；
- 互操作性的推广；
- 通用宽带接口的使用；
- 开发整体的政府政策框架，以推动互联网与数字经济；
- 推动影响互联网与数字经济规制的合作；
- 推动创新，促成技术和服务的应用；
- 加强信息和通信技术的可信度和安全应用；
- 在尊重相关国内法律法规的同时，便利信息与数据的自由流动，以发展互联网

---

① https://cbprs.blob.core.windows.net/files/2015%20APEC%20Privacy%20Framework.pdf.

② https://www.apec.org/About-Us/About-APEC/Fact-Sheets/What-is-the-Cross-Border-Privacy-Rules-System.

③ https://cbprs.blob.core.windows.net/files/2015%20APEC%20Privacy%20Framework.pdf，2021 年 2 月 1 日登录。

④ 杨泽瑞. DEPA 对亚太合作意味着什么[J]. 世界知识，2020（23）.

⑤ http://mddb.apec.org/Documents/2019/ECSG/WKSP2/19_ecsg_wksp2_003.pdf.

　与数字经济；

- 改善互联网与数字经济计量的基准线；

- 加强互联网与数字经济的包容性；

- 便利电子商务，推动数字贸易的合作。

总的来说，AIDER 仍然是原则性的、框架性的。为推动 AIDER 的落实，2018 年，APEC 通过了《APEC 数字经济行动议程》。2019 年，APEC 经济委员会发布了结构改革与数字经济的报告，希望继续推动 APEC 数字经济工作。2020 年和 2021 年，APEC 的主席国马来西亚和新西兰都将"创新与数字化"作为年度 APEC 的核心内容，表明 APEC 加大了在数字经济方面的工作力度。

从 APEC 推动亚太地区数字经济贸易一体化的历程来看，APEC 对数字经济贸易的认识是一个逐步提高的过程，并随着技术的发展和时代的变化而不断地调整。像"数字经济"这个概念，APEC 也只是近两年才趋于统一的。在世纪之交，APEC 习惯使用"新经济"；在 2014 年前，APEC 更多地使用"互联网经济"；此后几年，APEC 又使用过"电子商务"；在 2019 年后，APEC 才最终确定使用"数字经济"这个概念。

然而，APEC 在推动亚太地区数字经济贸易一体化方面的工作，与地区的需要和技术发展的需要相比是远远不够的。APEC 对"新经济""互联网经济""数字经济"讨论得很多，通过的各种声明也不少，但一直难以发挥实质性作用。APEC 的 CBPR 基本上是失败的，跟不上信息技术发展的步伐，也满足不了亚太地区的实际需要。而对于 AIDER，在 2018—2020 年，在逆全球化和逆地区化趋势及中美贸易战和中美脱钩的大背景下，也基本上是停滞的。

近年来，APEC 在数字经济贸易方面的工作在加速，2018 年建立了数字经济指导小组（DESG），从机制角度提高了对数字经济贸易工作的统筹和领导。2020 年 APEC 领导人通过了《2040 年 APEC 布特拉加亚愿景》，希望到 2040 年建成一个开放、活力、强韧、和平的亚太共同体，实现亚太人民和子孙后代的共同繁荣。APEC 领导人表示将加强数字基础设施建设，加快数字转型，消弭数字鸿沟，促进数据流动，加强数字交易中消费者和商业信任。"创新与数字化"作为 2040 年亚太共同体建设的三条路径之一，必将进一步推动 APEC 在数字经济贸易方面的工作。[①]2021 年 11 月 12 日 APEC 领导人通过的声明中，再次表示将加速落实 AIDER，加快数字基础设施建设，推动采用新技术，建成

---

① http://www.gov.cn/xinwen/2020-11/21/content_5563135.htm.

开放、公平、包容的数字营商环境。①

四、亚太数字经济贸易协定的发展趋势

当前亚太地区蓬勃兴起的数字经济贸易协定，反映的是对数字经济贸易规则的争夺，以及其背后对经济发展未来的争夺，其发展趋势如下：

一是亚太地区的数字经济贸易协定进入蓬勃兴起阶段，签署的协定数量会越来越多，其作用与影响均会超过传统的自由贸易协定。

新的数字经济贸易协定趋向于单独成篇，与传统的贸易协定逐渐脱钩，并与其平行存在。RCEP、TPP/CPTPP 这种全面的自由贸易协定中包含数字经济贸易协定的模式，可能会逐渐减少，而以 DEPA 为代表的新一代纯数字经济贸易协定会成为主流。

二是数字经济贸易协定的规模会越来越大，成员会越来越多，经济份额会越来越重，影响会越来越深，呈现出双边-小多边-大多边的态势。特别是美国牵头的跨太平洋数字贸易协定一旦达成，将极大地促进亚太地区数字经济贸易规则的发展，在亚太地区形成压倒性的、一家独大的数字经济贸易协定，取代大部分中小国家间双边或者小多边的此类协定。而从大多边的数字经济贸易协定发展到全球性的数字经济贸易协定，则还有很长的路要走，前景充满未知数。

三是数字经济贸易协定可能导致亚太地区数字经济贸易分裂，促使数字经济贸易联盟加速出现，而美国作为新盟主的势头将日趋明显。在中美之外，以英日欧为首的"第三极"可能独立成团，日后一旦与中国、美国其中之一互认，将形成事实上最大的数字经济贸易共同体，坐享中美博弈的红利。

与数字经济的快速发展相比，全球数字经济贸易规则的制定明显落后于时代，WTO在此方面几乎毫无作为。在全球数字经济规则的竞争中，"联盟化"趋势取代了"全球化"，各主要成员利用自己的实力和优势，组建自己的数字经济技术共同体。在数字经济共同体中，数据跨境自由流动意味着贸易互惠、市场开放、资源互补、创新共享、科研互信。数据加速流动将带来商品、服务、资本、人才等所有生产要素的联盟化。非联盟的科技企业将会为在强监管、强治理区域内开展业务付出数倍成本，并面临巨大的法律风险。

全球数字经济分裂趋势源于数据的互不信任，而主要国家间的双边关系恶化了数据方面的互不信任。2018 年，前谷歌 CEO 埃里克·施密特预言："未来十年内，世界上将

---

① https://www.apec.org/meeting-papers/leaders-declarations/2021/2021-leaders-declaration.

产生两套截然不同的互联网——一个由美国领导，另一个由中国领导。"①美国印太事务协调员库尔特·坎贝尔（Kurt Campbell）认为，美国现在迫切需要在亚洲宣示领导地位，而数字服务协定将是朝这一方向迈出的一步，"在亚太地区，如果没有积极的贸易议程，我们就不可能成功。我们正在密切关注数字领域可能出现的情况"②。美国商会（U.S. Chamber of Commerce）负责亚洲事务的高级副会长查尔斯·弗里曼（Charles Freeman）也做出了类似的表态："我们非常赞成就数字协定进行谈判，尤其是在没有 TPP 的情况下。我们希望看到该地区达成某种前瞻性的、基于规则的协定，特别是作为全球协定的典范。我们认为现在正是时候。"③

四是亚太地区数字经济贸易协定的框架、内容和用语趋同，"同一模板"现象明显。随着新数字技术的不断出现，数字经济贸易的内涵也随之不断演进，比如，数字贸易的概念从定义贸易方式的数字化阶段逐步过渡到界定贸易对象范围及内容的阶段。无论其被称为数字经济还是数字贸易或者电子商务，数字产品贸易、隐私保护、数据流动、数据存储等核心内容需要全球性的产品和监管规则，以达到数字经济利益的最大化。

美国战略与国际问题研究中心（CSIS）在 2021 年 8 月的报告中建议，以下四点原则应当成为数字标准的支柱：①互联网应该保持自由、开放和互操作；②各国政府应确保数据的跨境自由流动；③政府监管应促进创新和新兴技术的发展；④个人信息和敏感数据应该受到保护，不受侵犯。美国及其盟友应该相互协调，与私营部门结成伙伴关系，找到标准制定的共同点。④

从亚太地区当前已经签署或者生效的数字经济贸易协定来看，其框架、内容和用语的同一性如表 2 所示。

表 2　数字经济贸易协定的主要内容框架

	数字贸易便利化
	数字产品和电子交易的关税
贸易自由化、便利化领域	数字产品的非歧视性待遇
	电子认证和签名
	无纸贸易

---

① 前谷歌 CEO 预计：2028 年互联网将分成两大阵营，中国主导其中一个. [2018-09-21]. https://www.36dianping.com/info/35946.html.

② 美国起草环太平洋数字贸易协议. [2021-08-08]. https://posts.careerengine.us/p/6194af6eecd7494a57ff73b5.

③ 丛琬晶. 数字贸易协议：美国重拾亚太领导力的新思路. [2018-09-21]. https://fddi.fudan.edu.cn/02/9f/c21253a393887/page.htm.

④ CSIS 发布《数字治理：美国又将领导》报告. [2021-08-05]. https://byteclicks.com/24967.html.

续表

网络安全与消费者保护领域	国内电子交易框架
	网上消费者保护
	个人信息保护
	反对恶意电子商业广告的措施
	网络安全
规制与政府监管领域	跨境信息转移/跨境数据转移
	数据本地化/金融服务数据本地化
	中介服务提供者的责任/交互式计算机服务
	软件源代码和算法保密/知识产权保护
	政府监管/开放政府数据

资料来源：作者根据相关资料整理。

虽然各协定的框架、内容和用语趋同，但在相关方面的规定却大不相同，特别是在跨境信息转移和本地化、金融服务的信息转移、个人信息保护、中介服务提供者的责任、源代码、政府监管等方面，差距非常大。比如，从自由贸易的角度来看，TPP 虽然代表了数字经济贸易方面的最高水平，但由于 TPP 在 2015 年即完成谈判，而区块链、5G、物联网等是最近两年才出现的新概念，TPP 的内容与 DEPA 相比还是不够全面。而 RCEP 由于缺乏强有力的推动，其在数字经济贸易方面的规定基本上处于最低水平。

五、中国应对亚太数字经济贸易协定的初步思考

当前，数字化时代的到来使得 5G、大数据、云计算、工业互联网、人工智能、区块链等新兴技术不断取得突破，并加快向经济社会各个领域渗透融合。毫无疑问，数字经济的蓬勃发展将深刻改变人类的生产生活方式，对各国经济社会发展、全球治理体系、人类文明进程都将产生深远影响。这既为世界经济注入了新动能，又给我国的发展提供了新机遇。

作为世界经济大国和数字经济、数字贸易数一数二的国家，中国的数字经济蓬勃发展，数字贸易的比重越来越大。因此，亚太地区的数字经济贸易协定对我国的影响巨大，我们需要采取更积极的应对之策。

一是高度重视国际数字经济与数字贸易的规则问题，将其作为我国未来发展的核心战略，政府、学术界和工商界携手努力共同应对。亚太地区数字经济贸易规则不仅是对经济贸易发展的争夺，也是对地缘政治和战略的争夺，对于我国未来的发展是至关重

要的。

二是加速推进国内数字经济贸易规则的完善，形成全面、统一、科学的国内数字经济贸易法律体系。在数字税、跨境数据流动、数据存储、政府监管等数字经济贸易核心内容方面可以考虑制定更具前瞻性的规则。

基于我国在经济发展和数字经济领域的优势地位，我们可以采取更积极的开放态度，力争引领规则制定。比如在概念方面，可以采用国际通行的理解，在数据流动化和存储本地化方面，可以更有信心、更开放；在金融数字科技方面，可以采用更安全、合理的路径与合作等。

2016 年，我国通过并实施了《中华人民共和国网络安全法》。2021 年 8 月我国通过的《中华人民共和国个人信息保护法》，是全世界第二部关于数据隐私的法律，该法于 2021 年 11 月 1 日起施行。这些法律的制定是好的起点，但远远不够，今后需要更多的法律法规来构建完备的国内数字经济贸易法律体系。

新的数字经济贸易立法应更多地以国际标准为基础。比如，信息存储或流动、国家安全与个人隐私等核心内容，应该明确其适用范围和条件，增加透明度。我国需要对照这些国际法规则，探索对个人信息、重大数据进行分类管理，对健康、职业、个性等敏感数据实行跨境传输评估许可，对非敏感数据允许其自由流动及非本地化存储。

三是积极参与全球、地区与双边数字经济贸易规则的讨论和制定，关注和研究数字经济贸易协定的内容及其反映的趋势性变化，反对全球性和地区性数字经济贸易的分裂，避免形成美国领头数字经济贸易联盟而我国被孤立的局面。

当前，中美博弈局面仍在持续和加剧。美国拉拢盟友共同制定数字经济贸易规则，表明拜登政府希望再次引领国际政治经济治理规则，确立自身在这个领域的决定性影响力，围堵潜在的竞争对手。

四是尽快加入 DEPA 等小型数字经济贸易协定。中国正式申请加入 DEPA，表明中国对于数字经济贸易规则的重视。①新西兰、智利、新加坡等中小国家与美、日、欧不同，它们并不想孤立中国、与中国对抗。因此，有差别地对待这些国家，参与它们发起的 DEPA，将更有利于巩固与这些国家的关系，避免它们参与美国主导的大框架，同时也能检验我国经济参与数字经济贸易协定的能力，为加入 CPTPP 做准备。

五是结合 APEC 的亚太共同体建设，推动 APEC 数字互联互通与亚太数字共同市场

---

① 商务部. 中方正式提出申请加入《数字经济伙伴关系协定》（DEPA）. [2021-11-01]. http://www.mofcom.gov.cn/article/xwfb/xwbldhd/202111/20211103213288.shtml.

方面的工作，促进亚太数字经济贸易的一体化进程，从而起到对冲美国发起的跨太平洋数字贸易协定的作用。

APEC 数字经济工作的意义在于推动建立亚太数字经济贸易规则，避免亚太地区进入"数字丛林"时代，这是经济活动和人群流动所无法接受的。当前，对于数字经济的规则似乎是"群雄争霸"，也可能会出现一些新的数字联盟，但是在未来，全球化时代还是需要 WTO 在此领域担负起领导责任，以解决数字经济贸易的发展问题。而在此期间，正是 APEC 这类大型区域组织发挥作用的时候，一方面能够避免地区数字经济的碎片化，另一方面能够推动 WTO 在此领域的工作。

因此，我国可以考虑推动 APEC 牵头讨论"亚太数字贸易协定"、建设"亚太数字共同市场"。这是布特拉加亚愿景"亚太共同体"建设的一部分，是亚太地区合作终极目标的组成内容，将极大地促进亚太地区数字经济的发展与联通，也将使 APEC 本身焕发新的活力。

六是与周边国家、共建"一带一路"国家和友好国家签署更多的数字经济贸易协定，推动数字经济贸易领域的合作。我们不仅要强调国内的数字经济建设，也要将数字经济贸易的互联互通作为援外的重要内容，扩大数字经济贸易的"朋友圈"。

面对数字经济发展机遇，中国应通过探索新技术、新业态、新模式，与世界各国共同探寻新的增长动能和发展路径，将中国领先全球的云计算、人工智能平台、移动互联网应用市场分享给更多国家，通过"数字基建援外"帮助发展中国家建立数字经济基础设施，让所有友好的数字经济共同体成员接受中国的数字经济贸易规则。

六、结语

随着数字经济的蓬勃发展，越来越多的亚太数字经济贸易协定被签署，这需要我们高度重视数字经济贸易的规则问题，积极参与规则的制定并避免成为"孤岛"。

长期来讲，我国数字经济贸易战略取决于改革开放的深入，取决于参与全球化与地区一体化的程度及中美关系的走向，这需要我们从国家战略层面来通盘考虑。

2020 年，突发的新冠肺炎疫情加速了全球的数字化转型，突出了数字技术对公众、商业和公共服务的重要性。在走出疫情、恢复经济的过程中，数字经济将成为提升地区经济增长的重要途径。积极参与讨论、制定亚太数字经济贸易规则，不仅能为地区的数字经济贸易建章立制，更能为我国经济下一步发展开拓更广阔的空间。正如习近平总书记在 2021 年 APEC 领导人非正式会议上所讲，要坚持创新驱动大方向，点燃数字经济新引擎，让数字技术的成果惠及更多亚太地区人民。①

参考文献

[1] APEC. What is the Cross Border Privacy Rules System?. https://www.apec.org/About-Us/About-APEC/Fact-Sheets/What-is-the-Cross-Border-Privacy-Rules-System.

[2] APEC Leaders' Declarations 2021. https://www.apec.org/meeting-papers/leaders-declarations/2021/2021-leaders-declaration.

[3] CSIS. 数字治理：美国又将领导报告. [2021-08-02]. https://byteclicks.com/24967.html.

[4] USTR. FACT SHEET on U.S.-Japan Digital Trade Agreement. https://ustr.gov/about-us/policy-offices/press-office/fact-sheets/2019/october/fact-sheet-us-japan-digital-trade-agreement.

[5] 杨泽瑞. DEPA 对亚太合作意味着什么[J]. 世界知识，2020（23）.

[6] 中国太平洋合作全国委员会. 太平洋经济合作研究（2020 年合刊、2021 年合刊）.

---

① 习近平. 在亚太经合组织第二十八次领导人非正式会议上的讲话. [2021-11-12]. https://www.fmprc.gov.cn/web/gjhdq_676201/gjhdqzz_681964/lhg_682278/zyjh_682288/202111/t20211112_10447553.shtml.

APEC 数字经济合作中的跨境数据流问题研究

谢娟娟　吴　慧*

摘　要：当前，虽然全球经济增长动能减弱，不确定性和不稳定性因素明显增多，但各国的数字经济蓬勃发展并取得了明显的成效。作为驱动数字经济发展的数据及其跨境流动成为关系到各国地缘政治、经济增长和社会安全的核心议题。本文重点关注数据跨境流动涉及的"商业目的跨境数据"及其规制。首先，在阐述 APEC 数字经济发展及其合作进程的基础上，分析当前世界主要国家和区域在不同法律框架下的跨境数据流动规制发展及其特点，以及主要数据跨境流动规制存在的分歧；其次，特别分析在《APEC 隐私框架》下建立的"跨境隐私规则"（CBPR）体系的基本原则和宗旨、在美国主导下该体系存在的问题，以及近年来我国对数据跨境流动规则的完善和法律框架的建立；最后，针对当前区域跨境数据流动的问题，提出相应的建议。

关键词：数字经济；数据跨境流动；CBPR；GDPR；数据出境安全评估

麦肯锡 2016 年的研究表明，自 2008 年以来，数据流动对全球经济增长的贡献已超过传统的跨国贸易和投资，[①]成为推动全球经济发展的重要力量。本文重点关注数据跨境流动涉及的"商业目的跨境数据"及其规制，并通过分析 APEC 数字经济发展与合作情况，以及区域和各国跨境数据流动规制发展及其存在的问题和分歧，促进区域跨境数据的流动与规则协调。

---

* 谢娟娟，南开大学经济学院国际经济贸易系教授，博士生导师，南开大学 APEC 研究中心兼职研究人员。吴慧，南开大学经济学院博士研究生。

① 麦肯锡全球研究院（McKinsey Global Institute）.数字全球化：全球流动的新时代[R]. 2016-02-24.

一、APEC 数字经济发展与合作现状

（一）APEC 数字经济发展概况

数字经济是亚太乃至全球未来发展的重要方向。一方面，从经济规模上看，2020 年，美国数字经济规模蝉联 APEC 成员第一（见图 1），达到近 13.6 万亿美元；中国依然保持第二大数字经济体地位，规模达到近 5.36 万亿美元；日本和韩国数字经济规模增长迅速，超过 8000 亿美元；加拿大、墨西哥等国家规模也都超过 3000 亿美元；越南、新西兰的数字经济体量较小，不足 500 亿美元。另一方面，从经济占比上看，数字经济成为各国国民经济的重要组成部分。美国数字经济在 GDP 中已占据绝对主导地位，占比达到 65%，排名位列第一；韩国、日本、新加坡数字经济占 GDP 比重均超过 40%，分别为 52.00%、43.45% 和 42.28%，位列第二至第四位；中国和墨西哥数字经济占 GDP 的比重也超过30%；印度尼西亚、越南和新西兰这三个国家，数字经济占 GDP 的比重低于 15%，对于国民经济的贡献较弱。

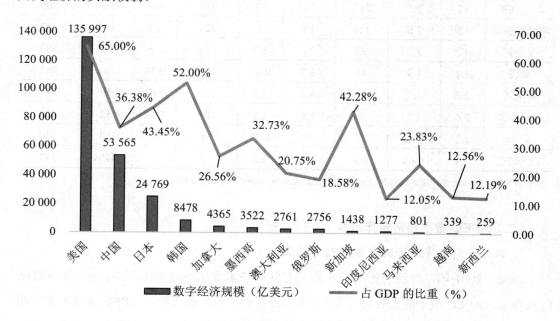

图 1　2020 年 APEC 部分地区数字经济规模及占 GDP 的比重

资料来源：中国信通院.《全球数字经济白皮书——疫情冲击下的复苏新曙光》，2021 年 8 月。

各国数字经济的差距主要体现在数字产业化和产业数字化发展水平上。根据德国 Statista 数据库对 2019 年各国数字经济发展的统计（见表 1），APEC 15 个成员的数字产

业规模分布呈现较强的不平衡状态。从规模上看，中美两国在数字产业领域的规模优势凸显，数字产业总规模分别达到 2.567 万亿美元和 1.902 万亿美元；日本的数字产业规模紧随其后，但明确与前者拉开了距离；东南亚地区国家的数字产业主要分布于马来西亚、印度尼西亚、新加坡和泰国，其余国家的数字经济产业规模较小，不足 200 亿美元。①

表 1　2019 年 APEC 数字产业规模排名前 15 位的成员　　　　单位：亿美元

成员名称	数字媒体	数字广告	电子商务	电子化服务	智能家居	金融科技	互联网汽车	数字旅游	数字产业规模
中国	280	69	7184	539	116	15 637	41	1804	25 670
美国	462	265	5477	557	272	9620	70	2298	19 020
日本	164	43	861	51	42	1638	7.6	377	3184
韩国	46	13	686	33	24	1133	5.1	180	2119
加拿大	24	12	312	39	12	616	2.5	185	1203
俄罗斯	24	3.2	186	36	6.1	451	2.6	182	890
澳大利亚	12	8.3	212	26	13	417	3.8	116	809
印度尼西亚	15	7.6	111	19	3	324	1.5	171	652
墨西哥	17	8.1	92	21	3.7	303	2.5	135	583
泰国	4.2	1.9	44	3.7	0.57	132	0.57	80	267
新加坡	2.2	1.1	50	4.3	1.2	123	0.46	59	241
马来西亚	2.6	1.2	38	2.5	1.1	105	0.85	52	204
越南	2.3	0.42	27	3	0.83	85	24	50	170
菲律宾	3.4	0.64	9.7	4.4	1.3	1.3	17	4484	138

资料来源：Statista 全球统计数据库. https://www.statista.com/outlook/digital-markets.

（二）APEC 数字经济合作进程

1. 新经济到数字经济的发展议题不断深化

1998—2001 年，对经济影响最大的是互联网技术推动下电子商务的发展。APEC 陆续发布了《APEC 电子商务行动蓝图》《新经济行动议程》和《数字 APEC 战略》等行动计划，各成员积极参与和开展经济合作并达成了广泛的共识。这一阶段数字经济合作主要强调电子商务（e-commerce）和电子业务（e-business）的发展。

随着数字技术的快速兴起及其对经济发展产生的重大影响，APEC 成员逐步认可数

---

① Statista 全球统计数据库. https://www.statista.com/outlook/digital-markets.

字经济应该包含更多数字技术衍生出的经济形式，并不断开拓新的合作领域。通过"数据隐私探路者计划""跨境隐私规则""APEC 促进互联网经济合作倡议""APEC 互联网和数字经济路线图"及"APEC 数字经济行动计划"等一系列安排，APEC 的合作模式和范围也更为具体。从数字基础设施建设、电子商务等传统领域逐步拓展到数字贸易、隐私保护、标准和规则制定等高层次合作领域，APEC 不断寻求更深层次的合作模式（见表 2）。

表 2　APEC 地区数字经济合作具体行动

年份	行动内容
2001	《数字 APEC 战略》
2002	《实施 APEC 贸易和数字经济政策声明》：以"探路者方式"开展数字经济合作
2007	"数据隐私探路者计划""跨境隐私规则"
2008	《APEC 数字繁荣清单》：2015 年实现亚太地区普遍宽带接入
2010	《APEC 跨境隐私执行安排》：2020 年实现下一代高速宽带普遍接入的目标
2014	"APEC 促进互联网经济合作倡议""APEC 跨境电子商务创新与发展倡议"
2015	成立"互联网经济临时指导小组"（AHSGIE）
2017	APEC 互联网和数字经济路线图（AIDER）：促进技术和政策交流，弥合 APEC 地区的数字鸿沟；《APEC 跨境电子商务便利化框架》《APEC 数字时代人力资源开发框架》
2018	"APEC 数字经济行动计划"：成立"数字经济指导小组"（DESG），从贸易以外的广泛经济角度解决数字和数据治理方面的挑战
2019	将数字经济作为 APEC 会议的重点议题；区域实施可持续智慧城市 ICT 基础设施建议研讨会
2020	落实"APEC 互联网和数字经济路线图"工作方案
2021	新冠肺炎疫情背景下，在贸易便利化领域利用数字技术；用开放数据促进经济增长

资料来源：作者根据 APEC 官网信息整理。

2. 以"探路者方式"探索区域新的合作方式

APEC 成员在经济发展、文化传统、社会制度、地域特色、核心利益、外交战略等方面存在较大差异，在合作问题上既有共同利益诉求，又存在着利益分歧，这使得 APEC 合作饱受"执行力不足"的困扰。为提高运行效率，APEC 创新性地采用了"探路者方式"，即提倡部分 APEC 成员根据具体情况，在经济技术合作领域率先实施促进合作的行动或措施，待取得良好效果或条件成熟后，逐步向更多乃至全体 APEC 成员推广合作。

截至 2020 年 12 月，APEC 以"探路者方式"实施行动共计 15 项，其中 9 项涉及数字技术领域，主要包含数字贸易、规则制定、隐私保护等领域。其中比较突出的是澳大利亚率先提出的"数据隐私探路者行动计划（2007—2012 年）"，在其推动下，APEC 确立了"APEC 隐私探路者"原则，并着手建立"跨境隐私规则体系"。这标志着亚太地区在隐私数据保护方面取得重要进展，不仅是 APEC 运行机制方面的重要创新，也是对 APEC 单边和集体行动计划的有力补充。

二、数字经济发展中的跨境数据流动与规则

（一）跨境数据流动的界定和价值

1. 跨境数据流动的界定

跨境数据流动（trans-border data flows），又称为"数据跨境传输"或"数据的国际流动"等，最早由经济合作与发展组织（OECD）于 1980 年在《关于保护隐私和个人数据跨境流动的指南》中正式提出。1981 年，欧洲理事会通过的《有关个人数据自动化处理之个人保护公约》，将"个人数据跨境流动"界定为"不论使用任何媒介，基于自动化处理或为自动化处理的目的所收集的个人数据跨越国境的传输"。[1]1982 年，联合国跨国公司中心给出的定义是"跨越国界对存储在计算机中的机器可读数据进行处理、存储和检索"（UNCTC，1982）。

从国家层面来看，1979 年美国国会的报告中将跨境数据流动界定为"计算机文件中处理和储存的数据通过电子手段跨越政治边界进行传输的活动"[2]。1988 年，澳大利亚法律改革委员会将"跨境数据流动"解读如下：即使个人信息在澳大利亚境内存储，但是被在澳大利亚境外其他主体访问，也可以认定为信息跨境流动。[3]中国根据国家互联网信息办公室（网信办）2019 年颁布的《个人信息出境安全评估办法（征求意见稿）》，将跨境数据流动定义为"网络运营者将在中华人民共和国境内运营中收集和产生的个人信息和重要数据，提供给位于境外的机构、组织、个人"。

以上对跨境数据流动理解，一方面是指数据的出境和入境；另一方面分为内涵与外延两类：一类是数据跨越国界的对外传输或转移行为，另一类是尽管数据尚未跨越国界，但能够被境外的其他主体进行访问，即跨境数据流动是指数据在不同法域之间的流动

---

① 欧洲理事会，108 号公约. https://rm.coe.int/convention-108-convention-for-the-protection-of-individuals-with-regar/16808b36f1.

② 国会研究处. 数据流、在线隐私和贸易政策. https://crsreports.congress.gov/product/pdf/R/R45584.

③ 澳大利亚法律改革委员会. Review of Australian Privacy Law 2007. http://www.austlii.edu.au/au/other/ lawreform/ALRCDP/2007/72.html.

（Kuner，2011）。

2. 跨境数据流动的价值

数据是数字经济时代新的生产要素，是一种基本的、战略性的资源，也是一种重要的生产力。数字化使数据收集、聚合或分析、存储、使用或盈利的物理分离成为可能，不仅推动了各国内部的数据流动，也推动了跨境数据流动（欧盟委员会，2017）。就流量而言，2018 年全球跨境数据流已超过 900 千兆位/秒（Tbps）（见图 2），这意味着自 2007年以来，全球跨境数据流增加了 89 倍[①]。

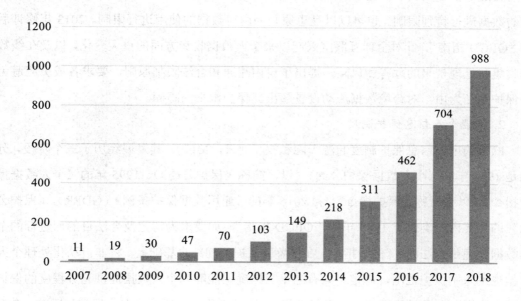

图 2　2007—2018 年全球已使用的跨境带宽总量（单位：千兆位/秒）

资料来源：麦肯锡全球研究院，2019.

据美国智库布鲁金斯学会估计，2009—2018 年，全球数据跨境流动对全球经济增长贡献度高达 10.1%。跨境数据流动在促进经济增长、加速创新、促进国际贸易发展等方面发挥了积极作用，特别对于中小企业而言，跨境数据流动降低了企业贸易和交易的成本，为其参与国际贸易提供了机会。

（二）主要跨境数据流动的规则与框架

由于商业数据的跨境流动通常涉及知识产权保护、个人数据涉及隐私保护、政府数

---

① 麦肯锡全球研究院（MGI）. TeleGeography's Global Bandwidth Research Service, 2019.

据涉及公共安全等不同层面，对跨境数据流动的监管很难形成统一的规范。因此，国际上大多是从关注个人数据的流动形成的个人信息保护立法入手，代表性的有 OECD、欧盟和 APEC 等国际组织的隐私保护指南和规则。

1. OECD 发布《关于隐私保护和个人数据跨境流动指南》（简称"OECD 指南"）

1980 年"OECD 指南"首次提出了数据跨境流动的概念与原则，这是一套关于收集、储存和使用个人数据的最低限度的原则，旨在推进各成员采取措施以确保数据流动的安全与畅通，要求成员不得随意施加限制，但可根据本国的隐私立法与实际情况对特定种类的数据进行特别限制，也可以以互惠原则为由对数据的使用进行限制。2013 年修订后的"OECD 指南"，针对全球互联网兴起以来个人数据收集方面的重大变化，以及在线数据收集和处理带来的危害和风险，提出了自由流通和合法限制原则，要求各成员应避免以保护隐私为由，对跨境数据流动设置超出其保护水平的障碍。

2. 欧盟个人信息保护制度

欧盟的个人信息保护制度起源于隐私权（刘云，2017），其发展经历了三个阶段，分别是 1981 年的《个人数据保护公约》（以下简称《保护公约》）、1995 年的《个人数据保护指令》（以下简称《保护指令》）和 2016 年的《通用数据保护条例》（GDPR）。《保护公约》的主要内容类似于 1980 年的"OECD 指南"，如要求为特定及合法目的而进行的个人数据处理是合法的；《保护指令》在借鉴《保护公约》的基础上，将非自动化处理个人数据也纳入了保护范围，规定"只有当第三国确保能够为个人数据提供充分程度的保护时，才能将个人资料移转或传送至第三国"，这又被称为欧盟的"充分保护"标准。在互联网和大数据崛起的新环境下，欧盟认为《保护指令》不能切实保护数据主体的权利和自由，也不能对成员之间的个人数据保护法加以协调。因此，2009 年开始，欧盟启动个人数据保护框架的改革工作，旨在加强对数据主体权利的保护，协调欧盟的数据保护立法。经过公众意见咨询、利益相关者对话和备选政策的影响效果评估，最终决定以条例形式取代《保护指令》，形成第三代的立法，即 GDPR。[①]

3.《APEC 隐私框架》

2005 年，APEC 成员共同签署了《APEC 隐私框架》，为 APEC 各经济体建立个人数据保护的国内法规体系提供了指南和一套基本原则。《APEC 隐私框架》确定了查阅、告

---

① 中国信通院. 欧盟 GDPR 合规指引. [2019-05-28]. http://www.caict.ac.cn/kxyj/qwfb/ztbg/201905/P020190528556912534746.pdf.

知及责任等九大原则，并且在数据跨境流动的实施条件上，以数据主体是否同意和授权作为衡量能否将个人数据跨境转移到第三方的基本标准。虽然规则的严苛程度不及欧盟的 GDPR，但个人数据控制者将会同第三方严格遵守《APEC 隐私框架》中所包含的规定，从而有序开展个人数据转移活动。由于其国际"软法"的属性，《APEC 隐私框架》并不具有强制力，需要成员自觉遵守规则，因此缺乏实际操作性。为了提高各成员的自觉性和积极性，落实《APEC 隐私框架》中的原则，2012 年建立了跨境隐私规则（CBPR）体系，标志着跨境数据流动的规制达到自律监管阶段。

4. 欧盟-美国"隐私盾"

20 世纪 70 年代，美国与欧盟在隐私权保护上的巨大差异成为贸易争端的焦点。欧盟将个人数据保护置于优先位置，"充分保护"标准为美国企业在欧盟开展业务设置了限制性的门槛。为解决这个问题，欧盟和美国于 2000 年达成了《安全港协议》，目标是在确保美国企业达到欧盟较高保护标准的同时，维持美国长久以来一直采用的自律机制。但是在 2015 年"施雷姆斯（Schrems）案"的判决中，因欧盟公民在政府访问其数据时缺乏救济权，"安全港"制度无法确保充分的隐私保护而被宣布无效，①证实了欧盟对个人数据进行高级别保护的重要性。经过不断磋商和实践，美国和欧盟于 2016 年缔结了"隐私盾"，替代了《安全港协议》，进一步规定了公司的义务与全新的救济机制。美国商务部在重申其先前承诺的基础上，必须验证其隐私政策是否符合"隐私盾"要求的"充分保护"标准，并在实践中鼓励企业通过特定网站公开承诺遵守框架的要求。

总之，通过对上述各种隐私标准和原则的分析可以看出（见表 3），各国对跨境数据流动持有不同立场，适用范围和严格程度方面也存在一定的差异。OECD 纳入了基于欧盟 GDPR 机制和美国依赖"行业自律"机制两种方式，要求数据收集者对个人数据负责，保护标准和水平也更高。《APEC 隐私框架》有一定的可操作性，对各成员内部隐私法规有一定借鉴意义。

---

① Schrems Data Protection Commissioner（2015）. https://globalfreedomofexpression.columbia.edu/cases/schrems-v-data-protection-commissioner/.

表 3　不同隐私规则下跨境数据流动的监管

不同点	OECD 指南	欧盟 GDPR	《APEC 隐私框架》	隐私盾
隐私原则	OECD 共同隐私原则	由欧盟决定	国内隐私制度可以超越的隐私底线	由欧盟决定,但承认美国对欧盟公民的隐私保护承诺与欧盟相当
适用范围	适用于数据控制者——决定个人数据的内容和使用的实体,不考虑数据的位置	适用于所有收集欧盟公民数据的公司	适用于 APEC CBPR 合规组织	适用于参与"隐私盾"和收集欧盟公民数据的美国公司
执行	数据来源方对数据控制者的强制执行	国家充分性调查,数据目的地国执行;有约束力的企业内部规则(BCR)和标准数据保护条文(SCC)——数据源欧盟国家对当地实体实施	数据来源国家为 APEC 问责机构和隐私执法机构(PEA),在 APEC 跨境隐私安排的推动下开展跨境执法合作	美国(数据目的地)执法,即欧盟认可美国的执法程序

三、APEC 跨境数据流动规则体系与作用

(一)APEC 跨境数据流动规则体系

2012 年 APEC 在《APEC 隐私框架》的基础上制定了"跨境隐私规则(CBPR)体系",以促进 APEC 成员之间的个人数据流动。该体系通过数据隐私小组的联合监督小组(JOP)进行统一管理,建立了经济体、责任代理和申请组织三级认证制度,并通过经济体间隐私执法机关的合作提供强制效力保障。

1.CBPR 体系的基础和宗旨

《APEC 隐私框架》是 CBPR 体系的基础,该框架针对数据保护提出了九大原则,包括防止伤害、通知、收集限制、个人信息使用、选择性原则、个人信息的完整性、安全保障措施、访问及更正、问责制,目的是为各成员提供最低的隐私保护标准,促进亚太地区数据的跨境自由流动,同时保护消费者的隐私。CBPR 体系的宗旨是通过特定的机制保障九大原则在成员经济体中得到实现,最终促使区域内个人信息在得到保护的基础上实现无障碍流动,从而推动 APEC 成员经济体之间的数字经济合作。

2. CBPR 体系的适用范围

具体而言，跨境传输的个人数据包括消费者数据、员工数据和健康数据等，可以由参加的成员自行选择。CBPR 体系对企业的范围规定比较宽泛，只要涉及个人数据跨境传输业务的企业都属于其规范的对象。该体系规范公共和私营部门的企业和组织及控制"收集、持有、处理、使用、转移或披露个人数据"的个人，还包括指示其他企业对其所有的个人数据进行加工的企业，不适用于为个人、家庭或家族目的而收集、持有、处理或使用个人数据的个人。此外，CBPR 体系"有限"适用于公开可获得的数据，定义为个人"有意向公众提供或允许向公众提供的数据"，以及"从公众可获得的政府记录、新闻报道或者法律要求公众可以获得的数据"。[①]

3. 跨境隐私规则体系机制设计

CBPR 体系建立了一套由政府背书，自愿、可执行和"基于问责"的隐私保护认证机制，并建立了隐私执法机构跨境合作、问责代理机构认可和商业机构认证机制。APEC 经济体中的数据控制者可以在满足认证要求后加入该认证体系，以向境外交易方证明自身的数据保护水平。如果寻求参与 CBPR 体系的组织获得认证，其隐私实践和政策执行将由问责代理机构或隐私执法机构负责。CBPR 体系的实施机制主要包括 APEC 层面和各经济体层面的工作（见图 3）。

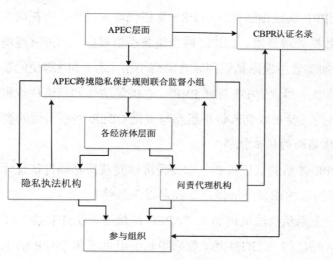

图 3　CBPR 体系的实施框架

资料来源：徐磊. APEC 跨境商业个人数据隐私保护规则与实施[J]. 商业时代，2014（30）.

---

① APEC 隐私框架（2015）. https://www.apec.org/docs/default-source/publications/2017/8/apec-privacy-framework-(2015)/217_ecsg_2015-apec-privacy-framework.pdf?sfvrsn=1fe93b6b_1.

4. APEC 区域层面的实施机制

（1）跨境隐私执法安排（CPEA）。由于《APEC 隐私框架》并没有建立任何中央执法机构，而是鼓励亚太地区内的隐私执法机构参与。因此，APEC 建立了 CPEA 作为一个多边安排，以促进这种互动。CPEA 是亚太地区第一个促进隐私执法机构之间合作援助的机制，并通过以下措施促进自愿信息共享和执法[①]：

- 促进 APEC 各经济体系内隐私执法部门之间的信息共享；
- 通过提交执法事项和实施并行或联合执法行动，支持隐私执法机构之间的有效跨境合作；
- 鼓励与非 APEC 成员经济体执法部门开展合作和信息共享。

参与 CPEA 是 APEC 经济体加入 CBPR 体系的先决条件。因此，每一个参与的 APEC 经济体必须确定一个适当的监管机构，作为 CBPR 系统中的隐私执法机构。如果认证机构或相关的问责代理机构无法解决 CBPR 投诉，隐私执法机构必须审查和调查该投诉，并采取任何必要和适当的执法行动。

（2）数据处理者隐私识别体系（PRP）。由于 CBPR 体系只适用于数据控制者，APEC 成员经济体和数据控制者鼓励建立一种机制，有助于确定合格和负责任的数据处理者，这促成了 2015 年 APEC"数据处理者隐私识别"体系（由问责代理机构认证数据处理器的机制）的产生。PRP 认证由经批准的 PRP 责任代理人进行，旨在确保处理过程至少符合 CBPR 体系的数据处理要求。CBPR 联合监督小组根据 APEC《跨境隐私规则宪章》《跨境隐私规则和加工者系统隐私识别联合监督小组章程》和《跨境隐私规则和加工者系统隐私识别联合监督小组议定书》管理 PRP[②]。有关经济体和问责代理机构的认证规则与 CBPR 体系密切相关，要求联合监督小组参与根据 CBPR 体系所做的类似的评估过程。

5. 成员经济体层面的认证机制

（1）加入 CBPR 体系的认证机制。成员经济体要获得基础性认证才能加入 APEC 的 CBPR 体系。申请加入的成员经济体应该满足以下条件。

- 至少有一个隐私执法机构加入"APEC 跨境隐私执法安排"（CPEA）；
- 必须向 APEC 的 ECSG 主席、数据隐私小组主席和 CBPR 的 JOP 主席提交参与

---

① 亚太经合组织跨境私隐执法安排（CPEA）. 2021. https://www.apec.org/About-Us/About-APEC/Fact-Sheets/ APEC-Cross-border-Privacy-Enforcement-Arrangement.

② APEC 数据处理者隐私识别体系——政策、规则和指引. http://cbprs.org/wp-content/uploads/2020/08/PRP-Policies-Rules-and-Guidelines-Revised-For-Posting-3-16-1.pdf.

意向书，并表明满足如下条件：一是成员经济体有隐私执法机构加入 CPEA；二是成员经济体计划使用或至少指定一个经 CBPR 认可的问责代理机构；三是该成员隐私法律、法规和行政措施的详细情况及其执法情况；四是成员经济体具有符合 CBPR 要求的隐私保护法律法规。

经审查，CBPR 的 JOP 发布一份调查报告，说明该经济体是否满足成为 APEC CBPR 体系参与者的要求。若符合要求，申请经济体自收到调查结果报告之日起成为参与者。

（2）问责代理机构认可机制。CBPR 体系使用第三方问责代理机构来组织认证，而问责代理机构可以是公共或私人实体，也可以是隐私执法机构。对责任代理机构的认证是 CBPR 体系的支撑性、衔接性认证，联系了经济体和申请组织两个层面。审批程序从拟代理机构向有关当局提交申请和证明文件开始，当局将对该组织进行初步审查，并将申请提交委员会主席、委员会的数据隐私小组及联合监督小组。联合监督小组审查标准有以下四个方面：①该组织是否受经济体域内隐私执法机关的管辖，该机关是否已加入 CBPR 体系；②是否满足责任代理的认证标准；③是否同意使用 CBPR 问卷来对组织本身进行评估，或以其他方式证明其满足了 CBPR 体系的最低要求；④是否完成相关签名和联系信息表格填写。①最后以投票方式决定承认该组织能否成为问责代理机构。

问责代理机构负责对希望参与 CBPR 体系的组织进行初步认证，并监督该组织对 CBPR 体系标准的持续遵守情况。为此，CBPR 认证的组织必须每年向指定的问责代理机构提交合规证明，以确保及时纠正不合规行为，并在必要时向相关执法机构报告。问责代理机构制度充分体现了 CBPR 体系下"行业自律"的特色，经认证的组织提供独立的第三方认证，能够确保相关组织或企业的隐私保护规则符合《APEC 隐私框架》。

（3）商业机构隐私保护认证机制。拟加入 CBPR 的商业机构或组织向问责代理机构申请隐私保护认证，必须符合 CBPR 体系的隐私政策和实践，并由问责代理机构按照 CBPR 要求对其进行评估，通过评估的商业机构获得隐私保护印章、信任标识。

截至 2021 年 7 月，APEC 中只有 9 个成员参与 CBPR，即美国、墨西哥、日本、加拿大、新加坡、韩国、澳大利亚、中国台北和菲律宾，其中仅有日本、韩国、新加坡和美国 4 个国家指定了问责代理机构；共有 41 个商业机构获得 CBPR 认证，其中 35 个在美国，2 个在日本，4 个在新加坡。②因此，CBPR 是美国主导的规则体系，在一定程度上体现了美国政府在区域安排中的战略利益。

---

① CBPRs. 新建代理流程. http://cbprs.org/accountability-agents/new-agent-process/.
② 跨境隐私规则体系名录. http://cbprs.org/compliance-directory/cbpr-system/.

（二）APEC 主要经济体关于跨境数据流动规则的立场与实践

1. 美国：经济利益导向的跨境数据自由流动规则

美国对数据跨境流动的态度，主要受经济利益驱动和隐私保护要求的影响，其提出"合理使用信息原则"，并试图主导全球跨境数据流动规则的构建。一方面，美国对外积极争取数据跨境流动规则的话语权，凭借自身在经济、政治、文化方面的影响力，通过双边或多边谈判构建以其为主导的跨境数据流动规则体系，并逐渐推广执行，扩大影响。主要做法包括：基于其信息产业的领先地位及国内产业对数据自由流动的依赖性，在新一轮的电子商务谈判中主张加入"数据跨境自由流动"条款，以消除许多国家所设置的市场准入贸易壁垒；与欧盟签订双边"隐私盾"协议，让企业获得数据跨境传输的资格；以"促进跨境数据自由流动思想"为行动指南，积极促成《APEC 隐私框架》的通过，并于 2013 年进一步推动 CBPR 体系的建立，力图制定具有执行力与约束力的区域规则体系。

另一方面，从美国国内法来看，美国隐私保护法律体系采取了分散立法的模式，但在重点领域，如金融、医疗、儿童隐私等方面明确了限制条件。伴随着全球信息化的快速推进与普及，美国也开始针对隐私保护展开统一的专门立法，出台了《加州消费者隐私法案》（CCPA），弥补了美国在数据隐私专门立法方面的空白，该法案旨在加强加州消费者隐私权和数据安全保护，被认为是美国当前最严格的消费者数据隐私保护立法。CCPA 在个人数据处理的问题上，还规定了选择退出权，法案中规定：对于数据的利用，数据主体有选择退出的权利。[①]以上措施本质上是为了促进数据跨境流动高效利用，体现了美国针对数据跨境流动采用以往的开放态度，针对数据跨境安全问题的考虑多以自身行业自律机制规范，而不是采取强制力限制措施规定。

总之，美国是以维护产业竞争优势为根本，最大限度地保证跨境数据自由流动，同时通过双边或多边协议主导全球数据跨境的规制体系。

2. 俄罗斯：主权原则下的本地化存储规则

俄罗斯的数据主权保护与数据信息监管始于 20 世纪 90 年代。伴随着信息化浪潮在全球的兴起，俄罗斯逐步构建起网络安全防护法律体系，并及时建立起网络安全规范化、数据信息流动制度化的监管体制。

一方面，实施严格的数据本地化规则。2014 年，俄罗斯发布第 97 号联邦法令，对

---

① CCPA. 1798.120 (Right to Opt-Out of Sales). https://cdp.cooley.com/ccpa-2018/.

《关于信息、信息技术和信息保护法》进行修改，规定"自网民接收、传递、发送和（或）处理语音信息、书面文字、图像、声音或者其他电子信息 6 个月内，互联网信息传播组织者必须在俄罗斯境内对上述信息及网民个人信息进行保存"。同时，该修正案还重点强调互联网信息传播组织者在政府执法部门或者侦查机关进行调查时有义务提供上述信息并予以配合。①同年 7 月，再次对该法进行修正，增加关于信息所有者和运营者的数据本地化义务。同时，在修订《俄罗斯联邦个人数据法》时新增规定：收集个人数据时，运营商需要保证使用位于俄罗斯境内的数据库，对俄罗斯公民的个人数据进行搜集、记录、整理、保存、核对和提取。②通过两次修法，俄罗斯最终确立了数据本地化存储规则。

另一方面，实施网络本地化规则。2019 年 11 月，俄罗斯联邦委员会批准实施《主权互联网法》。该法案允许俄罗斯创建自主互联网，旨在确保俄罗斯互联网在受到境外威胁，如与根服务器断开连接时仍能够稳定运行。③《主权互联网法》规定了一系列可确保俄罗斯互联网安全和自主、可持续运行的举措：第一，俄罗斯须建立可接收域名信息的全国系统和自主地址解析系统，以在紧急时刻取代现有域名服务系统。第二，规范互联网流量管理。第三，俄罗斯联邦电信、信息技术和大众传媒监督局负责维持俄网的稳定性。除此之外，俄罗斯的《主权互联网法》还提出大规模的网络基础设施建设需求，这充分体现出俄罗斯对网络基础设施的重视，同时也是该国对跨境数据流动安全保障的重要一环。

因此，俄罗斯所实施的数据本地化存储规则通过严格控制数据的跨境流动，对企业设定严格的义务，从而达到政府对数据访问、传输、处理等环节的全面控制，并试图将侵犯数据主体、个人隐私和威胁国家安全的风险扼杀在摇篮里，从而使本国政府掌握对跨境数据流动的主动权。

3. 中国：以"主权保护"为导向的数据本地化原则

在全球经济协同发展的背景下，数据作为第五大生产要素在当今企业跨境合作中逐渐凸显出其重要地位。中国在保护国家安全的前提下，数据跨境流动规则体系日渐完善，监管力度逐步加强。中国颁布了《中华人民共和国网络安全法》《中华人民共和国数据安全法》《中华人民共和国个人信息保护法》作为数据保护的上位法，并颁布了多个法律法规的征求意见稿。对于数据本地化的要求最早出自《中华人民共和国网络安全法》第 37

---

① 俄罗斯联邦法令 N0.97-FZ. https://wilmap.stanford.edu/entries/federal-law-no-97-fz-bloggers-law.

② 俄罗斯联邦法令 N0.242-FZ. https://pd.rkn.gov.ru/authority/p146/p191/.

③ https://sozd.duma.gov.ru/bill/608767-7.

条，规定针对数据出境管理的适用对象，明确了个人信息和重要信息的本地存储、出境评估等法律规定，原则上不允许数据跨境输出，且必须在特定情况下，并经相关部门安全评估后方可。①随着数字经济发展，数据作为生产要素不仅关涉到个人隐私安全，部分重要数据可能会对国家安全造成影响，因此，出台《中华人民共和国数据安全法》等相关法律法规对重要数据的跨境活动进行规制十分必要。各个行业监管部门也在相关法律指引下，对于各自领域的敏感数据、重要数据的跨境流动进行规范。此外，《中华人民共和国个人信息保护法》专章规定了个人信息跨境提供的规则。

一方面，从中国颁布的法律法规来看，对数据跨境流动采用分层分类管理的治理规则，对个人信息、重要数据、其他数据的合规管控进行了分层分类规定。在个人信息跨境流动方面，中国确定了数据出境安全评估、个人信息保护认证、以标准合同为基础订立合同、达到个人信息保护标准、取得单独同意等制度。对于特定行业和特定类型的数据，明确了本地化的要求。在重要数据跨境流动方面，确立了数据本地化、数据出境安全评估、网络安全审查等重要制度。

另一方面，着力构建可操作性的数据出境安全评估制度，基本确立了重要数据出境的基本框架，即"重要数据原则上应当在境内存储，确需向境外提供时应当进行安全评估"。因此，出境数据的安全评估成为我国跨境数据流动规则的核心。2022 年 7 月 7 日，我国《数据出境安全评估办法》（简称"《评估办法》"）正式发布，在构建和落实我国数据出境管理制度，明确数据出境安全评估的范围、条件和程序等方面，为数据出境安全评估工作提供了具体指引。《评估办法》于 2022 年 9 月 1 日起施行，标志着数据跨境流动制度的核心尘埃落定，我国数据出境管理制度又向着全面落实迈出了坚实的一步。

因此，中国的跨境数据流动规则主要体现在两个层面：一是本地化限制，按照目前中国相关法律法规，本地化要求更多地适用于关键信息基础设施运营者，要求其在境内运营过程中收集和产生的个人信息和重要数据都应当在境内进行存储；同时，部分行业敏感数据也存在分散的本地化要求，包括但不限于征信业、银行业、汽车制造业等接触敏感数据、重要数据较为频繁的领域。二是对数据跨境活动主要采取限制性规范，要求数据控制主体在进行数据跨境活动前需符合法律规定的条件或按照规定完成安全评估、保护认证等。

---

① 中华人民共和国网络安全法. https://gkml.samr.gov.cn/nsjg/bgt/202106/t20210608_330399.html.

四、APEC 跨境数据流动规制发展存在的问题

（一）CBPR 体系难以产生较大影响力

《APEC 隐私框架》作为亚太地区第一个与跨境数据流动规制有关的区域性法律，属于指导性文件，并不具有强制性。在该框架基础上建立的 CBPR 体系虽然具有一定的监管力度，但是由企业自主选择并参与，具有非约束性，所以，其难以具有较大的约束力和影响力。

一方面，从 APEC 成员参与的程度来看，只有美国及其联合的 8 个盟友经济体参与，而墨西哥和加拿大还没有指定问责代理机构，事实上等于尚未开始实际运作加入 CBPR 体系。从取得 CBPR 认证的企业数量来看，截至 2021 年 7 月，在获得 CBPR 认证的 41 个组织中有 35 个是美国公司，而且美国已经向 APEC 成员提出了修改有关个人数据规则的方案，目的是将 CBPR 体系独立于 APEC 框架之外，并企图将中国排除在外。

另一方面，与欧盟等组织建立的个人跨境数据监管机制相比，《APEC 隐私框架》包含的九大原则还处在第一代水平。第一代个人信息保护原则是 OECD 1980 年的"隐私框架"和 1981 年的"108 号公约"；第二代是欧盟具有代表性立法的 1995 年《保护指令》，以及第三代欧盟主导的 GDPR，扩展了包括"企业内部设立数据保护官""数据保护影响评估""发生数据安全事件对数据保护机构的报告和个人的通知"等主题内容。长期追踪并研究个人信息保护的知名学者格林利夫（Greenleaf）教授，在欧盟外选取了 GDP 前 20 位的"通过了统一性的个人信息保护立法"的国家和地区，发现基本符合第二代个人数据保护原则，即这些国家和地区主要向欧盟《保护指令》靠拢，对个人信息的保护水平显然超过了 APEC 提出的水平。

（二）CBPR 体系缺乏独立性

在美国主导下建立的 CBPR 体系，强调构建以市场为主导、以跨境数据流动为目标的规制体系，具有明显的美国监管路径特征。[①]换言之，该体系过于彰显了美国的利益，无法保持自身的独立性。而且美国综合运用各类国际机制，甚至使用政治、法律等长臂管辖手段推行 CBPR 体系，表面上没有要求参与方修改或降低其国内对个人数据的保护水平，实质则是通过提供较低保护水平的数据跨境流动机制，削弱参与方自主意愿，掌握数据跨境的权力。

---

① APEC（2019）. 跨境执法私隐的合作安排. http://cbprs.org/wp-content/uploads/2019/11/1.-Cross-Border-Privacy-Enforcement-Arrangement-updated-17-09-2019.pdf.

目前，只有美国、日本和新加坡指定了"问责代理"机构。[1]日本在个人信息保护委员会规定的标准中明确包含了 CBPR 体系问责，恰恰反映了 CBPR 体系在政治经济考量方面并不符合多数经济体的利益。CBPR 体系问责制实施缓慢的原因，正是因为它要求参加方不能以保护个人数据为理由，在管控数据出境时，不得要求数据的接收方提供超过 CBPR 体系的保护水平。因此，参与方的个人数据保护法将被搁置，无论国内关于个人数据跨境流动的法律法规多么完善，都不能要求美国对其传输的数据给予同等保护。可以看出，在 CBPR 体系问责制度中，美国虽然没有直接侵犯其他国家的数据主权，但至少对其他国家的数据主权构成了一定限制。

（三）数据的保护和跨境自由流动难以平衡

威瑞森通信公司（Verizon）研究咨询中心（VTRAC）发布的数据泄露报告指出，2021年，世界范围内发生了 5212 起数据泄露事件，平均每天 14.3 起，[2]可以说全球正在遭受数据泄露所带来的困扰。因此，诸多国家和地区都出台了相关政策进行跨境数据流动规制，以更好地保护个人数据和企业数据，确保国家数据安全（雷名洋和孙玉荣，2021）。数据保护和跨境数据自由流动如同天秤的两端，偏向任何一端，都会对另一端造成消极影响。APEC 未能在两大目标之间实现平衡，原因可能在于 APEC 成员经济体间跨境数据流动安全存在差异性，主要体现在以下两方面。

一方面，对安全的认识和理解上存在差异。基于对贸易自由、人权保护和主权保护的不同要求，APEC 成员经济体对安全存在不同的认识和理解。美国鼓励数据的自由流动，其数据跨境流动的规制政策是由贸易利益驱动的，核心是为了维护美国在全球贸易中的主导地位（付伟和于长钺，2017）。而中国认为数据安全是国家安全的重要方面。2014年，习近平总书记强调，"没有网络安全就没有国家安全"[3]。网络安全的核心是数据安全，跨境数据流动的前提就是确保数据主权安全。对跨境数据流动的发展应予以鼓励和合理规制，既不能滥用，也不能不发展。各成员经济体都会做出最符合自己利益的选择和判断，利益冲突不可避免。

另一方面，安全利益的排序存在矛盾。APEC 成员经济体的制度因国情不同存在差异，这导致数据流动自由、数据主权保护、数据完整性保护三个规制目的存在难以调和

---

[1] APEC（2019）. APEC Strengthens Trust with Data Protection System. https://www.apec.org/Press/News-Releases/2019/0723_IMDA.

[2] Verizon 研究咨询中心（VTRAC）. 数据泄露调查报告（2022）. https://www.verizon.com/business resources/reports/dbir/2022/introduction/.

[3] 网络安全有多重要？总书记告诉你. [2021-10-10]. http://www.qstheory.cn/zhuanqu/2021-10/10/c_1127943608.htm.

的矛盾，难以寻求跨境数据流动规制的最佳平衡点，从而引发安全利益的排序问题（安宝双，2020）。美国作为数字贸易强国，致力于打造一个具有约束力的全球数字贸易规则体系。2017 年，美国在向 APEC 秘书处提交的《促进数字贸易的基本要素》中指出，在实现信息和数据自由化的同时，强调对数字内容进行适当保护（来有为和宋芳秀，2018）。而中国一直持审慎的态度，主张在尊重国家主权、安全的前提下，通过双边和多边数据保护合作，切实促进数据跨境流动（洪延青，2021）。不同国家的利益诉求不同，自然对跨境数据流动的安全利益排序存在不同，因此，矛盾不可调和。

（四）数据本地化与贸易自由化冲突

"棱镜门"事件后，数据安全问题引起广泛关注，各成员政府越来越多地实施具有保护主义性质的数据本地化政策。诸多成员将本地数据中心纳入司法管辖之下，并严格限制特定等级数据的跨境处理。无论是出于维护数据主权、国家安全还是隐私保护等原因，截至 2018 年，已有 9 个 APEC 成员经济体采取数据本地化政策来管制跨境数据的流动。数据本地化措施可以包含宽严程度不同的内容：仅要求数据在国内进行备份；要求数据留存在国内服务器上；①规定特定类型的数据禁止跨境流动等（王融，2018）。因此，数据本地化要求并非绝对禁止跨境数据自由流动。

当然，数据本地化并不是保障数据安全的"万灵药"，而且可能会对数字经济和数字贸易发展产生一定的负面影响。首先，增加了跨国公司的经营成本。比如，跨国公司需要在本地设置数据存储中心、聘用数据保护官、监督持续合规、记录数据处理活动及培训员工等。此外，数据交流的机会减少，影响跨境投资并购等。另外，在数据存储服务方面，数据本地化政策变相阻碍了其他跨国公司在该领域的贸易机会。其次，限制了信息技术的发展。数据本地化的要求会限制数据的跨境流动，而企业只有在数据能够自由跨境流动时，才能最大限度地实现其价值，这对开放的、基于规则的、创新的全球数字经济造成了不利影响。因此，数据本地化削弱了数据密集型企业服务数字贸易及其创新的能力。最后，减少了全球经济红利。在全球化环境下，数据的存在和流动创造了属于全球共享的利益，当数据流动受到本地化的限制时，数据流动速度就会减慢，从而影响数字贸易中的数据分析，全球经济红利整体上就会减少。

---

① 《中华人民共和国网络安全法》第 37 条针对关键信息基础设施运营者的数据本地化要求。

五、中国参与 APEC 合作与制定数据流动规则的建议

中国数据治理起步虽然较晚，但是数据跨境流动的规则框架正在逐步搭建。目前，中国的数据主权立法主要围绕《中华人民共和国网络安全法》《中华人民共和国数据安全法》和《中华人民共和国个人信息保护法》展开，在坚持维护国家安全、公共利益和个人隐私权益的基础上，积极推进数据跨境流动。我国在进一步完善国内数据流动规则和机制、完备数据跨境流动规则体系的基础上，积极参与国际治理，联合"志同道合"国家构建全球数据跨境流动圈，提升在数据跨境流动规则制定上的话语权。

（一）构建完善的国内和跨境数据流动法律规范

如前文所述，国际上主要国家和地区主导的跨境数据流动规制已经形成较为明晰的数据跨境流动策略。因此，我国应首先完善本国数据流动规则和机制，确立数据跨境流动规则体系，从而推动与国际合作伙伴建立共同的规则和制度安排。

一方面，加强科学、系统的法律规制体系建设，促进数据跨境安全和自由流动。我国基于 2017 年发布的《个人信息和重要数据出境安全评估办法（征求意见稿）》、2019 年的《个人信息出境安全评估办法（征求意见稿）》，着力构建可操作性的数据出境安全评估制度。2021 年 10 月发布《数据出境安全评估办法》（征求意见稿）。2022 年 7 月 7 日，我国网信办正式发布《数据出境安全评估办法》（简称"《评估办法》"），规定了数据出境安全评估的范围、条件和程序，为数据出境安全评估工作提供了具体指引，并明确了实施时间和要求。由此看出，我国基本确立了重要数据出境的基本框架，即"重要数据原则上应当在境内存储，确需向境外提供时应当进行安全评估"，标志着我国数据跨境流动制度的确立和全面实施。

另一方面，在数据跨境流动规制上联合周边亚太国家提升区域规则制定的话语权。当前我国的《评估办法》重点围绕"重要数据"和"个人信息"两个方面做出了具体的规定。如针对重点数据出境情况，明确了关键信息基础设施运营者和数据处理者两类责任主体向境外提供个人信息进行统一的管理规则设计，包括区分达到规定数量的个人信息处理者，以及进行安全评估；而对于一般个人信息处理者，设计了安全评估、个人信息保护认证和标准合同三条个人数据出境合规路径（《中华人民共和国个人信息保护法》第 38 条）。这些具体的规定都可以成为 APEC 跨境数据流动规制的重要补充。

（二）积极平衡数据的保护与自由流动

一方面，数据保护主张数据跨境流动应受到数据主权的监管，数据自由流动则主张

数据应在没有主权干预的情况下自由跨境流动。数据保护强调对数据的控制，更加注重数据安全；而数据自由流动则强调数据的共享，更注重数据的自由与经济效益。任何国家或地区都不会选择放弃数据主权、简单地实行开放数据共享而不进行数据保护，也没有哪个国家会放弃数据跨境流动带来的经济效益。因此，我国《评估办法》（第 8 条）将数据出境安全评估的重点放在出境数据可能给国家安全、公共利益和个人或组织合法权益带来的风险评估上，从而坚持"事前评估和持续监督相结合、风险自评估与安全评估相结合"，既可以维护数据主权和保护数据出境安全，又不会脱离数据主权，从而保障数据依法有序自由流动。

另一方面，明确数据处理者出境数据的范围和程度，以及确立境外数据接收者严格的数据出境法律责任。《评估办法》进一步明确了出境数据的规模、范围、种类、敏感程度，以及境外接收者承诺承担的责任义务，从而实现在数据保护和数据自由流动之间寻求平衡。因此，中国应该充分发挥数据主权的灵活性，避免过于僵化的固守，拒绝对数据主权的绝对控制，禁止阻碍数据主权的数据跨境流动，从而避免数据主权纠纷，促进数据资源的有效利用。

（三）建立多元化的数据管理体系

一方面，随着全球数据交易深度和广度的不断拓展，以数据本地化为核心的数据管辖权，要逐步适应当前跨境数据流动和融合的发展势头，促进在数字经济全球化时代实现数据的双向流动和数据管辖的国际合作。因此，我们要重视个人数据和企业数据的动态性发展，以便激发跨境数据流动的活力和潜力。

另一方面，可以借鉴国际上的一些做法，进一步加强数据分类细化的管理模式。普通个人数据可以分为一般数据和敏感数据，政府公共数据则与公共福利和公共可得性相关，通常涉及公共服务功能，如公民数据信息管理和电子商务建设。因此，中国首先应对所有类型的数据进行备份，从而使数据的使用更加方便，随时进行检索、分析和处理，这不仅有利于对数据进行控制，也有利于维护中国的数据主权。然后，在保证安全的条件下，采取相对本地化的方式，允许数据跨境流动。对于敏感数据，采取绝对本地化的方式，严格控制其跨境流动，防止国家数据安全受到侵犯。为此，中国应积极建立多元化的跨境数据管理体系，充分利用不同数据，实现数据价值最大化。

（四）争取跨境数据流监管的国际话语权

尽管 APEC 制定了跨境数据流动的相关规则，但是受成员经济体国家利益、经济发展水平、国内保护政策等影响，仍需要在参与区域或全球跨境经济活动中建立统一的具有操作性、执行力的规制机制，以及面向未来的全球数字经济规则和数字治理框架。

一方面，中国作为数字经济强国和跨境数据流大国，应该树立引领数据主权规则制定的信心，在完善跨境数据规则体系的同时，联合"志同道合"的国家，就双边和 APEC 主要成员经济体加强沟通与协调、加强数据主权规则的国际合作，构建开放、包容、互利的数据跨境流动生态体系。

另一方面，中国作为跨境数据流动国际协调的重要参与者，应积极与其他国家或地区的国际组织合作，推动跨境数据流动多边协议国际规则的签署和制定。虽然当前存在美国主导的 CBPR 和欧盟主导的 GDPR 已经在国际上开始应用与实施的情况，但我国可以利用"一带一路"倡议和"数字丝绸之路"的优势，以签署 RCEP 和 CPTPP 为契机，争取与重要贸易伙伴签署双边和多边跨境数据流动协议，推动建立新的数据主权国际规则。当然，RCEP 和 CPTPP 也存在一定的缺陷，但是其作为包含电子商务条款的区域协定，在更新数字经济的全球规则方面可以发挥巨大作用。同时，中国要在 APEC 确立基本规则框架中发挥积极作用，确保后续协议采用开放的区域主义方法。为此，中国有必要在参与方之间就数据主权达成共识，在推动 APEC 等国际组织合作签署跨境数据流动的双边和多边协议中提出"中国方案"。

总之，跨境数据流动是支撑全球数字经济发展的基石，具有桥梁作用和贯穿性。因此，需要在全球推动数字经济与贸易发展的背景下，努力构建统一适用的跨境数据流动的规制体系。

参考文献

[1] 史佳颖. APEC 数字经济合作的最新进展及展望[J]. 国际经济合作，2020（1）：37-44.

[2] 张茉楠. 跨境数据流动：全球态势与中国对策[J]. 开放导报，2020（2）：44-50.

[3] 许多奇. 论跨境数据流动规制企业双向合规的法治保障[J]. 东方法学，2020（2）：185-197.

[4] 薛兴华. 强化网络运营商数字化转型依法合规管理[J]. 互联网天地，2021（1）：38-43.

[5] 孙方江. 跨境数据流动：数字经济下的全球博弈与中国选择[J]. 西南金融，2021（1）：3-13.

[6] 李睿深，綦珊珊，梁智昊. 美国大数据治理的中国启示[J]. 科技中国，2017（10）：

23-29.

[7] 黄道丽，何治乐. 欧美数据跨境流动监管立法的"大数据现象"及中国策略[J]. 情报杂志，2017，36（4）：47-53.

[8] Kuner C. Regulation of Transborder Data Flows under Data Protection and Privacy Law: Past, Present and Future[J]. OECD Digital Economy Papers, 2011: 187.

[9] United Nations Center on Transnational Corporations. Transnational Corporations and Transborder Data Flows: A Technical Paper[M]. New York: United Nations, 1982.

[10] 徐磊.APEC 跨境商业个人数据隐私保护规则与实施[J]. 商业时代，2014（30）：102-103.

[11] 雷名洋，孙玉荣. 跨境数据流动的法律规制研究——以数据权利保护为视角[J]. 上海法学研究（集刊），2021（6）.

[12] 付伟，于长钺. 美欧跨境数据流动管理机制研究及我国的对策建议[J].中国信息化，2017（6）：55-59.

[13] 安宝双. 跨境数据流动：法律规制与中国方案[J]. 网络空间安全，2020，11（3）：1-6.

[14] 来有为，宋芳秀. 数字贸易国际规则制定：现状与建议[J]. 国际贸易，2018（12）：54-57.

[15] 洪延青. 数据竞争的美欧战略立场及中国因应——基于国内立法与经贸协定谈判双重视角[J]. 国际法研究，2021（6）：69-81.

[16] 王融. 数据跨境流动政策认知与建议——从美欧政策比较及反思视角[J]. 信息安全与通信保密，2018（3）：41-53.

APEC 成员数字贸易竞争力分析

许家云　杨晓冬*

摘　要：随着经济全球化和数字经济的发展，数字贸易在国际贸易中扮演着越来越重要的角色。本文着眼于 APEC 成员经济体的数字贸易合作问题，在统计 APEC 发达经济体和发展中经济体总体数字贸易规模的基础上，衡量 APEC 各经济体在数字贸易领域的竞争优势指数，并进一步将数字贸易细分为数字化基础产业、数字化媒体产业和数字化交易产业，分别讨论各经济体的竞争优势。本文得出的主要结论如下：在国际市场占有率（MS）方面，中、美、日三国作为世界前几大经济体，在新兴的数字贸易领域保持了相应的竞争力，其中，中国的数字贸易国际市场占有率较为突出，高达 14.81%。以其他几种指标衡量，一些发展中经济体呈现出比较优势，但总体上具备突出竞争优势的经济体较少。从细分领域来看，APEC 经济体的数字贸易主要集中在数字化基础产业，数字化媒体产业和数字化交易产业相对薄弱。总体来看，APEC 经济体在数字贸易领域取得的成绩是突出的，但是仍有巨大的拓展空间。在全球信息化、数字化背景和我国经济高质量发展的内在要求下，积极拓展数字贸易，提升贸易效率和贸易质量，加强同 APEC 经济体在数字贸易领域的合作对于我国当前经济发展具有重要意义。

关键词：APEC；数字贸易；数字经济

---

* 许家云，南开大学 APEC 研究中心副研究员。杨晓冬，南开大学经济学院硕士研究生。

基金项目：本文由南开大学 2022 年亚洲研究中心项目（AS2212）、教育部人文社会科学重点研究基地重大项目（17JJDGW007）资助。

一、APEC 主要成员数字贸易政策

随着信息技术的高速发展，全球经济的面貌也在逐渐发生变化，电子商务、数字经济等概念逐渐进入大众视野，并不断发展和丰富。与此同时，国际贸易的面貌也在被重塑，贸易的内容和方式越来越多地与电子商务相关，数字贸易应运而生。截至目前，国际上对数字贸易尚无权威和统一的定义。数字贸易起源于电子商务，世界贸易组织（WTO）将电子商务（electronic commerce）定义为通过电子平台和网络渠道进行产品或服务销售与交付的商务活动。由 WTO 的定义可以看出，电子商务强调的是电子平台，网络技术构建了产品和服务的交易渠道，是一种更为具象化的表达。2018 年 4 月，美国在向世界贸易组织提交的关于电子商务谈判的探索性文件中指出，目前电子商务的定义过于狭窄，已经不适合当今数字贸易的交易范围和发展趋势，因此，美国决定采用"数字贸易"这一术语。

发达经济体在数字贸易方面的产业布局普遍较早，其中美国是最早布局数字贸易的经济体。2013 年，美国发布《数字贸易法案》，提出将电子商务、数字贸易纳入美国双边、多边贸易谈判框架中。《数字贸易法案》指出，数字贸易日益成为美国经济增长的关键驱动因素，行政机构和私营部门利益攸关方应共同促进全球互联网开放，消除数字服务贸易开展的障碍。2015 年，奥巴马政府发布了《数字贸易 12 条》，提出推动跨境数据自由流动、取消数字产品关税、确保非歧视原则等 12 条主张；2016 年，在《跨太平洋伙伴关系协定》（TPP）谈判中，《数字贸易 12 条》进一步升级为《数字贸易 24 条》，将网络安全、跨境投资和市场准入等条款纳入其中。

日本政府高度重视与数字贸易相关的规则谈判和制定。2009 年至今，在日本签署的双边、多边经济伙伴关系协定（EPA）和自由贸易协定（FTA）中，带有明显数字贸易规则内容的共有 9 项，包含 5 项双边经贸协定和 4 项多边经贸协定，其中有 7 项协定已经生效和运行。在这些协定中，《日美数字贸易协定》不仅是日本和美国首次签订的数字贸易双边协定，也是全球首个数字贸易方面的独立协定。该协定共包含 22 个条款，涉及目前广泛关注的各项数字贸易规则条款。其他多边、双边经贸协定都是单独列示（或包含）"电子商务"专章来阐述相关条款。

在发展中经济体中，俄罗斯在数字贸易领域较为保守，在 WTO 框架下与贸易相关的电子商务诸边谈判中，美国希望能将《美墨加协定》（USMCA）中的数据跨境流动规则在全球扩展适用。俄罗斯则在数据流动方面出台了很多限制性规定，于 2006 年出台的

《关于信息、信息技术和信息保护法》（第 149-FZ 号联邦法）规定信息持有者或信息系统运营者需要承担信息保护义务。同年出台的《俄罗斯联邦个人数据法》（第 152-FZ 号联邦法）专门针对个人数据实施跨境保护措施，旨在保护俄罗斯公民的信息自由及权利。

我国一直以来积极参与构建电子商务国际规则体系。我国签署的《中韩自由贸易协定》《中澳自由贸易协定》《中国-新西兰自由贸易协定（升级版）》等约束性贸易协定中使用了电子商务条款，并且采用了单独章节模式，涉及数字贸易的电信和金融领域也采用了单独章节模式。我国积极推进自贸协定电子商务议题谈判，完成了中国-格鲁吉亚、中国-智利自贸协定和中国-欧亚经济联盟经贸合作协议的电子商务议题谈判。2017 年 12 月，中国推动世界贸易组织第十一届部长级会议达成了电子商务工作计划等部长决定。此外，中国积极参与世界贸易组织、上海合作组织、澜沧江-湄公河合作等多边贸易机制和区域贸易安排框架下电子商务议题磋商，促成金砖国家电子商务工作组成立，并达成《金砖国家电子商务合作倡议》。

东盟一直高度重视数字经济和数字贸易的发展，将数字经济作为恢复发展的重要引擎。2021 年 1 月，首次东盟数字部长系列会议通过《东盟数字总体规划 2025》，提出将东盟建设成一个由安全和变革性的数字服务、技术和生态系统所驱动的领先数字社区和经济体。在数字产业的国际合作上，东盟也一直在稳步推进。2020 年 6 月，由新加坡、智利和新西兰发起的《数字经济伙伴关系协定》（DEPA）正式签署。2020 年，东盟十国、中国、日本、韩国、新加坡等国家正式签署《区域全面经济伙伴关系协定》（RCEP）。在数字贸易方面，RCEP 在强调跨境数字传统规则的同时，纳入知识产权保护、电子商务等重要规则。无纸化贸易、电子认证和电子签名等在国内已成熟发展的数字技术的推广必将促进区域内产业的数字化转型；消费者权益、个人信息、知识产权等方面的保护规则将有利于构建数字贸易发展的良好营商环境；网络安全与数据传输监管将为数字贸易发展提供强有力的保障；传输设备等硬件建设将为数字贸易的发展提供强大技术支撑；新技术应用规则将加速跨境电商及新型物流业的飞速发展；数字贸易对话与争端解决机制将推动区域贸易争端的高效解决。

二、APEC 成员数字贸易发展现状

（一）发达成员数字贸易发展现状

作为世界经济的重要组成部分和国际贸易的重要参与者，近年来 APEC 各经济体的数字贸易迅速成长，数字贸易日益成为各成员加强贸易往来、维护和发展多边贸易体制

的重要合作领域。本文基于联合国国际贸易数据库,主要选取 APEC 的 20 个经济体(由于巴布亚新几内亚数据缺失予以剔除)分析其数字贸易发展状况。就 APEC 总体情况而言,2019 年 APEC 各经济体数字贸易整体存在顺差,出口和进口总规模分别为 6693.78 亿美元和 6088.38 亿美元,占 APEC 经济体整体出口和进口的比重分别为 6.57% 和 5.92%,数字贸易已经成为 APEC 重要的贸易方式。

将 APEC 各成员中满足以下几个条件的界定为发达成员:联合国开发计划署的人类发展指数评级为"高",世界银行认定为高收入经济体,国际货币基金组织及美国中央情报局评定为发达经济体。其余成员界定为发展中成员。按照此标准,APEC 中的发达成员包括美国、加拿大、日本、中国香港、韩国、新西兰、新加坡、澳大利亚、中国台北,其他为发展中经济体。

图 1 为根据联合国国际贸易数据库查找的根据数字商品贸易数据和数字服务贸易数据得到的 APEC 各发达经济体数字贸易规模概况,图 2 为相应的数字贸易进出口规模占本国总进出口的比重,图中灰色和黑色柱形图分别代表出口和进口的相应数据。由于数据可得性方面的限制,数字服务贸易的数据截至 2019 年,所以数字贸易相关统计整体截至 2019 年。

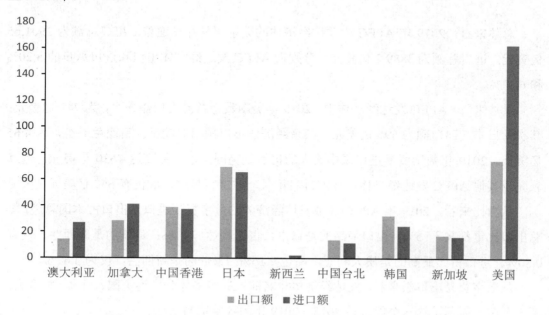

图 1   截至 2019 年 APEC 各发达经济体数字贸易规模(单位:十亿美元)

资料来源:UN Comtrade 数据库。

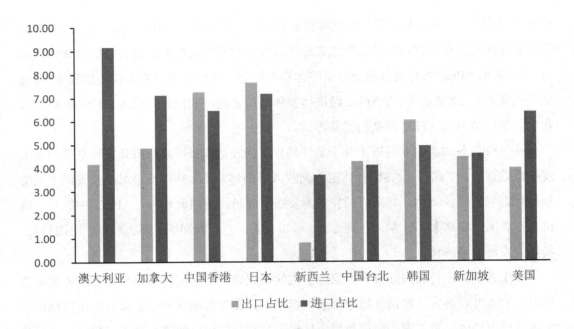

图2　APEC 各发达经济体数字贸易规模占比（单位：%）

资料来源：UN Comtrade 数据库。

总体来看，2019 年 APEC 中发达经济体的数字贸易存在逆差，出口总额为 2901.65 亿美元，进口总额为 3889.2 亿美元，分别占 APEC 发达经济体出口和进口总量的 5.20% 和 6.33%。

具体来看，APEC 发达经济体中，2019 年美国数字贸易出口额最大，为 749 亿美元；其次为日本，出口额为 696 亿美元；其余经济体出口额相对较小，新西兰最小，为 4.65 亿美元。2019 年数字贸易进口规模最大的仍然是美国，进口额高达 1630 亿美元，远远领先于其他 APEC 发达经济体；日本排名第二，数字贸易进口额仅有 657 亿美元。

从占比来看，2019 年 APEC 多数发达经济体的数字贸易进口、出口占本国总进口、总出口比重都高于 5%，出口最高的是日本，占比高达 7.64%；最低的是新西兰，仅有 0.80%。进口占比最高的是澳大利亚，高达 9.16%；最低的是新西兰，仅为 3.67%。

从数字贸易出口额来看，发达经济体排名前三的经济体分别为美国、日本、加拿大，图3 至图5 展示了这三个经济体 2015—2019 年的数字贸易情况。

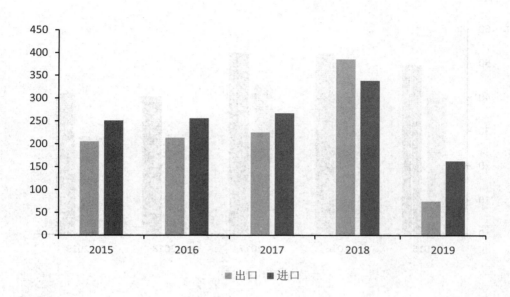

图 3　2015—2019 年美国数字贸易情况（单位：十亿美元）

资料来源：UN Comtrade 数据库。

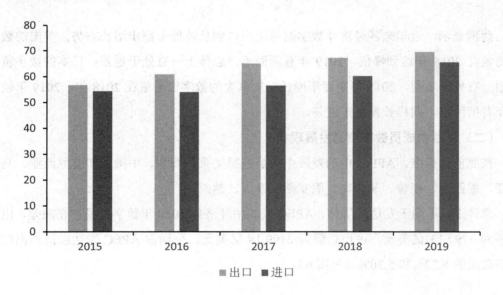

图 4　2015—2019 年日本数字贸易情况（单位：十亿美元）

资料来源：UN Comtrade 数据库。

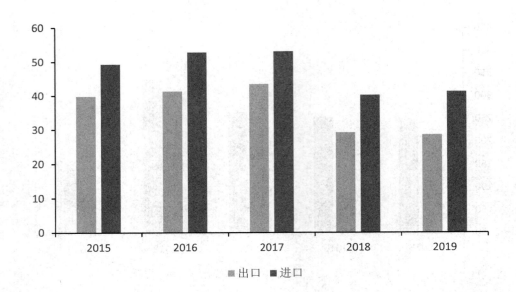

图5　2015—2019 年加拿大数字贸易情况（单位：十亿美元）

资料来源：UN Comtrade 数据库。

数据显示，近年来各经济体数字贸易进出口额总体处于稳步增长态势，美国的数字贸易量在 2018 年达到峰值，2019 年有所回落，总体上一直处于逆差；日本的数字贸易额则一直处于顺差，2015 年来逐年增长；加拿大的数字贸易量在 2018 年、2019 年较前几年有所回落，同样长期处于逆差。

（二）发展中成员数字贸易发展现状

按照前述标准，APEC 中的发展中成员包括文莱、智利、中国、印度尼西亚、马来西亚、墨西哥、秘鲁、菲律宾、俄罗斯、泰国、越南。

总体上，不同于发达经济体，APEC 发展中经济体 2019 年数字贸易存在顺差，出口总额为 3792.13 亿美元，进口总额为 2199.18 亿美元，分别占 APEC 发达经济体出口和进口总量的 8.22% 和 5.30%（见图6）。

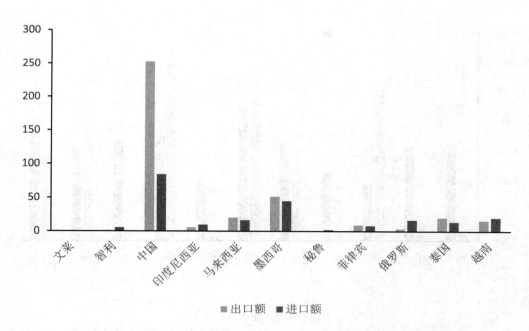

图 6　截至 2019 年 APEC 各发展中经济体数字贸易规模（单位：十亿美元）

资料来源：UN Comtrade 数据库。

　　具体来看，APEC 各发展中经济体数字贸易进口总额方差较大，出口量最大的是中国，2019 年出口额高达 2530 亿美元，贡献了 2019 年 APEC 发展中经济体数字贸易出口的绝大部分；排名第二的是墨西哥，其出口额仅有 516 亿美元，约为中国的 1/5。进口量最大的也是中国，进口额为 840 亿美元，但是各发展中经济体进口额的差距相对出口而言小很多，排在第二、三位的墨西哥、越南的进口额分别为 447 亿美元和 200 亿美元。

　　占比方面，2019 年 APEC 各发展中经济体数字贸易出口占本国总出口的比重两极分化严重，占比较高的前三位是菲律宾、墨西哥和中国，出口占比分别为 12.82%、10.48%和 10.12%；占比较低的三位是秘鲁、文莱、俄罗斯，出口占比分别为 0.50%、0.80%和 1.24%。相比之下，各发展中经济体数字贸易进口占本国总进口的比重差距不大，多数在 6%附近，占比最高的是墨西哥，进口占比为 9.03%；最低的是中国，进口占比为 3.80%（见图 7）。

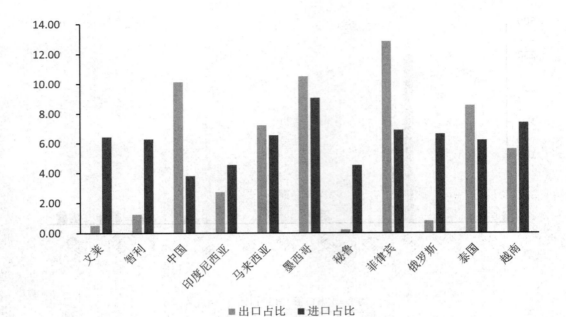

图 7　2019 年 APEC 各发展中经济体数字贸易规模占比（单位：%）

资料来源：UN Comtrade 数据库。

从数字贸易出口量来看，发展中经济体排名前三位的是中国、墨西哥、马来西亚，图 8 至图 10 展示了这三个经济体 2015—2019 年数字贸易的总体情况。

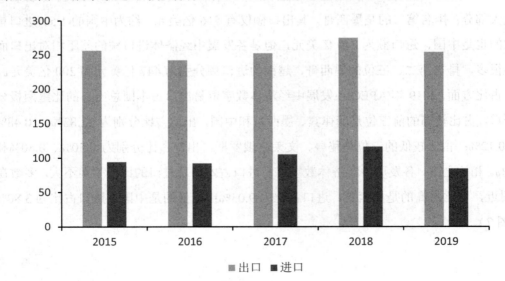

图 8　2015—2019 年中国数字贸易情况（单位：十亿美元）

资料来源：UN Comtrade 数据库。

2015—2019 年，中国数字贸易进出口量总体处于较高水平，呈稳步增长趋势，2019
年略有下滑。近年来，数字贸易出口量维持在 2500 亿美元左右的水平，进口则在 1000
亿美元上下，存在巨大的贸易顺差。

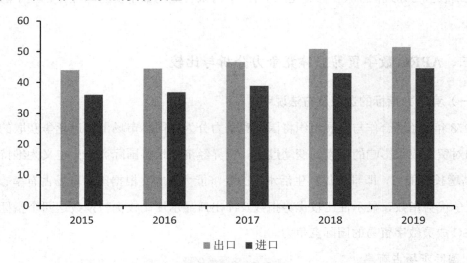

图 9　2015—2019 年墨西哥数字贸易情况（单位：十亿美元）

资料来源：UN Comtrade 数据库。

2015—2019 年，墨西哥数字贸易进出口均保持稳步增长，其中数字贸易出口额从
2015 年的 440 亿美元增长到 2019 年的 516 亿美元，进口额从 2015 年的 360 亿美元增长
到 2019 年的 447 亿美元。近年来，墨西哥的数字贸易一直存在较小的贸易顺差。

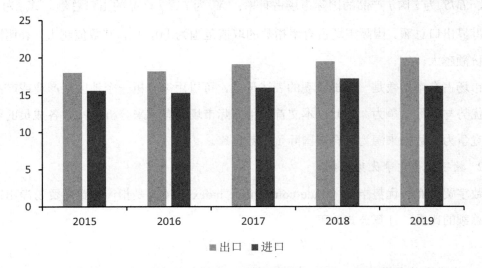

图 10　2015—2019 年马来西亚数字贸易情况（单位：十亿美元）

资料来源：UN Comtrade 数据库。

2015—2019 年马来西亚数字贸易进出口额总体保持平稳，略有增长，其中数字贸易出口额从 2015 年的 180 亿美元增长到 2019 年的 200 亿美元，进口额从 2015 年的 156 亿美元增长到 2019 年的 162 亿美元。近年来，马来西亚的数字贸易同样存在较小的贸易顺差。

三、APEC 数字贸易总体竞争力分析与比较

（一）竞争力指标的选取及方法说明

1978 年，经济合作与发展组织将国际竞争力分为在国际市场上通过竞争获取的贸易成果和对贸易成果影响的要素的变动过程。世界经济论坛将国际竞争力定义为维持人均 GDP 高增长的能力，即维持提高生活水平的经济能力。本文根据国际市场占有率、数字贸易竞争优势指数、显示性比较优势指数及净出口显示性比较优势指数这四个指标来衡量 APEC 成员数字贸易的国际竞争力。

1. 国际市场占有率

国际市场占有率（international market share，MS），即一个经济体的某个行业出口或进口占对应国际总出口或总进口的比重。国际市场占有率越高，代表一个经济体相应行业的国际竞争力越高。国际市场占有率公式可以表述如下：

$$IMS_{ij} = X_{ij} / X_{wj} \tag{1}$$

其中，IMS_{ij} 为 i 国 j 产品的国际市场占有率；X_{ij} 为 i 国 j 产品的出口总额；X_{wj} 为 j 产品的世界出口总额。国际市场占有率指数的取值范围为 [0，1]，其数值越大，表明国际市场份额越大。

市场占有率指数是一种最直观的表述形式，可以用来分析一个地区某产业或产品的比较优势与国际竞争力。因此，本文首先用国际市场占有率来分析 APEC 各成员的数字贸易竞争力。数据来源为联合国国际贸易数据库。

2. 数字贸易竞争优势指数

数字贸易竞争优势指数（trade competitive index，TC）是指一国数字贸易净出口占贸易总额的比重。计算公式如下：

$$TC_{ij} = (X_{ij} - M_{ij}) / (X_{ij} + M_{ij}) \tag{2}$$

TC 指数取值范围为 [-1，1]，数值越大，说明竞争力越强；反之，则表示竞争力越

弱。其中，X 为数字产品出口额，M 为数字产品进口额。该指标作为一个贸易总额的相对值，剔除了通货膨胀、经济膨胀等宏观总量方面波动的影响，即无论进出口的绝对量是多少，TC 取值在［-1，1］之间。数据来源为联合国国际贸易数据库。

3. 显示性比较优势指数

目前分析贸易国际竞争力使用最为普遍的指数是显示性比较优势指数（revealed comparative advantage，RCA）。该分析方法是巴拉萨（Balassa）在 1965 年提出的，显性比较优势概念基于传统贸易理论，其计算公式如下：

$$RCA_{ij} = (X_{ij} / X_i)/(X_{wj} / X_w) \qquad (3)$$

当 RCA 指数大于 1 时，表明一国在该产品或产业上具有比较优势，反之，则表明其处于比较劣势。该指数指一个经济体某项出口占总出口的比重与全世界该项值的比率，它通过专业化水平衡量一国某个产业或产品的竞争强度。一般认为，若 RCA≥2.5，则具有很强的竞争力；若 1.25≤RCA<2.5，则具有较强的竞争力；若 0.8≤RCA<1.25，则具有一般的竞争力；若 RCA<0.8，则不具有竞争力。数据来源为联合国国际贸易数据库。

4. 净出口显示性比较优势指数

改进的显示性比较优势指数进一步反映了进口对出口竞争力的影响，同样由巴拉萨在 1989 年提出，计算公式如下：

$$NRCA_{ij} = (X_{ij} / X_i) - (M_{ij} / M_i) \qquad (4)$$

该指数的含义是一国某个产业的出口比重与进口比重之差。指数值大于 0 表示存在竞争优势，指数值小于 0 表示存在竞争劣势，指数值等于 0 表示贸易自我平衡。净出口显示性比较优势指数剔除了产业内贸易或分工的影响，反映了进口和出口两个方面的影响，因此用该指数判断产业国际竞争力要比其他指数更能真实反映进出口情况。该指数值越高，国际竞争力越强；该指数值越低，国际竞争力越弱。数据来源为联合国国际贸易数据库。

（二）APEC 数字贸易总体竞争力分析

1. 国际市场占有率（MS）比较（见图 11）

中国的数字贸易 MS 一枝独秀，高达 14.81%，美国、日本和墨西哥的数字贸易 MS 也比较高，分别为 4.38%、4.07% 和 3.02%，其他经济体的数字贸易 MS 相对较低。中、美、日三国作为世界前几大经济体，在新兴的数字贸易领域保持了相应的竞争力。

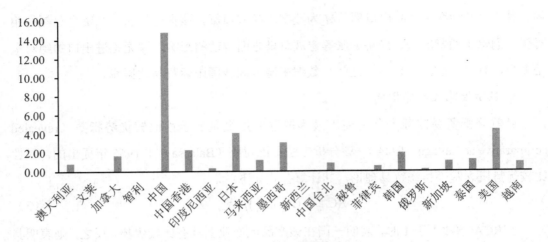

图 11   APEC 各经济体国际市场占有率对比（单位：%）

资料来源：UN Comtrade 数据库。

2. 数字贸易竞争优势指数（TC）比较（见图 12）

数字贸易 TC 为正的经济体共有 10 个，其中，中国的数字贸易 TC 最高，为 0.50；泰国、韩国、马来西亚的数字贸易 TC 也比较高，分别为 0.19，0.14，0.10，这些经济体 2019 年的数字贸易具有较为明显的比较优势；秘鲁、文莱、智利、俄罗斯、新西兰则具有较为明显的比较劣势，其 2019 年数字贸易 TC 分别为-0.90、-0.81、-0.69、-0.65、-0.64。一些发展中经济体的数字贸易 TC 较为突出，显示出在新兴数字贸易领域的较大潜力。

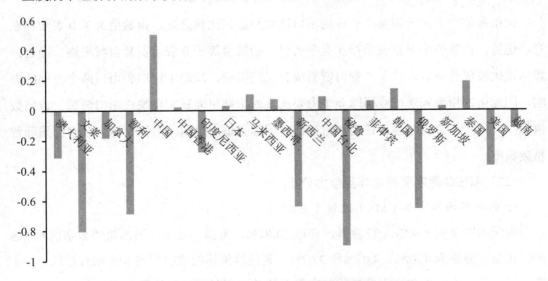

图 12   APEC 各经济体数字贸易竞争优势指数对比

资料来源：UN Comtrade 数据库。

3. 数字贸易显示性比较优势指数（RCA）比较（见图 13）

在选取的 20 个 APEC 经济体中，仅有两个经济体的数字贸易 RCA 高于 1.25，分别是菲律宾和墨西哥，分别为 1.56 和 1.28，表明其具有较强的数字贸易专业化程度和竞争强度。此外，有 5 个经济体的 RCA 为 0.8～1.25，具备中等竞争优势。在此区间内，RCA从高到低的经济体分别是中国、泰国、日本、中国香港和马来西亚。其他经济体的 RCA均低于 0.8，不具备竞争优势。可见，以 RCA 为衡量标准，2019 年 APEC 中具备较高数字贸易专业化程度和竞争优势的经济体并不多，且没有一个经济体的 RCA 达到 2.5 以上，即具备极大竞争优势。

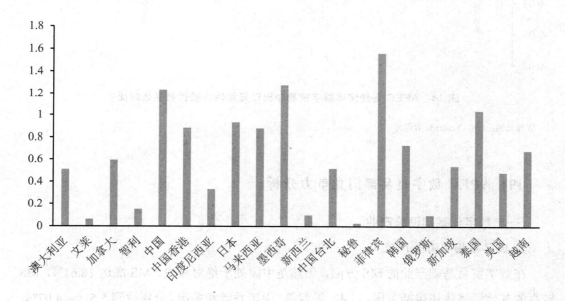

图 13 APEC 各经济体数字贸易显示性比较优势指数对比

资料来源：UN Comtrade 数据库。

4. 数字贸易净出口显示性比较优势指数（NRCA）比较（见图 14）

数字贸易 NRCA 反映了进口和出口两个方面的影响。选取的 20 个经济体中，NRCA大于 0 和小于 0 的各占一半。NRCA 大于 0 的经济体中，最高的是中国，高达 0.063；其次为菲律宾，为 0.060；其他经济体的 NRCA 相对较低。NRCA 较低的经济体有文莱、俄罗斯、智利、澳大利亚、秘鲁，分别为-0.059、-0.058、-0.050、-0.050、-0.043。从NRCA 来看，具备突出竞争优势的经济体比较有限。

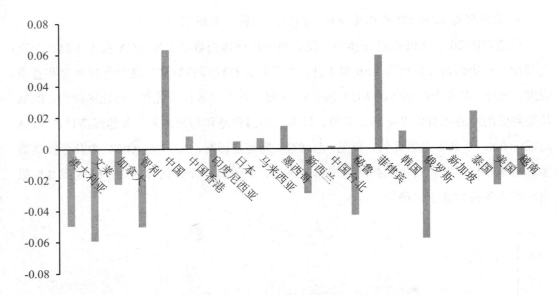

图 14　APEC 各经济体数字贸易净出口显示性比较优势指数对比

资料来源：UN Comtrade 数据库。

四、APEC 数字贸易部门竞争力分析

（一）数字化基础设施产业

1. 国际市场占有率比较

在数字贸易基础产业的 MS 方面，仍然是中国处于绝对领先，MS 高达 18.61%，MS 较高的其他经济体还包括美国、日本、墨西哥、中国香港和韩国，分别达到 5.51%、4.07%、3.76%、2.85% 和 2.40%，其余经济体的 MS 都相对较低。由于数字化基础产业是数字贸易中规模最大的一部分，其统计结果与数字贸易总体的统计结果比较接近，都是中、美、日几个主要经济体具有较大优势，其中中国最为突出（见图 15）。

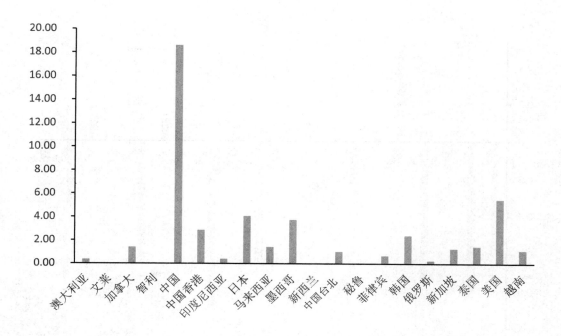

图 15　APEC 各经济体数字贸易基础产业国际市场占有率对比（单位：%）

资料来源：UN Comtrade 数据库。

2. 数字贸易竞争优势指数比较

在数字贸易基础产业 TC 方面，中国最高，为 0.50，泰国、韩国、马来西亚、墨西哥的 TC 也比较高，但是与中国相比存在较大差距，其 2019 年 TC 分别为 0.19、0.14、0.11、0.11。还有一部分经济体数字贸易基础产业的 TC 为负值，表明不存在竞争优势，TC 较低的有秘鲁、文莱、智利、俄罗斯、新西兰、澳大利亚，分别为-0.90、-0.81、-0.73、-0.65、-0.64、-0.58。总体来看，与数字贸易的整体情况一致，多数经济体不存在明显竞争优势（见图 16）。

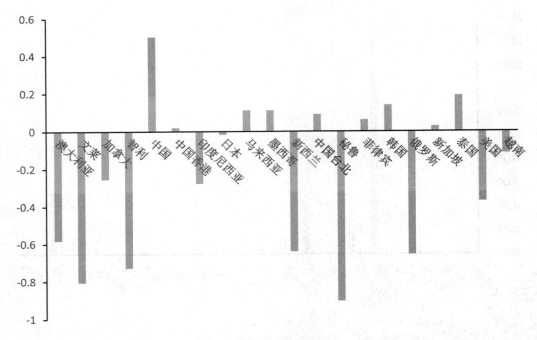

图 16　APEC 各经济体数字贸易基础产业竞争优势指数对比

资料来源：UN Comtrade 数据库。

3. 数字贸易显示性比较优势指数比较

在数字贸易基础产业上，各国的 RCA 参差不齐，在选取的 20 个经济体中，没有一个经济体的 RCA 高于 2.5，表明没有经济体的数字贸易基础产业具备极强竞争优势。菲律宾、墨西哥、中国、泰国几个发展中经济体的 RCA 高于 1.25，分别为 1.96、1.59、1.55和 1.31，存在较强竞争优势。中国香港、马来西亚、日本、韩国、越南的 RCA 在 0.8～1.25，竞争力一般。其余经济体的 RCA 均低于 0.8，竞争力较差，其中 RCA 较低的经济体有秘鲁、文莱、新西兰、俄罗斯和智利，RCA 分别为 0.03、0.08、0.12、0.12 和 0.13。与数字贸易总体情况相比，数字贸易基础产业处于较强竞争地位的经济体数量略有增多，但是大多数经济体依然不具备明显竞争优势（见图 17）。

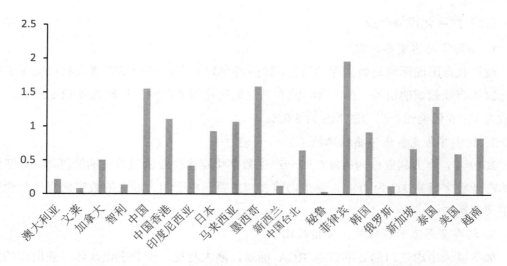

图 17　APEC 各经济体数字贸易基础产业显示性比较优势指数对比

资料来源：UN Comtrade 数据库。

4. 数字贸易净出口显示性比较优势指数比较

数字贸易基础 NRCA 分布情况与数字贸易总体情况有所区别，NRCA 为正的经济体有 8 个，NRCA 为负的经济体则有 12 个。NRCA 明显较高的经济体是中国和菲律宾，分别为 0.063 和 0.060，NRCA 较低的经济体有文莱、俄罗斯、澳大利亚、智利和秘鲁，分别为 -0.059、-0.058、-0.047、-0.043、-0.043，表明以 NRCA 为标准衡量，这些经济体处于竞争劣势（见图 18）。

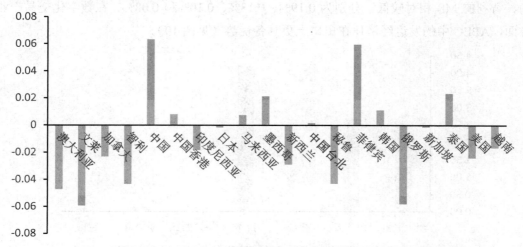

图 18　APEC 各经济体数字贸易基础产业净出口显示性比较优势指数对比

资料来源：UN Comtrade 数据库。

（二）数字化媒体产业

1. 国际市场占有率比较

根据联合国国际贸易数据库的数据，2019 年 APEC 经济体中仅有澳大利亚发生了数字化媒体产业领域的贸易。2019 年，澳大利亚数字化媒体产业出口额为 4.42 亿美元，进口额为 11.16 亿美元，出口的 MS 为 5.02%。

2. 数字贸易竞争优势指数比较

2019 年，澳大利亚作为 APEC 唯一产生数字化媒体产业领域贸易的经济体，数字化媒体产业数字贸易 TC 为-0.43，竞争力较弱，主要是由于澳大利亚的数字化媒体产业进行了大量进口。

3. 数字贸易显示性比较优势指数比较

如果以未考虑进口的数字贸易 RCA 衡量，澳大利亚由于数字化媒体产业出口的巨大份额，数字贸易 RCA 处于较高水平，高达 3.1，超过 2.5 的标准线，表明以 RCA 衡量，澳大利亚的数字化媒体产业具备极强的竞争优势。

4. 数字贸易净出口显示性比较优势指数比较

以同时考虑进口、出口的数字贸易 NRCA 衡量，则澳大利亚的竞争优势弱化明显，2019 年澳大利亚数字化媒体产业 NRCA 为-0.0025，不存在明显竞争优势。

（三）数字化交易产业

1. 国际市场占有率比较

2019 年，APEC 一共有 7 个经济体涉及数字化交易产业的国际贸易，其中日本、加拿大、澳大利亚的 MS 比较高，分别为 4.20%、2.68%、2.62%，马来西亚、墨西哥、越南、智利的 MS 相对较低，分别为 0.19%、0.13%、0.10%和 0.08%。在数字化交易产业方面，APEC 中的发达经济体在出口上更具备优势（见图 19）。

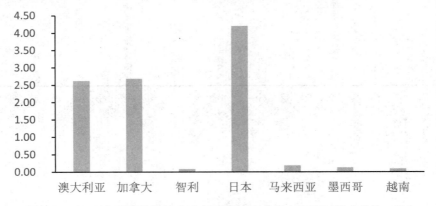

图 19　APEC 各经济体数字化交易产业国际市场占有率对比（单位：%）

资料来源：UN Comtrade 数据库。

2. 数字贸易竞争优势指数比较

在竞争优势指数上，2019 年 APEC 涉及数字化交易产业国际贸易的 7 个经济体中，日本、澳大利亚和加拿大的 TC 为正值，分别为 0.25、0.07、0.02，呈现出较大的竞争优势；墨西哥、智利、越南和马来西亚的 TC 为负值，分别为 −0.80、−0.51、−0.29 和 −0.03，呈现出数字化交易产业国际贸易上的比较劣势。2019 年 APEC 经济体的 TC 分布与 MS 呈现出类似的情况，发达经济体显示出更大的竞争优势（见图 20）。

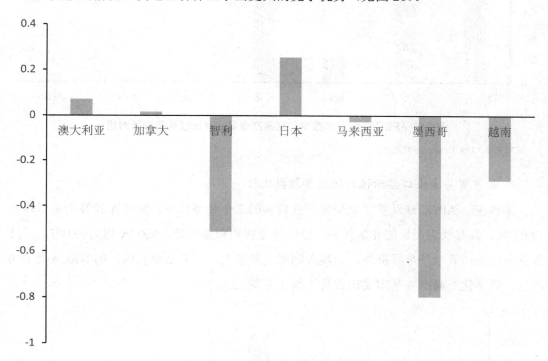

图 20　APEC 各经济体数字化交易产业竞争优势指数对比

资料来源：UN Comtrade 数据库。

3. 数字贸易显示性比较优势指数比较

2019 年，APEC 涉及数字化交易产业贸易的 7 个经济体中，RCA 排名前三的依然是发达经济体澳大利亚、日本和加拿大，其 TC 分别为 1.62、0.96 和 0.96，仅澳大利亚的 TC 超过 1.25，具备较强竞争优势，日本和加拿大的 TC 在 0.8～1.25，具备一般竞争优势。其余 4 个经济体的 TC 均低于 0.8，不具备竞争优势，具体来看，智利为 0.22，马来西亚为 0.14，越南为 0.07，墨西哥为 0.05（见图 21）。

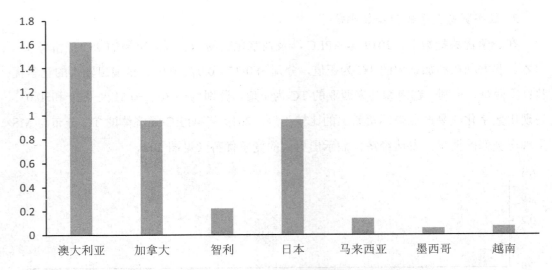

图 21 APEC 各经济体数字化交易产业显示性比较优势指数对比

资料来源：UN Comtrade 数据库。

4. 数字贸易净出口显示性比较优势指数比较

2019 年，APEC 涉及数字化交易产业贸易的 7 个经济体中，NRCA 较高的是日本，为 0.006，具有较为明显的竞争优势；较低的是智利和墨西哥，NRCA 均为-0.007，不具备竞争优势；其余几个经济体，如澳大利亚、加拿大、马来西亚和越南的 NRCA 都在 0 附近，数字化交易产业基本实现贸易平衡（见图 22）。

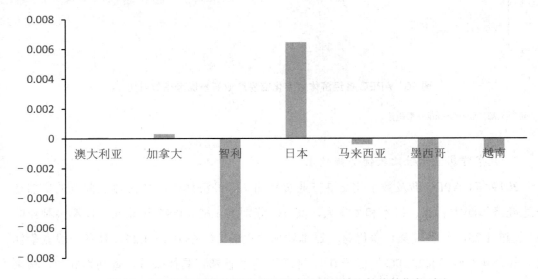

图 22 APEC 各经济体数字化交易产业显示性比较优势指数对比

资料来源：UN Comtrade 数据库。

五、结论与政策建议

（一）结论

总体来看，从不同角度衡量 APEC 经济体的数字贸易竞争优势，得出的结论略有差别。以 MS 衡量，中国的数字贸易 MS 较为突出，高达 14.81%，美国、日本和墨西哥的数字贸易 MS 也比较高。中、美、日三国作为世界前几大经济体，在新兴的数字贸易领域保持了相应的竞争力。以 TC 衡量，仍然是中国的数字贸易 TC 最高，为 0.50，泰国、韩国、马来西亚的数字贸易 TC 也比较高，一些发展中经济体的数字贸易 TC 较为突出，显示出在新兴数字贸易领域的较大潜力。数字贸易 RCA 方面，在选取的 20 个 APEC 经济体中，仅有两个经济体的数字贸易 RCA 高于 1.25，分别是菲律宾和墨西哥，表明其具有较强的数字贸易专业化程度和竞争强度。2019 年，APEC 中具备较高数字贸易专业化程度和竞争优势的经济体并不多，且没有一个经济体的 RCA 达到 2.5 以上，即具备极大竞争优势。数字贸易 NRCA 方面，NRCA 大于 0 的经济体中，最高的是中国，高达 0.063；其次为菲律宾，为 0.060。从 NRCA 来看，具备突出竞争优势的经济体比较有限。

上述数据分析表明，第一，尽管在数字贸易出口的国际市场份额上，大型经济体占据着主导地位，但是在反映比较优势的一系列指标衡量之下，部分中小发展中经济体呈现出一定的竞争优势，反映出虽然其市场占有率不高，但具备发展数字贸易的巨大潜力，代表性经济体包括泰国、马来西亚、菲律宾、墨西哥等。第二，RCA 和 NRCA 方面，具备较强竞争优势的经济体很少，表明数字贸易仍然处于起步阶段，方兴未艾，数字贸易会成为一片巨大的蓝海，存在巨大的发展潜力和值得探索的合作空间。第三，MS 和 TC 方面，中国的数字贸易目前占据着较高的国际地位，反映出一定的出口优势，但是用考虑进口的 RCA 和 NRCA 指标衡量，地位有所下降，竞争优势不再明显，中国数字贸易还存在向上的拓展空间，在出口优势的基础之上，有望取得进一步的发展和成就。第四，大国普遍存在规模优势，而部分小国存在比较优势，若能在数字贸易领域加强合作、共同发展，将会带来更多的多边贸易福利。

另外，分行业来看，数字化基础产业的统计结果与数字贸易总体的统计结果基本一致，且 2019 年 APEC 各经济体均参与了数字化基础产业领域，反映出数字化基础产业是 APEC 经济体数字贸易的主要组成部分。相比之下，在数字化媒体产业和数字化交易产业领域，2019 年 APEC 中分别只有 1 个和 7 个经济体参与其中，相比数字化基础产业，其属于数字贸易中较为薄弱的环节，未来可拓展的潜力较大。2019 年 APEC 经济体中只有澳大利亚参与了数字化媒体产业的国际贸易，且以 MS 和 RCA 衡量，具备较大的竞争优势。数字化交易产业方面，2019 年参与国际贸易的 7 个经济体中，日本、加拿大、澳大利亚几个发达经济体的 MS、TC 和数字贸易 RCA 比较高，呈现出较大的竞争优势，NRCA 较高的是日本，为 0.006，可见数字化交易产业上发达经济体在各方面都更占优势，这一领域是发展中经济体在数字贸易上的重大短板。

（二）中国的政策选择

第一，在推进经济转型升级的同时注重提升数字贸易领域的核心竞争力。前文的分析表明，中国在数字贸易领域存在规模方面的巨大优势，为我国数字贸易的发展奠定了良好的基础，我们在发挥和保持这一优势的同时，要注重贸易质量的提升，提高自身在数字贸易领域全球价值链的地位，在促进经济转型升级的同时提升贸易的效率和质量，进一步建立数字贸易领域的竞争优势。当前，我国经济面临转型升级，经济逐步从高速发展转变为高质量发展，数字贸易的发展也要紧跟经济改革主线，促进数字贸易的质量升级，同时将数字贸易这一新兴领域作为经济高质量发展的一部分，作为构建国内国际双循环相互促进新发展格局的重要模式。

第二，推进数字贸易多领域均衡发展，补齐短板。我国在数字贸易领域整体上处于出口大国的地位，MS 高达 14.81%，但是主要是通过数字化基础产业领域的优势达到的，数字化媒体产业和数字化交易产业相对较为薄弱。我国经济体量大、门类齐全，对数字经济相关各领域均有建设，对于具备比较优势的部门，应加快推进国际化步伐，补齐在数字化媒体产业和数字化交易产业上的短板，增强我国在数字贸易领域的综合竞争力。应进一步推动数字产业与第一产业、第二产业深度融合，利用数字技术带动传统产业提质增效，促进数字辅助性服务规模化发展；加速传统服务业数字化变革，推动更多传统服务业态加入数字化转型行列，扩展可数字化服务范围；在保证经济体经济安全、信息安全的前提下，鼓励、支持利用数字技术发展新业态、新模式。此外，互联网是发展数字贸易的重要载体，应加快城镇和农村网络普及；加快数字基础设施建设，发挥我国在5G 技术领域的优势，打造数字化程度更高、智能化水平更强、网络化连接更广的综合型数字基础设施。

第三，加强构建数字贸易领域的多边合作机制。目前来看，APEC 经济体的数字贸易发展水平呈现不均衡的状态，大型经济体，如中国、美国、日本在国际市场份额上优势巨大，大多数发展中经济体的市场占有率则不具备竞争力，但是仍然有部分发展中经济体具备较强的比较优势。我国应着力加强同其他经济体在数字贸易领域的合作，推进构建数字贸易多边格局，共同促进数字贸易发展。一方面，APEC 作为大型区域经济合作组织，成员的共同进步和发展应当是一致追求的目标，各经济体实力的整体提升也有助于每个经济体自身在数字贸易领域外部空间的拓展；另一方面，部分中小型发展中经济体在一些领域比大国更具比较优势，与这些经济体加强往来与合作有助于双边数字贸易福利的提升，也有助于自身相关数字贸易领域的建设和发展。

第四，以数字贸易为抓手，着力构建国内价值链乃至新的全球价值链。数字贸易降低了全球价值链中通信、物流、匹配等成本，推动国际分工更加专业化、价值链不断延伸。数字服务要素在投入和产出中的比重不断增长，成为价值链的重要组成部分和影响因素。应对传统的全球价值链分工对我国的影响，要以数字贸易为抓手，疏通国内循环的堵点，进一步推进稳健的国内价值链构建，从而畅通国内大循环。从国际看，除了继续加强原有全球价值链的合作之外，应在开放、共享、包容的原则下加快与 APEC 的合作，特别是大力发展跨境电商。中国的生产要素结构正在不断完善，但是短期之内参与区域要素流动的主要是相对廉价和更为优质的中低流动性生产要素，我国应精准把握当前生产要素的整体结构，可以通过加强融入亚太经合组织成员系统等方式，谋求区域高流动性生产要素，实现中国产业转型升级。

第五，大力发展专业化、高端化的生产性服务业，推进传统产业与数字经济融合。数字技术通过渗透和带动其他行业发展打通上下游产业链，对于中国提升在全球价值链中的地位意义重大。目前制约我国生产性服务业发展的主要因素在于体制机制，所以要进一步深化我国生产性服务体制改革，扩大开放。作为一体化趋势日益加深的亚太经合组织的一员，中国同样也要面临区域经济的新形态与新趋势带来的机遇和挑战。在经济体层面要坚持产业转型升级，着力提升经济体战略性新兴产业发展规划制定的前瞻性与科学性，切实保障传统产业沿着既有路径有序实现转型升级的目标。

第六，进一步提升开放水平，发展高水平开放型经济。改革开放 40 多年来，我们取得的成就是辉煌的、历史性的。尤其是党的十八大以来，我国对外开放砥砺前行，投资和市场营商环境全面提升，开放型经济发展已经站在新的历史起点上。在新时代，对外开放也面临着新形势、新要求，要充分学习领会党的十九大精神，推动构建全面开放新格局，坚定不移推动建设开放型世界经济，加快扩大开放步伐，提高对外开放水平；加快形成以国内大循环为主体、国内国际双循环相互促进的新发展格局，在对外开放上，发挥对外贸易大国优势，发展高水平开放型经济。具体到数字贸易领域，应当在进一步推动各产业领域数字化的同时，提升各产业尤其是数字领域产业的开放水平，打开相关产业数字合作的通道，尤其是同 APEC 各经济体之间的往来通道。

参考文献

[1] 邵艳红. 扩大开放背景下数字贸易发展与全球价值链地位提升[J]. 商业经济研究，2022（11）：139-142.

[2] 谭观福. 数字贸易中跨境数据流动的国际法规制[J/OL]. 比较法研究，2022（3）：1-17 [2022-06-10]. http://kns.cnki.net/kcms/detail/11.3171.d.20220601.1042.002.html.

[3] 谭洪波，夏杰长. 数字贸易重塑产业集聚理论与模式——从地理集聚到线上集聚[J]. 财经问题研究，2022（6）：43-52.

[4] 张航媛，冀雄，翁业龙. 中国数字服务贸易国际竞争力分析[J]. 商业经济，2022（7）：101-105.

[5] 金泽虎，蒋婷婷. 数字贸易助力制造业高质量发展的机理与实证研究——基于长三角样本的分析[J]. 工业技术经济，2022，41（6）：44-51.

[6] 胡国良，郭富帅. 数字贸易规则主要争议点的贸易效应实证研究——基于 PSM-DID 模型[J]. 天津商业大学学报，2022，42（3）：21-29.

[7] 陈友余，袁涛. 数字贸易助推全球供应链可持续发展[N]. 中国社会科学报，2022-05-25（011）.

[8] 方雯. 数字贸易的国际法规制研究——以 CPTPP 为视角[J]. 对外经贸，2022（5）：46-49.

[9] 赵晓斐，何卓. 数字服务贸易壁垒与价值链长度[J]. 中南财经政法大学学报，2022（3）：139-150.

[10] 张雪春，曾园园. 美国数字贸易现状与中美数字贸易关系展望[J]. 南方金融，2022（4）：3-13.

[11] 沈玉良. 数字贸易发展转折点：技术与规则之争——全球数字贸易促进指数分析报告（2021）[J]. 世界经济研究，2022（5）：3-13，135.

[12] 梁会君. 数字贸易、产业集群与经济高质量发展——基于有调节的中介效应检验[J]. 西南民族大学学报（人文社会科学版），2022，43（5）：109-121.

[13] 杨慧瀛，苗苗. 数字贸易壁垒对我国跨境电商企业的影响研究[J]. 对外经贸实务，2022（5）：40-43.

[14] 刘鹏. 数字贸易发展现状及展望探讨[J]. 商展经济，2022（9）：15-17.

[15] 任晓霞. 数字贸易规则对全球价值链重构的影响及其优化路径[J]. 价格月刊, 2022（6）：76-81.

[16] UK and Singapore Sign New Innovative Digital Trade Deal[J]. M2 Presswire,2022.

[17] Digital Trade Key to Unlocking Opportunities of the Future[J]. M2 Presswire,2021.

[18] Qigang Yuan, Minzhe Wang,Yue Li. Comparison and Inspiration of Digital Trade Promotion Policies[J]. Journal of Simulation, 2021, 9(4).

[19] Slok Wodkowska Magdalena, Mazur Joanna. The EU's Regional Trade Agreements: How the EU Addresses Challenges Related to Digital Transformation[J]. International Journal of Management and Economics, 2021, 57(2).

[20] Ruofei Yan. Innovation and Exploration of Digital Trade Business Environment-Based on RCEP Background[J]. Scientific Journal of Economics and Management Research, 2021, 3(2).

[21] Alvarez Leon Luis F. Digital Trade and the Remaking of the North American Regional Economy[J]. Regionales-Journal of Regional Research, 2021(50).

APEC 数字服务贸易发展与合作

孟　夏　张俊东　董文婷*

摘　要：近年来，亚太地区数字服务贸易迅速发展，为经济增长注入了新活力。APEC 成员具有显著多样性，存在不同程度的数字服务贸易壁垒。亚太区域内部应加强合作，减少限制性措施，进一步释放数字经济活力。加强数字服务贸易合作，是 APEC 构建更加开放的贸易投资环境的重要因素，有助于地区经济持续增长，实现数字时代的繁荣发展。

关键词：APEC；数字服务贸易；数字服务贸易壁垒

数字技术推动经济增长是当今世界经济的重要特征。近年来，亚太地区数字经济迅速发展，数字服务贸易在规模、结构、贸易壁垒及规则等方面的变化与趋势愈发值得关注。APEC 在继续推动传统领域合作进程的同时，也应当重视数字服务贸易带来的机遇与挑战，为各成员经济增长与区域合作注入新活力。

一、数字服务贸易相关概念界定

（一）数字贸易

2013 年，美国国际贸易委员会（USITC）首次提出数字贸易是指在国际和国内贸易中通过互联网传输货物或服务的商业活动。2017 年，USITC 对数字贸易做出最新定义，即通过互联网及智能手机、网络连接传感器等相关设备交付的产品和服务，涉及互联网基础设施及网络、云计算服务、数字内容、电子商务、工业应用和通信服务 6 种类型的

---

* 孟夏，南开大学 APEC 研究中心教授，博士生导师。张俊东，南开大学经济学院博士研究生。董文婷，南开大学经济学院博士研究生。

数字产品和服务。

2020 年，OECD、WTO、IMF 联合发布《数字贸易测度手册》，将数字贸易定义为以数字订购和（或）数字交付方式开展的贸易活动。这一框架形成数字贸易的广义范畴，包括贸易标的（服务、商品和数据）、贸易方式（数字订购、数字交付和数字中介平台交易）、贸易对象（企业、政府、住户等）及信息来源（非货币交易）四个方面。

联合国贸易和发展会议（UNCTAD，2020）采取了类似的数字贸易定义，将数字贸易定义为通过电子商务手段进行的商品贸易（包括 ICT 制造产品）、ICT 服务，以及通过 ICT 网络（如语音或数据网络、互联网）实现远程交付的其他服务和产品。

中国信息通信研究院对数字贸易的定义也较为宽泛，强调贸易方式数字化和贸易对象数字化两大特征，既包括实物商品贸易，又涵盖数字服务贸易，以数据形式存在的要素、产品和服务是重要的贸易标的。

（二）数字服务贸易

数字服务贸易是数字贸易的重要组成部分。中国信息通信研究院（2019）将数字服务界定为可通过互联网进行远程交付的产品和服务，包括 ICT 服务产业、数字媒体产业，以及金融、知识产权等数字交付程度较高的服务。随后又进一步延伸至服务贸易中的数字服务、可数字化服务，以及跨境电商、供应链数字化中涉及的可跨境数字服务。[①]《中国数字服务贸易发展报告 2018》指出，数字服务贸易依赖于数字化载体，包括传统服务产业的数字化，以及技术迭代后所催生的全新经济模式或业态。整体而言，对于数字服务贸易通过网络传输交付的特性已形成广泛共识，但是对具体服务类别和范围的界定尚不统一。

基于数字贸易与服务贸易的特征，本文将数字服务贸易定义为通过互联网进行跨境交付的服务贸易，包括可交付的数字化转型服务，电信、计算机和信息服务贸易，数字内容贸易，可数字交付的其他服务贸易四个方面。

对于数字服务贸易的统计测度，本文沿用 UNCTAD（2015）的方法，根据扩展的国际收支服务分类（EBOPS），即以可数字交付的服务为对象，具体包括保险和养老金服务，金融服务，知识产权使用费，电信、计算机和信息服务，其他商业服务，个人、文化和娱乐服务共 6 个部门大类。其中，电信、计算机和信息服务属于数字贸易概念界定中的核心要素，个人、文化和娱乐服务对应狭义范畴中的数字内容，其余四类服务则属

---

① 中国信息通信研究院《数字贸易发展白皮书（2020 年）——驱动变革的数字服务贸易》，https://www.caict.ac.cn。

于数字化交付或可数字化交付的传统服务及数字化转型服务。

二、APEC 成员数字服务贸易发展

数字服务贸易在整体贸易中的地位不断提升，新服务模式和服务业态已广泛渗透到经济社会的各个领域，深刻影响国际贸易分工格局与利益分配，成为助推贸易增长的重要力量。

（一）APEC 整体数字服务贸易现状

1. 数字服务贸易规模

总体来看，APEC 成员数字服务贸易规模稳步增长，在服务贸易中的主导地位逐渐显现，始终保持较高的服务进出口贡献率，在全球服务贸易市场上表现强劲。2020 年，APEC 整体数字服务贸易总额为 21 891.46 亿美元，相比 2005 年增长 1.9 倍。①

同期，APEC 数字服务出口规模达到 11 963.49 亿美元，占服务出口总额的 64.1%，比重较 2019 年提高 13.9%；占全球数字服务出口总额的 37.8%，较上年度增长约 1 个百分点。在 2020 年全球数字服务出口及各成员服务贸易大幅下滑的背景下，APEC 整体数字服务贸易仍然维持了正向增长。2015—2020 年，APEC 数字服务出口额占其服务出口总额的平均比重为 51.5%，占全球数字服务出口总额的平均比重为 37.1%。

进口方面，2020 年 APEC 数字服务进口规模为 9953.84 亿美元，占服务进口总额的 55.8%，比重较 2019 年提高 13.4%。2015—2020 年，数字服务进口额占服务进口总额的平均比重为 43.8%。APEC 数字服务贸易整体表现为贸易盈余，且盈余规模呈逐年上升趋势（见表1）。

表 1　APEC 整体数字服务贸易占服务贸易比重及贡献率　　　　单位：%

年份	数字服务出口		数字服务进口	
	占 APEC 服务出口比重	对 APEC 服务出口贡献率	占 APEC 服务进口比重	对 APEC 服务进口贡献率
2006	42.6	54.0	38.3	56.2
2007	43.8	49.4	39.2	45.7
2008	43.1	38.4	40.2	47.4
2009	45.9	14.9	43.2	9.8
2010	44.2	33.3	41.9	32.8
2011	45.4	55.8	42.0	43.0

① 部分经济体进口数据缺失，贸易总额采用剔除了数据缺失经济体的样本计算。

续表

年份	数字服务出口		数字服务进口	
	占 APEC 服务出口比重	对 APEC 服务出口贡献率	占 APEC 服务进口比重	对 APEC 服务进口贡献率
2012	45.2	39.8	41.0	27.9
2013	45.8	59.1	41.5	51.8
2014	47.4	75.8	40.5	28.6
2015	47.8	18.6	40.2	47.3
2016	48.7	98.4	41.4	147.7
2017	49.2	56.6	41.7	46.2
2018	49.1	47.7	40.9	29.3
2019	50.3	98.4	42.5	219.4
2020	64.1	−1.6	55.8	−1.0

资料来源：根据联合国贸易和发展会议数据库（https://unctadstat.unctad.org/EN/）计算得到。

2. 数字服务贸易结构

APEC 整体数字服务贸易出口部门结构中，其他商业服务、金融服务具有较高的出口份额。2020 年，其他商业服务，金融服务，知识产权使用费，电信、计算机和信息服务，保险和养老金服务，以及个人、文化和娱乐服务部门出口额占 APEC 数字服务贸易出口总额的比重分别为 41.9%、20.1%、15.9%、15.5%、3.7%、2.8%。2015—2020 年，6 个部门的出口额平均占比分别为 42.6%、19.7%、17.3%、13.5%、3.7%、3.2%。总体来看，数字服务贸易部门结构比较稳定，其他商业服务在数字服务出口中始终占据主要地位。尽管不同年份各部门所占比重有所变化，但其位次均保持不变。就趋势而言，电信、计算机和信息服务部门在数字服务出口中所占比重提高最多，年均提高 0.8 个百分点。

进口部门结构中，其他商业服务和知识产权使用费的进口规模较大。2020 年，其他商业服务，知识产权使用费，电信、计算机和信息服务，保险和养老金服务，金融服务，以及个人、文化和娱乐服务部门进口额占 APEC 数字服务贸易进口总额的比重分别为 43.5%、17.6%、14.8%、11.0%、9.5%、3.6%。2015—2020 年，6 个部门进口额平均占比分别为 45.8%、17.6%、13.7%、10.7%、9.0%、3.5%。与出口情况相似，APEC 数字服务进口部门结构也相对稳定，其他商业服务始终是数字服务进口份额最高的部门，各部门进口额所占比重位次没有变化（见表 2）。

表 2　2020 年 APEC 数字服务贸易部门结构　　　　单位：亿美元，%

部门	数字服务出口			数字服务进口		
	出口额	增长率	占 APEC 数字服务出口比重	进口额	增长率	占 APEC 数字服务进口比重
其他商业服务	5060.09	−1.7	41.9	4297.69	−2.0	43.5
金融服务	2426.66	5.2	20.1	933.99	3.2	9.5
知识产权使用费	1925.12	−2.0	15.9	1739.10	3.1	17.6
电信、计算机和信息服务	1871.83	5.6	15.5	1464.44	4.5	14.8
保险和养老金服务	448.74	6.5	3.7	1088.94	6.8	11.0
个人、文化和娱乐服务	337.33	−3.1	2.8	350.40	1.9	3.5

资料来源：根据联合国贸易和发展会议数据库（https://unctadstat.unctad.org/EN/）计算得到。

注：2020 年部分成员数字服务进口数据缺失，表中进口相关数据均按照剔除了缺失数据成员的样本计算。

（二）主要成员数字服务贸易发展

APEC 成员数字服务贸易水平差距明显，少数成员贸易规模较大，居于优势地位。2020 年，美国、中国、日本的数字服务贸易总额分别为 8507.18 亿美元、2939.85 亿美元、2480.19 亿美元，在 APEC 成员中居前三位。

数字服务出口方面，2020 年，美国、中国、新加坡、日本、加拿大的数字服务出口额分别为 5330.93 亿美元、1543.75 亿美元、1222.74 亿美元、1147.41 亿美元、609.56 亿美元，占 APEC 数字服务出口额的比重分别为 44.7%、12.9%、10.2%、9.6%、5.1%，合计占成员整体总出口额的 82.5%。2016—2020 年，5 个成员在 APEC 整体出口额中的平均比重为 81.8%。从趋势来看，美国所占份额逐年下降，中国、新加坡份额显著提高。韩国、中国香港、菲律宾、俄罗斯等也达到一定的出口规模，其余经济体出口额相对较小（见表 3）。

表 3　2020 年 APEC 主要成员数字服务出口　　　　单位：亿美元，%

成员	出口额	占 APEC 数字服务出口比重	占全球数字服务出口比重	占本国服务出口比重	增长率
中国	1543.75	12.9	4.9	55.0	7.5
韩国	435.47	3.6	1.4	49.9	3.5
新加坡	1222.74	10.2	3.9	65.2	−2.0
智利	31.64	0.3	0.1	50.1	−10.7

续表

成员	出口额	占 APEC 数字服务出口比重	占全球数字服务出口比重	占本国服务出口比重	增长率
中国香港	394.07	3.3	1.2	61.8	−3.3
印度尼西亚	72.80	0.6	0.2	48.8	−16.2
马来西亚	108.55	0.9	0.3	49.7	−3.6
墨西哥	8.45	0.3	0.1	22.7	1.0
菲律宾	234.69	2.0	0.7	74.7	−2.1
俄罗斯	204.94	1.7	0.7	43.2	−3.4
泰国	136.16	1.1	0.4	43.0	1.9
美国	5330.93	44.7	16.8	75.6	0.8
日本	1147.41	9.6	3.6	71.6	−2.5
加拿大	609.56	5.1	1.9	71.3	3.3
澳大利亚	163.46	1.4	0.5	33.7	−7.1
新西兰	37.52	0.3	0.1	32.0	−3.6

资料来源：根据联合国贸易和发展会议数据库（https://unctadstat.unctad.org/EN/）数据计算得到。

数字服务进口方面，2020 年美国、中国、日本、新加坡、加拿大的数字服务进口额依次为 3176.25 亿美元、1396.10 亿美元、1332.78 亿美元、1069.19 亿美元、597.58 亿美元，占 APEC 数字服务进口额的比重分别为 31.9%、14.0%、13.4%、10.7%、6.0%，合计占成员整体总进口额的 76.0%。2016—2020 年，5 个成员在 APEC 整体进口额中的平均比重为 74.7%。韩国、俄罗斯、泰国的数字服务进口也具备一定规模，进口额分别为 520.17 亿美元、329.34 亿美元、243.86 亿美元，其余经济体进口规模较小。[①]

除加拿大、中国、中国香港、新加坡、美国、菲律宾以外，其余经济体均出现贸易赤字。美国、中国香港、新加坡盈余规模位居前列，2020 年分别达到 2154.68 亿美元、168.56 亿美元、153.55 亿美元。2005—2020 年，美国一直为数字服务贸易净出口国，贸易盈余持续扩大。中国、新加坡从 2018 年开始由赤字转为盈余。

各成员数字服务出口部门结构中，其他商业服务普遍占据首位，其余部门的构成特征在成员之间有所差异。就各成员部门出口占 APEC 整体比重而言，发达成员具有显著优势。美国 5 个数字服务部门出口额占 APEC 的比重始终居于第一位。

---

① 根据联合国贸易和发展会议数据库（https://unctadstat.unctad.org/EN/）数据计算得到。

三、APEC 成员数字服务贸易政策

（一）主要成员的数字服务贸易政策

按照基础设施和连通性、电子交易、支付系统、知识产权及影响数字化服务贸易的其他措施对 APEC 主要成员数字服务贸易政策进行分类，总体来看，发达成员呈现出"准入严、监管松"的特点，发展中成员的监管措施更为严格。①政策差异主要体现在数据流动、网络平台管理等方面。多数 APEC 成员对数字服务贸易自由化持开放态度（见表4）。

表 4　APEC 主要成员数字服务贸易政策

成员	政策分类	数字服务贸易政策
中国	基础设施和连通性	《个人信息和重要数据出境安全评估方法》
	电子交易	《中华人民共和国电子商务法》《网络商品交易及有关服务行为管理暂行办法》《关于促进跨境电子商务健康快速发展的指导意见》
	支付系统	《非金融机构支付服务管理办法》《支付机构外汇业务管理办法》《跨境支付服务管理办法（征求意见稿）》
	知识产权	《中华人民共和国专利法》《中华人民共和国知识产权海关保护条例》
	影响数字化服务贸易的其他措施	《中华人民共和国网络安全法》《信息网络传播权保护条例》
美国	基础设施和连通性	《大数据研究与发展倡议》《消费者隐私法》
	电子交易	《美国统一电子交易法案》
	支付系统	《电子货币与安全硬件法案》
	知识产权	《与贸易有关的知识产权协议》《通信规范法》《数字千年版权法》
	影响数字化服务贸易的其他措施	《国家技术转让和促进法案》《ISP 安全港条例》
日本	基础设施和连通性	《个人信息保护法》《个人资料（私隐）条例》
	电子交易	《电子签名法》《电子签名及认证业务的法律》
	支付系统	《银行法》《外汇与对外贸易法修正案》
	知识产权	《知识产权推进计划 2021（方案）》
	影响数字化服务贸易的其他措施	《关于提高特定数字平台透明性及公平性的法律》《广播法》

① 余振. 全球数字贸易政策：国别特征、立场分野与发展趋势[J]. 国外社会科学，2020（4）：33-44.

续表

成员	政策分类	数字服务贸易政策
加拿大	基础设施和连通性	《数字宪章实施法》《个人信息保护和电子文件法》
	电子交易	《统一电子商务法》《电子认证原则》《安全电子签名规定》
	支付系统	《统一电子商务法》
	知识产权	《专利法》《著作权法》《商标法》
	影响数字化服务贸易的其他措施	《预算实施法案》《竞争法》
韩国	基础设施和连通性	《云计算发展及保护使用者相关法律》《云服务保护指导条例》
	电子交易	《电子商务基本法》
	支付系统	《关于设立和经营纯互联网银行的特别法》
	知识产权	《专利法》《版权法案》
	影响数字化服务贸易的其他措施	《电子通信商务法》《互联网多媒体广播商业法》
俄罗斯	基础设施和连通性	《俄罗斯联邦信息、信息化和信息保护法》《公民隐私权保护条例》《通信法》《通信技术标准》
	电子交易	《俄罗斯联邦电子商务法》
	支付系统	《关于国家支付系统法》
	知识产权	《俄罗斯联邦专利法》
	影响数字化服务贸易的其他措施	《通信法》《大众媒体法》
印度尼西亚	基础设施和连通性	《电子系统个人数据保护规定》《印度尼西亚数据保护概述》《通用数据保护条例》
	电子交易	《信息和电子交易法》
	支付系统	《消费者保护（电子商务）条例》
	知识产权	《印度尼西亚共和国专利法》
	影响数字化服务贸易的其他措施	《国有企业法》

资料来源：根据中华人民共和国商务部（http://www.mofcom.gov.cn/）、中华人民共和国海关总署（http://www.npc.gov.cn/）、世界知识产权合作组织（https://www.wipo.int/）等资料汇总整理。

在跨境数据流动方面，大部分 APEC 成员采取比较严格的限制措施。印度尼西亚、俄罗斯、泰国、文莱等发展中成员出于保护本国企业的目的限制跨境数据流动，制定了数据本地化等规则。日本、加拿大等发达成员的跨境数据流动措施也比较严格，强调将数据留在本国之内。美国拥有全球化的网络搜索引擎、社交网络媒体、大型服务器商及可以搜集国际化信息的企业，强调跨境数据流动自由化。2012 年，美国发布《大数据研究与发展倡议》，不断推进政府数据公开力度。2022 年，美国与加拿大、日本、韩国、菲律宾、新加坡等共同发布全球跨境隐私规则声明，致力于促进数据自由流通与有效的隐私保护。

APEC 成员有关电子交易的相关政策可以分为两类，一类立法较早，规则相对健全，网络环境相对自由；另一类立法较晚，借鉴现存规则的同时具有国家特色，网络环境相对严苛。发达国家成员中，以美国为例，其在 20 世纪 90 年代中期开始着手电子商务相关立法，此后成为被广泛借鉴的对象。发展中成员中，新加坡有关电子商务的立法发展较快，其中规定了电子签名安全认证机构审核、电子合同的效力、网络服务提供商的责任等内容。整体来看，亚太地区与电子交易相关的政策措施近年来趋于宽松。

目前，APEC 成员均可以通过快速支付系统（FPS）进行支付。各成员也在积极开发更具有本国特色的支付系统，如中国央行数字货币 DC/EP、加拿大央行基于区块链技术的支付项目 Jasper、新加坡金融管理局央行数字货币项目 Ubin 等。电子支付方便快捷，但是也存在需要进一步解决的问题，比如消费者隐私泄露、税收征管风险等，在未来法规中应当加以完善。

知识产权方面，APEC 成员间在是否应该公开源代码方面存在较大差异。《美墨加自由贸易协定》（USMCA）、《全面与进步跨太平洋伙伴关系协定》（CPTPP）、《新加坡-澳大利亚数字经济协议》（SADEA）等禁止将开放源代码作为进口条件。《区域全面经济伙伴关系协定》（RCEP）、《数字经济伙伴关系协定》（DEPA）等则未明确设置有关源代码的条款。多数 APEC 成员在知识产权方面的数字贸易限制指数（DSTRI）均为 0，反映出亚太区域知识产权的监管与法规日趋完善。

此外，还有诸多影响数字化服务贸易的其他措施。在商业本地化政策及强制性技术转让方面，加拿大、美国、秘鲁和日本认为，各成员不得强制要求服务提供商使用当地计算基础设施，不得强制要求技术转让，而部分发展中成员对此方面没有明确规定，成员之间的规则有较大差异。在本地进入政策方面，各成员均对外国企业的本地进入有所限制，但是限制程度不同。美国在教育与科学技术基础设施领域拥有领先优势，针对威胁本国企业地位的外资进入采取较为严格的限制措施，如外国投资委员将对外资进入进行经济安全审查。中国的《中华人民共和国网络安全法》、俄罗斯的《通信法》等法规则是为了保护本国企业免受信息泄露风险，更加注重安全性。在网络内容许可方面，美国等成员倡导建立自由开放的网络访问空间，这一点也体现在日本的《关于提高特定数字平台透明性及公平性的法律》、韩国的《互联网多媒体广播业务法》等相关法律中。多数发展中成员设置了网络审查制度，防止不良内容传播，但总体上对网络供应商服务内容的限制在逐渐减少。

（二）FTA 框架下的数字服务贸易规则

目前，欧式模板和美式模板是区域框架下数字贸易规则的典型代表。亚太地区存在多个 FTA，其中，CPTPP、USMCA 都包含数字服务贸易的重要内容，其余多数 FTA 没有涉及数字贸易的实质性条款。

CPTPP 承袭了 TPP 的整体框架，第 14 章（电子商务）、第 11 章（金融服务）、第 9 章（投资）、第 18 章（知识产权）等章节涉及数字服务贸易相关内容，主要规则包括：①任何一方不得就一方人员与另一方人员之间的电子传输，包括以电子方式传输的内容征收关税；②数字产品非歧视性待遇（不包括广播）；③跨境数据自由流动，即允许通过电子方式跨境传输信息，但同时允许保留为实现合法公共政策目标而采取的例外措施；④数据存储的非强制本地化，即任何缔约方不得要求相关人员在该方领土内使用或设置计算设施作为在其领土内开展业务的条件；⑤源代码保护，即任何缔约方不得将转让或访问另一缔约方个人所拥有的软件源代码作为在其领土内进口、销售或使用该类软件或含有该类软件的产品的条件，但条款中所指的软件仅限于大众市场软件或包含该类软件的产品，不包括用于关键基础设施的软件。至于关键基础设施的范围，条款并未明确解释。

USMCA 涉及数字服务贸易的章节主要包括第 19 章（数字贸易）、第 14 章（投资）、第 17 章（金融服务）、第 20 章（知识产权）及第 12 章（附件）等。与 CPTPP 相比，USMCA 有关数字服务贸易的规则更加全面，主要包括：①任何一方不得就一方人员与另一方人员之间通过电子方式传输的数字产品进口、出口或与之相关的进口、出口征收关税或其他费用。②数字产品非歧视性待遇（包括广播）。③跨境数据自由流动。USMCA 剔除了 CPTPP 第 14 章第 11 条关于各缔约方对通过电子方式传输信息可设有各自监管要求的条款，但依然保留了公共政策目标的例外情况。④数据存储的非强制本地化，并且没有任何例外。⑤源代码保护。USMCA 第 19 章第 16 条要求，不得以转让、访问企业的软件源代码或该源代码表达的算法作为市场准入条件。⑥网络中介责任豁免。USMCA 第 19 章第 17 条规定，在非知识产权侵权领域中确定与信息存储、处理、传输、分配或由服务带来的损害等相关的侵权责任时，任何一方不得将交互式计算机服务供应商或用户视为信息内容提供商，除非供应商或用户已经全部或部分创造或开发了相关信息。对于用户在互联网上传输信息导致的侵权行为，互联网服务提供者作为中间服务商无须承担法律责任，这明显加强了在第三方侵权情形下对网络中介的保护力度。⑦保证 ICT 产品加密技术的完整性。USMCA 规定，缔约方不能要求 ICT 货物的提供商和制造商将转移相关加密内容或提供加密技术权限作为在其领土内制造、销售、分销、进口和使用该 ICT 货物的条件。

电子传输免除关税、跨境数据自由流动、数据存储非强制本地化、源代码保护、网络中介责任豁免、技术非强制本地化及数字产品非歧视性待遇等是美式模板的核心规则。尽管目前 APEC 成员缔结的 FTA 大多没有涉及数字服务贸易领域，但是随着数字服务贸易的发展，区域贸易自由化进程中将纳入更多的数字规则，以提高数字产品市场准入程度，促进数据流动，保护数字知识产权与创新。数字经济为亚太地区经济增长注入了活力，也给后茂物目标时代的 APEC 合作带来新挑战。

四、加强 APEC 数字服务贸易合作

开放的贸易和投资是保持经济长期增长的重要驱动力。APEC 成员众多，具有显著多样性，在数字服务贸易方面也存在不同程度的壁垒。亚太区域内部应加强合作，减少限制性措施，进一步释放数字经济活力，促进数字服务贸易快速发展。

（一）APEC 成员数字服务贸易壁垒

1. 概念界定

与传统国际贸易相比，数字贸易包含更多新特点。参照美国国际贸易委员会（2014）的分类，数字贸易壁垒包括数字贸易关税壁垒和数字贸易非关税壁垒。数字贸易关税壁垒指各国对涉及大量 ICT 中间产品及数字产品的进口设置关税。数字贸易非关税壁垒是指对 ICT 基础设施、数据流、数字平台、人才及资金支持等施加限制。数字服务贸易壁垒则是对数字贸易壁垒中的服务部门设置限制性措施。

在上述概念的基础上，以 OECD 于 2019 年发布的《数字服务贸易限制性指数报告》为标准，对数字服务贸易壁垒涉及的服务部门进行分类，包括以下十大类：①计算机服务；②建筑服务；③专业服务（会计和审计、建筑、工程和法律服务）；④电信服务；⑤配送服务；⑥运输服务（航空、海事、铁路和公路运输）；⑦邮政和快递服务；⑧金融服务（商业银行和保险）；⑨视听服务（广播、录音和电影）；⑩物流服务（货物处理、仓储、货运和海关经纪人）。

数字服务贸易限制性措施包括 5 个领域，即基础设施和连通性、电子交易、支付系

统、知识产权、影响数字化服务贸易的其他措施。具体来看，基础设施和连通性涵盖了参与数字贸易通信基础设施的相关措施及影响连通性的政策，如跨境数据流动和数据本地化的措施。电子交易类措施主要涉及电子商务许可、网上税务登记和申报、电子合同、电子认证、电子签名等。支付系统措施主要包括电子支付权限、国内安全标准及互联网银行相关的限制。知识产权措施包括版权和商标有关的侵权行为、执法机制等。影响数字化服务贸易的其他措施包括强制性技术转让、下载和流媒体的限制、线上广告限制、商业本地化要求、在线反竞争行为的监管缺失等。

2. 数字服务贸易壁垒度量

现阶段，OECD 开发的数字服务贸易限制指数（DSTRI），是测度数字服务贸易限制程度的重要指标之一。该指数将定性信息转化成定量数据，评分采用二进制方法，用"是"与"否"来回答是否有贸易限制性措施。没有限制性措施赋值为 0，有限制性措施赋值为 1。制定指数需要为基础设施和连通性等 5 个领域赋予权重，采用专家判断的方法进行赋值。基础设施和连通性、电子交易、支付系统、知识产权和影响数字化服务贸易的其他措施 5 个领域的权重分别为 55%、13%、6%、14%、12%。将评分进行汇总，最终得到数字服务贸易限制指数。

3. APEC 成员数字服务贸易壁垒现状

利用 DSTRI 测度 APEC 成员数字服务贸易壁垒，结果显示，发达成员壁垒程度普遍低于发展中成员。2020 年，加拿大、日本、美国、澳大利亚的 DSTRI 分别为 0、0.082、0.061、0.061，均小于 0.1。2014—2020 年，美国、新西兰、澳大利亚、马来西亚、文莱、智利、秘鲁、泰国的 DSTRI 未发生变化；日本、韩国、中国、中国香港、墨西哥、印度尼西亚、俄罗斯的 DSTRI 出现了不同程度的提高；加拿大呈下降趋势。可以看出，DSTRI 的时间变化趋势并不明显，近年来大部分 APEC 成员有关数字服务贸易的限制壁垒并未削减（见表 5）。

表 5　2014—2020 年 APEC 成员数字服务贸易限制性指数

成员	2014	2015	2016	2017	2018	2019	2020
美国	0.061	0.061	0.061	0.061	0.061	0.061	0.061
日本	0.043	0.043	0.043	0.082	0.082	0.082	0.082
加拿大	0.021	0.021	0.021	0	0	0	0
新西兰	0.14	0.14	0.14	0.14	0.14	0.14	0.14
澳大利亚	0.061	0.061	0.061	0.061	0.061	0.061	0.061

续表

成员	2014	2015	2016	2017	2018	2019	2020
中国	0.467	0.467	0.488	0.488	0.488	0.488	0.488
中国香港	0.105	0.105	0.105	0.105	0.105	0.105	0.145
韩国	0.141	0.123	0.123	0.123	0.123	0.145	0.145
墨西哥	0.278	0.079	0.079	0.079	0.079	0.079	0.079
马来西亚	0.126	0.126	0.126	0.126	0.126	0.126	0.126
文莱	0.231	0.231	0.231	0.231	0.231	0.231	0.231
智利	0.263	0.263	0.263	0.263	0.263	0.263	0.263
印度尼西亚	0.307	0.307	0.307	0.307	0.307	0.307	0.329
秘鲁	0.242	0.242	0.242	0.242	0.242	0.242	0.242
俄罗斯	0.281	0.321	0.321	0.34	0.34	0.358	0.38
泰国	0.3	0.3	0.3	0.3	0.3	0.3	0.3

资料来源：OECD 数据库，https://stats.oecd.org/?datasetcode=STRI_DIGITAL。

注：OECD 数据库未报告新加坡、巴布亚新几内亚、菲律宾、越南的数字服务贸易限制性指数。

  APEC 成员在不同领域的数字服务贸易壁垒差距较大，尤其体现在基础设施和连通性领域。美国、加拿大、日本、韩国等成员在支付系统、知识产权影响数字服务贸易的其他障碍领域中的 DSTRI 均为 0，多数成员在各领域中均有所限制。

  与基础设施连通性相关的约束性举措围绕跨境数据流动而展开，各成员在限制跨境数据流动方面的政策措施不同。电子交易领域的限制性指数差距较小，限制措施通常涉及电子商务活动许可证的歧视条件、非居民类企业通过网络完成税务登记与申报的概率、不遵循国际认可的电子合同准则、严禁运用电子认证的举措及欠缺处理争议的体系等领域。支付系统领域的差异主要体现在发达成员所推出的快速支付系统中。例如，欧元区的支付结算系统 TIPS、美国的即时支付系统 FedNow 提案等都有利于提高跨境支付的开放程度。个别成员通过控制国际资金清算系统（SWIFT），在跨境支付中享有一定程度的主动权。在影响数字服务贸易的其他障碍领域，美国、日本、加拿大、澳大利亚的 DSTRI 均为 0，其余 APEC 成员的 DSTRI 在 0.1 左右。可以看出，发达成员与发展中成员的经济发展水平不同，数字化发展进程不一致，对数字服务贸易治理的诉求与规则也存在分歧。

（二）加强 APEC 数字服务贸易合作

  2020 年以后，APEC 合作在布特拉加亚愿景引领下进入新阶段。数字经济时代，服务贸易对本地区经济的重要性尤为突出。

早在 1995 年，APEC《大阪行动议程》即确立了服务领域自由化目标，旨在减少对服务贸易市场准入的限制。2009 年，APEC 制定了《APEC 跨境服务贸易原则》，同时公布了《服务行动计划》（SAP）。2012 年以后，APEC 政策支持小组（PSU）每两年对茂物目标的进展进行评估。结果显示，APEC 各成员在前期自由化成果的基础上继续深入推进服务市场的开放，并取得了一定成果，但仍然存在进一步自由化的空间。2015 年，APEC 批准了《亚太经合组织服务业合作框架》，就服务业发展设立长期愿景达成共识，提出了 APEC 服务领域的合作原则及未来发展方向。2016 年，各成员达成《APEC 服务业竞争力路线图（2016—2025）》，进一步落实服务业合作框架。各成员承诺为提升服务业竞争力提供最有利的支持环境，并将根据需要开展相关能力建设活动。为有效地实施路线图，APEC 制订了相关计划，列明主要合作项目实施的目标、背景、负责机构等内容，涉及教育、旅游、电信、运输、金融及规制合作、互联互通及粮食安全等跨领域和跨部门合作。

在数字经济领域，APEC 在诸多方面提出了合作倡议和行动议程，并逐步推进实施。自 1997 年起，APEC 开始讨论电子商务问题。1998 年，批准通过了《APEC 电子商务行动计划》，制订了如下行动计划：加强研究并从相关案例研究中汲取经验，通过建立中小企业、政府和工商/公共部门的伙伴关系，便利和支持电子商务活动；开展工作，制定关于电子商务采纳、使用和流量测量的标准和指数；研究使用电子商务的经济成本；进一步开展经济技术合作，以方便各经济体中采纳、使用电子商务。2000 年，APEC 文莱会议通过了《新经济行动议程》，从创造有利于加强市场结构与机制的环境，创造有利于基础设施投资、技术开发与企业家精神发挥的环境，加强人才能力建设与培养企业家精神等方面，提出了二十余项具体行动。2001 年，APEC 制定了《数字 APEC 战略》，目标涵盖加强市场和机制建设、创建基础设施投资和技术发展的环境，以及人力资源能力建设和企业家精神三个方面，具体包括：完善结构改革；健全宏观经济政策框架；进行规章制度改革；完善金融和公司治理；建立法律和规制框架，为增强企业投资提供根本性支持；建设竞争性和牢固的网络基础设施；为服务的"价值网络"发展竞争性市场。2010 年，《亚太经合组织领导人增长战略》为 APEC 数字经济合作提供了更为宏观的方向性框架。此后，APEC 持续推进数字经济合作，分别制定了《APEC 促进互联网经济合作倡议》《APEC 数字时代人力资源开发框架》《APEC 跨境电子商务便利化框架》《APEC 互联网和数字经济路线图》及《APEC 数字经济行动议程》等。APEC 在数字基础设施、信息安全、数据流动、电子商务和数字贸易、相关法律框架、人力资源开发，以及中小企业发展等方面持续推进数字经济合作。

APEC 在服务贸易及数字经济领域的合作已有一定基础。为促进数字服务贸易发展，未来应当继续扩大服务市场准入，建设具有活力、包容性、非歧视的数字经济。应当重点推动《APEC 互联网和数字经济路线图》确立的合作领域，包括发展数字基础设施，促进互操作性，实现宽带的普遍接入，为互联网和数字经济制定全面的政府政策框架，加强影响互联网和数字经济监管方式的协调与合作，推动技术、服务的革新和应用，增强 ICT 使用的信任和安全，在符合国内相关法律法规和监管要求的基础上促进信息、数据的自由流动，完善互联网和数字经济测度，增强互联网和数字经济的包容性，促进电子商务，加强数字贸易合作等方面。

根据布特拉加亚愿景，APEC 将努力创造自由、开放、公平、非歧视、透明及可预测的贸易和投资环境，这是未来亚太区域经济增长的重要驱动力之一。加强数字服务贸易合作，是 APEC 构建更加开放的贸易投资环境的重要因素，有助于促进各成员经济持续增长，实现数字经济时代的繁荣发展。

参考文献

[1] 向书坚，吴文君. OECD 数字经济核算研究最新动态及其启示[J]. 统计研究，2018，35（12）：3-15.

[2] 陈维涛，朱柿颖. 数字贸易理论与规则研究进展[J]. 经济学动态，2019（9）：114-126.

[3] 盛斌，高疆. 数字贸易：一个分析框架[J]. 国际贸易问题，2021（8）：1-18.

[4] 吴翌琳，王天琪. 数字经济的统计界定和产业分类研究[J]. 统计研究，2021，38（6）：18-29.

[5] 陈晓红，李杨扬，宋丽洁，等. 数字经济理论体系与研究展望[J]. 管理世界，2022，38（2）：13-16，208-224.

全球数字税的新进展和应对策略

摘　要：伴随着数字经济的飞速发展，全球经济的运行效率出现了质的飞跃。然而，数字经济也给现行税收体制带来了严峻的挑战。2020 年新冠肺炎疫情席卷全球，许多国家开始出现财政收支困难。部分国家和国际组织认为数字经济带来税收挑战是肇因之一，因而积极在国际合作层面寻求解决方案。这种尝试逐渐演变成全球税收体制改革的大浪潮，其结果可能重塑整个国际税收体制，并对国际经济合作和数字经济发展造成颠覆性影响。鉴于数字税是此次税收体制改革的核心，本文将梳理并总结主要国际组织和经济体在数字税方面开展的行动，并从亚太区域合作层面提出应对数字税的政策建议。

关键词：数字经济；税收体制；数字税；跨国公司

经济的数字化转型促使新的商业模式、新的产品和服务，以及新的经营方式产生。数字经济正在快速增长，预计未来几年将持续扩张。根据世界银行的数据，在过去 15 年，数字经济的增长速度是全球 GDP 的 2.5 倍，2021 年其占全球 GDP 的份额达到 15.5%。[①]

数字经济时代，企业可以依托无形资产和互联网技术，无须借助商业存在，即可在不同国家和地区开展经营活动，其跨境提供产品和服务的能力及跨区域整合业务的效率都明显提高。数字经济在提升全球经济运行效率的同时，也给现行税收体制带来了严峻的挑战。纳税主体因经营主体的分散而难以被有效监督，课税对象因经营业务边界的模糊而难以被准确评估，纳税地点因供需对接的远程化而难以合理确定。现行税收体制和数字经济发展现状的脱节，一方面使得税负在不同经济业态、不同商业模式、不同市场

---

[*] 罗伟，南开大学 APEC 研究中心副研究员。

[①] World Bank. Digital Development. 2022-04-20. https://www.worldbank.org/en/topic/digitaldevelopment/overview.

主体之间的平衡被打破，扭曲了市场的资源配置效率；另一方面使得大量企业可以通过全球利润分配的方式合法地避税，造成部分国家的税基被严重侵蚀。为应对数字经济对税收体制的挑战，部分国家和机构开始寻求应对之策，这种尝试在新冠肺炎疫情后逐渐发展成全球税收体制改革的大浪潮，其结果可能重塑整个国际税收体制，并对国际经济合作和数字经济发展造成颠覆性影响。鉴于数字税是此次税收体制改革的核心，本报告将梳理并总结主要国际组织和经济体在数字税方面开展的行动，并从亚太区域合作层面提出应对数字税的政策建议。

一、G20/OECD 的"双支柱"方案

数字税，又称为数字产品税或数字服务税，是根据跨国公司在特定管辖区的数字活动对其征收的税。数字税来自经济合作与发展组织（OECD）于 2013 年开启的一个研究项目——跨国公司的税基侵蚀与利润转移（BEPS）[①]。该研究项目旨在建立一套基于共识的单一国际税收规则。OECD 提出了"税基侵蚀与利润转移行动计划"，将"应对数字经济的税收挑战"列为第一项行动计划。自此，数字税成为国际经济合作的一项重要的前沿议题（陈建奇，2022）。

2015 年，OECD 发布了研究报告《解决数字经济的税收挑战》，指出数字经济的无形特征和区域穿透性，会对所有国家的税收政策带来挑战，导致税基侵蚀和利润转移。同年，二十国集团（G20）财政部部长就制定国家税收制度的最低标准、修订这些制度相互联系的国际标准及促进最佳做法达成了一系列建议（陈建奇，2022）。

在 G20 的支持下，OECD 于 2018 年 3 月和 2019 年 1 月分别发布了《数字化带来的税收挑战中期报告》和《政策简报——应对数字化经济的税收挑战》。在报告中，OECD 和 G20 提出了解决经济数字化带来的税收挑战的双支柱框架体系（张秀青和赵雪妍，2021）。其中支柱一，又称为全球利润分配税制，旨在为满足特定收入和盈利能力门槛的大型跨国企业建立新的联结度和利润分配规则，并扩大各国对在其税收活动的征税权。第二支柱，又称为全球最低税负制，旨在建立机制，以确保大型跨国公司支付 15% 的最低税款，无论其总部位于何处或在哪个司法管辖区开展业务（孙红梅，2021）。

2021 年 7 月 1 日，BEPS 包容性框架下的 130 个成员就"双支柱"方案达成广泛共识，发布了《关于应对经济数字化税收挑战"双支柱"方案的声明》；10 月 8 日，OECD

---

① 税基侵蚀和利润转移是指跨国公司利用国际税收法律的差异和错配，人为造成应税利润减少或将利润从高税负国家（地区）转移至低税负国家（地区），从而达到以降低其整体税负为目的而进行税收筹划的策略。

包容性框架 140 个成员中有 136 个发布了更新声明。同年 10 月 31 日，G20 领导人第 16 次峰会通过《二十国集团领导人罗马峰会宣言》，核准实施 OECD 的"双支柱"方案。由此，OECD"双支柱"改革方案逐渐形成。

2021 年 12 月 20 日，OECD 发布了《应对数字经济化税收挑战——支柱二全球反税基侵蚀规则（GloBE）立法模板》（简称"立法模板"）。两天后，欧盟发布了基于示范规则的拟议指令。2022 年 3 月，OECD 发布了立法模板的解释性文件，以促进对其解读的一致性。自 2022 年 2 月起，OECD 针对支柱一中金额 A[①]的 13 个模块的立法模板分阶段向公众征询意见，已发布的包括：

- 金额 A 联结度及收入来源地立法模板的意见征询文件，于 2022 年 2 月 4 日发布，2022 年 2 月 18 日截止；
- 金额 A 税基确定立法模板的意见征询文件，于 2022 年 2 月 18 日发布，2022 年 3 月 4 日截止；
- 金额 A 适用范围立法模板的意见征询文件，于 2022 年 4 月 4 日发布，2022 年 4 月 29 日截止；
- 金额 A 排除采掘业的立法模板的意见征询文件，于 2022 年 4 月 14 日发布，2022 年 4 月 20 日截止；
- 金额 A 排除受监管金融业务的立法模板的意见征询文件，于 2022 年 5 月 6 日发布，2022 年 5 月 20 日截止；
- 金额 A 排除受监管收入确定性框架和税收确定性框架的意见征询文件，于 2022 年 5 月 27 日发布，2022 年 6 月 10 日截止；
- 金额 A 进展报告的意见征询文件，于 2022 年 7 月 11 日发布，2022 年 8 月 19 日截止。

鉴于 BEPS 包容性框架的 137 个成员国家（地区）已经同意双支柱解决方案，预计该规则在 2023 年前实施。

二、应对经济数字化税收挑战的联合国方案

2020 年 8 月 6 日，联合国国际税务合作专家委员会发布了关于联合国税收协定范本

---

① 支柱一将针对全球销售收入在 200 亿欧元以上且利润率（税前利润/收入）在 10% 以上的超大型企业，就其获利超过 10% 的剩余利润部分的 25% 分配给市场国课税，被用来分配给市场国的剩余利润称为金额 A。以美国苹果公司为例，2021 年其全财年收入为 3658 亿美元，毛利率为 41.8%，那么对应的金额 A 为 $3658×（41.8\%-10\%）×25\%≈290.8$ 亿美元。

第 12B 条的讨论稿，允许跨国集团在两种方案中选择一种对提供自动化数字服务的收费支付税款的标准，这一条款将额外的征税权选项赋予了自动化数字服务提供者的客户的所在国，为成员就自动化数字服务所得的征税权分配提供了一个在税收协定谈判时可供参考的技术框架。①随后，联合国根据各方的反馈意见对联合国税收协定范本第 12B 条进行了修订，并于 2020 年 10 月发布了修订草案。

2020 年年中，OECD 的 BEPS 双支柱方案因新冠肺炎疫情和美国大选等原因陷入停滞，其间，OECD 专家委员会开始设计应对经济数字化的联合国方案，并在 2021 年 4 月达成了在 2021 年版本联合国税收协定范本中纳入"自动化数字服务所得"②条款的决定。2022 年 3 月，联合国正式对外发布了《联合国税收协定范本》（2021 年版，以下简称"新版范本"），这是继 2017 年版发布 4 年之后的又一次更新。

与 G20/OECD"双支柱"方案相同，联合国方案——自动化数字服务所得——同样旨在通过改变现行国际税收规则，赋予来源国对数字公司境外经营所得享有征收权，但也有以下区别：③

一是在适用范围上，G20/OECD"双支柱"方案适用于年全球营业收入超过 200 亿欧元且集团利润率高于 10% 的大型跨国企业，排除对采掘业和受监管的金融服务业的适用，但并不限于数字经济行业。"自动化数字服务所得"条款针对的是通过互联网或电子网络提供且需要极少人工参与的服务相关所得，基本上只会涉及数字经济企业，但在金额上不设置任何门槛作为征税条件。

二是在计税模式上，包容性框架方案采用公式分配法，而"自动化数字服务所得"条款提供了两种方式：一种是依据协定税率对收入总额征收一定比例税额；另一种是由纳税人申请在来源国就核定的合格利润，根据来源国国内法税率缴纳所得税。"自动化数字服务所得"条款较包容性框架方案大幅简化，好处在于操作简便，但可能会造成企业过度征税问题。

三是在收入来源地规则上，包容性框架方案向用户所在国分配征税权，而"自动化数字服务所得"条款以付款方所在国为收入来源地，使其获得征税权。当发展中国家发

---

① 数字经济国际税改峰回路转——联合国发布自动化数字服务所得征税方案草案. [2022-08-01]. https://www.sohu.com/a/413484814_676545.

② 自动化数字服务是指在因特网或电子网络上提供的、需要服务提供者最少人工参与的服务，包括在线广告服务、出售或转让用户数据、在线搜索引擎、在线中介平台服务、社交媒体服务、数字内容服务、在线游戏、云计算服务及标准化在线教学服务。

③《国际税收》编辑部. 联合国税收协定范本（2021 年版）新增内容解读及对我国"走出去"企业的建议——专访国家税务总局国际税务司副司长熊艳[J]. 国际税收，2022（6）：37-39.

生对外支付自动化数字服务款项时，可以依据"自动化数字服务所得"条款行使征税权，获得税收收入。

三、欧盟的数字税方案

作为推进全球税收体制改革的主要力量，欧盟在推进多边方案的同时，也尝试通过单边举措对其他经济体（主要是美国）施压，以促进多边方案的达成。

欧盟认为数字公司的实际税负小于 10%，而实体企业的实际税负高于 20%，这种差异造成了税负不公平和税收缺口。此外，欧盟也认为在数字经济时代，用户在整个价值链中发挥重要的作用，数字公司通过用户的信息创造价值和利润，但因其在用户所在地无商业存在，因此无须在用户所在地纳税，而只在企业所在地纳税。现行的税收体制未能考虑到远程用户的价值创造作用，造成了税收失衡和经济扭曲。因此，2018 年 3 月 21 日，欧盟委员会（EC）率先提出了针对大型数字跨国公司的数字服务税提案，推动欧盟的税收改革。数字服务税提案包括短期解决方案和长期解决方案（张秀青和赵雪妍，2021）。短期解决方案又称临时性数字服务税，意指对全球年收入超过 7.5 亿欧元且在欧盟地区收入超过 5000 万欧元的数字企业按总收入征收 3% 的税收。长期解决方案又称为"显著数字化存在"提案，重点在于阐释数字化常设机构的定义和利润分配规则。①

此提案遭到了爱尔兰、瑞典和芬兰等低税率欧盟成员国的反对。根据数字服务税提案，欧盟成员国可以对境内发生的数字业务所产生的利润征税，而依据现行规则，数字企业只需在总部所在地一次性纳税。因此，提议的数字服务税方案可能削弱这些低税率国家对于大型数字企业的吸引力，并造成税收收入的下滑。

2019 年 3 月，在一年磋商无果的情况下，欧盟宣布暂停在欧盟全域推行数字服务税的计划。2020 年 10 月，欧盟委员会公布 2021 年工作计划，继续提出关于征收数字税的立法提案。2021 年 1 月，欧盟就数字税征收计划公开征求意见。2021 年 7 月 12 日，迫于美国的压力，欧盟决定暂缓推出原定于本月底出台的数字税征税计划。随着全球税制改革的顺利进行，欧盟的数字税计划可能被无限期搁置。已经取得共识并达成协定的 G20/OECD "双支柱"方案明确声明，所有缔约方撤销对所有企业的所有服务税，以及其他相关的单边措施，并承诺未来不再引入类似的措施。

在欧盟一体化解决方案进展缓慢的情况下，为了继续推进数字服务税，欧盟的部分

---

① 中国信息通信研究院. 数字经济对税收体制的挑战和应对研究报告（2020 年）[R]. 2020.

成员开始在国内实行数字税方案。2019 年 3 月，法国财政部长向政府提交了征收数字税的法律草案，2019 年 7 月，法国参议院通过了数字税法案，成为全球首个开通数字税的国家。依据该法案，法国将对全球营业额超过 7.5 亿欧元、在法营业额超过 2500 万欧元的数字公司征收税率最高不超过其营业额 5% 的税款，并追缴至 2019 年 1 月 1 日。2020 年 4 月，英国政府确定将对全球销售额超过 5 亿英镑且至少有 2500 万英镑来自英国用户的企业开征数字税。英国税务海关总署认为，到 2025 财年结束时，这项税收可能会带来高达 5.15 亿英镑（约合 6.65 亿美元）的额外年收入。2021 年 1 月 6 日，西班牙参议院通过法律，开始对数字服务和金融交易征税。其中，数字服务税适用于全球年收入至少为 7.5 亿欧元（约合 8.82 亿美元）且其中来源于西班牙数字服务的收入不少于 300 万欧元的公司，适用税率为 3%。其征税对象为数字公司所提供的广告服务、基于广告目的出售的用户数据及中介服务。金融交易税将适用于市值在 10 亿欧元或以上的西班牙公司的股票，税率为 0.2%。首次公开发行期间出售的股票将被排除在应税范围之外。此外，奥地利、匈牙利、意大利、波兰等欧盟国家也先后开始征收数字税。

在经合组织层面达成协议之前，这些数字服务税通常被认为是临时措施，现在已经达成这样的协议，监督各国如何更改或废除已经实施的数字服务税成为欧盟进一步推进数字税改革的重点。

四、美国应对全球税收体制改革的方案

如果说欧盟在全球数字税体制建立的过程中扮演着坚定推动者的角色，那么美国所扮演的则是一个矛盾的反对者。

一方面，美国拥有全球最多的超大型数字公司，这些公司是全球数字税的主要征税对象，数字税的征收伤害了很多在美国国内有政治影响力的大型公司。例如，法国、英国等欧洲国家因主要的征税对象是谷歌（Google）、亚马逊（Amazon）、脸书（Facebook）和苹果（Apple）公司，因而它们的数字税又被称为"GAFA 税"。另一方面，美国也是大型数字企业合法避税的受害国，有改革全球税收体制以应对经济数字化的需求。根据美国税收和经济政策研究所（ITEP）在 2019 年 4 月 11 日发布的报告显示，在已申报 2018 年税收的财富 500 强企业中，有 60 家盈利企业没有缴纳任何联邦所得税。这 60 家美国企业包括亚马逊、雪佛龙、通用汽车、达美航空、哈利伯顿和国际商业机器公司（IBM）

等，总营业收入超过 790 亿美元，有效税率为-5%。①

美国应对全球数字税的策略涉及以下三个方面：

第一，有保留地支持 G20/OECD "双支柱"模式。早在奥巴马执政时期，美国即参加了 OECD 的 BEPS 计划，数字服务税谈判是该计划的重要组成部分（周念利和王达，2021）。但美国的立场和欧盟主要国家的立场存在明显的分歧。比如，美国不认可欧盟关于数字企业的实际税负显著低于实体企业的说法，认为欧盟得出这一论断的数字基础存在错误。美国也否认了欧盟将"用户参与价值创造"的理论作为征收数字服务税的基础。美国认为，数字企业价值创造的根源在于企业的服务器、软件、平台等无形资产和固定资产，而非欧盟国家认为的用户参与，而且用户参与有助于创造价值，但其贡献也难以核算，而且用户也已经在使用数字企业提供的服务时获得了相应的回报。美国认为欧盟将"显著数字存在"②作为现有常设机构概念的补充的提案，违背了国际通行的税收准则，它认为除非在一国有常设机构，否则跨国公司不受一国企业所得税制度的约束。此外，美国在特朗普执政时期提出了多数欧盟成员都反对的"安全港"原则，该原则允许跨国公司根据自身的业务情况选择最有利的纳税方式。

第二，坚决反对所有的数字税单边征收方案。为了避免数字税阻碍数字经济的发展，各国在提出数字税征收方案时普遍采取一种折中方案，即只对收入规模超出非常高数值的小部分企业征税。虽然这种折中方式在文本上是国家中立的，不歧视来自任何国家的企业，但实际而言，征税对象主要是美国企业。例如，法国针对在线广告领域的 9 家企业课征了数字服务税，其中 8 家为美国企业；在数字界面领域，21 家预计被征税的企业中有 12 家是美国企业（朱青，2021）。因此，美国认为这些单边数字税征收方案是对美国企业的歧视，并采取较为激烈的对抗措施。例如，2020 年美国对欧盟、英国、意大利、巴西、印度等多个贸易伙伴已执行或正在考虑的数字服务税发起"301 调查"③，并得出上述国家的做法是歧视美国企业、不符合国际税收普遍原则的结论，并据此对来自部分

---

① Sherman, Erik. How These Fortune 500 Companies (Legally) Paid $0 in Taxes Last Year. Fortune, 2019-04-12.

② "显著数字存在"是一种替代常设机构的课税实体认定标准。欧盟认为，常设机构规则应当随数字时代发展而不断丰富其内涵，其数字化、高流动性、虚拟化等特点不应该被物理禁锢，因而提出"显著数字存在"的概念。数字存在能够很好地体现用户价值创造与利润的紧密联系，与征收数字经济税收的原理吻合（李洪源，2022）。

③ "301 调查"是美国依据"301 条款"进行的调查。"301 条款"是美国《1974 年贸易法》第 301 条的俗称。一般而言，"301 条款"是美国贸易法中有关对外国立法或行政上违反协定、损害美国利益的行为采取单边行动的立法授权条款。它最早见于《1962 年贸易扩展法》，而后经《1974 年贸易法》《1979 年贸易协定法》《1984 年贸易与关税法》，尤其是《1988 年综合贸易与竞争法》修订而成。

贸易伙伴的商品加征惩罚性关税。[1]此外，美国也会威胁一些有意向征收数字服务税的国家。例如，2022 年 2 月，美国敦促加拿大放弃对大企业征收数字服务税的计划，并警告称，如果加拿大征收数字服务税，美国将根据双边贸易协定和国内法研究所有选项，并采取反制措施。[2]

第三，在国内推进税收制度的改革，以顺应数字经济的发展趋势。1997 年，美国联邦政府决定在一段时间内限制对互联网活动进行征税。互联网税收自由法案（ITFA）禁止对互联网接入征税，互联网接入被定义为允许用户访问通过互联网提供的内容、信息、电子邮件或其他服务的服务，并且可能将专有内容、信息和其他服务的访问作为提供给客户的套餐的一部分。颁布后，该法案经过了三次修订，期限得到延长，内容得到扩展。该法案限制了很多州对数字商品征税的权力。随着数字经济规模的扩大，很多州的税收收入因数字经济的发展而下滑，因此，美国许多州已寻求对纯数字交易征税的方法。一些州利用其现有的特许经营、销售和使用税对消费者购买/使用/交易互联网商品和服务征税，有些州颁布了专门针对数字商品和服务的法律。

五、众多经济体采取单边数字税方案

虽然在数字税多边解决方案谈判中，美国和欧盟的立场存在不可调和的对立，一度造成了谈判的停滞。但是，众多国家在面对新冠肺炎疫情和全球经济下行造成的财政收入紧张时，将数字税作为解决之道，迫使美国拜登政府在 G20/OECD "双支柱" 方案谈判中做出让步，推动了多边方案的达成。

自 2019 年初法国开征数字税以来，截至 2022 年 8 月，已开征数字税的国家有 32 个，其中亚洲国家 11 个、欧洲国家 10 个、美洲国家 5 个、非洲国家 6 个。准备开征数字税的国家有 20 个，其中亚洲国家 3 个、欧洲国家 11 个、非洲国家 2 个、美洲国家 2 个和大洋洲国家 2 个（见表 1 和表 2）。

表 1　截至 2022 年 8 月已开征数字税的经济体名单

序号	经济体名称	生效日期	税率	序号	经济体名称	生效日期	税率
1	印度	2020 年 4 月	2%	17	乌拉圭	2018 年 1 月	12%
2	马来西亚	2020 年 1 月	6%	18	阿根廷	2020 年 12 月	5%、10%、15%
3	新加坡	2020 年 1 月	7%	19	巴拉圭	2021 年 1 月	4.5%

---

① 美国公布对英国等国数字税 "301 调查" 结果[EB/OL]. 新华网，2021-01-15.
② 美国敦促加拿大放弃数字服务税[N]. 华尔街日报，2022-02-23.

续表

序号	经济体名称	生效日期	税率	序号	经济体名称	生效日期	税率
4	印度尼西亚	2019 年 12 月	10%	20	哥斯达黎加	2019 年 11 月	—
5	日本	2015 年 10 月	8%	21	墨西哥	2020 年 1 月	5.4%
6	巴基斯坦	2018 年 7 月	5%	22	法国	2019 年 1 月	3%
7	越南	2021 年 1 月	—	23	意大利	2020 年 1 月	3%
8	泰国	2021 年 9 月	7%	24	英国	2020 年 4 月	2%
9	老挝	2022 年 2 月	—	25	奥地利	2020 年 1 月	5%
10	尼泊尔	2022 年 7 月	2%	26	土耳其	2020 年 3 月	7.5%
11	津巴布韦	2019 年 1 月	5%	27	西班牙	2020 年 12 月	3%
12	突尼斯	2020 年 1 月	3%	28	葡萄牙	2021 年 2 月	4%、1%
13	尼日利亚	2020 年 2 月	6%	29	斯洛伐克	2018 年 1 月	5%
14	肯尼亚	2021 年 1 月	1.5%	30	希腊	2019 年 7 月	—
15	塞拉利昂	2021 年 1 月	1.5%	31	波兰	2020 年 7 月	1.5%
16	坦桑尼亚	2022 年 7 月	2%				

资料来源：作者根据公开信息整理。

表 2　截至 2022 年 8 月拟开征数字税的经济体名单

序号	国家	进展情况	税率
1	缅甸	拟推进	—
2	菲律宾	通过修正案	12%
3	以色列	宣布意图	3%～5%
4	斯洛伐克	提议	—
5	波兰	提议	7%
		提议	5%
6	捷克	提议	7%，可降至 5%
7	俄罗斯	提议	—
		拟推进	15.25%
8	比利时	如果全球没有就数字税达成共识，则在 2023 年推进	3%
9	挪威	宣布意图	—
10	乌克兰	提议	18%或 9%
11	丹麦	提议	6%
12	德国	待定	—
13	拉脱维亚	提议	3%

续表

序号	国家	进展情况	税率
14	斯洛文尼亚	宣布意图	—
15	加拿大	提出立法草案，计划 2024 年 1 月 1 日生效	3%
16	巴西	提出立法提案	1%～5%
17	澳大利亚	政策讨论中	—
18	新西兰	宣布意图	—
19	埃及	宣布意图	—
20	南非	宣布意图	—

资料来源：作者根据公开信息整理。

六、中国在数字税方面采取的措施

关于数据的确权、定价、入账的相关问题，虽然目前我国法律法规和会计准则尚未做出相关规定，但部分省市已开始了相关实践。例如，2021 年 11 月《上海市数据条例》发布，对"数据要素市场"做出诸多规定：

第五十条　本市探索构建数据资产评估指标体系，建立数据资产评估制度，开展数据资产凭证试点，反映数据要素的资产价值。

第五十一条　市相关主管部门应当建立健全数据要素配置的统计指标体系和评估评价指南，科学评价各区、各部门、各领域的数据对经济社会发展的贡献度。

第五十三条　本市支持数据交易服务机构有序发展，为数据交易提供数据资产、数据合规性、数据质量等第三方评估以及交易撮合、交易代理、专业咨询、数据经纪、数据交付等专业服务。

第五十四条　数据交易服务机构应当建立规范透明、安全可控、可追溯的数据交易服务环境，制定交易服务流程、内部管理制度，并采取有效措施保护数据安全，保护个人隐私、个人信息、商业秘密、保密商务信息。

该条例明确提出建立数据资产评估制度，反映数据要素的资产价值，同时，倡导建立规范透明的数据交易环境。同年，《深圳经济特区数字经济产业促进条例（草案）》也在规范"数据要素市场"方面进行了探索：

第十九条[数据要素市场培育]　市人民政府应当推进公共数据共享开放，

提升社会数据资源价值，加强数据资源整合和安全保护，加快数据要素市场培育，促进数据要素自主有序流动，提高数据要素配置效率。

　　第二十四条[数据评估]　市发展改革、政务服务数据管理等部门应当探索研究数据资产的基础理论、管理模式，建立数据评估机制，构建数据资产定价指标体系，推动制定数据价值评估准则。

　　第二十九条[会计核算制度]　市财政部门应当推进建立数据生产要素会计核算制度，明确核算范围、核算分类、初始计量、后续计量、资产处置等账务处理及报表列示事项，准确、全面反映数据生产要素的资产价值，推动数据生产要素资本化核算，并纳入国民经济核算体系。

上述两个条例的规定旨在有效确认数据要素价值、规范数据要素交易，事实上有利于数字税基的核定，为日后可能的数字税的征收开辟道路。

在国际层面，中国积极参与了国际税收规则的制定。作为 OECD 的关键伙伴国，中国以成员方、伙伴方或参与方的身份参与了 OECD 多个重要机构和项目，在税收领域签署了《多边税收征管互助公约》《实施税收协定相关措施以防止税基侵蚀和利润转移（BEPS）的多边公约》等多份多边法律文件。在《BEPS 的多边公约》特别工作组中，我国当选为第一副主席国，并积极参与组织公约的研究制定工作，成为首批签署公约的 67 个国家和地区之一。

七、中国应对数字经济税收的策略选择

就目前的形式看，为应对经济数字化带来的挑战，多边解决框架和单边数字税方案均迅速向前推进，关键的节点是 G20/OECD 的"双支柱"方案能否通过美国、欧盟的立法程序，这决定了全球数字税是迎来多变合作方案，还是滑向以邻为壑式的对抗模式。例如，美国同奥地利、法国、意大利、西班牙、英国 5 国于 2021 年 10 月 21 日就数字服务税争端达成妥协，在 OECD 推动的国际税改协议生效后，欧洲 5 国将取消征收数字服务税，美国将放弃对这 5 国的报复性关税措施。

然而，即便国际税收协议能够如期生效，也并不意味着经济数字化带来的税收挑战被终结。如何保证国际数字税的公平和数字经济发展效率之间的平衡，以及数字税在具体的领域该如何征收等问题，都需要后续的规制补充。鉴于众多经济体在数字税立法方面表现出来的急迫性和敏感性，未来数字税规则的制定必然会成为国际经济合作的焦点问题。为促进我国数字经济的持续发展，保障我国的税收利益，应该在国际层面采取积

极的行动策略。

第一，积极参与多边数字税规则的制定，提升我国在数字经济税收规则制定方面的话语权。目前，为应对数字经济挑战而提议的税收改革方案，将会对全球税收体制带来重大变革，也可能会促使跨国公司价值链在全球重新布局和国家之间区位优势的转变。我国应该持续加强对数字经济税收规则的研究，明确此次改革浪潮带来的机遇和威胁，在深度参与 OECD 等国际组织主导的数字经济国家税收规则制定工作的同时，积极提出符合国家利益、有利于全球数字经济发展的议案。

第二，就应对单边数字税方案与美国寻求合作。当前，美国拥有世界上最多的大型数字公司，因而是各国征收单边数字税的最大利益受损方之一。美国在单边数字税方案制定方面表现出了坚决的反对立场，这一立场事实上也符合我国的利益。随着数字经济进一步发展，中国将会有一批拥有全球竞争力的数字化大企业成长起来，这些企业将会因东道国的数字税而失去一定竞争力，而我国的财税收入也将遭受不小的损失。

第三，与亚太其他国家签署双边数字税协议。目前有 50 多个经济体已经或打算征收数字税，虽然部分国家表示在 OECD 税收协定生效后主动停止征税，然而，税收协定的生效还存在未知因素，即便最终达成，部分国家也可能在协定生效后继续征收数字税。因此，我国可以效仿美国与英国、法国、意大利、西班牙、奥地利就数字服务税（DST）和贸易反制措施达成的协议，与新加坡、越南、泰国等亚太经济体签署类似的协定。

第四，推进亚太税收协定范本。OECD 税收协定的本质在于如何在数字经济时代就跨国贸易和投资征税为各国建立一个基本的规则。这个规则不同于前数字经济时代的规则，必然会造成基于传统规则的税收优惠协定失效。在新规则下如何签署税收优惠协定，促进数字时代的经济繁荣，需要各个国家和国际组织进一步探讨。我国可以依托 APEC 的非约束性特征，尝试在 APEC 推进亚太税收协定范本的达成，掌握数字税规则制定的话语权。

参考文献

[1] 陈建奇. 数字经济时代国际税收规则改革逻辑及政策重点[J]. 中国党政干部论坛，2022（3）：84-88.

[2] 李洪源. 数字经济对国际税收规则的挑战与应对[J]. 社会科学前沿，2022，11（3）：868-872.

[3] 孙红梅. "双支柱"方案将启全球税收治理新篇章[N]. 经济参考报，2021-10-12.

[4] 张秀青，赵雪妍. 全球数字税发展进程、特征与趋势及中国立场[J]. 全球化，2021（4）：44-56，135.

[5] 周念利，王达. 拜登执政后 OECD 框架下数字服务税谈判前景展望[J]. 亚太经济，2021（3）：47-53.

[6] 朱青.“301 条款”与数字服务税[J]. 国际税收，2021（1）：43-48.

东盟成员数字经济策略研究

冯兴艳　王金妮*

摘　要： 新冠肺炎疫情延宕反复，对全球经济增长造成持续冲击，而数字经济凸显强大的经济复苏优势。美国与盟友国家加强数字经济战略兼容与协调，深度介入"印太"数字经济合作，主动对接东盟"印太展望"，建设欧盟–东盟战略伙伴关系和美国–东盟全面战略伙伴关系。为实现后疫情时代东盟繁荣复苏，建设开放、活力、强韧的东盟共同体，东盟积极构建数字经济总体规划及行动框架，东盟成员也相继出台了数字经济发展和数字化转型等规划。但是，东盟数字经济发展面临资金、技术等多重挑战。因此，中国应积极对接东盟数字经济发展战略，在数字经济合作中重视前瞻性与包容性，处理好短期与中长期、传统与前沿的关系；增强中国–东盟数字经济合作的行动导向，保持合作机制的多元化和灵活性，适时推进中国–东盟数字经济框架协议谈判；推进中国–东盟示范性数字合作产业园基地建设，平衡区域价值链、产业链的发展与安全问题，共同推动区域价值链稳定和经济复苏。

关键词： 中国–东盟；数字经济合作；数字化转型

数字经济是全球未来的发展方向，近年来，数字经济以新技术、新要素、新设施等方式深刻融入经济社会发展全过程。数字经济发展速度之快、辐射范围之广、影响程度之深前所未有，数字变革驱动新一轮经济全球化浪潮。新冠肺炎疫情冲击下，数字经济成为全球经济复苏的新支点、新动力，彰显强大的发展潜力和韧性优势。根据联合国贸易和发展组织（UNCTAD）发布的《2021年世界投资报告》统计，疫情给数字和卫生行

---

* 冯兴艳，外交学院国际经济学院副教授，南开大学 APEC 研究中心兼职研究人员。王金妮，外交学院国际经济学院硕士研究生。

业的发展带来了巨大的推动作用，最大的目标行业是信息和通信及制药行业，数字相关行业的资产销售显著增长。2020 年全球数字经济增加值规模达到 32.6 万亿美元，全球数字经济占 GDP 的比重为 43.7%。其中，发达国家数字经济规模占全球总量的 74.5%，展现了更强的应对疫情冲击的韧性。[1]

近年来，数字经济成为中国与东盟合作的重要增长点。2020 年是中国-东盟数字经济合作年，同年 11 月，中国与东盟声明建立中国-东盟数字经济合作伙伴关系。从 2018 年《中国-东盟战略伙伴关系 2030 年愿景》、2020 年"中国-东盟数字经济合作年"，到 2020 年的《中国-东盟关于建立数字经济合作伙伴关系的倡议》，新冠肺炎疫情再次突显数字经济对增强本地区发展韧性的重要性，中国和东盟国家致力于打造互信、互利、包容、创新、共赢的数字经济合作伙伴关系。

一、美欧数字经济政策新动向

面对新冠肺炎疫情后经济复苏乏力、国际政治经济格局重塑等挑战，世界各国政府重申更好地重建更具韧性的经济。数字经济成为世界各国重组全球要素资源、重塑全球经济结构、改变全球竞争格局的关键力量，数字科技竞争也因此成为地缘政治的新战场。

第一，数字经济凸显强大经济复苏优势。从经济刺激计划到"一揽子"复苏投资计划等，世界主要发达国家的疫情后发展战略聚焦数字经济政策，涉及数字基础设施优化升级、发展先进制造业及中小企业数字化转型等主要领域。

第二，美国与其伙伴国强化战略兼容与协调，加速在数字经济领域的融合。基于共同原则和价值观，美欧国家围绕高科技领域组建"技术联盟"，驱动"跨大西洋联盟"和"印太战略"两大体系的紧密联动。[2]美欧贸易和技术委员会致力于深化跨大西洋贸易和经济关系，美国、日本、澳大利亚、印度成立关键与新兴科技工作组，加强科技合作、技术标准协同等。[3]围绕数字经济发展与数字技术应用的规则、标准、体系竞争，将导致国际战略权力结构与国际体系的重塑。

第三，美欧深度介入"印太"地区数字经济合作。欧盟和美国相继发布"印太"地区合作发展战略报告，认为"印太"地区是世界经济和战略重心，并基于共同原则和价

---

① 中国信息通信院. 全球数字经济白皮书——疫情冲击下的复苏新曙光，2021.

② 唐新华. 西方"技术联盟"：构建新科技霸权的战略路径[J]. 现代国际关系，2021（1）：38-46，64.

③ The White House. Fact Sheet: U.S.-Japan Competitiveness and Resilience Partnership. [2021-04]. https://www.whitehouse.gov/wp-content/uploads/2021/04/FACT-SHEET-U.S.-Japan-Competitiveness-and-Resilience-CoRe-Partnership.pdf.

值观，深化与本地区盟友和伙伴国的长期合作。2021 年 4 月欧盟理事会通过的欧盟在印太地区的合作战略指出，东盟作为欧盟在"印太"地区的合作伙伴之一，欧盟将推动实现新的"欧盟-东盟战略伙伴关系"，积极寻求在创新和数字化方面与东盟合作。2022 年 2 月美国发布美国在印太地区的发展战略报告，将与东盟的战略伙伴关系提升为"全面战略伙伴关系"，主动对接东盟"印太展望"。同年 5 月美国启动"印太经济框架"（IPEF），拉拢东盟十国中除缅甸、老挝、柬埔寨外的 7 个成员国加入。IPEF 在数字经济规则、基础设施等领域与伙伴国家开展合作。在数字经济规则方面，不仅包括数字自由流动和计算设施非本地化要求等内容，也包括人工智能领域的规则；在基础设施方面，美国将通过与日本等发达国家合作，对接其"重建更美好世界"的计划，共同推动区域内基础设施建设和基础设施规则合作，包括 5G 网络、智慧城市等重点领域。

二、东盟数字经济战略与规划

东盟高度重视数字经济发展的顶层设计及具体计划的落实，出台多项数字经济发展新战略，主要涵盖工业 4.0、电子商务及数据保护和数据治理等领域，如《东盟数字总体规划 2025》《东盟数据管理框架》和《〈东盟电子商务协定〉实施工作计划（2021—2025）》等。新冠肺炎疫情的暴发推动了数字经济的发展，东盟从此步入数字经济发展的"快车道"。根据谷歌（Google）、谈马锡（Temasek）和贝恩（Bain）公司发布的《2021 年东南亚数字经济报告》，2021 年东盟 6 国的数字经济规模为 1740 亿美元，较 2020 年增长了 49%，预计到 2025 年，其数字经济规模将达到 3630 亿美元。[①]

（一）《东盟全面复苏框架》与《东盟数字总体规划 2025》

新冠肺炎疫情的暴发对东盟经济产生了巨大的影响，根据国际货币基金组织（IMF）统计，2020 年东盟 5 国经济增速为-3.4%，这也是 21 世纪以来东盟首次出现负增长。为应对疫情，2020 年 11 月东盟出台了《东盟全面复苏框架》，进一步推动贸易和投资市场开放，加强供应链互联互通和韧性，加速东盟国家包容性数字化转型，迈向更可持续、更具韧性的未来。如表 1 所示，顺应第四次工业革命浪潮，《东盟全面复苏框架》实施计划以电子商务和数字经济的发展为中心，提升电子政务服务、数字互联互通和信息通信技术水平，推进中小微企业数字化转型，保障数据治理和网络安全等。2021 年，东盟通过了数字经济发展与合作五年规划——《东盟数字总体规划 2025》，旨在将东盟建设成

---

① Google, Temasek, Bain. e-conomy SEA 2021—Roaring 20s: The SEA Digital Decade. https://services.google.com/fh/files/misc/e_conomy_sea_2021_report.pdf.

为由数字服务、数字技术和数字生态系统所驱动的数字化经济体。

继 2015 年《东盟信息通信技术总体规划 2020》信息和通信技术（ICT）发展计划之后，2018 年和 2019 年，东盟先后批准了数字经济领域的综合指导性文件及行动计划——《东盟数字一体化框架》及其行动计划（DIFAP）。《东盟数字总体规划 2025》既是对 2020 年规划的升级、发展，也是对 DIFAP 的继承、衔接。《东盟数字总体规划 2025》规划了数字东盟的愿景和预期结果，以及实施时间表、监控指南等，其所制定的行动优先推动东盟从新冠肺炎疫情中恢复，为东盟未来数字一体化指明了方向。①

表 1   东盟经济复苏与数字总体规划优先事项

《东盟全面复苏框架》	《东盟数字总体规划 2025》
①迎接第四次工业革命 ②推动电子商务和数字经济发展 ③提升电子政务服务 ④推动金融包容性，加强数字金融服务和区域支付互联互通 ⑤促进中小企业数字技能提升和市场准入的数字技术 ⑥增强互联互通 ⑦推动教育的信息和通信技术（ICT）应用 ⑧改善数字法律框架和制度能力 ⑨加强数据治理和网络安全 ⑩加强消费者保护 ⑪促进东盟企业应用数字技术	①优先加速东盟经济复苏 ②提高电信基础设施的质量和覆盖率 ③提供可信的数字服务，加强消费者保护 ④提供一个可持续竞争的数字服务供给市场 ⑤提高电子政务服务质量和使用量 ⑥提供连接商业和促进跨境贸易的数字服务 ⑦增强企业和个人参与数字经济的能力 ⑧打造一个数字包容性的东盟

资料来源：作者根据《东盟全面复苏框架》实施计划和《东盟数字总体规划 2025》整理而得。

（二）东盟工业 4.0

顺应第四次工业革命的发展趋势，2019 年第 35 届东盟峰会发布了《东盟关于向工业 4.0 转型的宣言》，提出在工业 4.0 中采用创新和先进数字技术，促进经济增长和社会进步，建设繁荣公平的东盟共同体。②东盟探索建立新机制和开放平台，加强人力资源开发和能力建设，鼓励联合研究、投资和开发，把核心数字技术创新作为强化国家实力的

---

① 中国商务部. 聚焦东盟数字经济发展（二）：《东盟数字一体化框架》及其行动计划. http://asean.mofcom.gov.cn/article/ztdy/202007/20200702982592.shtml.

② 王勤，温师燕. 东盟国家实施"工业 4.0"战略的动因和前景[J]. 亚太经济，2020（2）：36-43.

关键。①2021 年 10 月并期举行的第 38 届和 39 届东盟峰会通过了《东盟第四次工业革命的综合战略》，为建设数字东盟社区提供政策指导，聚焦技术治理与网络安全、数字经济和社会数字化转型三大领域的战略优先议题（见表 2）。数字东盟包括三个愿景：开放、安全、透明、互联，借鉴国际最佳实践尊重隐私和道德；利用技术建设有弹性、包容性、一体化和具备全球竞争力的经济体；在转型社会中拥抱创新，实现社会进步和可持续发展。②

表 2　《东盟第四次工业革命的综合战略》议题与内容

战略议题	主要内容
技术治理与网络安全	电子政务、技术治理、数据治理、网络犯罪与网络安全
数字经济	数字贸易、数字技术与工业 4.0、数字服务、智能农业、中小微企业数字化转型
社会数字化转型	前瞻性人力资源开发、数字包容性、数字文化发展、社会福利和保护、可持续的环境

资料来源：作者根据《东盟第四次工业革命的综合战略》整理而得。

（三）电子商务

电子商务是东盟数字经济中发展最早、成果最显著的领域。根据 Google、Temasek 和 Bain 发布的《2021 年东南亚数字经济报告》，2021 年东盟 6 国的电子商务规模达 1200 亿美元，占东盟数字经济的 70%左右，预计到 2025 年东盟电子商务规模将翻一番。③

如表 3 所示，自 2000 年，东盟通过了一系列协议、工作计划，加强东盟电子商务合作，如《电子东盟框架协议》《东盟经济共同体 2025 蓝图》等。2016 年《东盟电子商务工作计划（2017—2021）》规划了东盟电子商务未来 5 年的发展方向和十大发展领域。④2019 年，东盟签署《东盟电子商务协定》，创新性地增加了知识产权和网络安全两大合作领域，这不仅是指导东盟电子商务发展的第一份协定，也是全球为数不多聚焦电

---

① ASEAN Declaration on Industrial Transformation to Industry 4.0. https://asean.org/asean-declaration-on-industrial-transformation-to-industry-4-0/.

② Consolidated Strategy on the Fourth Industrial Revolution for ASEAN. https://asean.org/wp-content/uploads/2021/10/6.-Consolidated-Strategy-on-the-4IR-for-ASEAN.pdf.

③ Google, Temasek, Bain. e-Conomy SEA 2021—Roaring 20s: The SEA Digital Decade. https://services.google.com/fh/files/misc/e_conomy_sea_2021_report.pdf.

④ ASEAN Work Programme on Electronic Commerce 2017-2021. https://asean.org/wp-content/uploads/2021/09/ASEAN-Work-Programme-on-Electronic-Commerce_published.pdf.

子商务的区域性协定。①

　　考虑到东盟成员国经济发展水平的差异，2021 年东盟外长会议通过了《〈东盟电子商务协定〉实施工作计划（2021—2025）》（以下简称"实施工作计划"），以共同、协同的方法实施该协定，聚焦中小微企业，促进东盟地区跨境电商交易，构建电子商务应用的互信可靠环境，深化成员国之间的合作，推动东盟地区包容性增长。②"实施工作计划"聚焦三个"高级工作流"：跨境电子商务、电商企业和电商消费者（见表3）。③2021 年《东盟数字经济总体规划 2025》中提出，加强电子商务"最后一公里"合作，提高数字经济竞争力。

表 3　东盟电子商务发展相关的政策文件

时间	政策文件	内容
2000	《电子东盟框架协议》	促进东盟电子商务的发展
2015	《东盟经济共同体 2025 蓝图》	东盟应加强电子商务合作，制定《东盟电子商务协定》，促进东盟跨境电商的发展
2016	《东盟电子商务工作计划（2017—2021）》	十大领域：基础设施、教育和技术能力、消费者保护、法律框架现代化、电子交易安全、支付系统、贸易便利化、竞争、物流、电子商务框架
2019	《东盟电子商务协定》	合作领域：信息和通信技术基础设施、教育和技术能力、网上消费者保护、电子商务法律和监管框架、电子交易安全、电子支付和结算、贸易便利化、知识产权、竞争、网络安全、物流
2021	《〈东盟电子商务协定〉实施工作计划（2021—2025）》	跨境电子商务：贸易便利化和电子商务物流、无纸化贸易、数字贸易税收方面的信息共享、信息的跨境转移、信息处理设备的存放
		电商企业：电子交易、电子认证、电子签名、电子支付、数字环境中的知识产权、技术中立、竞争
		电商消费者：消费者保护、电子商务的替代争端解决方案、个人数据和隐私的保护、网络安全
2021	《东盟数字总体规划 2025》	促进东盟电子商务贸易，加强"最后一公里"合作，提高数字经济竞争力

资料来源：作者根据相关资料整理而得。

---

　　① 中国商务部. 聚焦东盟数字经济发展（一）：《东盟电子商务协定》主要内容和进展. http://asean.mofcom.gov.cn/article/ztdy/202007/20200702979436.shtml.

　　② ASEAN Agreement on Electronic Commerce. http://agreement.asean.org/media/download/20190306035048.pdf.

　　③ Work Plan on the Implementation of ASEAN Agreement on Electronic Commerce 2021-2025. https://asean.org/wp-content/uploads/2022/03/Work-Plan-E-commerce-Agreement_endorsed_logo.pdf.

（四）ICT 与东盟互联互通

为促进区域信息通信技术发展，2009 年和 2015 年东盟先后通过了《东盟信息通信技术总体规划 2015》（AIM 2015）和《东盟信息通信技术总体规划 2020》（AIM 2020），鼓励推动数字经济发展，建立安全可靠的数字环境。在发展 ICT 产业和战略优先的基础上，《东盟信息通信技术总体规划 2020》更加注重实现 ICT 产业对经济的赋能和转型，建立数字化、创新、包容和一体化的东盟共同体，为企业创造有利的营商环境，促进 ICT 企业或产品的市场开放，推动东盟 ICT 产品和服务市场的持续自由化及数字经济的可信赖、可持续发展。[①]

2010 年和 2016 年东盟先后通过了《东盟互联互通总体规划》和《东盟互联互通总体规划 2025》，促进东盟物理联通、制度联通和人文联通。《东盟互联互通总体规划 2025》首次提出数字创新，将数据和数字技术纳入东盟互联互通，目标是实现东盟的无缝全面互联和一体化，提高其竞争力、包容性和共同体意识（见表 4）。[②]

表 4　东盟促进互联互通相关政策文件

时间	政策文件	内容
2000	《电子东盟框架协议》	第四条：推动建立信息基础设施
2009	《东盟信息通信技术总体规划 2015》	六项战略重点：三大支柱（经济转型、人民赋权与参与、创新）与三项基础（基础设施建设、人力资本建设、缩小数字鸿沟）
2010	《东盟互联互通总体规划》	实现物理联通、制度联通和人文联通
2015	《东盟经济共同体 2025 蓝图》	促进互联互通和部门合作
2015	《东盟信息通信技术总体规划 2020》	八项战略重点：经济发展与转型、人员集成与赋能、创新、基础设施建设、人力资本建设、单一市场中的 ICT、新媒体和新内容、信息安全与保障
2016	《东盟互联互通总体规划 2025》	五项战略内容：可持续基础设施、数字创新、无缝物流、卓越监管和人员流动
2018	《东盟数字一体化框架》	六个优先领域：促进无缝贸易；保护数据，并支持数字贸易和创新；实现无缝的数字支付；拓展数字人才；培养创业精神；协调行动

---

① ASEAN ICT MasterPlan 2020. https://www.asean.org/wp-content/uploads/images/2015/November/ICT/15b%20--%20AIM%202020_Publication_Final.pdf.

② Master Plan on ASEAN Connectivity 2025. https://asean.org/wp-content/uploads/2016/09/Master-Plan-on-ASEAN-Connectivity-20251.pdf.

时间	政策文件	内容
2019	《〈东盟数字一体化框架〉行动计划（2019—2025）》	确定了"东盟数字一体化框架"具体倡议和行动
2021	《东盟数字总体规划 2025》	预期成果 2：提高电信基础设施的质量和覆盖率

资料来源：作者根据相关文件整理而得。

（五）数据保护与数据管理框架

数据是数字经济的关键生产要素和重要驱动力。从 2016 年《东盟个人数据保护框架》，到 2018 年《东盟数字数据治理框架》，再到 2021 年的《东盟数据管理框架》（DMF），东盟逐步落实数字一体化框架下的数字治理，完善数据保护与数据管理框架，加快建设区域数据中心。

《东盟个人数据保护框架》是东盟数据保护与治理的起点，也是东盟数据跨境流动机制的基石。[①]《东盟个人数据保护框架》制定了个人数据保护的七大原则，防止个人数据的滥用，[②]虽然该框架不具备法律约束力，但在很大程度上为东盟个人数据保护提供了范本。东盟数据治理一体化主要体现在《东盟数字数据治理框架》中，该框架是东盟国家数字数据治理的政策性指导文件（见表 5）。[③]基于《东盟数据分类框架》倡议，2021 年东盟通过了《东盟数据管理框架》，帮助所有在东盟运营的企业参与到数字经济中，并在整个数据生命周期内实施所有数据类型的数据治理，充分保护不同类型的数据。[④]

表 5 《东盟数字数据治理框架》战略优先事项

合作机制	战略重点	产出目标
东盟数据分类框架	数据生命周期系统	数据生命周期过程（如收集、使用、访问和存储）中的数据治理； 为不同类型数据提供足够的数据保护
东盟数据跨境流动机制	跨境数据流动	跨境数据流动的业务确定性； 取消数据流动中非必要的限制条件

---

① 刘箫锋，刘杨钺. 东盟跨境数据流动治理的机制构建[J]. 国际展望，2022（2）：123-147.

② ASEAN Framework on Personal Data Protection. https://asean.org/wp-content/uploads/2012/05/10-ASEAN-Framework-on-PDP.pdf.

③ 中国商务部. 东盟发布《东盟数据管理框架》和《东盟跨境数据流动示范合同条款》. http://asean.mofcom.gov.cn/article/zthdt/sz/202102/20210203036591.shtml.

④ ASEAN Data Management Framework. https://asean.org/wp-content/uploads/2021/08/ASEAN-Data-Management-Framework.pdf.

续表

合作机制	战略重点	产出目标
东盟数字创新论坛	数字化和新兴技术	数据能力（基础设施和技能）开发； 利用新兴技术
东盟数据保护和隐私论坛	法律、法规和政策	东盟统一的法律和监管环境（包括个人数据保护）； 制定并采用最佳实践

资料来源：作者根据《东盟数字数据治理框架》整理而得。

此外，为进一步加强组织机制建设，东盟设立了负责电子商务领域统一规划的东盟电子商务协调委员会，以及负责中小企业统一发展的东盟中小企业协调委员会等机构，还会以定期举行的数字部长会议及信息部长会议为契机，加强沟通交流，制定共同目标。

三、东盟主要国家数字经济政策实践

发展数字经济是东盟成员的共识，各国相继制定了各自的数字经济发展战略或规划，推动数字经济发展和数字化转型。根据 Google、Temasek 和 Bain 的《2021 年东南亚数字经济报告》，2021 年东盟 6 国的数字经济规模为 1740 亿美元，同比增长 49%，预计到 2025 年，其数字经济规模将达到 3630 亿美元。[1]在东盟 6 国中，数字经济规模居于前三位的分别是印度尼西亚、泰国和马来西亚。[2]如图 1 所示，2021 年印度尼西亚、泰国、马来西亚数字经济呈现较快增长态势，同比分别增长 49%、51% 和 47%。

（一）新加坡

新加坡顺应数字经济改革潮流，积极推动"智慧城市"与"智慧国家"战略，在电子政务、智能交通等领域均取得了全球领先的成果。早在 2006 年，新加坡便推出"智慧城市 2015"十年计划；2014 年，该计划升级为"智慧国家 2025"计划。

新加坡"智慧国家"战略以数字社会、数字经济和数字政府为支柱，打造世界级科技驱动的国家。第一，在数字社会方面，新加坡于 2018 年 6 月通过《数字化就绪蓝图》，提出"扩大并增强数字接入以实现包容性""将数字素养注入国民意识""帮助社区和企业推动技术的广泛采用"和"通过设计促进数字包容性"4 项战略重点，使每个新加坡

---

① Google, Temasek, Bain. e-Conomy SEA 2021—Roaring 20s: The SEA Digital Decade. https://services.google.com/fh/files/misc/e_conomy_sea_2021_report.pdf.

② 基于数据可获得性和数字经济发展规模，东盟主要成员是指东盟 6 国，即新加坡、印度尼西亚、泰国、马来西亚、越南和菲律宾。

人都能融入数字社会。第二，在数字经济方面，新加坡于 2018 年 5 月通过《数字经济行动框架》，确定了"加快产业数字化""培养新型数字生态系统"和"促进信息通信媒体行业的数字产业化"三个关键战略，努力将新加坡打造成一个创新、领先的数字经济体。第三，在数字政府方面，秉承"以数字为核心，用心服务"的愿景，新加坡于 2018 年 6 月通过《数字政府蓝图》，强调用户需求并于 2020 年再次更新。①

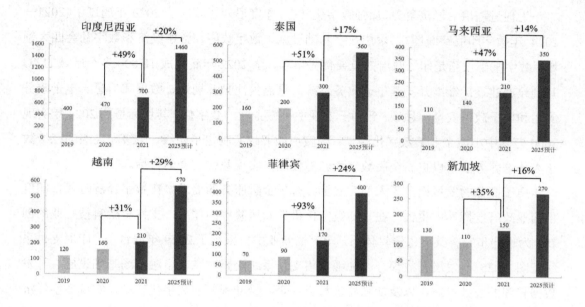

图 1　2019—2025 年东盟 6 国数字经济发展情况（单位：亿美元）

资料来源：Google, Temasek, Bain, e-Conomy SEA 2021—Roaring 20s: The SEA Digital Decade. https://services.google.com/fh/files/misc/e_conomy_sea_2021_report.pdf.

新加坡致力于在东盟内部构建"智慧城市网络"。在新加坡的推动下，2018 年，东盟成立智慧城市网络（ASEAN Smart Cities Network，ASCN），以提升经济竞争力、实现环境可持续发展和改善民众生活福利为目标，确定了社会民生、健康福利、安全保障、环境品质、基础设施和工业创新六大重点领域，涵盖 26 个试点城市、52 个优先项目。

新加坡聚焦重点领域，完善科技战略。新加坡重视数字技术的开发与应用，加快产业的数字化转型，实现从数字能力到商业利益的转化。2020 年新加坡发布《研究、创新与企业 2025 计划》（RIE 2025），强调提升基础科学研究能力，重视发展的弹性、韧性和

① Three Pillars of a Smart Nation. https://www.smartnation.gov.sg/about-smart-nation/pillars-of-smart-nation.

可持续性。新加坡预计在 5 年内投入 250 亿新币，加强重点数字经济技术领域的创新与研发，如人工智能、网络安全、隐私保护技术、量子技术和 5G 通信等。[1]2021 年新加坡公布了"制造业 2030 愿景"，致力于到 2030 年将新加坡打造成先进制造业的全球业务、创新与人才中心，在未来 10 年继续争取 50%的增长。[2]

（二）印度尼西亚

为促进疫情后经济复苏，加强数字化转型，印度尼西亚政府于 2020 年通过了《2021—2024 年数字印尼路线图》，聚焦数字基础设施、数字政府、数字经济和数字社会四大领域。数字基础设施是印尼政府的重要优先事项，至 2022 年底完成 10 000 多个区域的 4G 基础设施建设；继续开发其电子政务系统，重点关注预算规划、数据和信息、电子政务应用和电子政务安全等领域；致力于实现中小微企业的数字化，其目标是到 2024 年实现 3000 万家中小微企业的数字化转型；印度尼西亚政府制定了初级、中级和高级的三级数字人才培养方法，以提高全民数字素养与技能，实现数字社会的目标。[3]

电子商务的发展提升了人们对安全、有效金融服务的需求。在数字经济时代，印度尼西亚政府发挥其中央银行在平衡数字化机遇和风险中的作用，支持金融科技行业的创新。为进一步完善其支付清算体系，印度尼西亚中央银行于 2019 年出台了"印尼支付系统蓝图 2025"，发展开放银行、加强零售支付系统配置、完善金融市场基础设施、开发数据管理的公共设施，以及加强监管与合规等，推动银行的数字化转型，实现数字经济与传统金融的融合。[4]同时，为鼓励金融创新，印度尼西亚金融服务管理局于 2020 年发布《数字金融创新路线图和行动计划（2020—2024）》，加强数字时代的消费者保护，实施数据隐私保护政策；通过创新中心和东盟区域合作等方式，提高对创新的支持力度；提高金融科技安全性；完善金融科技生态系统的投资环境。[5]

印度尼西亚政府有效实施第四次工业革命路线图，促进传统制造业向新兴制造业的转型。印度尼西亚政府于 2018 年公布"工业 4.0"路线图，推动自动化技术和数字技术

---

① Research, Innovation and Enterprise 2025 Plan. https://www.nrf.gov.sg/docs/default-source/default-document-library/rie_booklet_fa2021_pages.pdf.

② 中国信息通信研究院. 主要国家和地区推动制造业数字化转型的政策研究报告（2022 年）. 2022-05-25.

③ Indonesia: Digital Economy Opportunities. https://www.trade.gov/market-intelligence/indonesia-digital-economy-opportunities.

④ Indonesia Payment Systems Blueprint 2025. https://www.bi.go.id/en/publikasi/kajian/Documents/Indonesia-Payment-Systems-Blueprint-2025.pdf.

⑤ Digital Finance Innovation Road Map and Action Plan 2020-2024. https://www.ojk.go.id/id/berita-dan-kegiatan/publikasi/Documents/Pages/Publikasi-Materi-Digital-Finance-Innovation-Road-Map-dan-Action-Plan-2020-2024-serta-Digital-Financial-Literacy/Digital%20Finance%20Innovation%20Road%20Map%20dan%20Action%20Plan.pdf.

与传统制造业相融合，将食品加工、纺织服装、汽车、电子和化工确定为发展"工业 4.0"的五大重点产业。印度尼西亚政府通过改善物流供应、优化并重新设计工业区、提高高端工业生产能力、培育壮大中小微制造企业、建设数字化基础设施、制定国民创新中心发展蓝图等措施，加快制造业发展，塑造数字时代的竞争力。①

（三）泰国

泰国是东盟最早出台"工业 4.0"战略的国家之一。2016 年，泰国政府推出"泰国 4.0"战略，旨在解决经济发展模式所带来的各种挑战，如中等收入陷阱、不平等不均衡的发展等问题，促进经济繁荣、提升社会福利和人类价值及保护环境。泰国政府确定了"泰国 4.0"的十大目标产业，即新一代汽车产业、智能电子产业、高端旅游产业、农业和生物技术产业、食品深加工产业、人工智能和机器人产业、航空与物流产业、生物能源与生物化工产业、医疗中心及数字产业，推进前五大传统优势产业转型和后五大未来新兴产业发展。作为"泰国 4.0"的一部分，泰国政府还推出了"东部经济走廊"计划和"南部经济走廊"计划两大战略性项目。②

数字产业是"泰国 4.0"的十大目标产业之一，2016 年泰国成立了数字经济与社会部，同年通过了数字经济和社会发展规划，制定了为期 20 年的"数字泰国"发展规划。该计划分为 4 个阶段：第一阶段是建设数字基础设施，历时 18 个月；第二阶段是步入数字社会，促进数字经济的包容性发展，历时 5 年左右；第三阶段是全面转型时期，通过发展数字技术和创新，实现国家的数字化转型，历时 10 年左右；第四阶段是引领全球数字技术和创新，推动泰国迈向发达国家行列。为此，泰国将实施 6 个方面的战略举措，促进数字经济和数字社会的发展：一是在全国建设高效的数字基础设施，二是通过数字技术推动数字经济发展，三是通过数字技术建设公平、包容的数字社会，四是建设数字政府，五是为数字时代储备人力资源，六是使公众建立起对数字技术的信任和信心。③

（四）马来西亚

2018 年马来西亚政府发布"工业 4.0"国家政策，该政策旨在为提高制造业生产率、创造就业机会及储备高技能人才奠定基础，最终为经济繁荣和社会福祉做出贡献。政府将通过"FIRST"（Funding，Infrastructure，Regulatory Framework，Upskilling，Technology）

---

① 中国商务部. 印尼政府采取十项促进措施有效实施工业 4.0 路线图. [2018-05-15]. http://gpj.mofcom.gov.cn/article/zuixindt/201805/20180502743763.shtml。

② Thailand 4.0. https://thaiembdc.org/thailand-4-0-2/.

③ Thailand Digital Economy and Society Development Plan. https://www.onde.go.th/assets/portals/1/files/DE-EN%20BOOK%20FINAL.pdf.

战略赋能因子实现制造业和相关服务业，尤其是中小企业的数字化转型。①2021 年，马来西亚政府发布《第四次工业革命国家政策》，涵盖企业、社会和政府三方参与者，优先发展人工智能、物联网、区块链、先进材料与技术及云计算与大数据分析五项核心技术，重点聚焦批发和零售贸易、运输与物流、旅游业、金融和保险、公用事业、科学专业的技术服务、医疗保健、教育、农业及制造业十大重点部门，以实现国家的平衡、可持续发展。②

　　马来西亚政府于 2021 年通过了"数字经济蓝图"（MyDigital），目标是到 2030 年发展成为高收入国家，并在数字经济产业方面在本地区居于领先地位。该计划的落实分为三个阶段：第一阶段（2021—2022 年）旨在加快巩固未来第二、三阶段顺利推进所必需的数字基础；第二阶段（2023—2025 年）重点推动数字经济的包容性转型；第三阶段（2026—2030 年）规划未来几十年内强劲可持续增长的路线，使马来西亚成为区域市场中数字内容的生产者和网络安全的领导者。"数字经济蓝图"愿景依托六大推动力量：推动公共部门的数字化转型；通过数字化提高经济竞争力；建设数字基础设施；开发具有数字技能的人力资源；建设包容性的数字社会；构建可信、安全的数字环境。③马来西亚于 2021 年 9 月颁布第十二个马来西亚计划，制定了 2021—2025 年的发展蓝图，包括"工业 4.0"、数字经济等在内，将成为经济增长的新引擎。

　　（五）越南

　　越南数字经济发展虽起步较晚，但增长动能和后劲强劲。2021 年越南数字经济规模达到 210 亿美元，增长 31%。④2019 年，越南提出发展"工业 4.0"的战略愿景：到 2025 年，越南将维持其东盟前三名的全球创新指数排名，数字经济占 GDP 的 20% 左右，劳动生产率平均年增长达 7%；到 2030 年，全球创新指数排名进入全球前 40 强，数字经济占 GDP 的 30%，劳动生产率年均增长达 7.5%。另外，宽带互联网服务得到普及，5G 移

---

① Industry4WRD: National Policy on Industry 4.0. https://www.miti.gov.my/miti/resources/Media%20Release/Media_Release_-_Industry4WRD_The_National_Policy_on_Industry_4.0_.pdf.

② National Fourth Industrial Revolution Policy. https://www.epu.gov.my/sites/default/files/2021-07/National-4IR-Policy.pdf.

③ Malaysia Digital Economy Blueprint. https://www.epu.gov.my/sites/default/files/2021-02/malaysia-digital-economy-blueprint.pdf#:~:text=The%20Malaysia%20Digital%20Economy%20Blueprint%20spells%20out%20the,digitalisation%20across%20Malaysia%20including%20bridging%20the%20digital%20divide.

④ Google, Temasek, Bain. e-Conomy SEA 2021—Roaring 20s: The SEA Digital Decade. https://services.google.com/fh/files/misc/e_conomy_sea_2021_report.pdf.

动服务全覆盖，等等。①2020 年越南政府发布《至 2025 年国家数字化转型计划及 2030 年发展方向》纲领性文件，引领"工业 4.0"数字化转型，打造具有全球竞争力的数字技术企业。数字转型的优先部门包括金融与银行、医疗保健、教育、农业、运输、物流、能源、自然资源与环境及制造业九大部门。②

2020 年 12 月，越南通过了《到 2030 年第四次工业革命国家战略》，战略方向包括：一是提高机制体制运行质效和决策能力；二是推进基础设施互联互通，建设和使用数据库；三是推动人力资源高质量发展；四是建设面向数字政府的电子政务；五是增强国家创新能力；六是投资研发先进数字技术；七是扩大重点技术的合作与融合，积极参与第四次工业革命。③

（六）菲律宾

为实现包容性可持续增长，2017 年菲律宾贸易和工业部（DTI）实施了"包容性创新产业战略"（Inclusive Innovation Industrial Strategy，I3S），促进工业发展，提高创新型制造业、农业和服务业领域的全球竞争力，加强其与全球价值链之间的联系，创造更多的就业和创业机会。该战略规划了"工业 4.0"、促进创新型中小企业和初创企业的发展、整合生产体系、改善基础设施、建设人力资本及构建创新创业生态系统六大战略行动，促进汽车及零部件、电子制造服务、飞机零部件和维修、化学品、船舶建造与维修、家具服装、模具与钢铁、建筑、电子商务、运输物流、旅游及农业综合产业 12 个主要产业的发展。④

菲律宾政府将数字技术视为其工业发展和包容性可持续增长的主要驱动力。2019 年菲律宾政府发布 2022 年国家 ICT 生态环境框架，运用人力资本、平台、基础设施及政策法规等要素，采用多种新兴技术，建设更强大的信息与通信技术生态系统。2019 年发布的《2022 年电子政务总体规划》强调，优化政府运作，促进企业转型、公民参与以及赋能政府雇员。新冠肺炎疫情加速催化了菲律宾数字经济的发展，2020 年菲律宾中央银

---

① Proactively Participating in Industry 4.0. https://english.mic.gov.vn/Pages/TinTuc/tinchitiet.aspx?tintucid=139776#:~:text=Embarking%20on%20the%20strong%20implementation%20of%20Resolution%20No.52%2C,participating%20in%20this%20revolution%20in%20the%20coming%20time.

② Vietnam's Digital Transformation Plan Through 2025. https://www.vietnam-briefing.com/news/vietnams-digital-transformation-plan-through-2025.html/#:~:text=Vietnam%20recently%20approved%20the%20National%20Digital%20Transformation%20Programme,the%20digitalization%20of%20businesses%2C%20administration%2C%20and%20production%20activities.

③ National Strategy for 4th Industrial Revolution. https://en.baochinhphu.vn/national-strategy-for-4th-industrial-revolution-11140283.htm.

④ Inclusive Innovation Industrial Strategy. https://innovate.dti.gov.ph/resources/i3s-strategy/inclusive-innovation-industrial-strategy/.

行发布《央行数字支付转型路线图》，提出建立数字金融基础设施和实施数字治理标准，实现 50%的零售支付交易数字化。2021 年菲律宾政府发布《国家人工智能路线图》，最大限度地利用人工智能技术，发展人工智能经济。

四、东盟国家数字经济合作的战略立场与利益诉求

在新冠肺炎疫情、美国"印太战略"及其带来的地缘政治压力、俄乌冲突导致国际政治经济格局重构、联合国 2030 年可持续发展议程受阻等背景下，东盟构建数字经济总体规划及行动框架，以数字经济合作促进后疫情时代东盟繁荣复苏，建设开放、活力、强韧的东盟共同体。从《东盟全面复苏框架》《东盟数字总体规划 2025》到《东盟关于向工业 4.0 转型的宣言》等，东盟优先事项是夯实经济复苏和经济数字化转型所必需的数字基础，在中长期内推动数字经济的包容性和可持续性发展，成为区域市场中数字内容的生产者和网络安全的领导者。

（一）抗击疫情、增强产业链韧性是东盟国家数字经济政策的首要考量因素

新冠肺炎疫情导致全球经济增长动能不足问题进一步加剧，发展中国家特别是新兴市场国家和最不发达国家经济的脆弱性更强、韧性更差。东盟国家数字经济政策着力于解决防疫、抗疫等迫切的发展挑战，为疫情后经济复苏注入新动能。东盟国家在电子商务、营商便利化、人才技能和技能再提升、数字化和自动化等方面制定了政策和举措；推动 ICT 技术与"三产"（特别是工业和服务业）的互动和融合，为各国经济增长注入新动能；推动更具包容性的经济复苏，降低疫情对中小微企业、妇女等弱势群体的影响。各国政府积极为中小企业提供相关的基础设施，帮助中小微企业更好地适应数字技术发展，加速数字化转型，以增强中小微企业进入区域和全球市场的能力。

东盟国家数字经济政策聚焦产业链核心竞争力，增强产业链韧性。面对产业链供应链畅通稳定难度加大、全球产业链供应链重构的挑战，[1]东盟国家期望通过提振数字经济的方式，更好地发挥自身劳动力及原材料成本等比较优势，吸引国际资本流入。因此，新加坡与越南在疫情中反而逆势加强了外资引进的力度。根据联合国贸发会议统计，2021年，东盟恢复了其作为亚洲和全球外国直接投资增长引擎的作用，FDI 流入量增长 35%。[2]

---

① Enderwick Peter, Buckley Peter Jennings. Rising Regionalization: Will the Post-COVID-19 World See a Retreat from Globalization? Transnational Corporations Journal, 2020-08-31, Available at SSRN: https://ssrn.com/abstract=3692317.

② UNCTAD. Investment Trends Monitor, 2022-01.

（二）发展数字经济是东盟国家应对地缘政治挑战的战略选择

全球数字化趋势和数字变革的多重挑战是东盟数字经济发展政策规划和行动计划出台的重要背景，是东盟在国际竞争中寻求自身定位的战略诉求。东盟国家深化制造业数字化转型战略布局，通过"工业 4.0"战略等，提升数字技术能力及数字技术在价值链分工的深度应用，强化技术创新和新型网络技术应用对产业体系数字化转型的支撑，为中长期经济增长提供新动能。

东盟国家逐步完善数字经济政策布局，全面部署推进数字化转型行动计划，从互联互通、数字技能、数字政府等方面打造"数字东盟"构想。数字经济规划从区域层面明确了东盟国家数字经济发展和构建数字东盟的思路，政策实施注重可持续性、适应性和灵活性，充分发挥东盟经济一体化潜力，迈向更可持续、更具韧性的未来。因此，东盟国家数字经济合作，从数字基础设施、电子商务等数字经济的传统领域，逐步向数字贸易、数据管理、隐私保护、提高弱势群体参与度（可持续、创新和包容性增长为目标）等深层次合作推动。

（三）以"工业 4.0"战略为引领，加速推动产业数字化转型

东盟国家重视先进技术研发，培育数字技术创新优势，发展先进制造业，推动产业数字化转型。把握第四次工业革命，推动东盟实现可持续、更具韧性的产业发展。《东盟第四次工业革命的综合战略》提出三个愿景：建设一个开放、安全、透明、互联，借鉴国际最佳实践，尊重隐私和道德的数字东盟；利用技术建设一个有弹性、包容性、一体化和具备全球竞争力经济体的数字东盟；建设一个在转型社会中拥抱创新，并为社会进步和可持续发展做出贡献的数字东盟。

21 世纪，东盟国家参与全球价值链的主要产业依然是电子信息业，而汽车、化工、生物医药、船舶制造等产业也逐步融入全球价值链之中。由"工业 4.0"引发的国际产业分工和全球价值链的重构，对深度融入全球价值链的东盟国家产生了不同程度的冲击和影响。顺应全球数字经济向全面化、智能化、绿色化方向加速发展的趋势，东盟国家加快面向"工业 4.0"的战略转型升级，促进数字技术和实体经济深度融合，赋能传统产业数字化转型升级，推动东盟实现可持续、更具韧性的产业发展。印度尼西亚、马来西亚、新加坡、泰国等东盟成员的工业战略，明确面向"工业 4.0"数字化产业转型优先领域和关键部门，提升高端制造技术的创新水平。

（四）加强区域数字基础设施互联互通，缩小数字鸿沟

东盟数字经济政策重视数字基础设施和能力建设，强调数字经济的可及性和数字鸿

沟的弥合，让处于不同发展阶段的成员共享数字经济发展的成果。东盟成员国家经济发展水平差异较大，有着非常明显的数字鸿沟。一边是引领数字经济发展、努力探索数字基础设施更新迭代的国家，如新加坡；另一边则是难以负担得起数字经济成本，正在普及基础设施的国家，如柬埔寨和老挝。根据华为 2020 年发布的全球联接指数（GCI），在 79 个被调研数字经济发展国家中，新加坡排名第二，仅次于美国，属于"领跑者"梯队。而马来西亚、泰国和越南属于第二梯队——"加速者"梯队，排名分别为第 34、46 和 55。印度尼西亚和菲律宾在"起步者"梯队中领先于其他国家，排名分别是第 58 和 59。[①]

（五）推进东盟数字一体化，维护其在东亚区域合作中的中心地位

东盟是东亚区域合作的重要组织和平台，数字经济转型和数字经济合作有利于后疫情时代保持东盟在全球经济中的重要地位，夯实其在东亚区域合作的中心地位。当前，发展数字经济成为东盟成员的共识，数字经济发展战略与区域一体化进程正在深度融合。一方面，数字经济的发展可以推动东盟内部互联互通的进程，增强东盟的向心力、凝聚力，推进东盟共同体发展进程；另一方面，更高水平的一体化又可以为数字经济合作提供基础和支撑，有利于进一步增强东盟参与区域生产网络和全球价值链的国际竞争力。《东盟互联互通总体规划 2025》首次提出数字创新，将数据和数字技术纳入东盟互联互通，目标是实现东盟的无缝全面互联和一体化，提高其竞争力、包容性和共同体意识。[②]

五、中国-东盟数字经济合作的未来方向

数字经济是全球未来的发展方向。新冠肺炎疫情延宕反复，对全球经济增长造成持续冲击，数字经济技术对于生产和服务的支撑作用凸显。但是，东盟数字经济发展和数字技术变革也面临多重内部挑战。一是东盟广泛存在的国别、城乡和性别数字鸿沟，对可持续发展造成阻碍；二是数字技术可能会降低东盟国家参与国际分工的劳动力资源禀赋优势，影响东盟出口导向战略的竞争优势；三是数字变革也可能会冲击传统劳动密集型岗位。东盟成员国之间存在较大发展差距和数字鸿沟，特别是老挝、柬埔寨和缅甸在获取资源和技术支持方面存在困难。因此，东盟数字经济发展规划和行动计划的实施需要实质性的、多样化的资源与支持。在美国、日本、澳大利亚、欧盟等外部发展伙伴国

---

① 华为. 智能联接，共塑新常态——全球联接指数 2020. https://www.huawei.com/minisite/gci/cn/.

② Master Plan on ASEAN Connectivity 2025. https://asean.org/wp-content/uploads/2016/09/Master-Plan-on-ASEAN-Connectivity-20251.pdf.

为东盟提供资金、技术和智力支持的背景下，中国应积极对接东盟数字经济发展战略，为中国-东盟数字经济合作做出实质性贡献。

（一）重视中国-东盟数字经济合作的前瞻性与包容性

中国-东盟数字经济合作应处理好短期与中长期的关系。从短期来看，双方应加强数字技术防疫抗疫和经济复苏的最佳经验分享，优化数字营商环境，释放数字经济潜力，助推中国和东盟经济复苏驶入快车道。从中长期来看，双方合作的重点领域应聚焦韧性、包容性、可持续的经济发展，应对疫情对经济增长造成的长期不利影响。

中国-东盟数字经济合作应处理好传统与前沿的关系。在早期阶段，东盟框架下的数字经济合作主要聚焦于电子商务领域，涉及范围较窄，这与同期东盟数字经济发展尚处于初级阶段的现实状况相适应。随着东盟数字经济从传统领域拓展深化到高层次规则合作，中国-东盟数字经济合作领域应兼顾前沿议题，包括数据管理、数字贸易标准和规则制定等，推动中国-东盟全面战略伙伴关系迈上新台阶。

（二）增强中国-东盟数字经济合作的行动导向

《落实中国-东盟数字经济合作伙伴关系行动计划（2021—2025）》和《2022年中国-东盟数字合作计划》强调，加强中国-东盟的数字政策对接，以及新兴技术和数字技术创新应用、数字安全、数字能力方面的建设合作。

保持合作机制的多元化和灵活性是未来中国-东盟推动数字经济合作所应当遵循的模式。在充分发挥中国-东盟数字部长会议机制的作用下，在数字技术与产业数字化转型、数字基础设施互联互通等重点领域可以设立专门的数字经济工作组或任务组，加强双方协调互动和优势互补，提高成员国参与合作的行动力和凝聚力。

适时推进中国-东盟数字经济框架协议谈判。借鉴 APEC "探路者方式" 开展合作，实施探路者行动计划，在数字基础设施、电子商务、数字贸易等传统领域和部分新兴领域优先合作，提高谈判效率。电子商务是东盟数字经济发展的优先和关键领域，也是驱动东盟数字经济增长的最大动力。数字认证、电子支付、电子交易单据、数据隐私和安全、网上争端解决等对中国-东盟电子商务合作尤为重要。

（三）增进数字基础设施投资促进战略和路线图的高效对接

新冠肺炎疫情之后，国际生产体系的转型进一步凸显数字基础设施和服务的重要性。2020年，中国与东盟发布《中国-东盟关于建立数字经济合作伙伴关系的倡议》，明确指出加强双方数字基础设施合作，"强化双方在通信、互联网、卫星导航等各领域合作，共同致力于推进4G网络普及，促进5G网络应用，探索以可负担价格扩大高速互联网接入和连接，包括对《东盟互联互通总体规划 2025》框架下东盟数字枢纽的支持，发展数字经济，弥合数字鸿沟"。该倡议是中国与东盟更好开展数字基础设施建设合作的基石。

加强中国-东盟数字基础设施普及、优质化发展。东盟在数字基础设施的建设、更新和升级等方面的投资需求包括三种类型：一是通信网络基础设施、新技术基础设施和算力基础设施等；二是应用先进数字技术，支撑传统基础设施优化升级；三是创新基础设施，主要是重大科技基础设施、科教基础设施、产业技术创新基础设施等。数字基础设施建设的跨国合作过程中，政府监管机构之间应建立常态有效的沟通机制，促进发展规划对接，畅通交流合作渠道，在投资促进战略及路线图方面达成共识，共同降低投资者和供应商的政治风险。

（四）以数字经济发展为依托升级经贸产业园合作

疫情后跨国公司的脆弱性加强，世界生产网络重组呈现回流、近岸外包和多元化特征。在此背景下，数字经济为中国-东盟经贸产业园合作提供了产业升级的新机遇。推进中国-东盟示范性数字合作产业园基地建设，以更优化、更多元化的区域生产网络和更接近最终市场的优势，平衡区域价值链供应链的发展与安全问题，共同维护价值链供应链稳定。随着数字技术、机器人自动化、大数据和物联网等新工业技术融入制造业，经贸合作产业园区的劳动力、土地等传统实物生产优势逐步被削弱，基于专业服务和高质量数字基础设施的集聚型制造业将成为新趋势。产业园建设的重点包括支持开展人工智能等新兴技术合作，以创新驱动数字化转型试点；向中小微企业提供政策支持和能力建设，促进中小微企业提高附加值并融入数字经济；强化基础设施升级，帮助企业缩短供应链接入，改善营商环境，以更可预见、更透明的政策措施提供全面支持。

参考文献

[1] 刘箫锋，刘杨钺. 东盟跨境数据流动治理的机制构建[J]. 国际展望，2022（2）：123-147.

[2] 商务部. 聚焦东盟数字经济发展（一）：《东盟电子商务协定》主要内容和进展[EB/OL]. http://asean.mofcom.gov.cn/article/ztdy/202007/20200702979436.shtml.

[3] 商务部. 聚焦东盟数字经济发展（二）：《东盟数字一体化框架》及其行动计划[EB/OL]. http://asean.mofcom.gov.cn/article/ztdy/202007/20200702982592.shtml.

[4] 唐新华. 西方"技术联盟"：构建新科技霸权的战略路径[J]. 现代国际关系，2021（1）：38-46，64.

[5] 王勤，温师燕. 东盟国家实施"工业 4.0"战略的动因和前景[J]. 亚太经济，2020（2）：36-43.

[6] 中国信息通信研究院. 主要国家和地区推动制造业数字化转型的政策研究报告（2022 年）[R]. 2022-05-25.

[7] 中国信息通信研究院. 全球数字经济白皮书——疫情冲击下的复苏新曙光[R]. 2021-08.

[8] ASEAN. ASEAN Declaration on Industrial Transformation to Industry 4.0. https://asean.org/asean-declaration-on-industrial-transformation-to-industry-4-0/.

[9] ASEAN. Consolidated Strategy on the Fourth Industrial Revolution for ASEAN. https://asean.org/wp-content/uploads/2021/10/6.-Consolidated-Strategy-on-the-4IR-for-ASEAN. pdf.

[10] ASEAN. ASEAN Work Programme on Electronic Commerce 2017-2021. https://asean.org/wp-content/uploads/2021/09/ASEAN-Work-Programme-on-Electronic-Commerce_ published.pdf.

[11] ASEAN. ASEAN Agreement on Electronic Commerce. http://agreement.asean.org/ media/download/20190306035048.pdf.

[12] ASEAN. Master Plan on ASEAN Connectivity 2025. https://asean.org/wp-content/uploads/2016/09/Master-Plan-on-ASEAN-Connectivity-20251.pdf.

[13] UNCTAD. Investment Trends Monitor, 2022-01.

[14] Google, Temasek, Bain. e-Conomy SEA 2021—Roaring 20s: The SEA Digital Decade. https://services.google.com/fh/files/misc/e_conomy_sea_2021_report.pdf.

亚太包容性增长与可持续发展合作

APEC 贸易投资促进包容性的政策及实施路径

张靖佳　李庆联*

摘　要： 新冠肺炎疫情反复，给全球经济带来了挑战与机遇。一方面，随着高传染性奥密克戎毒株的出现，APEC 地区经济复苏进程放缓，给全球中小微企业、妇女及弱势群体造成了非对称性影响。另一方面，全球新冠肺炎疫情持续，给数字经济的蓬勃发展带来了机遇。为了应对挑战并合理地利用机遇，此文整理了 APEC 成员在 8 个包容性优先领域的最佳政策实践，包括协议签署、立法改革、政府投资、多部门合作、技能培训、对外贸易单一窗口及专门机构成立等，以期为成员提供贸易投资政策参考，帮助其实现包容性的经济复苏。

关键词： APEC；贸易投资政策；包容性

新冠肺炎疫情的反复给 APEC 乃至全球贸易投资带来了极大的冲击。在新冠肺炎疫情早期阶段，由于疫情防控政策扰乱了航运、国际旅行和国内生产的正常秩序，全球贸易额下降了近 16%。随着高传染性奥密克戎毒株的出现，经济复苏在 2021 年下半年停滞。2021 年，APEC 的 GDP 增长率为 5.9%，预计在 2022 年放缓至 3.2%，2023 年放缓至 3.4%。[①]新冠肺炎疫情的反复导致工人和生产投入短缺，扰乱了全球供应链，并导致供需失衡，食品和能源价格上涨。此外，消费萎缩和边境关闭造成了就业率下降，中小微企业、妇女及弱势群体受到非对称性影响。当新冠肺炎疫情带来的不确定性和风险不断增加时，更需要一个稳定、包容、可持续和有弹性的宏观经济环境，助力经济复苏。《2040 年 APEC 布特拉加亚愿景》（简称"布特拉加亚 2040 愿景"）指出，确保亚太地区

---

* 张靖佳，南开大学 APEC 研究中心副研究员。李庆联，南开大学国际经济研究所硕士生。

① APEC Regional Trends Analysis May 2022. APEC Policy Support Unit Policy No. 222-SE-01.8, 2022.

能够应对冲击、危机、流行病和其他紧急情况，促进高质量增长，为所有人带来明显的利益，实现强劲、平衡、安全、可持续和包容性的增长。①在此基础上，APEC 承诺通过奥特亚罗瓦行动计划（APA）推进"布特拉加亚 2040 愿景"的实现，以保持可持续和包容性增长的进程。②

包容性促进是贸易投资和委员会（CTI）的工作之一，其工作主要包括四个方面：支持多边贸易系统（MTS）、区域经济一体化、贸易促进和互联互通，以及创新发展和包容性促进。为实现包容性增长，需要加强对自由贸易和投资的共识。③促进自由开放的贸易投资，增加市场准入机会，解决不公平贸易，可以让贸易更具包容性。④APEC 意识到实现一个自由、开放、公平、非歧视、透明和可预测的贸易和投资环境对于保持亚太地区区域经济活力和互联互通的重要性，⑤其核心目标在于促进自由开放的贸易与投资。⑥稳健的国际贸易、投资和经济一体化是强劲、可持续和平衡增长的关键驱动力。⑦因此，贸易和投资是应对新冠肺炎疫情大流行的影响和确保经济体更强劲复苏的重要推动因素。⑧新冠肺炎疫情正在加速全球经济的结构性变化。贸易中断的规模前所未有，各国政府需要提高贸易弹性，需要在国内采取行动并加强国际合作。任何涉及自由贸易协定和关税联盟等方面的区域一体化进程，对于寻求解决这些变化所产生的各种挑战，都至关重要。⑨通过贸易和区域合作促进经济增长的政策有助于包容性增长。贸易政策和协议在促进包容性方面发挥了一定作用。最近的贸易协定涵盖了劳工标准、环境保护、性别、土著群体和中小微企业等方面。⑩本文旨在梳理各成员通过贸易投资促进 APEC 区域内包容性的相关政策，对 APEC 成员在 8 个包容性优先领域的最佳政策实践进行整理，包括协议签署、立法改革、政府投资、多部门合作、技能培训、对外贸易单一窗口及专门机构成立等，以期为成员提供贸易投资政策参考，帮助其实现包容性的经济复苏。

---

① APEC Putrajaya Vision 2040.http://mddb.apec.org/Documents/2020/AELM/AELM/20_aelm_dec_1.pdf.

② APEC Regional Trends Analysis, May 2022. APEC Policy Support Unit Policy No. 222-SE-01.8. 2022.

③ The 17th APEC Economic Leaders' Meeting. http://mddb.apec.org/Documents/2009/AELM/AELM/09_aelm_dec.doc.

④ The 25th APEC Economic Leaders' Meeting. http://mddb.apec.org/Documents/2017/AELM/AELM/17_aelm_dec.pdf.

⑤ APEC Putrajaya Vision 2040.http://mddb.apec.org/Documents/2020/AELM/AELM/20_aelm_dec_1.pdf.

⑥ The 26th APEC Economic Leaders' Meeting. http://mddb.apec.org/Documents/2018/AELM/AELM/18_aelm_stmt.pdf.

⑦ The 20th APEC Economic Leaders' Meeting. http://mddb.apec.org/Documents/2012/AELM/AELM/12_aelm_jms.doc.

⑧ The 28th APEC Economic Leaders' Meeting 2021 - Declaration. http://mddb.apec.org/Documents/2021/AELM/AELM/21_aelm_dec.pdf.

⑨ Carlos Kuriyama. Lessons from the COVID-19 Pandemic: A Renewed Agenda for the Free Trade Area of the Asia-Pacific (FTAAP). APEC Policy Support Unit Policy Brief No. 45, 2022.

⑩ APEC Regional Trends Analysis Trade, Policy, and the Pursuit of Inclusion. APEC Policy Support Unit No.218-SE-01.6, 2018.

一、包容性优先领域

APEC 关于推进经济、金融、社会包容性发展的行动议程中涉及提高包容性的优先领域包括支持人力资源建设、增加弱势群体的经济机会及劳动参与率、推动中小企业国际化、改善贸易投资环境、促进互联网和数字经济发展、改善能源获取方式、促进国际标准协调等。[1]我们将上述内容细分为以下八大优先领域。

（一）人力资源建设

人力资源建设在 APEC 包容性中占有举足轻重的地位，确保所有成员都接受高质量的教育，对于实现经济社会的可持续发展至关重要。[2]包容性教育，即让所有人可以面对来自全球的挑战，提倡获取高质量教育及职业培训的机会均等。[3]2009 年，APEC 第 17 次领导人非正式会议提出，要提高教育和技能培训的质量并设计社会安全保障网络。[4]2010 年，APEC 第 18 次领导人非正式会议将人力资源和创业精神的发展和以知识为基础的经济纳入增长战略之中。[5]在包容性支持方面，APEC 第 22 次领导人宣言提到了人力资源开发。[6]2020 年提出的"布特拉加亚 2040 愿景"也指出要加强包容性人力资源开发和经济技术合作，让人们掌握应对未来的技能和知识。[7]

（二）弱势社会群体（妇女、残疾人、贫困人口）

APEC 地区要实现经济繁荣和包容性增长，妇女具有关键作用。[8]2009 年，APEC 第 17 次领导人非正式会议重视妇女赋能，并关注社会弱势群体。在包容性支持方面，提到了女性经济赋能。2015 年亚太经济组织领导人宣言就对包容性支持覆盖群体进行了扩展，除妇女外，进一步将关注点扩展至青年人、残疾人、土著、低收入群体，提高这些群体的教育质量，并增加其就业机会。[9]随着数字时代和第四次工业革命的到来，2016 年 APEC 承诺努力确保所有人（特别是一些社会弱势群体）拥有体面的工作和有质量的生

① APEC Action Agenda on Advancing Economic, Financial and Social Inclusion in the APEC Region. http://mddb.apec.org/Documents/2017/AELM/AELM/17_aelm_dec_anxa.pdf.

② The 16th APEC Economic Leaders' Meeting. http://mddb.apec.org/Documents/2008/AELM/AELM/08_aelm_dec.doc.

③ 2016 Leaders' Declaration. http://mddb.apec.org/Documents/2016/AELM/AELM/16_aelm_dec.pdf.

④ The 17th APEC Economic Leaders' Meeting. http://mddb.apec.org/Documents/2009/AELM/AELM/09_aelm_dec.doc.

⑤ The 18th APEC Economic Leaders' Meeting. http://mddb.apec.org/Documents/2010/AELM/AELM/10_aelm_dec.doc.

⑥ The 22nd APEC Economic Leaders' Declaration. http://mddb.apec.org/Documents/2014/AELM/AELM/14_aelm_dec_0.pdf.

⑦ APEC Putrajaya Vision 2040.http://mddb.apec.org/Documents/2020/AELM/AELM/20_aelm_dec_1.pdf.

⑧ The 20th APEC Economic Leaders' Meeting. http://mddb.apec.org/Documents/2012/AELM/AELM/12_aelm_jms.doc.

⑨ APEC Economic Leaders' Declaration, Manila 2015. http://mddb.apec.org/Documents/2015/AELM/AELM/15_aelm_dec_0.pdf.

活。[1]2018 年，APEC 第 26 次领导人非正式会议强调赋予妇女和女童权利的重要性，提出有必要弥合男女之间的数字鸿沟和性别薪酬差距，从而使得妇女和女童充分发挥其潜力，增加她们参与数字经济的机会。[2]"布特拉加亚 2040 愿景"提到，要为所有人带来明显的利益，包括中小微企业、妇女及其他经济潜力待开发的群体。2021 年，APEC 支持《拉塞雷纳妇女与包容性增长路线图（2019—2030）》的全面和加速实施，使妇女的经济赋权成为可能。APEC 还特别关注其他具有未开发经济潜力的群体的经济赋权，该群体包括土著及居住在农村和偏远地区的人，以确保他们获得经济机会，包括进入全球市场的机会。[3]

（三）中小企业

2009 年，APEC 第 17 次领导人非正式会议鼓励和支持中小企业发展，[4]采取具体行动，解决中小企业在地区贸易中面临的首要障碍，以提高这些公司促进经济增长和创造就业机会的能力。[5]"布特拉加亚 2040 愿景"提到，促进高质量增长将给中小企业带来明显的利益。[6]为帮助中小企业应对危机，APEC 为企业提供了大力支持，如支持中小企业数字化授权、解决创业方面的系统性障碍、加强中小企业能力建设等。根据 APEC 全球供应链弹性调查，中小企业需要在一些新兴领域获得技能培训支持，这些领域包括数字化转型、可持续的全球供应链、数字贸易中的贸易和投资，以及自动化和人工智能。[7]

（四）公平经济机会

2020 年，APEC 第 27 次领导人非正式会议的优先领域包括通过数字经济和技术增加包容性经济参与。创新和数字化使政府、企业和个人能够开展他们的活动，并赋能包容性经济参与。[8]2021 年 APEC 务虚会指出，APEC 将采取必要的措施，以促进就业机会创造和包容性的经济复苏，包括使妇女能够充分参与经济复苏的行动。[9]参与全球价值

---

① APEC Framework on Human Resources Development in the Digital Age. http://mddb.apec.org/Documents/2017/AELM/AELM/17_aelm_dec_anxb.pdf.

② The 26th APEC Economic Leaders' Meeting. http://mddb.apec.org/Documents/2018/AELM/AELM/18_aelm_stmt.pdf.

③ The 28th APEC Economic Leaders' Meeting 2021 – Declaration. http://mddb.apec.org/Documents/2021/AELM/AELM/21_aelm_dec.pdf.

④ The 17th APEC Economic Leaders' Meeting. http://mddb.apec.org/Documents/2009/AELM/AELM/09_aelm_dec.doc.

⑤ The 19th APEC Economic Leaders' Meeting. http://mddb.apec.org/Documents/2011/AELM/11_aelm_dec.doc.

⑥ APEC Putrajaya Vision 2040.http://mddb.apec.org/Documents/2020/AELM/AELM/20_aelm_dec_1.pdf.

⑦ Key Trends Report APEC Global Supply Chains Resiliency Survey Small to Medium Enterprises (SMEs). APEC Committee on Trade and Investment, 2021.

⑧ The 27th APEC Economic Leaders' Meeting. http://mddb.apec.org/Documents/2020/AELM/AELM/20_aelm_dec.pdf.

⑨ APEC Economic Leaders' Retreat 2021 – Statement on Overcoming COVID-19 and Accelerating Economic Recovery http://mddb.apec.org/Documents/2021/AELM/AELM-R/21_aelm-r_stmt.pdf.

链所带来的经济机会超越了传统观念中增加出口带来的经济机会，这些经济机会还包括技术和知识的转移、外国直接投资的增加和人力资本的升级。这些经济机会可以带来长期的生产率提高和可持续的经济增长。[①]

（五）互联互通合作

2015 年，APEC 领导人宣言重视网络和数字经济通过促进互联互通带来的经济机会对包容性经济增长的积极作用。[②]2018 年，APEC 第 26 次领导人非正式会议指出，通过加强竞争政策、消除边境壁垒、促进经商便利度等措施改善监管环境，可以增加跨境贸易、金融和投资，以及促进创新和支持突破性技术的出现。[③]新冠肺炎疫情的影响进一步突出了 APEC 地区无缝和全面互联互通的重要性。[④]

（六）数字经济

数字经济是当前全球发展阶段的一个关键现象。数字技术的使用有助于经济发展和贸易便利化，并确保了区域生产和贸易的包容性。[⑤]数字连接和创新在实现包容性、有弹性和可持续复苏的过程中至关重要。通过推广数字技能，鼓励采用创新的工作方法，扩大数字工具和基础设施，缩小数字鸿沟，可以确保中小微企业和初创企业能够充分利用新兴技术和数字生态系统。[⑥]

新冠肺炎疫情的发生有望加快数字化转型的步伐，加速数字经济发展。各国政府已经实施了跨境流动控制和保持社会距离等措施，这些隔离措施限制了人们在经济体和地区之间的流动，但也催生了非面对面经济活动的繁荣，通过生产数字化和消费数字化，[⑦]人们对于参与、享受数字贸易和电子商务所带来的便利的需求已经变得更加明显。[⑧]

[①] Better Understanding Global Value Chains in the APEC Region. APEC Committee on Trade and Investment No.221-CT-01.3, 2021.

[②] APEC Economic Leaders' Declaration, Manila 2015. http://mddb.apec.org/Documents/2015/AELM/15_aelm_dec_0.pdf.

[③] The 26th APEC Economic Leaders' Meeting. http://mddb.apec.org/Documents/2018/AELM/AELM/18_aelm_stmt.pdf.

[④] APEC Virtual Public-Private Dialogue (PPD) on Emerging Opportunities and Challenges in Implementing the APEC Connectivity Blueprint 2025. APEC Committee on Trade and Investment No.221-CT-04.1, 2021.

[⑤] Patvakan Giulazian. Protection of Intellectual Property Rights in Digital Content Trade. APEC Committee on Trade and Investment No.221-CT-04.5, 2021.

[⑥] The 28th APEC Economic Leaders' Meeting 2021 – Declaration. http://mddb.apec.org/Documents/2021/AELM/AELM/21_aelm_dec.pdf.

[⑦] Jaehan Cho, Danbee Song, Hanhin Kim, et al. A Study on APEC Cooperation for Digital Economic Utilization in GVC in the COVID-19 Era. APEC Committee on Trade and Investment No.222-CT-01.1, 2022.

[⑧] Li Mosi, Lan Zinuo. Symposium on APEC Supporting the WTO Negotiations on Trade-related Aspects of E-commerce. APEC Committee on Trade and Investment 221-CT-04.2, 2021.

（七）全球价值链

APEC 第 22 次领导人宣言肯定了 CTI 在推进区域经济一体化及亚太自由贸易区方面的作用，并建议官员基于 2015 战略蓝图，通过 CTI 推进全球价值链建设。[①] "布特拉加亚 2040 愿景"指出，APEC 将推进区域无缝连接，增强供应链韧性，推广负责任的商业行为。[②]2021 年 APEC 务虚会，继续为所有企业和员工提供区域无缝连接和供应链韧性建设。[③]新冠肺炎疫情大流行对全球供应链造成的中断程度史无前例，为了在供应链中发展业务，中小企业需要政府的政策支持。[④]新冠肺炎疫情也冲击了全球粮食供应链，APEC 将继续确保粮食安全，同时减少粮食损失和浪费。[⑤]APEC 也积极推进"面向 2030 年粮食安全路线图"，实现人人享有充足、安全、营养、方便和负担得起的食物。[⑥]疫情反复，能源价格飙升，能源供应链面临危机，APEC 成员将共同提高能源弹性和能源安全，向清洁能源过渡。[⑦]APEC 承认能源市场稳定的重要性，并支持清洁能源转型。

（八）环境友好型增长

人为因素导致的气候变化是全球最大的挑战之一，[⑧]气候变化可能阻碍经济体实现可持续经济增长，APEC 强烈支持国际合作和提高适应气候变化的能力建设。[⑨]2010 年，APEC 第 18 次领导人非正式会议将绿色增长纳入增长战略。[⑩]2012 年，APEC 第 20 次领导人非正式会议认可 APEC 环境产品清单对于促进绿色增长和可持续发展目标的作用。[⑪]APEC 绿色投资政策公司对话指出，为了解决气候变化和其他环境问题，需要在发达国家和发展中国家采取紧急政策行动，以实现低碳和适应气候变化的发展。[⑫]"布特拉加亚 2040 愿景"指出，APEC 将促进经济政策的合作和经济增长，全面支持应对气候变

---

① The 22nd APEC Economic Leaders' Declaration. http://mddb.apec.org/Documents/2014/AELM/AELM/14_aelm_dec_0.pdf.

② APEC Putrajaya Vision 2040. http://mddb.apec.org/Documents/2020/AELM/AELM/20_aelm_dec_1.pdf.

③ APEC Economic Leaders' Retreat 2021 – Statement on Overcoming COVID-19 and Accelerating Economic Recovery. http://mddb.apec.org/Documents/2021/AELM/AELM-R/21_aelm-r_stmt.pdf.

④ APEC Global Supply Chains Resiliency Survey Summary Report: Key Highlights and Policy Recommendations. APEC Committee on Trade and Investment, 2021.

⑤ The 27th APEC Economic Leaders' Meeting. http://mddb.apec.org/Documents/2020/AELM/AELM/20_aelm_dec.pdf.

⑥ The 28th APEC Economic Leaders' Meeting 2021 – Declaration. http://mddb.apec.org/Documents/2021/AELM/AELM/21_aelm_dec.pdf.

⑦ The 27th APEC Economic Leaders' Meeting. http://mddb.apec.org/Documents/2020/AELM/AELM/20_aelm_dec.pdf.

⑧ The 17th APEC Economic Leaders' Meeting. http://mddb.apec.org/Documents/2009/AELM/AELM/09_aelm_dec.doc.

⑨ The 16th APEC Economic Leaders' Meeting. http://mddb.apec.org/Documents/2008/AELM/AELM/08_aelm_dec.doc.

⑩ The 18th APEC Economic Leaders' Meeting. http://mddb.apec.org/Documents/2010/AELM/AELM/10_aelm_dec.doc.

⑪ The 20th APEC Economic Leaders' Meeting. http://mddb.apec.org/Documents/2012/AELM/AELM/12_aelm_jms.doc.

⑫ Pham Quynh Mai. Summary Report of APEC Public-Private Dialogue on Green Investment Policy. APEC Investment Experts' Group No.218-CT-04.11, 2018.

化、极端天气等所有环境挑战和自然灾害，建设一个可持续发展的地球。①APEC 还将继续采取具体措施，落实 APEC 打击非法、未报告和不受管制捕鱼（IUU）的路线图。

二、APEC 成员通过贸易投资促进包容性的政策和实施途径

APEC 第 22 次领导人宣言指出，有必要加强宏观经济政策，共同努力，促进亚太区域的可持续和包容性增长，宣言强调要营造适宜的政策环境。②2021 年 APEC 务虚会重申了经济政策合作和经济增长对于应对气候变化和其他严重的环境挑战的重要性。③新冠肺炎疫情对弱势群体产生了非对称性影响，需要采取包容性和竞争性的方法来实现经济复苏。

为增强亚太地区对冲击、危机、疫情等紧急情况的抵御能力，APEC 各经济体将制定一些涉及贸易投资及创新、数字化等经济推动因素的包容性政策，在推动经济高质量增长的同时，增加可持续经济增长机会，并提高社会成员的生活质量。这些包容性政策，既能增强能力建设，又能提高包容性经济参与，帮助人们和工商界参与互联互通的全球经济，并从中获利。一方面，通过能力建设，催化包容性人力资源建设及包容性劳动力市场建设，并帮助初创企业和中小微企业进入金融、全球市场和全球价值链；另一方面，通过推进性别平等和妇女经济赋权，以及促进残疾人、偏远和农村地区的居民等其他弱势边缘化群体参与经济建设，增加地区经济增长优势的覆盖面。④

（一）贸易投资对人力资源建设的促进政策

APEC 成员通过贸易投资促进人力资源建设包容性的政策主要包括通过虚拟平台和网络培训等方式，提供更加便利的教育培训，以及通过简化技能认证流程，推动人力资源建设的包容性。

从虚拟平台和网络培训层面来看，俄罗斯和智利提供了比较好的范式。俄罗斯莫斯科斯科尔科沃管理学院通过学术界和政府之间联盟，运用私人投资推动可持续增长和数字创新。该学院将可持续发展纳入教育模式，通过传授可持续商业、能源研究、管理伦理和消费市场方面的经验来提升人力资源建设层面的包容性。⑤

---

① APEC Putrajaya Vision 2040.http://mddb.apec.org/Documents/2020/AELM/AELM/20_aelm_dec_1.pdf.

② The 22nd APEC Economic Leaders' Declaration. http://mddb.apec.org/Documents/2014/AELM/AELM/14_aelm_dec_0.pdf.

③ APEC Economic Leaders' Retreat 2021 – Statement on Overcoming COVID-19 and Accelerating Economic Recovery. http://mddb.apec.org/Documents/2021/AELM/AELM-R/21_aelm_r_stmt.pdf.

④ Aotearoa Plan of Action.http://mddb.apec.org/Documents/2021/AELM/AELM/21_aelm_dec_anx.pdf.

⑤ Lian Wang, Didi Chuxing. Building Capacity in Promoting Inclusive and Responsible Business for Sustainable Growth in Digital Society. APEC Committee on Trade and Investment No.221-CT-04.3, 2021.

智利的 Fab 实验室网络依托技术教育虚拟环境，为本国院校学生开发科技项目提供知识和培训，将知识民主化引入技术教育体系，使技术培训更具包容性。目前，Fab 实验室已在整个拉丁美洲举办了关于可再生能源和生物材料发展问题的讲习班。

从简化技能认证流程等政策来看，加拿大工程师协会签署了几个双边承认协议及相互承认协议，如《国际职业工程师协议》（IPEA）和《亚太工程师协议》，有利于人员在经济体之间自由流动，促进区域人力资源建设，实现自由贸易。这些协议认为各经济体的工程教育实质相同，并促进专业工程师在经济体之间得到相互承认。加拿大工程师协会考虑将 IPEA 和《亚太工程师协议》作为许可注册程序的一部分，以进一步简化国际申请流程。①

（二）贸易投资对弱势社会群体（妇女、残疾人、贫困人口）的促进政策

目前，APEC 经济体通过贸易投资促进弱势社会群体包容性的政策主要有投资政策包容化及贸易政策包容化。

投资政策包容化主要通过建立基金和建设商业中心等方式促进弱势群体就业和创业。澳大利亚促进两性平等和社区投资，在亚太地区，建立了一个妇女和经济子基金，以促进该地区的女性创业。私营部门拥有强大的包容性协商和治理机制，可以与当地社区合作，发展卫生和教育服务。②巴布亚新几内亚投资建设妇女商业资源中心，该中心通过提供技能培训、指导来促进女性创业和就业。

贸易政策包容化主要针对提高弱势群体参与贸易的机会设计相应的政策。加拿大政府官员使用性别分析（GBA+）工具系统地将性别和其他身份纳入他们的工作中，并允许更多的人参与贸易并从中受益。此外，加拿大还建立了包容性行动贸易小组（IATP），该小组于 2020 年 7 月宣布了全球贸易和性别安排，以促进妇女参与贸易。加拿大还在与智利和以色列的自由贸易协定中加入了贸易和性别章节，为各方开展与性别和贸易有关的合作活动提供了框架，加拿大还设立了专门的贸易和性别委员会。③

（三）贸易投资对中小企业的促进政策

APEC 成员通过贸易投资对中小企业的促进政策主要体现在技能培训、帮助企业与

---

① Takahiro Nakamura, James Tetlow, Chimdi Obienu. Workshop on Manufacturing-Related Services and Environmental Services. APEC Committee on Trade and Investment No.220-CT-04.8, 2020.

② Kamis Yalakun. Workshop on Sustainable and Inclusive Investment Policies within the APEC Region. APEC Investment Experts' Group No.218-CT-04.8, 2018.

③ CTI-EC FTAAP Policy Dialogue on Competition Related Provisions in FTAs/EPAs from a Business Perspective. APEC Committee on Trade and Investment No.220-CT-04.9, 2020.

多部门合作及降低融资约束等方面。

在技能培训方面，日本政府帮助中小企业熟悉经济伙伴协议（EPA）相关章节或规定，为中小企业及包括地方政府在内的 1000 多个支持机构创造了沟通环境，提高中小企业的 EPA 利用率，促进中小企业的贸易和投资。①关于数字贸易能力建设，中国台湾的 TAITRA（一个非营利性贸易促进组织）与国际跨境电子商务平台（如亚马逊、亿贝等）合作，为企业提供开设网店、产品展示、网站营销和推广、客户服务等方面的特别优惠和指导。TAITRA 正在帮助中小企业使用 360 度全景摄影和 720 度全景摄影，优化关于其产品及生产设施的数字内容材料，其他技术培训包括在线展厅、人工智能生成的缩微胶卷和专业商业摄影。TAITRA 还会提供数字营销方面的指导，如社交媒体营销、视频营销和关键意见领袖（KOL）营销。对于数字贸易教育，TAITRA 提供了包括数字转型、数字商业、数字营销和跨境电子商务方面的课程，企业可以根据其数字化水平自行选择相关课程，这些课程以线下、线上和研讨会的形式提供。②

在帮助中小企业与多部门合作方面，国际贸易委员会在巴布亚新几内亚领导的国际贸易委员会比卢玛（ITC Bilum Mama）项目中提供商业和设计技能方面的技术培训，将中小企业与国际高端时装买家联系起来，并建立了巴布亚新几内亚比卢（Bilum）出口促进协会，改善其与小型供应商的联系，从而优化其信息网络。③智利政府与中小企业合作，推动品牌发展，加快中小企业参与全球经济。在实施品牌计划之前，智利政府对一些即将投入市场的产品进行调研，然后与各行业协会合作，打造适用于关键市场和出口产品的集体品牌，集体商标的所有权由该协会和智利政府共享。同时，智利政府通过为中小企业提供知识产权培训，增强与中小企业的合作。④

在降低融资约束方面，泰国政府曾有一个基于资产资本化项目政策的知识产权资本化项目（2004—2010 年）。在这个项目中，可将知识产权作为抵押品，以为中小企业获得融资提供帮助。此外，泰国已经投资建立了网上专利交易市场（IP-Mart），在违约或

---

① Pham Quynh Mai. APEC Capacity Building Workshop on RTA/FTA Negotiation Skills for Micro, Small and Medium Enterprises. APEC Committee on Trade and Investment No.219-CT-04.6, 2019.

② Explore New-Normal Model of Trade Promotion in the Post Pandemic Era. APEC Committee on Trade and Investment No.222-CT-04.6, 2022.

③ Kamis Yalakun. Workshop on Sustainable and Inclusive Investment Policies within the APEC Region. APEC Investment Experts' Group No.218-CT-04.8, 2018.

④ Best Practices on Brand Development and IP Protection for Micro, Small and Medium Enterprises (MSMEs). APEC Intellectual Property Rights Experts Group No.218-CT-04.2, 2018.

存在不良贷款的情况下，可以在市场上出售知识产权，以减少银行的损失。①菲律宾政府制定了各种包容性政策来降低企业融资约束，例如，《中小微企业大宪章》（*The Magna Carta for MSME*）提出成立中小企业发展理事会，并提供融资机会；《巴朗盖微型企业法》（*The Barangay Micro Business Enterprises Act*）中提出给予中小企业各种好处，如所得税豁免、特殊信贷窗口和营销援助。

2014 年，新西兰实施了立法改革，扩大金融工具的范围，在资本市场引入点对点借款（peer-to-peer lending）和股权众筹（equity crowdfunding），以支持中小企业发展，提高中小企业资金的可获得性。②中国拓拓数字（Tuotuo Digital）和中国建设银行联合启动了一个项目，帮助中小企业迅速高效获得电子商务业务贷款。中国拓拓数字利用基于网络的大数据模型、随机森林算法和梯度提升树（GBDT）模型，使用毫秒级操作和来自各种场景的大量数据建立有效的风险控制模型。人工智能辅助的决策系统可以让中小企业迅速完成贷款和偿还业务，显著便利了中小企业贷款并妥善管理风险。③此外，21 世纪 10 年代初，澳大利亚主要银行发起了银行付款责任（BPO），作为全球贸易融资和支付工具。④

（四）贸易投资对公平经济机会的促进政策

APEC 一些成员通过签署协议及公私部门合作增加经济机会。澳大利亚签订自由贸易协定促进数字贸易，解决非关税贸易壁垒并促进区域经济增长。例如，新加坡—澳大利亚自由贸易协定（SAFTA）提到了实施全面跨境电子商务措施。根据协定，澳大利亚和新加坡不对这两个经济体之间的电子传输征收关税；双方将维持电子商务消费者保护和电子认证立法，以维护对双边电子商务的信任；双方还致力于相互承认电子签名，并鼓励企业数字证书的互操作性。澳大利亚的另一个跨境电子贸易倡议是埃平（EPing）。EPing 是一种在线网络服务，为企业和政府提供有关世界各地出口市场法规的最新信息，包括产品要求和标准。

---

① Best Practices on Intellectual Property (IP) Valuation and Financing in APEC. APEC Intellectual Property Rights Experts Group No.218-CT-01.1, 2018.

② SMEs' Integration into Global Value Chains in Services Industries: Tourism Sector. APEC Committee on Trade and Investment No.219-CT-01.2, 2019.

③ Lan Zinuo, Sam Han. The 2nd APEC Cross-Border E-Commerce Training Workshop (APEC CBET II). APEC Committee on Trade and Investment No.221-CT-04.8, 2021.

④ Shuang Gao, Meishan Liu, Xi Jin, et al. Promoting Cross-border E-Trade Under the Framework of Regional Trade Agreements (RTAs) / Free Trade Agreements (FTAs): Best Practices in the APEC Region. APEC Electronic Commerce Steering Group No.218-CT-01.6, 2018.

2016 年，日本政府制定了"促进投资相关条约缔结和投资环境发展的行动计划"，提出了从当前到 2020 年将采取的一系列行动。经过 5 年的努力，日本已设法使投资相关协议所涵盖的经济体和地区的数量增加了 1 倍，涉及 79 个经济体和地区（包括那些已签署和未生效的地区）。若涵盖那些在谈判中的经济体，则涉及多达 94 个经济体和地区，覆盖了日本对外直接投资的 93%左右。此外，多年来，日本成功地签订了几项多边协议，如 CPTPP 和 RCEP，以及其他高水平协议，如日欧经济伙伴关系协定和日英全面经济伙伴关系协议，创造投资机会的同时也创造了经济机会[①]。

马来西亚注重公私部门合作，将技术纳入包容性政策，以实现部门技术内部化，促进经济增长和数字创新。马来西亚通过建立科技创新与经济框架（MySTIE），助力公私部门合作，再加上政府投资，将引致行业现代化的乘数效应，实现更有效的可持续性增长。马来西亚政府还与学术界开发了一个数字知识平台，这样科学家就可以在一个开放的创新生态系统中分享产业培育研究。科学家们还希望在企业和政府之间建立一个合作平台，并认为这是一种可持续发展和共享繁荣的机制。[②]

（五）贸易投资对互联互通合作的促进政策

APEC 成员通过贸易投资促进互联互通合作包容性的政策有签署协议、建设对外贸易单一窗口及实行多部门合作。就协议签署方面，在 2016 年 10 月生效的中国台北-韩国授权经济运营商（AEO）认证和相互承认安排（MRA），显著减少了清关时间，推动了贸易便利化和贸易包容性。[③]截止到 2019 年 8 月，日本已经签署了 18 项自由贸易协定，其中 8 个正在谈判。在这些自由贸易协定和经济合作协定中，新加坡、墨西哥、马来西亚、菲律宾、泰国、印度尼西亚、越南、秘鲁、蒙古国、跨太平洋伙伴关系协定和全面与进步跨太平洋伙伴关系协定在协定或执行协议中包含技术合作条款。与执法经验较少的经济体所签订的自由贸易协定/经济合作协定往往包含技术合作条款。[④]

对外贸易单一窗口建设方面，秘鲁设置对外贸易单一窗口（VUCE），集中处理货物进出口业务，并以电子方式进行管理。该窗口集中了来自各政府机构的贸易信息，并提

---

① Toward Building Resilient Supply Chains – A Possible Role of Investment Policy. APEC Committee on Trade and Investment No.221-CT-01.18, 2021.

② Lian Wang, Didi Chuxing. Building Capacity in Promoting Inclusive and Responsible Business for Sustainable Growth in Digital Society. APEC Committee on Trade and Investment No.221-CT-04.3, 2021.

③ Kristy Tsun Tzu Hsu. APEC Customs Time Release Comparison Study–Case Study of AEO MRAs between APEC Member Economies. APEC Sub-Committee on Customs Procedures No.220-CT-01.14, 2020.

④ FTAAP Capacity Building Workshop on Competition Policy under the 3rd REI CBNI: Sharing Good Examples of FTAs/EPAs. APEC Committee on Trade and Investment No.219-CT-04.10, 2019.

供国际贸易相关的法律信息。VUCE 2.0 倡议提供了一个市场准入门户网站，该网站提供了对外贸易条例的相关信息，使人们能够掌握向秘鲁进出口货物的要求和条件。[①] 类似地，巴布亚新几内亚寻求将单一窗口扩大到除海关以外的其他与贸易有关的机构，以减少用于进出口产品的时间和成本，促进无纸化贸易和与该组织内其他交易系统的互操作性。该窗口将提供一个全覆盖和集成的门户，功能包括提供进出口许可证、清关、授权和许可、申报处理及支付。[②]

新加坡在 2018 年推出了网络贸易平台（NTP），为交易者提供一站式界面，旨在提高国内企业的生产率和竞争力。NTP 有两个重点领域：一是数字化贸易，允许用户简单安全地存储和管理文档，节省用户时间，提高数据的准确性，实施跨系统收集数据，以便于分析；二是跨全球贸易生态系统的无缝连接，有助于促进经济体内部和经济体之间的联系。[③] 加拿大边境服务局（CBSA）实施了一项电子倡议（e-Longroom），该倡议创造了一个新流程——为 CBSA 提供发布文件的电子副本，从而进一步减轻了交易者的纸张负担。该倡议为 CBSA 及其客户提供了一个更高效、更灵活和更有弹性的交易过程，客户可以在任何地方提交请求，而 CBSA 的工作人员可以通过电子印章在任何地方授权请求。[④]

多部门合作方面，海关与其他政府机构（OGA）之间的合作，有利于实现贸易便利化和贸易安全控制之间的平衡。澳大利亚建立了边境保卫局（ABF），支持内政事务组合的参与机构之间实施互动。ABF 的具体做法如下：定期与 OGA 合作，协调边境清关程序，促进可信赖的贸易商和 OGA 的直接联系，并协助 OGA 以低风险的方式向可信赖的贸易商提供货物和跨境人才。同时，ABF 对边境许可证进行审查，旨在减轻并简化政府监管负担。[⑤]

---

① Trade Facilitation Transparency in Peru: Comparative Best Practices and Recommendations. https://www.apec.org/docs/default-source/publications/2021/4/trade-facilitation-transparency-in-peru/221_cti_trade-facilitation-transparency-in-peru.pdf?sfvrsn=59ed5ad6_1.

② Barbara Matamala. Compendium of Best Practice Technology Solutions for Single Window Interoperability. APEC Committee on Trade and Investment No.219-CT-01.6, 2019.

③ Chimdi Obienu, Takahiro Nakamura. Utilizing Digital Technology in the Field of Trade Facilitation under the Current COVID-19 Pandemic and Beyond: Beyond Practices Sharing Workshops. APEC Committee on Trade and Investment No.221-CT-04.10, 2021.

④ John Ballingall. Non-Tariff Measures (NTMs) on Essential Goods during COVID-19 in the APEC Region. APEC Committee on Trade and Investment No.221-CT-01.6, 2021.

⑤ Shin-Tsyr Jing, Kristy Tsun Tzu Hsu. Manual of Best Practices According to the AEO Benefits Survey Under Pillar 3 WCO SAFE Framework. APEC Sub-Committee on Customs Procedures No.220-CT-03.3, 2020.

（六）贸易投资对数字经济的促进政策

APEC 成员通过贸易投资促进数字经济包容性的政策包括协议签署、政府投资及整体政府。

从协议签署方面来说，美国致力于监督所有限制数字贸易的措施，并在适当的情况下消除这些壁垒，通过美国领导的自由贸易协定或多边贸易谈判消除所有数字贸易壁垒。其数字贸易政策在《美韩自由贸易协定》《跨太平洋伙伴关系协定》《美墨加协定》和《美日数字贸易协定》中都体现得很明显。[①]

从政府投资来看，中国香港特区政府通过实施以下举措来促进项目管理的数字化：引进数字工程监督系统（DWSS），以改善基础设施工程的现场监督功能；建立项目监控系统（PSS），利用早期预警机制有效进行项目管理和项目现金流监控；开发综合资本工程计划（iCWP），通过在整个项目交付周期中整合来自数字工程监督系统和其他项目管理系统的项目数据，加强绩效监测和预测分析。通过对上述项目的开展，中国香港地区建筑业的发展更加迅速和可持续。[②]

从整体政府来看，菲律宾知识产权局（IPOPHL）推行整体政府（包括政府机构和私人利益相关者）的政策保护知识产权。数字贸易的发展与知识产权体系息息相关。自 2020 年以来，菲律宾政府加强对实体市场和网络市场上假冒和盗版行为的监管力度，对知识产权代码的修订进行审查。菲律宾知识产权局建立了网站封锁系统，可进行商店访问以预先发现侵权商品，对从事商标侵权商品交易的店家和平台追究责任。菲律宾颁布的《互联网交易法》规定平台和网站对在线商家的错误负责，并建立更适当的预防机制，让电子商务平台与权利持有人签署谅解备忘录，助力安全数字贸易。[③]

（七）贸易投资对全球价值链的促进政策

推进全球价值链建设要解决贸易与投资问题，重视服务贸易，帮助中小企业从全球价值链中获益，采取有效的贸易便利化措施。[④]APEC 经济体通过贸易投资促进全球价值链建设包容性的政策包括多部门合作、立法改革、协议签署、采用全球数据标准及政府

---

① Choong-nyoung Lee. Public-Private Dialogue (PPD) on Personal Data Protection and Utilization in the Asia-Pacific Region: Challenges and Opportunities. APEC Digital Economy Steering Group No.221-CT-01.5, 2021.

② Kasumigaseki, Chiyoda-ku. Promoting Smart Cities through Quality Infrastructure Investment in Rapidly Urbanizing APEC Region. APEC Committee on Trade and Investment No. 221-CT-04.11, 2021.

③ PPatvakan Giulazian. Protection of Intellectual Property Rights in Digital Content Trade. APEC Committee on Trade and Investment No.221-CT-04.5, 2021.

④ APEC Strategic Blueprint for Promoting Global Value Chains Development and Cooperation. http://mddb.apec.org/Documents/2014/AELM/AELM/14_aelm_dec_2_anxb.pdf.

投资。

就多部门合作而言，墨西哥海关与联邦警察之间加强合作，分享最佳做法，以减轻潜在风险，确保供应链和生产周期的整体安全。此外，墨西哥海关与民航总署（DGAC）合作了一个试点项目，旨在实现安全货物运营商和墨西哥授权经济经营者计划（AEO）项目的相互承认。

就立法改革而言，印度尼西亚拥有关于全球供应链的全面政策，即国家物流系统发展蓝图（Blue Print of National Logistic System Development），它是一项关于全球价值链的政策改革（以前是 2009 年政府监管第 32 条），要求将纳税和进口关税修订为 2015 年政府监管第 85 条，允许放在印度尼西亚保税物流中心的货物推迟至交易时缴纳税款和进口关税。印度尼西亚采取的与全球价值链和贸易自由化相关的一些便利措施吸引外来资本前来投资。①

就协议签署而言，自 2009 年以来，澳大利亚在自由贸易协定谈判中做出承诺，致力于应对《制造业相关服务行动计划》（MSAP）面临的几个挑战。例如，澳大利亚努力减少对外国直接投资的限制，提高外商投资的审查阈值水平，使投资者能够在澳大利亚进行更大规模投资；建立投资争端解决（ISDS）机制，解决外国投资者和东道国经济体之间的争端。②

就采用全球数据标准而言，中国香港开展"在广东、香港地区和亚洲跨境供应链可见度可行性研究"试点，目的是减少东盟成员国之间的贸易壁垒，并通过增加跨境供应链的可见度来促进清关。在试点中采用了电子产品代码信息服务（EPCIS）标准，以提高货物和信息流的实时可见性，从而提高全球企业的跨境供应链可见性（SCV）。上述可行性研究确定了 SCV 的两个核心价值，即提前提供货物信息及监控货物移动状态和安全状态，这表明采用全球数据标准（GDS）作为标准化代码将通过实现所有产品、业务地点、文档和信息互操作性共享的独特识别来促进跨境互操作性，最终提高供应链的可见性，改善供应链绩效。③电池能源储备系统（BESS）支持可持续能源发展，日本一直任 IEC/TC120 电气储能（EES）系统委员会的秘书，领导国际标准制定。日本先进储能技术

---

① Pham Quynh Mai. APEC Workshop on Promoting SMEs' Integration into Global Value Chains in Services - Logistics Summary Report. APEC Committee on Trade and Investment No.218-CT-04.3, 2018.

② James Tetlow, Takahiro Nakamura. Study for Final Review of Manufacturing Related Services Action Plan (MSAP)[R]. APEC Group on Services No.220-CT-01.13, 2020.

③ APEC Guidelines and Best Practices for the Adoption of Global Data Standards. APEC Committee on Trade and Investment No.220-CT-03.1, 2020.

国家实验室（NLAB）维护着全球最先进的大型 BESS 安全测试设施，以支持标准的开发，并提高 BESS 的安全性和可靠性。一个关键标准是关于电网集成储能系统安全要求的 IEC62933-5-2，日本还在研究另一个标准 IEC62933-5-3，以维护电池能源储备系统的安全。APEC 各经济体可利用这些标准支持循环政策及循环产业发展。①

从政府投资来看，韩国政府从三个方面实施相关政策：第一是支持年轻的农民，包括为农民提供贷款，并提供资金、智能农业设备和土地租赁等整体支持；第二是投资建设智能农业基础设施，促进智能农业融合和基础技术的发展；第三，在全国建立了四个智能农业创新山谷，以开发智能农业的领先模式。②

（八）贸易投资对环境友好型增长的促进政策

APEC 经济体通过贸易投资促进环境友好型增长的政策有协议签署及立法改革。

就协议签订而言，1992 年，美国试图在《北美自由贸易协定》的框架下制定"环境条款"，并签署了《北美环境合作协定》（NAAEC），作为一个平行协议。自那时起，美国签署的自由贸易协定都包括具有可执行义务的环境章节和环境影响评估。美国自由贸易协定中的"环境条款"主要出现在实质性的环境章节中，附加的相关条款出现在序言、公共采购条款、卫生和植物检疫条款等章节。此外，美国的贸易协定通常都伴随着环境合作协议（ECA）。根据美国贸易代表办公室（USTR）发布的数据，目前由美国签署并生效的自由贸易协定有 14 个，除《美国-以色列自由贸易协定》外，其他 13 个还设立了环境章节和（或）附属的环境合作协议。③

就立法改革而言，为了解决环境问题，越南颁布了《家用电器节能标签条例》，以推广能源设备。越南变频空调的使用比例从 2013 年的 7% 提高到 2017 年的 40%。④

非法、未报告和不受管制的（IUU）捕鱼对全球渔业和可持续发展构成了重大挑战。自 2013 年以来，俄罗斯设定了一个政策目标，对于参与非法、未报告和不受管制的捕鱼的法人实体和企业家，不提供补贴。在实践中，政府通过建立一个有效的管理、控制和执行系统，鼓励渔业实体不进行 IUU 捕鱼。俄罗斯使用了一整套方法来打击 IUU 捕鱼，

① Department of Standards Malaysia，13th SCSC Conference: Standardisation in Circular Economy for a More Sustainable Trade. APEC Sub-Committee on Standards and Conformance No.221-CT-04.19, 2021.

② Yeanjung Kim. PPFS Webinar on Sharing Best Practices on Digitalization and Innovation of APEC Food System. APEC Policy Partnership on Food Security No.222-PP-04.7, 2022.

③ Li Liping, Ms Li Liping, Zhao Jia, et al. Study Report on Environmental Provisions in APEC Member Economies' FTAs/RTAs. APEC Committee on Trade and Investment No.218-CT-01.2, 2018.

④ Pham Quynh Mai. Summary Report of APEC Public-Private Dialogue on Green Investment Policy. APEC Investment Experts' Group No.218-CT-04.11, 2018.

如强制要求渔船上有一个船舶操作监测装置。俄罗斯还建立了针对违反捕鱼规则行为的处罚制度，包括罚款、赔偿和剥夺捕鱼许可证。[①]

三、结论

通过对贸易投资促进包容性的最佳政策实践进行整理，可以发现目前 APEC 的政策主要集中于协议签署、立法改革、政府投资、多部门合作、技能培训、对外贸易单一窗口及专门机构成立等。

从协议签署来看，APEC 成员可以将包容性优先领域纳入自由贸易协定、经济合作伙伴关系协定、相互承认协议的对应规则之中，在推进贸易投资便利化、贸易投资包容性的同时，也为推进包容性优先领域提供了一个框架。这些协议不仅能够促进数字贸易发展、帮助中小微企业获取国际法律法规信息，还增加了成员的贸易投资机会。

从立法改革来看，APEC 经济体可以直接通过调整国内立法降低中小企业融资约束，推动全球价值链改革，提升知识产权管理水平，解决环境问题。由政府制定的法律法规，可高效实现包容性优先领域任务。

从政府投资来看，政府可以成立基金部门、资源中心等，精准帮助妇女等弱势群体参与经济活动。政府也可以投资打造集体品牌，帮助中小微企业实现国际化；投资网上专利交易市场，进一步降低中小企业的融资门槛；投资数字基础设施建设，帮助企业实现数字化转型；投资构建数据安全标准框架，使其与全球数据标准接轨，提高贸易便利化，增加供应链可见度；投资智能农业基础设施建设及智能农业孵化器，推动农业可持续发展。

就多部门合作而言，需要重视政府对于团结各利益团体的作用，由政府搭桥，建设中小企业和其他利益相关者的沟通平台，优化中小企业的信息网络；进行公私合作，利用社会资本的力量，推进社区包容性发展及部门技术内在化；政府与学术界联盟，建立知识平台，推动知识包容性建设；海关和其他政府机构合作，提高清关效率，提升货物与人员跨境流动的便利性和供应链的安全性。

从技能培训来看，可以通过网上虚拟平台进行网络培训，并将可持续发展理念、数字贸易技能纳入教育内容之中；各经济体之间可以签署相互承认协议，简化技能认证流

---

① Alice Tipping, Tristan Irschlinger, Christophe Bellmann. Stock Take of APEC Economies' Existing Measures on Withdrawal of Subsidies in Cases Where There Has Been a Determination of IUU Fishing[R]. APEC Committee on Trade and Investment No.220-CT-01.8, 2020.

程；由政府或者一些贸易组织带动相关协定的普及，增强中小企业的知识储备，使其了解知识产权系统、相应进出口法律法规和已签署协议的内容。

各经济体可以考虑设置对外贸易单一窗口，促进无纸化交易。该窗口可以跨系统收集数据，汇集国际贸易的相关规则，以电子方式线上办理货物进出口流程，并提供与贸易相关的便利。

就成立专门机构而言，针对包容性优先领域成立相应的专门机构，将包容性优先领域的目标进行分解，由专门机构负责特定的优先领域，有利于高效实现包容性增长。就赋能妇女而言，可以成立妇女与贸易委员会、妇女与贸易包容性小组等，精准帮扶弱势群体。

参考文献

[1]　Carlos Kuriyama. Lessons from the COVID-19 Pandemic: A Renewed Agenda for the Free Trade Area of the Asia-Pacific (FTAAP). APEC Policy Support Unit Policy Brief No. 45, 2022.

[2]　APEC Regional Trends Analysis Trade, Policy, and the Pursuit of Inclusion. APEC Policy Support Unit No.218-SE-01.6, 2018.

[3]　Lian Wang, Didi Chuxing. Building Capacity in Promoting Inclusive and Responsible Business for Sustainable Growth in Digital Society. APEC Committee on Trade and Investment No.221-CT-04.3, 2021.

[4]　Takahiro Nakamura, James Tetlow, Chimdi Obienu. Workshop on Manufacturing-Related Services and Environmental Services. APEC Committee on Trade and Investment No.220-CT-04.8, 2020.

[5]　Kamis Yalakun. Workshop on Sustainable and Inclusive Investment Policies within the APEC Region. APEC Investment Experts' Group No.218-CT-04.8, 2018.

[6]　CTI-EC FTAAP Policy Dialogue on Competition Related Provisions in FTAs/EPAs from a Business Perspective. APEC Committee on Trade and Investment No.220-CT-04.9, 2020.

[7]　Pham Quynh Mai. APEC Capacity Building Workshop on RTA/FTA Negotiation Skills for Micro, Small and Medium Enterprises. APEC Committee on Trade and Investment No.219-CT-04.6, 2019.

[8] Explore New-Normal Model of Trade Promotion in the Post Pandemic Era. APEC Committee on Trade and Investment No.222-CT-04.6, 2022.

[9] Best Practices on Brand Development and IP Protection for Micro, Small and Medium Enterprises (MSMEs). APEC Intellectual Property Rights Experts Group No.218-CT-04.2, 2018.

[10] Best Practices on Intellectual Property (IP) Valuation and Financing in APEC. APEC Intellectual Property Rights Experts Group No.218-CT-01.1, 2018.

[11] SMEs' Integration into Global Value Chains in Services Industries: Tourism Sector. APEC Committee on Trade and Investment No.219-CT-01.2, 2019.

[12] Lan Zinuo, Sam Han. The 2nd APEC Cross-Border E-Commerce Training Workshop (APEC CBET II). APEC Committee on Trade and Investment No.221-CT-04.8, 2021.

[13] Shuang Gao, Meishan Liu, Xi Jin, et al. Promoting Cross-border E-Trade Under the Framework of Regional Trade Agreements (RTAs) / Free Trade Agreements (FTAs): Best Practices in the APEC Region. APEC Electronic Commerce Steering Group No.218-CT-01.6, 2018.

[14] Toward Building Resilient Supply Chains – A Possible Role of Investment Policy. APEC Committee on Trade and Investment No.221-CT-01.18, 2021.

[15] Kristy Tsun Tzu Hsu. APEC Customs Time Release Comparison Study – Case Study of AEO MRAs between APEC Member Economies. APEC Sub-Committee on Customs Procedures No.220-CT-01.14, 2020.

[16] FTAAP Capacity Building Workshop on Competition Policy under the 3rd REI CBNI: Sharing Good Examples of FTAs/EPAs. APEC Committee on Trade and Investment No.219-CT-04.10, 2019.

[17] Barbara Matamala. Compendium of Best Practice Technology Solutions for Single Window Interoperability. APEC Committee on Trade and Investment No.219-CT-01.6, 2019.

[18] Chimdi Obienu, Takahiro Nakamura. Utilizing Digital Technology in the Field of Trade Facilitation under the Current COVID-19 Pandemic and Beyond: Beyond Practices Sharing Workshops. APEC Committee on Trade and Investment No.221-CT-04.10, 2021.

[19] John Ballingall. Non-Tariff Measures (NTMs) on Essential Goods during COVID-19 in the APEC Region. APEC Committee on Trade and Investment No.221-CT-01.6, 2021.

[20] Shin-Tsyr Jing, Kristy Tsun Tzu Hsu. Manual of Best Practices According to the AEO Benefits Survey Under Pillar 3 WCO SAFE Framework. APEC Sub-Committee on Customs Procedures No.220-CT-03.3, 2020.

[21] Choong-nyoung Lee. Public-Private Dialogue (PPD) on Personal Data Protection and Utilization in the Asia-Pacific Region: Challenges and Opportunities. APEC Digital Economy Steering Group No.221-CT-01.5, 2021.

[22] Kasumigaseki, Chiyoda-ku. Promoting Smart Cities through Quality Infrastructure Investment in Rapidly Urbanizing APEC Region. APEC Committee on Trade and Investment No. 221-CT-04.11, 2021.

[23] Patvakan Giulazian. Protection Of Intellectual Property Rights In Digital Content Trade. APEC Committee on Trade and Investment No.221-CT-04.5, 2021.

[24] Pham Quynh Mai. APEC Workshop on Promoting SMEs' Integration into Global Value Chains in Services - Logistics Summary Report. APEC Committee on Trade and Investment No.218-CT-04.3, 2018.

[25] James Tetlow, Takahiro Nakamura. Study for Final Review of Manufacturing Related Services Action Plan (MSAP). APEC Group on Services No.220-CT-01.13, 2020.

[26] APEC Guidelines and Best Practices for the Adoption of Global Data Standards. APEC Committee on Trade and Investment No.220-CT-03.1, 2020.

[27] Department of Standards Malaysia. 13th SCSC Conference: Standardisation in Circular Economy for a More Sustainable Trade. APEC Sub-Committee on Standards and Conformance No.221-CT-04.19, 2021.

[28] Yeanjung Kim. PPFS Webinar on Sharing Best Practices on Digitalization and Innovation of APEC Food System. APEC Policy Partnership on Food Security No.222-PP-04.7, 2022.

[29] Li Liping, Ms Li Liping, Zhao Jia, et al. Study Report on Environmental Provisions in APEC Member Economies' FTAs/RTAs. APEC Committee on Trade and Investment No.218-CT-01.2, 2018.

[30] Pham Quynh Mai. Summary Report of APEC Public-Private Dialogue on Green Investment Policy. APEC Investment Experts' Group No.218-CT-04.11, 2018.

[31] Alice Tipping, Tristan Irschlinger, Christophe Bellmann. Stock Take of APEC

Economies' Existing Measures on Withdrawal of Subsidies in Cases Where There Has Been a Determination of IUU Fishing. APEC Committee on Trade and Investment No.220-CT-01.8, 2020.

[32] Key Trends Report APEC Global Supply Chains Resiliency Survey Small to Medium Enterprises (SMEs). APEC Committee on Trade and Investment, 2021.

[33] Better Understanding Global Value Chains in the APEC Region. APEC Committee on Trade and Investment No.221-CT-01.3, 2021.

[34] APEC Virtual Public-Private Dialogue (PPD) on Emerging Opportunities and Challenges in Implementing the APEC Connectivity Blueprint 2025. APEC Committee on Trade and Investment No.221-CT-04.1, 2021.

[35] Jaehan Cho, Danbee Song, Hanhin Kim, et al. A Study on APEC Cooperation for Digital Economic Utilization in GVC in the COVID-19 Era. APEC Committee on Trade and Investment No.222-CT-01.1, 2022.

[36] Li Mosi, Lan Zinuo. Symposium on APEC Supporting the WTO Negotiations on Trade-related Aspects of E-commerce. APEC Committee on Trade and Investment 221-CT-04.2, 2021.

[37] APEC Global Supply Chains Resiliency Survey Summary Report: Key Highlights and Policy Recommendations. APEC Committee on Trade and Investment, 2021.

APEC 数字包容性发展：内涵、指标与政策

盛 斌 靳晨鑫*

摘 要： 数字技术的迅猛发展推动了经济、社会发生深刻变革，在这一过程中"数字鸿沟"问题也日益凸显。随着"包容性增长"理念在全球范围内逐步受到重视，提高各成员经济体的"数字包容性"水平也成为 APEC 近年来重要的合作发展目标与内容之一。本文基于文献回顾与总结，首先提出了"数字包容性"的三重内涵，即广泛性、可获得性与公平性，据此构建了一个三级指标体系，并进一步测度 APEC 经济体在全球范围内的数字包容性水平。最后，本文在数据指标识别出的有待改善问题的基础上提出了促进 APEC 数字包容性发展的政策建议。

关键词： APEC；数字经济；数字鸿沟；包容性发展

以人工智能、大数据、云计算、区块链、物联网等为代表的数字技术的迅猛发展促使经济、社会发生深刻变革，在这一过程中，"数字鸿沟"、数字不平等问题也日益凸显。近年来，APEC 始终致力于加强区域内数字经济合作和包容性发展，并取得了显著的成效。但从全球比较与长期发展来看，APEC 经济体在数字经济领域仍面临发展不平衡、包容性不足等挑战。本文在文献综述的基础上，从广泛性、可获得性与公平性三个方面定义了数字包容性的内涵，并构建了一个三级指标体系，全面测度了 APEC 经济体当前数字经济发展的包容性水平，从而识别有待改善的问题并提出相应的政策建议。

---

* 盛斌，南开大学经济学院教授，博士生导师。靳晨鑫，南开大学 APEC 研究中心助理研究员。

一、数字包容性的内涵

"包容性增长"是近年来全球经济发展的一个新的重要理念。"包容性增长"最早于2007 年由亚洲开发银行在《新亚洲、新亚洲开发银行》的研究报告中提出，其认为"新亚行关注的重点要从应对严重的贫困挑战，转向支持更高和更为包容性的增长"[①]。而最先对"包容性增长"理念进行集中阐述的是时任北京大学中国经济研究中心主任林毅夫、亚洲开发银行助理首席经济学家庄巨忠、中国发展研究基金会副秘书长汤敏等学者在编著的《以共享式增长促进社会和谐》一书中，其强调倡导机会平等是共享式增长的核心，要通过消除由个人背景不同造成的机会不平等，从而缩小结果的不平等[②]。在官方层面，"包容性增长"最早出现于 2016 年二十国集团（G20）杭州峰会，领导人在宣言中指出，"让发展的成果惠及全球，促进公平公正，实现世界经济可持续发展"[③]。随后，世界银行[④]、亚洲开发银行[⑤]与世界经济论坛[⑥]等国际组织也先后"包容性增长"的内涵与评价方法进行了广泛探讨。整体而言，国际组织所主张的"包容性增长"理念着重强调"公平参与"与"共同分享"两个方面，即只有在所有的社会成员能够"参与"和"共享"时，经济增长才具有积极意义。从根本上说，"包容性增长"既关注效率，又关注公平，因此，包容性增长的实质是一种在经济增长过程中，通过倡导和保证机会平等，促使增长成果能广泛惠及所有民众的理论体系和发展理念，是把发展过程和结果协调有机统一于经济社会发展的实践。"包容性增长"既强调经济发展的结果，又关注经济增长的过程，主张回归经济发展的目的，即经济社会的可持续发展及由此带来的人的全面发展。总而言之，包容性增长应具有三重核心要义，即发展成果平等共享、发展过程平等参与和未来发展基础平等。

对于"数字经济"，较为经典的定义来自 2016 年《二十国集团数字经济发展与合作倡议》。该倡议提出，"数字经济"是指以使用数字化的知识和信息作为关键生产要素、

---

① Rauniyar G, Kanbur R. Inclusive Growth and Inclusive Development: A Review and Synthesis of Asian Development Bank Literature[J]. Journal of the Asia Pacific Economy, 2010, 15(4): 455-469.

② 林毅夫, 庄巨忠, 汤敏. 以共享式增长促进社会和谐[J]. 中国投资, 2009（1）: 118.

③ 中国经济网. G20 杭州峰会为世界经济复苏开出包容性增长"新药方". [2022-05-01]. 中国经济网, http://views.ce.cn/view/ent/201609/02/t20160902_15534094.shtml.

④ World Bank. Poverty and Shared Prosperity 2018: Piecing Together the Poverty Puzzle. 2018.

⑤ Jha S, S S C, Wachirapunyanont R. Inclusive Green Growth Index: A New Benchmark for Quality of Growth. Asian Development Bank, 2018.

⑥ Samans R, Blanke J, Corrigan G, The Inclusive Growth and Development Report 2015. Geneva: World Economic Forum, 2015.

以现代信息网络作为重要载体、以信息通信技术的有效使用作为效率提升和经济结构优化重要推动力的一系列经济活动。①就"数字经济"的范畴而言，APEC 数字经济指导小组曾指出，"数字经济"有时候会被狭义地定义为基于"在线平台"开展的经济活动，然而，从更广义的范畴来看，一切涉及数据和数字化的活动都属于"数字经济"的范畴。而基于这一范畴，"数字经济"占全球 GDP 的比重为 4.5%～15.5%。在过去 10 年间，预计有超过 70% 的经济增量都受到了数字化平台的赋能。②

　　"数字包容"这一概念最早可以追溯至 2000 年 7 月八国集团在日本冲绳发布的《全球信息社会冲绳宪章》，其中提出信息社会的包容性原则，即"任何人、任何地方都应该参与并受益于信息社会，任何人不应该被排除在外"。2016 年《二十国集团数字经济发展与合作倡议》首次明确提出，要"提高数字包容性"，该倡议采取多种政策措施和技术手段来缩小"数字鸿沟"，并重申确保按照"连通 2020 目标议程"，实现在 2020 年前新增的 15 亿人能够联网并享用有意义的互联网接入的目标。

　　经济合作与发展组织（OECD）于 2021 年 12 月发布报告《2021 年发展合作报告：塑造公正的数字化转型》，③提出了包容性数字化转型的 5 个重点方向：基础设施、人民、政府、监管和经济。该报告认为，随着人工智能、物联网等新兴数字技术的飞速进步，数字化转型正在彻底改变全球经济和社会治理模式。然而，受限于碎片化的全球数字治理规则、相对薄弱的数字化基础设施，以及有待提高的民众数字素养等因素，广大发展中国家尚需要克服重重挑战，方能在数字时代站稳脚跟。此外，该报告整合了来自多个国家政府、国际组织、学术界、企业界和民间机构的专家观点与案例解析，就大力推动"以人为本、公平公正"的包容性数字化转型，支持发展中国家实现联合国可持续发展目标（SDG），促进全球繁荣与稳定的相关问题提出了政策建议。报告指出，当前在国家、区域和全球层面的数字经济活动都有必要注重提升包容性，消弭基于网络连接障碍、数字能力差异、数字化机遇与资源分布不均等因素造成的"数字鸿沟"。

　　联合国资本发展基金（UNCDF）倡导采用"市场发展"的方法帮助各国政府和私营部门共同建设包容性数字经济，即先确定引起数字排斥的市场制约因素，进而通过长期

---

　　① G20 官网. 二十国集团数字经济发展与合作倡议. [2022-05-01]. http://www.g20chn.org/hywj/dncgwj/201609/t20160920_3474.html.

　　② APEC 数字经济指导小组官网. Digital Economy Steering Group 简介. [2022-05-01]. https://www.apec.org/groups/committee-on-trade-and-investment/digital-economy-steering-group.

　　③ OECD. Development Co-operation Report 2021: Shaping a Just Digital Transformation. [2022-05-01]. https://www.oecd.org/publications/development-co-operation-report-20747721.htm.

投资及在市场发展的每个阶段对应提供细化的投融资专业知识指导，分级建立包容性，同时采取支持女性等弱势群体参与数字经济的政策手段，以实现相对公平、可持续的经济增长。基于市场发展的方法，UNCDF 又进一步将一国的经济数字化转型划分为启动、初创、扩展和巩固 4 个阶段，并建议在每个阶段选择采用不同的政策，设法扩大数字经济服务的广度与深度，以实现充分的"数字包容"。此外，UNCDF 创建了"包容性数字经济记分卡"（IDES）[①]，以衡量各国数字经济发展水平及数字包容性的变动情况。具体衡量指标涵盖数字基础设施、数字技能、数字创新生态系统、政策与监管等细分领域，分别进行评分，以展现各国经济数字化转型在不同维度上的进步和不足。目前，全球已有 23 个国家采用这一政策工具来指导和优化自身数字经济发展政策与战略。

2021 年 12 月，东盟数字部长系列会议以视频方式举行，会议通过了《东盟数字总体规划 2025》（以下简称"《规划 2025》"），旨在"以安全和变革性的数字服务、技术和生态系统为动力，使东盟成为一个领先的数字化社区和经济体"。[②]据此，东盟提出了 8 项"预期行动"，其中第 8 项正是"数字包容性社会行动"。《规划 2025》并没有为"数字包容"下一个明确定义，但是其总结了"数字包容"的四项障碍，从中可以看出东盟对于一个"数字包容性社会"的预期。具体而言，第一是数字服务的非便利性，这在弱势群体中体现得最为明显，如残疾人、老年人；第二是不可负担性，上网的高成本对于"数字包容性社会"而言是一个很大的障碍，可能会将收入较低的人群排除在外；第三是动机不足，一些非网络用户或许认为使用数字技术没有任何好处，或因畏惧网络风险而没有使用数字服务的动机；第四是技能缺失，非网络用户或许会因缺少数字技能而被排除在数字服务市场之外。从上述 4 项障碍来看，《规划 2025》语境下的"数字包容性社会"主要包括以下两方面的内涵：一方面，数字服务的门槛应当不断降低，以接纳社会边缘群体；另一方面，公民的开放度与数字技能需不断提高，以适应与接收数字服务。

此外，还有诸多学者从不同角度对"数字包容性"进行了诠释与研究。赫尔斯帕（Helsper，2008）以数字资源为重点，将数字包容分为四大类：ICT 获取、数字技能、态度、数字参与程度。[③]史密斯（Smith，2015）通过案例对比分析，构建了数字包容项目概念框架，包含价值、可持续性和可扩展性 3 个要素，以及数字公平、数字卓越、数字

---

① OECD. About the Scorecard. [2022-05-01]. https://ides.uncdf.org/about-the-scorecard.

② 中国商务部. 东盟通过《东盟数字总体规划 2025》. [2022-05-01]. http://www.mofcom.gov.cn/article/i/dxfw/cj/202102/20210203036209.shtml.

③ Helsper E. Digital Inclusion: An Analysis of Social Disadvantage and the Information Society. Department for Communities and Local Government of UK, London. 2008.

机会和数字赋权 4 个关键手段。①托马斯（Thomas）等（2018）认为，数字包容的 3 个关键方向是访问性、可负担性和数字能力。②比安卡（Bianca）等（2020）通过对大量国家、人口群体和倡议政策进行调研，提出促进数字包容发展的 3 个具体因素，分别是社会政策支持、数字素养和数字设备。③

对于中国而言，促进数字经济的包容性发展也已被提高至十分重要的战略层面。党的十九届五中全会通过的《中共中央关于制定国民经济和社会发展第十四个五年规划和 2035 年远景目标的建议》，其中第五篇"加快数字化发展，建设数字中国"明确提出"加快建设数字经济、数字社会、数字政府，以数字化转型整体驱动生产方式、生活方式和治理方式变革，提升公共服务、社会治理等数字化智能水平"。习近平总书记曾在多个场合多次强调要发展数字经济：2016 年在十八届中央政治局第三十六次集体学习时强调要做大做强数字经济、拓展经济发展新空间；同年在二十国集团领导人杭州峰会上首次提出发展数字经济的倡议；2017 年在十九届中央政治局第二次集体学习时强调要加快建设数字中国，构建以数据为关键要素的数字经济，推动实体经济和数字经济融合发展；2018 年在中央经济工作会议上强调要加快 5G、人工智能、工业互联网等新型基础设施建设；2021 年在致世界互联网大会乌镇峰会的贺信中指出，要激发数字经济活力，增强数字政府效能，优化数字社会环境，构建数字合作格局，筑牢数字安全屏障，让数字文明造福各国人民。④

综上所述，本文认为数字包容性应包括 3 个方面：第一是广泛性，即数字技术在全社会范围内的覆盖度与应用场景的多元化水平；第二是可获得性，从供给方面看，是指具有充裕的数字基础设施供给并且价格成本较低，弱势群体与地区亦可负担；第三是公平性，体现为性别公平与城乡公平。以上三元框架也是后文进一步对 APEC 经济体的数字包容性水平进行测度与评价的基础。

---

①　Smith C. An Analysis of Digital Inclusion Projects: Three Crucial Factors and Four Key Components. Journal of Information Technology Education Research, 2015, 14: 179-188.

②　Thomas J, Barraket J, Wilson C K. Measuring Australia's Digital Divide: the Australian Digital Inclusion Index 2018. RMIT University, 2018.

③　Reisdorf B, Rhinesmith C. Digital Inclusion as a Core Component of Social Inclusion. Social Inclusion, 2020, 8(2): 132-137.

④　习近平. 我一直重视发展数字技术、数字经济. [2022-05-01]. 求是网, http://www.qstheory.cn/zhuanqu/2022-01/16/c_1128267718.htm.

二、APEC 在促进数字包容性方面取得的进展

在 APEC 合作框架下，各成员方在促进数字经济包容性发展方面主要经历了以下 4 个阶段：

第一，从"合作倡议"到"路线图"，APEC 在数字经济领域合作的目标逐渐清晰。2014 年，APEC 领导人在北京批准《亚太经合组织经济创新发展、改革与增长共识》，通过《亚太经合组织促进互联网经济合作倡议》，首次将互联网经济引入 APEC 合作框架。2017 年，APEC 经济体主要领导人就发挥互联网与数字经济潜力达成了初步共识，《APEC 互联网和数字经济路线图》（APEC Internet and Digital Economy Roadmap，AIDER）获得通过，致力于促进成员经济体间的技术和政策交流，促进创新、包容和可持续的增长，并弥合 APEC 地区的"数字鸿沟"。该路线图构建了 APEC 数字经济合作的主要框架，指出了关键领域和具体行动方向，主要包含数字基础设施、电子商务、信息安全、包容性、数据流动等 11 个重点合作领域，[①]促使 APEC 数字经济合作进入目标更为明确的历史阶段。

第二，随着数字经济的重要性大幅提升，数字包容性发展逐步成为促进 APEC 区域内包容发展的重要支柱之一。2017 年的 APEC 领导人会议通过了《APEC 促进经济、金融和社会包容性的行动路线图》，[②]明确了在 2030 年前实现 APEC 包容性发展目标的重点工作领域，其中一个重点工作领域正是"促进互联网和数字经济的发展"。2020 年 APEC 部长级会议联合宣言提出，"APEC 鼓励通过使用新技术促进数字包容性，提高各成员经济体的数字竞争力，弥合数字鸿沟；将加速《APEC 互联网和数字经济路线图》的实施。"[③]此外，该宣言还强调"一个可靠、互动、开放、可得且安全的 ICT 环境有助于提高区域内的互联互通水平与包容性"。2020 年 11 月举办的 APEC 领导人会议通过了《2040 年

---

① AIDER 中提到的 11 个重点合作领域包括：①发展数字基础设施；②促进互联网的相互操作性；③提高宽带水平；④为互联网和数字经济制定全面的政策框架；⑤促进互联网和数字经济监管规则的一致性与合作；⑥促进创新和技术赋能；⑦加强 ICT 使用中的信任度和安全性；⑧促进信息和数据的自由流动，促进互联网和数字经济的发展，尊重各国国内的法律法规；⑨改进基础的互联网和数字经济的衡量标准；⑩加强互联网和数字经济的包容性；⑪促进电子商务，推进数字贸易合作。

② APEC 促进经济、金融和社会包容性的行动路线图. [2022-05-01]. https://www.apec.org/Meeting-Papers/Leaders-Declarations/2017/2017_aelm/Annex-A.

③ 2020 年 APEC 部长级会议联合宣言. [2022-05-01]. https://www.apec.org/Meeting-Papers/Annual-Ministerial-Meetings/2020/2020_AMM.

亚太经合组织布特拉加亚愿景》，其中提出的三大驱动要素之一为"创新和数字化"，①即"APEC 将营造一个以市场为驱动、以数字经济和创新为支撑的有利环境，通过加强数字基础设施建设和加快数字化转型来缩小数字鸿沟"。《2040 年 APEC 布特拉加亚愿景》再次突出了数字化转型在促进经济包容性发展过程中的重要性。同期，APEC 还通过了"APEC 互联网和数字经济路线图实施工作计划"，该工作计划将《APEC 互联网和数字经济路线图》的 11 个关键重点领域升级为更加具体的优先领域，②同时，这份工作计划也是 APEC 2020—2025 年推动数字经济发展的具体工作指南。

　　第三，机制保障逐步完善，数字包容性成为 APEC 领导人峰会的核心议题。早在 2018年，APEC 就在电子商务指导小组（ECSG）的基础上成立了以促进互联网和数字经济发展为目标的数字经济指导小组（Digital Economy Steering Group，DESG），该小组的工作内容主要围绕电子商务与数字贸易议题。具体而言，DESG 以贯彻实施数字经济路线图为基础，为各经济体的领导人定期提供全面、有效的政策建议。③此外，DESG 还保留了原 ECSG 的职能，并负责向贸易和投资委员会（CTI）定期汇报与电子商务、数字贸易等相关的一系列工作事项。ECSG 的成立意味着 APEC 数字经济的推进获得了较为稳定的机制保障，目前 APEC 已形成了由数字经济指导组统筹、各相关工作组按职责分领域推动的体系化工作架构和推进机制。2021 年的 APEC 领导人宣言还指出，欢迎 APEC《强化结构性改革议程》，APEC 将致力于实现包容、韧性、可持续性和创新型改革与增长；加快落实《APEC 互联网和数字经济路线图》，加强数字基础设施建设，鼓励新技术运用，弥合数字鸿沟，努力构建开放、公平、包容的数字营商环境。④

　　第四，APEC 在数字包容性发展领域已取得一定成果，并进一步明确有待改进的重点领域。在取得的成果方面，据全球移动通信系统协会智库（Global System for Mobile Communications Association Intelligence）报告统计，2021 年亚太地区已有超过 12.33 亿人使用移动互联网服务，占总人口的 28.8%，每百位亚太居民移动宽带用户签约率为

---

① 中国政府网. 2040 年 APEC 布特拉加亚愿景. [2022-05-01]. http://www.gov.cn/xinwen/2020-11/21/content_5563135. htm.

② APEC Digital Economy Steering Group. Work Program for the Implementation of the APEC Internet and Digital Economy Roadmap. [2022-05-01]. http://mddb.apec.org/Documents/2020/SOM/CSOM/20_csom_019.pdf.

③ APEC Digital Economy Steering Group. [2022-05-01]. https://www.apec.org/Groups/Committee-on-Trade-and-Investment/Digital-Economy-Steering-Group.

④ 2021 年 APEC 领导人峰会宣言. [2022-05-01]. https://www.apec.org/meeting-papers/leaders-declarations/2021/2021-leaders-declaration.

31.5%。新冠肺炎疫情暴发以来，东南亚地区互联网服务商数量新增 36%。①在改进领域方面，DESG 于 2021 年发布了《关于 AIDER 实施情况的数字经济指导小组报告》，该报告梳理了 APEC 近年来在数字经济领域取得的进展，整合了 11 个重点领域倡议的相关信息。其中，报告中的第 10 个领域正是"强化互联网与数字经济的包容性"，在肯定成果的同时又从以下方面提出了改进措施，具体包括：第一，发展人力资本与数字技术，支持数字经济发展与转型；第二，鼓励以创新的方式提高个人与企业的数字素养，帮助其开发与分享信息；第三，帮助由女性主导的中小企业加强对数字媒介的利用；第四，鼓励女性、中小企业、乡村地区或残疾人更多地参与数字经济；第五，通过互联网与数字经济的应用帮助弱势群体实现价值、拓展潜力。②

三、APEC 经济体数字发展包容性水平的测度与比较

（一）指标体系

基于上文对数字包容性内涵的考量，接下来将从广泛性、可获得性、公平性三个角度构建"数字包容性"指标，并进一步对 APEC 主要经济体的数字包容性水平进行分析。在广泛性方面，设置了覆盖度和应用场景多元化两个子指标；在可获得性方面，设置了互联网服务器数、宽带和移动网络使用成本三个子指标；在公平性方面，设定了性别公平性与城乡公平性两个子指标（见表 1）。本文构建"数字包容性"指标所用的全部子指标与基础数据均来自国际电信联盟（ITU）发布的公开数据③，以及马图兰研究所（Portulans Institute）④基于世界银行（WB）基础数据并进一步评分后发布的网络就绪指数（Network Readiness Index，NRI）2021⑤。

---

① Global System for Mobile Communications Association Intelligence. [2022-05-01]. Digital Society in Asia-Pacific: Accelerating Progress through Collaboration. https://coffee.pmcaff.com/article/13751483_j.

② APEC Digital Economy Steering Group. [2022-05-01]. DESG Report on the Implementation of AIDER. https://www.apec.org/ Groups/Committee-on-Trade-and-Investment/Digital-Economy-Steering-Group.

③ 国际电信联盟（ITU）数据库. [2022-05-01]. https://www.itu.int/en/ITU-D/Statistics/Pages/bigdata/default.aspx.

④ Portulans Institute 是一个位于美国华盛顿的非营利性的研究型机构，成立于 2019 年，其主要关注的研究议题为技术和创新如何促进可持续与包容性增长，同时该机构承担为政府部门提供研究支持的职责。该机构每年发布 Network Readiness Index（NRI），基于国际组织（如世界银行）的调查数据对各国互联网与数字技术在各个领域的应用水平进行评分测度。官网链接为 https://portulansinstitute.org/。

⑤ Network Readiness Index 2021 数据库. [2022-05-01]. https://networkreadinessindex.org/.

表 1　数字包容性指标体系及数据来源

一级指标	二级指标	三级指标	指标含义	指标单位	数据来源
广泛性	覆盖度	宽带	每百人中固定宽带订阅人数的百分比	%	ITU
		电脑	每百人中电脑使用人数的百分比	%	ITU
		互联网	每百人互联网使用人数的百分比	%	ITU
		手机	每百人手机使用人数的百分比	%	ITU
	应用场景多元化	金融	互联网金融账户应用水平评分，最低为 0，最高为 100	评分	WB，NRI
		购物	网络购物应用水平评分，最低为 0，最高为 100	评分	WB，NRI
		支付	移动支付应用水平评分，最低为 0，最高为 100	评分	NRI
可获得性	互联网服务器数		每百万人共享的安全互联网服务器数量	家	ITU
	宽带使用成本		宽带价格/人均月国民收入（GNI），宽带价格为固定宽带每月使用 5G 流量的平均价格	%	ITU
	移动网络成本		移动网络价格/人均月国民收入（GNI），移动网络价格为纯数据移动网络每月使用 2G 流量的平均价格	%	ITU
公平性	性别公平性		女性互联网使用人数占女性人口的比例与男性互联网使用人数占男性人口的比例之比	比值	ITU
	城乡公平性		乡村互联网使用人数占乡村人口的比例与城市互联网使用人数占城市人口的比例之比	比值	ITU

资料来源：作者制作。

1. 广泛性

在广泛性维度，我们主要考察各国在数字化技术的"覆盖度"和数字技术"应用场景多元化"两个方面的表现。一方面，数字经济技术在日常生活中的主要应用方式有宽带、互联网、电脑、手机等，所以本文选取各经济体在以上四个领域中的人群覆盖比例作为参考指标；另一方面，随着智能设备的普及及互联网水平的不断发展，数字经济在人们日常生活的使用场景中也不断扩展，特别是近年来电子商务、移动支付等方式极大改变了人们的生活习惯，因此本文挑选了具有代表性的三类应用场景，即金融、购物及支付，以衡量不同经济体数字经济应用场景的多元化水平。具体选取的指标为四类应用方式（覆盖度）与三类应用场景（多元化）的使用人群占各国总人口的比重。

2. 可获得性

本文从数字服务的"供给充裕度"和"成本价格"两个维度进行拆解分析。一方面，供给充裕度是影响各国数字化技术应用可获得性的根本因素，供给越多，用户也自然更容易获得。因此，本文选择每百万人所共享的安全的互联网服务器数量来量化该供给指标。另一方面，互联网使用成本和价格是影响各国数字化水平的直接因素，价格越低，就会有越多的人可以负担得起相应的费用，那么数字技术的可获得性和包容性也就越高。考虑到不同经济体的物价水平差异，本文使用固定宽带（固定宽带每月使用 5G 流量）与移动宽带（纯数据移动网络每月使用 2G 流量）价格占人均月国民收入（GNI）的比重来衡量各国数字服务的价格水平。供给充裕度与可获得性呈正相关，即每百万人共享的安全互联网服务器数量越多，可获得性越高；成本价格与可获得性呈负相关关系。

3. 公平性

本文选择了"性别公平性"与"城乡公平性"两个维度进行量化分析。一方面，由于女性在参与经济发展过程中通常处于劣势地位，当一个地区使用互联网的女性人数占比相对更高，则意味着包容性更好。因此，本文使用女性互联网使用人数占女性人口的比例与男性互联网使用人数占男性人口的比例之比来衡量数字经济发展的性别公平性。另一方面，由于在不同经济体，城乡发展均存在一定程度的不平衡，城市发展往往优于乡村，优质的基础设施及便利的生产生活资源也大多数集中在城市，这就造成了城乡不公平。若某经济体中乡村地区的互联网应用水平与城市更为接近，则意味着该地区数字经济的城乡公平度更高。因此，本文用各经济体中乡村互联网使用人数占乡村人口的比例与城市互联网使用人数占城市人口的比例之比来衡量城乡之间的公平性，两个比值越接近 1，意味着该经济体数字经济发展的城乡差距越小，即包容性越强。

（二）数据标准化方法

APEC 各经济体在各个分项的绝对水平如表 2 所示。在绝对数值的基础上，本文使用"最优距离法"对各经济体的数字包容性水平进行赋分，考察了各经济体之间的相对水平。全球范围内，各分项水平最高的经济体赋分为 1，水平最低的经济体赋分为 0，"最优距离"得分则为（目标经济体水平值−全球最低水平值）/（全球最高水平值−全球最低水平值），得分越高，意味着数字包容性程度越高。在合成"数字包容性"总指标的过程中，我们先用"最优距离法"计算出各经济体在世界全部国家范围内的相对得分（如表 3 所示），而后使用简单平均加权的方法合成广泛性、可获得性和公平性三个一级指标及数字包容性水平总指标。

表 2　APEC 部分经济体的数字包容性指标数据

经济体	广泛性							可获得性			公平性	
	覆盖度				应用场景多元化			互联网服务器数（台）	宽带使用成本（%）	移动网络成本（%）	性别公平性	城乡公平性
	宽带（%）	电脑（%）	互联网（%）	手机（%）	金融	购物	支付					
澳大利亚	34.7	—	86.5	—	59.9	56.6	94.0	39 804	1.270	0.240	0.99	0.95
文莱	12.5	58.0	95.0	—	—	—	—	15 749	1.070	0.280	1.09	—
加拿大	40.8	—	—	—	66.2	71.8	94.7	39 883	1.180	0.630	—	—
智利	18.1	—	82.3	—	57.5	58.6	49.2	12 914	2.510	0.480	0.96	—
中国	31.3	—	70.4	—	23.9	41.2	54.9	954	0.500	0.500	1.01	0.81
中国香港	37.7	79.8	92.4	97.1	99.2	45.3	36.2	70 622	0.530	0.130	0.97	—
印度尼西亚	3.8	14.1	53.7	78.6	59.9	36.3	39.4	1877	7.570	0.850	0.90	0.63
日本	33.5	75.5	90.2	79.1	35.3	18.8	61.4	22 925	1.090	1.250	0.95	0.95
韩国	42.8	82.3	96.5	99.9	34.3	25.9	73.7	5945	1.110	0.530	0.98	0.98
墨西哥	15.2	43.0	72.0	75.1	16.9	21.6	54.8	322	2.420	1.390	0.98	—
马来西亚	9.3	80.0	89.6	98.2	48.8	15.5	53.2	7494	2.340	0.980	0.96	0.86
秘鲁	7.9	36.8	65.3	93.6	13.5	11.6	—	455	3.640	1.740	0.92	0.50
菲律宾	5.5	—	43.0	—	73.4	61.3	96.4	113	11.560	2.040	—	—
俄罗斯	22.5	72.1	85.0	—	14.3	12.3	27.8	13 344	0.660	0.860	0.99	0.89
新加坡	25.9	73.5	92.0	88.8	16.2	39.1	28.3	128 377	0.780	0.220	0.98	—
泰国	14.5	26.4	77.8	94.8	19.4	96.5	61.2	1908	3.520	1.400	0.97	0.88
美国	34.7	—	89.4	—	28.3	24.3	19.6	141 670	1.010	0.700	—	—
越南	15.3	—	70.3	87.6	28.1	15.2	69.5	3105	3.530	0.490	0.91	0.78
APEC 平均	22.0	58.0	79.0	89.0	40.9	38.3	57.1	26 402	3.049	1.697	0.97	0.82
全球平均	14.9	55.7	70.0	87.9	44.0	47.4	61.5	15 023	9.580	4.120	0.94	0.80
全球最高值	57.9（直布罗陀）	100（阿联酋）	100（阿联酋）	100（阿联酋）	100（荷兰）	100（德国）	100（荷兰）	141 670（美国）	98.06（冈比亚）	54.95（委内瑞拉）	1.24（古巴）	1.08（以色列）
全球最低值	0.0004（乍得）	4（乌干达）	2.7（布隆迪）	44.1（古巴）	11（巴拿马）	5（津巴布韦）	0.15（老挝）	0.078（朝鲜）	0.33（列支敦士登）	0.07（列支敦士登）	0.33（尼日尔）	0.15（莫桑比克）
高收入国家	32.0	78.1	90.0	92.7	49.3	49.8	64.3	32 690	1.598	0.773	0.988	0.945
中高收入国家	13.9	51.2	73.3	85.8	41.9	46.5	60.3	4283	4.717	2.722	0.988	0.783
中低收入国家	2.8	33.5	47.6	85.9	44.3	49.3	57.9	3314	14.687	4.714	0.892	0.618
低收入国家	0.5	5.6	12.1	51.4	38.5	43.4	70.2	14	38.219	12.800	0.509	0.146

资料来源：作者根据国际电信联盟数据库和 Portulans Institute 发布的 Network Readiness Index 2021 数据测算。

注："—"表示数据缺失。

表 3　APEC 部分经济体的数字包容性指标标准化得分

| 经济体 | 广泛性 | | | | | | | 可获得性 | | | 公平性 | | 平均得分 |
| | 覆盖度 | | | 应用场景多元化 | | | | 互联网服务器数 | 宽带使用成本 | 移动网络成本 | 性别公平性 | 城乡公平性 | |
	宽带	电脑	互联网	手机	金融	购物	支付						
澳大利亚	0.60	—	0.86	—	0.55	0.54	0.93	0.28	0.990	0.997	0.73	0.87	0.73
文莱	0.22	0.56	0.95	—	—	—	—	0.11	0.992	0.996	0.83	—	0.67
加拿大	0.71	—	—	—	0.62	0.70	0.94	0.28	0.991	0.990	—	—	0.75
智利	0.31	—	0.82	—	0.52	0.56	0.40	0.09	0.978	0.993	0.69	—	0.60
中国	0.54	—	0.70	—	0.14	0.38	0.47	0.01	0.998	0.992	0.75	0.71	0.57
中国香港	0.65	0.79	0.92	0.95	0.99	0.43	0.25	0.50	0.998	0.999	0.71	—	0.74
印度尼西亚	0.07	0.11	0.52	0.62	0.55	0.33	0.29	0.01	0.926	0.986	0.62	0.52	0.46
日本	0.58	0.74	0.90	0.63	0.27	0.15	0.55	0.16	0.992	0.978	0.68	0.86	0.62
韩国	0.74	0.82	0.96	1.00	0.26	0.22	0.69	0.04	0.992	0.992	0.72	0.90	0.69
墨西哥	0.26	0.41	0.71	0.55	0.06	0.18	0.47	0.00	0.979	0.976	0.72	—	0.48
马来西亚	0.16	0.79	0.89	0.97	0.42	0.11	0.45	0.05	0.979	0.983	0.69	0.77	0.61
秘鲁	0.14	0.34	0.64	0.89	0.03	0.07	—	0.00	0.966	0.970	0.65	0.38	0.46
菲律宾	0.09	—	0.41	—	0.70	0.59	0.96	0.00	0.885	0.964	—	—	0.58
俄罗斯	0.39	0.71	0.85	—	0.03	0.08	0.15	0.09	0.997	0.986	0.73	0.80	0.53
新加坡	0.45	0.72	0.92	0.80	0.06	0.36	0.16	0.91	0.995	0.997	0.71	—	0.64
泰国	0.25	0.23	0.77	0.91	0.09	0.96	0.54	0.01	0.967	0.976	0.71	0.78	0.60
美国	0.60	—	0.89	—	0.19	0.20	0.05	1.00	0.993	0.989	—	—	0.62
越南	0.27	—	0.69	0.78	0.19	0.11	0.64	0.02	0.967	0.992	0.64	0.68	0.54
APEC 平均	0.40	0.57	0.79	0.81	0.33	0.35	0.50	0.19	0.972	0.970	0.71	0.73	0.61
全球平均	0.26	0.54	0.69	0.87	0.37	0.45	0.55	0.11	0.926	0.905	0.67	0.70	0.59
高收入国家	0.55	0.77	0.90	0.87	0.43	0.47	0.58	0.23	0.987	0.987	0.725	0.858	0.70
中高收入国家	0.24	0.49	0.73	0.75	0.35	0.44	0.53	0.03	0.955	0.952	0.725	0.684	0.57
中低收入国家	0.05	0.31	0.46	0.75	0.37	0.47	0.50	0.02	0.853	0.915	0.619	0.507	0.49
低收入国家	0.01	0.02	0.10	0.13	0.31	0.41	0.65	0.00	0.612	0.768	0.196	—	0.29

资料来源：作者根据国际电信联盟数据库和 Portulans Institute 发布的 Network Readiness Index 2021 数据测算。

注："—"表示数据缺失。

（三）对 APEC 经济体的比较分析

1. 整体情况分析

从整体来看，APEC 经济体的数字化包容程度处于较高水平，但与高收入国家仍有一定差距。广泛性、可获得性、公平性三个角度的量化测算结果显示，APEC 经济体的整体平均得分为 0.61 分，略高于全球平均水平（0.59 分）。按收入水平的分类来看，APEC 经济体与中高收入国家得分（0.58 分）几乎持平，但与高收入国家（0.70 分）仍有一定差距。

从 APEC 经济体内部来看，虽然数字化水平整体较高，但不同经济体之间有明显的分层现象，包容性有待增强。其中，APEC 内部的发达经济体得分明显高于发展中经济体。数字化水平较高的经济体是澳大利亚、加拿大、中国香港，得分均在 0.7 分以上；得分在 0.6~0.7 分的经济体有新加坡、日本、美国、泰国、马来西亚、智利，而其他发展中经济体得分均位于 0.5 分之下。数字包容性水平最低的经济体为秘鲁、印度尼西亚，得分分别仅为 0.43 分、0.48 分。

2. 广泛性指标分析

APEC 经济体数字化的"广泛性"高于全球平均水平，且仅低于高收入国家。从绝对数值来讲，APEC 经济体中数字经济（宽带、电脑、互联网、手机）的平均人口覆盖率约为 64%，处于全球领先位置，较全球平均水平（57%）高 5 个百分点，但与高收入国家（73%）仍有一定的差距。与覆盖度相反，APEC 经济体应用场景多元化水平整体处于较落后位置，三种应用场景的使用人口占比的平均值仅为 45%，较全球平均水平（51%）低 6 个百分点。从相对得分视角看，可以得到同样的结论。

进一步考察 APEC 经济体可以发现（见表 3），覆盖度方面，在宽带、电脑、互联网和手机四个方向，分别有 11 个、7 个、14 个和 5 个 APEC 经济体的相对得分高于全球平均水平。由此可见，手机覆盖率低是阻碍 APEC 数字技术覆盖度的主要影响因素。应用场景多元化方面，在金融、购物和支付三个领域，分别有 7 个、5 个和 6 个 APEC 经济体的相对得分高于全球平均水平，整体多元化水平较差。从分项来看，APEC 经济体在"购物"分项的得分均值仅为 0.35，甚至低于低收入国家的平均得分（0.41 分），这主要是受到个别经济体得分极低的影响，如秘鲁（0.07 分）、马来西亚（0.11 分）和越南（0.11 分）等。

3. 可获得性指标分析

本文从数字服务的"互联网服务器数""宽带使用成本"和"移动网络成本"三个维

度进行拆解分析。从整体的相对得分来看，APEC 经济体在可获性指标方面的平均相对得分为 0.69 分，略高于全球平均水平（0.65 分）。接下来，我们将进一步从二级、三级分项展开分析。

一方面，互联网资源供给的充裕度是影响各经济体数字化技术可获得性的根本因素，供给越多，用户也自然更容易获得。因此，本文选择每百万人所享有的互联网服务器数量来量化该供给指标。从绝对数值看，全球平均而言，每百万人共享 1.5 万个互联网服务器，而在 APEC 经济体中，平均为 2.64 万个，远高于世界整体水平。但是，从不同 APEC 经济体情况来看，仅有美国、新加坡、中国香港、澳大利亚、加拿大、日本与文莱 7 个 APEC 经济体的互联网服务器供应水平高于全球，而其他成员经济体每百万人所享有的互联网服务器均在 1 万台以下，甚至低于 1000 台（如中国、秘鲁、菲律宾）。可见，从供给充裕度的视角看，APEC 经济体内部分化现象较为严重，虽然其平均水平较高，但主要是受到个别发达经济体的拉动，欠发达经济体及人口大国在增加服务器供给和加强基础设施建设方面仍有一定提升空间。

另一方面，使用成本和价格是影响各经济体数字化水平的重要因素。价格越低，就会有越多人能够负担得起相应的费用，那么数字技术的可获得性和包容性也就越强。考虑到不同经济体的物价水平差异，本文使用固定宽带与移动网络价格占 GNI 的比重来衡量各经济体数字服务的价格水平。从绝对数值来看，APEC 经济体平均的固定宽带和移动网络价格都较为合理，占 GNI 的比重分别为 3.05% 与 1.70%，约为世界平均水平的 1/3，甚至有多个经济体的两项占比均低于 1%，如中国、中国香港、俄罗斯和新加坡。虽然整体平均使用成本较低，但 APEC 范围内有个别经济体也仍旧存在网络成本价格较高的问题，并且主要集中于固定宽带方面，如菲律宾、印度尼西亚等；而在移动网络方面，APEC 经济体的使用成本占 GDP 比重全部低于全球平均水平，可获得性指标较好。

4. 公平性指标分析

整体而言，APEC 经济体数字经济发展的公平程度得分整体较高（0.72 分），略高于全球平均得分（0.69 分）。从分项指标来看，APEC 性别公平性与城乡公平性得分分别为 0.71 分和 0.73 分，均高于全球平均得分（分别为 0.67 分和 0.70 分）。

从性别公平性来看，有 12 个 APEC 经济体的得分高于世界整体平均水平，同时 APEC 中得分最低的经济体（印度尼西亚）也处于 0.6 分以上，这意味着 APEC 范围内数字经济的性别公平性整体较好，内部水平也较为均衡。从城乡公平性来看，APEC 经济体内部分化较为严重，得分较高的有韩国（0.9 分）和澳大利亚（0.87 分），高于全球高收入国家的平均水平；而得分较低的有秘鲁（0.38 分）和印度尼西亚（0.52 分）。由此可见，APEC 经济体内部数字经济的城乡公平程度分化现象较为严重。

5. 结论

从整体看，基于广泛性、可获得性、公平性三方面的综合测算结果显示，APEC 经济体的数字包容程度处于全球较高水平，但不同经济体之间存在明显的差别，APEC 内部的发达经济体优于发展中经济体。在广泛性方面，APEC 经济体的数字化水平高于全球平均水平，略低于高收入国家；数字化覆盖度处于全球领先水平，但与高收入国家还有一定差距，主要是手机覆盖率较低，数字应用场景多元化情况低于全球平均水平，特别是在"购物"方面。在可获得性方面，APEC 经济体总体处于全球领先水平，但欠发达经济体及人口大国在互联网服务器的供给方面仍有较大改善空间，APEC 中个别经济体还存在网络使用成本较高的问题，特别是固定宽带的价格。在公平性方面，APEC 性别公平性与城乡公平性两个分项指标的整体得分均高于全球平均水平，问题主要在于 APEC 城乡公平性的内部分化较为严重，因此，帮助欠发达经济体的乡村地区提高互联网的普及度将是改善 APEC 整体数字经济发展公平性的重要着力点。

四、促进 APEC 数字包容性发展的政策建议

（一）制定全面联通计划，提高数字技术覆盖度与应用范围的广泛性

若想整体提高欠发达地区数字经济应用的广泛性，必须首先解决其数字基础设施的建设问题与后续使用过程中的费用可负担性问题。为此，APEC 可以引导各国政府对本经济体内部不同地区和区域的网络连接需求进行重估，制定全面的连通计划；建议各成员经济体公开关于网络建设项目进度与市场需求的实时数据，以便全球开发商做出恰当的投资决策，将国际资本引流到重大网络基建项目；对于 APEC 经济体已发布的有利于推进地区数字化的尝试，可以进一步为供应商提供简化许可证、豁免手续等支持政策，并推出税收激励计划，力求为规模较小的弱势供应商创造有利环境，促进各经济体整体数字技术的广泛布局。

（二）推进数字基础设施建设与数字公共产品开源共享，确保可获得性

数字公共产品对于释放数字技术和数据的潜力、实现可持续发展目标至关重要，尤其是对中低收入国家而言。目前，在整个亚太地区，很多数字化公共产品通常因受到版权制度和专利制度的限制而不容易获取，或因语言、内容和使用所需基础设施的差异而难以传播，进而限制了其在不同经济体间的开源共享。因此，在硬件方面，建议推进数

字基础设施建设和互联互通，促进各成员经济体间共同建设高速、可及的数字基础设施，加强通信、互联网、卫星导航等领域合作，推进 4G 网络普及、5G 网络应用和 6G 网络研发；在软件方面，建议在 APEC 范围内建立数字公共产品合作联盟，加强 APEC 内部成员的数字化合作，建立统一的标准与稳定的机制，促进和扩大多种形式的数据共享，制定开放数据的共同标准，加快创造优质数字公共产品的进程。同时，将广大的发展中经济体纳入合作机制之中，为相对不发达的经济体提供相应的技术支持，推动数字化公共产品在 APEC 范围内平衡发展，确保可获得性。

（三）加强乡村地区的数字技能培训，弥合城乡差异，提升公平性

考虑到 APEC 经济体的城乡数字化水平较为不平衡，这种城乡差异背后的另一个重要原因是欠发达地区人群应用数字技术的能力不足。为此，APEC 各经济体应在数字技能培训领域加强合作，继续分享有关发展数字技能和提高数字素养的最佳实践，帮助弱势群体适应不断变化的环境，并为未来的工作进行人才储备；继续推进劳动力市场数据收集和分析工作，缩小和弥合数字劳动力供给与就业市场需求之间的差距，以现有的 APEC 资格互认工作为基础，提升亚太地区数字素养和技能培育工作的力度与合作水平，着重提升女性、老年人等弱势群体的数字素养。此外，APEC 可继续开展多期针对落后经济体和乡村地区的数字能力互助项目，加强成员经济体之间的协调互助，从而帮助弱势群体参与数字经济，释放数字经济在创造高质量就业、提供体面工作、促进收入增长和提升福利水平方面的潜力。

（四）完善数字营商环境，促进数字治理领域的国际合作

APEC 应继续完善区域内的数字营商环境，推动打造开放、公平、公正、包容、非歧视的数字治理体系和环境，最大限度地减少"面碗效应"，降低整个地区的业务成本。例如，APEC 可通过确保地区不同数字经济系统的互通性，帮助 APEC 内企业减少开展业务面临的壁垒，以及交易和财务成本，改善其现金流，增强其韧性。APEC 还应深化数字治理领域的国际合作和多方参与，共同制定并实施数字领域国际和区域规范标准，提升亚太地区标准法制的包容性。例如，一方面可以继续支持世贸组织《电子商务联合倡议声明》和对电子传输暂停征收关税的实施；另一方面，可以通过加强政策对话和信息共享机制，帮助 APEC 欠发达成员积累有关国际规则的制定经验，促进区域内达成被广泛接受的数字贸易规则共识，为未来 APEC 经济体参与全球高水平数字贸易规则的制定打下基础。

参考文献

[1] 林毅夫，庄巨忠，汤敏. 以共享式增长促进社会和谐[J]. 中国投资，2009（1）：118.

[2] Helsper E. Digital Inclusion: an Analysis of Social Disadvantage and the Information Society[M]. London: Department for Communities and Local Government of UK, 2008.

[3] Jha S, Sandhu S C, Wachirapunyanont R. Inclusive Green Growth Index: A New Benchmark for Quality of Growth[R]. Asian Development Bank, 2018.

[4] Rauniyar G, Kanbur R. Inclusive Growth and Inclusive Development: A Review and Synthesis of Asian Development Bank Literature[J]. Journal of the Asia Pacific Economy, 2010, 15(4): 455-469.

[5] Reisdorf B, Rhinesmith C. Digital Inclusion as A Core Component of Social Inclusion[J]. Social Inclusion, 2020, 8(2): 132-137.

[6] Samans R, Blanke J, Corrigan G. The Inclusive Growth and Development Report 2015[J]. Geneva: World Economic Forum, 2015.

[7] Smith C. An Analysis of Digital Inclusion Projects: Three Crucial Factors and Four Key Components[J]. Journal of Information Technology Education Research, 2015, 14: 179-188.

[8] Thomas J, Barraket J, Wilson C K. Measuring Australia's Digital Divide: the Australian Digital Inclusion Index 2018[J]. Melbourne: RMIT University, 2018.

[9] World Bank. Poverty and Shared Prosperity 2018: Piecing Together the Poverty Puzzle[R]. 2018.

APEC 应对气候变化与碳达峰、碳中和合作新形势与合作思路

王军锋　梅园园　古一鸣　田　晖　张倩倩*

摘　要： 本文在深入分析 APEC 经济体碳排放现状的基础上，总结了各成员碳达峰、碳中和战略目标制定情况，以及推动能源脱碳转型合作的发展现状。进而，围绕 1.5℃控制目标关联自主贡献减排目标、关注化石燃料类型减排目标的区别对待、中美气候变化合作、甲烷等非温室气体的全球管控治理趋势、俄乌冲突等地缘政治等方面，提出 APEC 气候变化与碳达峰、碳中和合作需要关注的新形势、新动向。最后，在此基础上，提出从气候变化合作的中长期战略设计、"双碳"领域的合作路径与协调机制、社会经济脱碳转型发展战略、欧盟碳关税实施进程影响和应对策略等方面推动 APEC 进一步合作。

关键词： 气候变化；碳达峰；碳中和；合作思路

一、APEC 碳达峰、碳中和战略目标现状

亚太地区各国是我国最主要的贸易伙伴，发展与亚太国家和地区的经贸关系一直是我国对外开放战略的核心内容。亚太经合组织（APEC）推动成员逐步削减关税、减少非关税措施、取消出口补贴、取消不正当的出口禁令和限制、减少服务贸易市场准入限制、加强技术交流等，这些措施在促进 APEC 内贸易和投资的自由化、便利化及经济技术合作的同时，也大大增强了我国同亚太地区各成员的相互联系和依赖，促进了我国对外经

---

* 王军锋，南开大学循环经济与低碳发展研究中心教授，南开大学 APEC 研究中心兼职研究人员。

梅园园、古一鸣、田晖、张倩倩，南开大学循环经济与低碳发展研究中心硕士研究生。

贸关系的发展。

第 26 届联合国气候变化大会通过了《格拉斯哥气候协议》，鼓励各缔约方重新审视并强化国家自主贡献目标，推进净零排放进程。《格拉斯哥气候协议》重新审视国家自主贡献，以确保更接近控温 1.5℃ 的目标。在本次会议期间，中美双方签订了《中美关于在 21 世纪 20 年代强化气候行动的格拉斯哥联合宣言》。中美两国将在电力系统脱碳、减少甲烷排放、减少煤炭消费等重点领域开展合作，共同组建"21 世纪 20 年代强化气候行动工作组"，推动应对气候危机的多边进程。

为加速推动应对气候变化，APEC 大部分成员已做出净零/碳中和承诺。截至 2022 年 6 月，除文莱、墨西哥、菲律宾外，APEC 其余经济体均在立法、政策等不同层面制定了碳中和目标。其中，美国、日本、韩国等发达国家及多数经济体量相对较小的国家和地区都计划于 2050 年实现碳中和目标；而俄罗斯和中国、印度尼西亚等发展中国家将碳中和时间定于 2060 年之前（见表 1）。

表 1　APEC 成员碳中和时间表（截至 2022 年 6 月）

经济体	实现碳中和目标的时间	承诺情况
澳大利亚	2050 年	已进入政策文件
加拿大	2050 年	已进入法律
智利	2050 年	已进入政策文件
中国	2060 年	已进入政策文件
中国香港	2050 年	宣言/承诺
印度尼西亚	2060 年	提议/讨论中
日本	2050 年	已进入法律
韩国	2050 年	已进入法律
马来西亚	2050 年	宣言/承诺
新西兰	2050 年	已进入法律
巴布亚新几内亚	2050 年	提议/讨论中
秘鲁	2050 年	提议/讨论中
俄罗斯	2060 年	已进入法律
新加坡	2050 年	已进入政策文件
中国台北	2050 年	在已进入政策文件
泰国	2050 年	宣言/承诺
美国	2050 年	已进入政策文件
越南	2050 年	宣言/承诺

资料来源：《APEC 能源展望 2022》。

为进一步推动碳中和目标的实现，APEC 各成员积极进行能源低碳转型工作。过去 10 年间，APEC 各成员不断优化能源结构，推进能源结构的零碳化。2021 年，新西兰可再生能源发电比例已超过 80%（2021），加拿大、秘鲁达 60%以上。其他 APEC 成员的可再生能源发电比例总体也呈现上升趋势，其中，中国、澳大利亚等增幅已经超过 10%。APEC 整体可再生能源发电量占总发电量的比例从 2010 年的 21.1%提高到 2021 年的 26.3%，在过去 10 年中总体提高了 5.2%。虽然 APEC 当前气候变化及能源转型工作已经具备了较好的基础，但当前全球碳达峰、碳中和形势发展非常快，若想实现 2030 年可再生能源发电量目标及经济体的碳中和目标，还需继续加强相关领域的合作（见图1）。

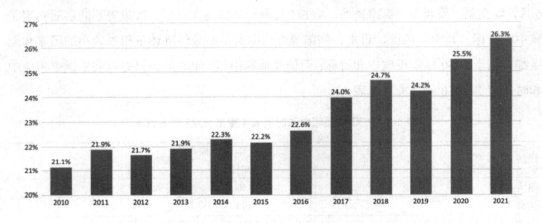

图 1　APEC 可再生能源发电比例变化趋势（2010—2021 年）

根据碳排放规模相关数据，中国、美国、日本、俄罗斯是碳排放规模较大的群体。2010—2021 年，二氧化碳年排放量超过 20 亿吨的国家有两个——中国和美国，其中，中国排放近 100 亿吨，占全球排放量的 1/4 以上。俄罗斯、日本年排放量已经超过 10 亿吨，其余经济体都在 10 亿吨以下。

2010 年以后，在中国年二氧化碳排放量上升的同时，美国的年二氧化碳排放量逐步下降，但 2021 年较 2020 年有所回弹。印度尼西亚、越南、菲律宾的年二氧化碳排放量在 2010—2019 年快速上升，2019 年后开始下降。其他成员的年二氧化碳排放量整体变化较为平缓。

从 APEC 经济体人均碳排放来看，2010—2021 年 APEC 经济体人均二氧化碳排放量存在较大差异。除文莱之外，澳大利亚、美国、加拿大的人均二氧化碳排放量一直居于高位，保持在 14 吨以上，三个国家的人均二氧化碳排放量总体呈现下降趋势。文莱整体趋势先下降后上升，新加坡变化幅度较大，整体出现下降趋势。除中国、巴布亚新几内亚之外，其他成员的人均二氧化碳排放量在 2019—2020 年均是下降的。其他成员的人均二氧化碳排放量整体趋势较为平缓。

中国年总排放量最大，而且由于人口规模较大，因此人均二氧化碳排放量并不高（8 吨）。文莱的人均二氧化碳排放量最大（24 吨），但是其年总排放量却很低，这是因为文莱是主要的石油生产国，而且人口规模相对较小。人均排放量最高且人口较多的国家是美国、澳大利亚和加拿大，因此其总排放量也很高。澳大利亚的人均碳足迹为 17 吨，其次是美国的 16.2 吨和加拿大的 15.6 吨。

二、APEC 气候变化与能源低碳转型合作的现状和特点

当前，APEC 已经形成了领导人非正式会议、部长级会议、高官会及其下属委员会和专题工作组、秘书处等多个层次的工作机制，涉及贸易投资自由化、经济技术合作、宏观经济政策对话等广泛的合作领域。应对气候变化也是 APEC 高度关注的合作领域。APEC 在第 15 次非正式会议通过了《APEC 领导人关于气候变化、能源安全和清洁发展的悉尼宣言》，提出了 APEC 框架下的气候变化合作倡议和行动计划。在随后的领导人非正式会议中，APEC 继续推动支持各成员开展应对气候变化的专项行动，包括森林恢复、清洁能源技术的开发应用、海洋环境保护及可持续发展等方面的多项内容（见表 2）。

表 2　APEC 领导人非正式会议达成的与气候变化相关的成果

会议名称、时间	主题和议题	内容
APEC 第 23 次领导人非正式会议（2015 年 11 月）	主题是"打造包容性经济，建设更美好世界"，具体议题包括区域经济一体化、中小企业、人力资源开发和可持续增长等	重申致力于落实 2030 年可持续发展议程。欢迎改进并在中期逐步淘汰鼓励浪费性消费的低效化石燃料补贴，重申能源韧性对推动能源安全和可持续发展、为人们提供能源的重要性。赞赏建立能源韧性工作组，增强亚太地区电力基础设施质量和亚太经合组织可持续能源中心相关倡议。在向低碳经济过渡的过程中，将探索生物燃料、作为基荷电源的民用核能、先进的煤炭技术、液化天然气、太阳能、风能和海洋能源技术。赞赏亚太地区朝着多元、灵活和综合性天然气市场目标所付出的努力。认识到林业对支持社区发展、保护生物多样性及减缓和适应气候变化的重要作用。重申《悉尼宣言》到 2020 年将本地区所有类型森林覆盖率增加至少 2 千万公顷，推动可持续森林管理、养护和再生，并打击非法采伐及相关贸易。欢迎亚太经合组织 2020 年森林覆盖目标进展评估报告

续表

会议名称、时间	主题和议题	内容
APEC 第 24 次领导人非正式会议（2016 年 11 月）	主题是"高质量增长和人类发展"，但美国大选后《跨太平洋伙伴关系协定》（TPP）的命运走向及潜在替代方案，将成为与会领导人密集磋商的最主要议题	承诺将继续落实 2030 年可持续发展议程，认为这是在平衡而全面的多边框架下开展的国际合作的典范，也对巴黎协定及近期生效表示欢迎，并承诺以透明有效的方式落实该协议，从而向低碳环保的经济转型
APEC 第 25 次领导人非正式会议（2017 年 11 月）	主题是"打造全新动力，开创共享未来"，围绕区域经济一体化、包容性增长、互联互通、互联网数字经济、可持续发展等议题展开讨论	增进粮食安全和农业可持续发展，促进可持续自然资源管理，推动实现可持续粮食安全，提高农业、水产业、渔业部门产量。承诺将通过跨境合作和共同努力，继续推动 APEC 在可持续利用和综合管理土地、森林、海洋和水资源方面的合作。通过了《APEC 关于加强粮食安全和高质量增长的城乡发展行动计划》
APEC 第 26 次领导人非正式会议（2018 年 11 月）	主题是"把握包容性机遇，拥抱数字化未来"，包括两个议题："贸易全球化如何把握包容性机遇"，"数字经济能否引领全球产业未来"	—
APEC 第 27 次领导人非正式会议（2020 年 11 月）	主题为"共建面向未来的亚太伙伴关系"，主要议题包括：①推动区域经济一体化；②促进创新发展，推动经济改革和增长；③加强全方位互联互通和基础设施建设	"强劲、平衡、安全、可持续和包容增长"将促进高质量增长，惠及地区人民；加强包容性人力资源开发和经济技术合作；采取经济政策，加强经济合作，促进经济增长，以支持全球合作，应对气候变化、极端天气、自然灾害等各类环境挑战，共建可持续的星球
APEC 第 28 次领导人非正式会议（2021 年 11 月）	主题为"新冠肺炎疫情背景下亚太地区如何把握机遇，合作应对卫生危机，加速经济复苏，为未来发展打下更好的基础"	应采取切实行动进行有利于气候的全球经济转型，赞赏相关净零或碳中和承诺。将共同努力确保经济和环境政策相互支持。将继续共同努力，支持本地区的能源安全、韧性和可及性。认为稳定能源市场和清洁能源转型至关重要。通过的《2040 年 APEC 布特拉加亚愿景》为今后二十年的工作提供了指引
APEC 第 29 次领导人非正式会议（2022 年 11 月）	主题为"开放、连通、平衡"	通过了《生物循环绿色经济曼谷目标》，进一步实现全面、具有雄心的包容可持续发展，助力全球行动

资料来源：作者根据历年 APEC 领导人非正式会议宣言整理而得。

APEC 也高度关注并积极应对亚太地区持续增长的能源需求，加强区域内和区域间能源安全，降低整个地区能源供应和能源使用的碳强度，推动达成 APEC 能源目标及各成员制定的温室气体排放短期目标、碳中和目标并提升成员应对气候变化的能力。APEC

2011 年领导人非正式会议宣言提到，2035 年亚太地区能源强度较 2005 年降低 45%。2014 年第 11 届能源部长会议提到，2030 年 APEC 地区可再生能源及其发电量在地区能源结构中的比重比 2010 年翻一番。APEC 能源工作组（EWG）是 APEC 推动能源转型与气候变化的重要工作组。近年来，工作组在能源效率、能源技术、能源（温室气体）数据与分析、气候变化等领域做了丰富工作，并发布了相关的报告，特别是在建筑、交通、电力部门的能源低碳转型工作中，通过信息交流、技术联合研发、政策制定、贸易和投资等方式对越南、泰国、马来西亚、秘鲁等东南亚和南美洲地区 APEC 成员的能源转型提供了重要支持。

三、APEC 气候变化与碳达峰、碳中和合作需要关注的新形势

第一，需要高度关注全球碳减排目标到碳中和目标转变对 APEC 成员社会经济发展带来的深远影响。1988 年，气候变化议题首度登上联合国大会；1994 年，《联合国气候变化框架公约》于联合国总部正式通过，并于 1995 年《联合国气候变化框架公约》第 1 次缔约方会议在德国柏林登场。近 30 年来，联合国气候变化大会已经从刚开始的碳减排目标讨论到现在的全球碳中和目标，发生了巨大变化。在《巴黎协定》制定 6 年后，联合国于 2021 年 10 月 31 日至 11 月 12 日于英国格拉斯哥举办《联合国气候变化框架公约》第 26 次缔约方（COP26）会议，并把巴黎协定提出的 2030 年温室气体减半、2050 年达成净零等目标，以及能源脱碳转型、甲烷排放控制、气候资金筹集作为重要关注议题。除此之外，各缔约国也被期待能够提交更新国家自主贡献目标来积极响应联合国政府间气候变化专门委员会（IPCC）所提出的降低 45% 的碳减排目标。目前，包括中国、美国、韩国、日本等 APEC 大部分成员提出了碳中和目标，这不但将成为影响 APEC 未来发展的关键性因素，也是今后 APEC 持续关注的重要议题。

第二，需要关注 1.5℃ 控制目标关联自主贡献减排目标给 APEC 气候治理合作带来的风险和挑战。近期，欧美发达国家经常引用 IPCC 研究报告，提出为实现 1.5℃ 控制目标，在 2030 年全球的二氧化碳排放量较 2010 年减少 45%，并且在 2050 年实现二氧化碳净零排放和非二氧化碳温室气体的深度减排。但是基于"共同但有区别的责任"的全球气候治理原则，若将全球 2050 年实现净零排放的目标进行分解，则发达国家理应积极将净零排放承诺的目标年定在 2050 年前。但现状是，英国、欧盟整体及 APEC 成员的美国、日本、韩国等大多数国家仍承诺在 2050 年实现净零排放。与此同时，这些国家却不断要求发展中国家承诺与其发展阶段不相匹配的过度减排目标。这些不和谐的气候治理

趋势对 APEC 框架具有潜在的影响，也有可能给 APEC 成员开展气候变化合作带来新的挑战和不确定性因素。

第三，需要关注化石燃料类型减排目标的区别对待对 APEC 合作带来的潜在影响与对话趋势。能源体系的脱碳转型是全球碳中和目标实现的重要领域。COP26 大会期间发布的"全球煤炭向清洁能源转型声明"（Global Coal to Clean Power Transition Statement）反映了现时全球退煤的大趋势。包括中国在内的部分 APEC 成员，在 COP26 大会开始之前，承诺将停止对海外新煤电项目的投资。但在如何退煤的问题上，全球发达国家和发展中国家存在着较大分歧。在 197 个国家签署的《格拉斯哥气候协议》中，其中一项原本要求各缔约方"逐步淘汰"（phase out）未减排的煤电和低效化石燃料补贴，但是印度反对使用"逐步淘汰"这一措辞，坚持使用"逐步减少"（phase down），包括中国、南非、伊朗等多国代表支持印度的提议。还有一个值得关注的问题是，除了煤的控制目标外，目前尚未提出包括煤炭及石油和天然气等所有化石燃料的未来减排计划。当前，APEC 很多成员仍然是发展中经济体，在未来很长时间内仍需平衡好脱碳进程与能源供应稳定安全问题的重要关系。因此，对于中国和东盟等 APEC 成员，清洁化的煤等化石燃料在未来的能源供应体系中必不可少，仍需扮演可负担、可靠的能源供给者角色。

第四，需要关注近期中美气候变化合作对 APEC 气候变化合作和碳达峰碳中和带来的潜在影响。在联合国 COP26 会议期间，同为 APEC 成员的中国和美国联合发布了《中美关于在 21 世纪 20 年代强化气候行动的格拉斯哥联合宣言》（以下简称《格拉斯哥宣言》），承诺两国计划在未来 10 年间加强并加速气候行动与合作。随后，双方于 2022 年 6 月 1 日在斯德哥尔摩再次就中美气候合作进行对话交流，并围绕"21 世纪 20 年代强化气候行动工作组"的目标原则、组织框架、合作领域及下阶段工作计划等深入交换意见。先前的中美气候变化合作，为中美在 APEC 框架下合作推动气候变化与行动积累了重要基础条件。双方合作引领 APEC 气候变化战略具有较大的合作空间。

第五，需要关注甲烷等非温室气体的全球管控治理趋势。非二氧化碳温室气体减排工作也是全球气候治理的关注核心。COP26 会议上发布的《格拉斯哥宣言》是首次提及甲烷减排的气候宣言，且在大会期间约有 100 个国家加入《全球甲烷承诺》（Global Methane Pledge），承诺到 2030 年前甲烷的排放量较 2020 年减少至少 30%。虽然中国暂时没有加入这一承诺，但中美在 COP26 举行期间发表的《格拉斯哥宣言》已经将甲烷减排作为一个与二氧化碳减排并行的重要事项。中国承诺制订一份甲烷国家行动计划，争取在 21 世纪 20 年代取得控制和减少甲烷排放的显著效果。目前，中国"十四五"规划纲要也明确提出，要加大甲烷、氢氟碳化物、全氟化碳等其他温室气体管控力度，并将煤炭开采、农业、城市固体废弃物、污水处理、石油天然气等列为重点领域；推动出台中国甲烷排放控制行动方案，加强重点领域甲烷排放的监测、核算、报告和核查体系建设，鼓励先试先行并加强国际合作。这些发展新趋势、新要求对于中美共同合作推动APEC 气候变化行动具有潜在的影响和发展空间。

第六，需要关注俄乌冲突等地缘政治推动气候治理叠加能源安全的新趋势。2022 年俄乌冲突的爆发令能源危机不断深化，同时也给全球气候治理带来了新的不确定性因素。各国再次清醒意识到在推进气候治理过程中要高度重视能源安全，并积极寻求系统化的应对措施。作为全球气候治理行动的重要参与者，欧盟率先提出加快能源安全的保障措施。在俄乌冲突背景下，欧盟"为欧盟重新供能"（REPowerEU）能源计划迅速出台。"REPowerEU"能源计划是欧盟于 2022 年 5 月 19 日发布的，其内容涉及未来 5 年内高达 2100 亿欧元的资金规模。该计划主要从节约能源、能源供应多样化、加速推进可再生能源三方面着手保障能源安全。欧盟委员会提议将欧盟 2030 年的强制性能效目标从 9%提高到 13%，此外，还发布了一份"欧盟节能通讯"，推动将天然气和石油需求减少 5%。同时，欧盟委员会推动成员国发布鼓励节能的财政措施，降低节能供暖系统、建筑保温材料的增值税税率及其他能源定价措施，鼓励改用热泵和购买更高效的电器等。欧盟还将 2030 年可再生能源占比目标从原来的 40%提高到 45%。上述行动带来了两个需要高度关注的发展趋势：一方面，短期内能源安全叠加气候治理的新形势，将推动更多国家科学严谨地对待化石燃料在能源脱碳转型中的作用；另一方面，也进一步提升了可再生能源作为国家能源安全因素在未来能源系统中的新功能定位。这两个发展趋势将对APEC 成员未来实施社会经济脱碳行动带来中长期影响。

第七，需要关注全球国家间碳信用交易体系建设发展趋势对 APEC 气候变化合作带来的潜在影响。《巴黎协定》第六条中关于如何通过相互合作来减少排放，是当前各国高度关注的议题。这一条款在联合国 COP26 会议上也已经落地。与会国家代表同意用相应的规则取代《京都议定书》建立的清洁发展机制（Clean Development Mechanism），以管理国家之间的碳信用交易和必要的会计框架，避免重复计算。全球碳交易机制涉及众多处于不同发展阶段的 APEC 成员的发展权益。在亚太经合组织框架下，如何通过协调APEC 成员不同立场，为 APEC 各个成员积极参与全球碳市场建设，争取最适宜的发展机会，将对未来 APEC 气候变化议题设置等方面的机制设计产生潜在的战略意义。

第八，需要关注全球金融资本融入碳净零排放目标的重要发展趋势。联合国 COP26

会议大大推动了全球金融资本深度融入碳净零排放的气候治理目标，推动建立一个新的金融体系，即在做出每个决定时都将气候变化纳入考量的碳中和金融体系。这也意味着全球金融体系的规则将从根本上（包括监管层面和执行层）发生重要转变。从长远来看，碳密集型活动可用的资金及资金成本都将面临更严格的气候因素控制。预期金融行业将加快衡量其行动产生的碳排放影响，比如，评估其在融资转变中带来的减排成果，并且公布其碳排放负面影响。全球金融机构将更重视碳中和目标驱动的投资组合科学设计，以及金融机构零碳排放的具体时间表和路线图，推动全球金融机构公开其能够履行的承诺。这些因素也将大大影响 APEC 成员未来资金流入的方向和趋势，进而影响各成员经贸活动的结构性变化。

第九，需要高度关注气候变化适应治理的全球趋势。气候适应是气候治理的重要组成部分。在强化碳减碳行动的同时，当前全球气候适应行动也成为未来各国的重要工作。目前，各国已经同意在未来两年内订立"全球适应目标"，并在 2025 年之前将用于气候适应的资金投入翻倍。此外，在气候引起的社会经济损失和损害方面，《格拉斯哥宣言》承认了发展中国家在气候领域所付出的成本，发达国家也被要求加快推动补偿不发达国家无法适应气候变化而受到的影响。关于具体细节机制如何落实尚未明确，仍需进一步讨论确定，但气候适应问题与供应链稳定具有重要关系，是维持当前全球供应链稳定性发展、推动经贸活动规避气候风险的重要议题。因此，供应链的气候适应性话题对于引导 APEC 各成员加强全球供应链稳定发展、摒弃无意义供应链脱钩具有潜在意义，是稳定供应链的重要支撑性管控手段。

第十，需要高度重视全球供应链碳信息披露与报告的发展趋势。2021 年 11 月 3 日，在第 26 届联合国气候大会上，国际财务报告准则基金会（IFRS Foundation）宣布国际可持续发展准则理事会（International Sustainability Standards Board，ISSB）正式成立，以期制定一个全面的可持续发展披露标准的全球基准，满足全球投资者关于气候和其他可持续发展事项的信息需求。国际财务报告准则基金会还专门成立了技术准备工作小组（TRWG），工作组成员包括气候信息披露标准委员会（CDSB）、国际会计准则委员会（IASB）、气候相关财务信息披露工作组（TCFD）、价值报告基金会（VRF）和世界经济论坛（WEF）。该基金会于 2022 年 3 月 31 日发布了两份 IFRS 可持续发展披露准则（ISDS）征求意见稿。该征求意见稿旨在回应 G20 及国际证监会组织的要求，希望为全球投资者和资本市场提供全面、完整、一致的可持续发展相关披露信息。气候信息披露对全球经贸合作融入碳达峰、碳中和行动具有重要意义，对于未来 APEC 成员供应链稳定和脱碳转型具有重要影响。

四、深入推进 APEC 碳达峰、碳中和战略的发展思路

第一，高度重视参与 APEC 气候变化合作的中长期战略设计。巴黎协议签署之后，英国格拉斯哥 COP26 会议的召开推动升温控制与全球碳中和等目标加快融入全球各国的外交策略和中长期发展战略。碳达峰、碳中和已经成为全球多边合作机制未来 10~20 年必不可少的核心议题。因此，需要从战略性、系统性、紧迫性的高度重新认识气候变化和碳达峰、碳中和问题对 APEC 形成的机遇和挑战，参与 APEC 应对气候变化与碳达峰、碳中和合作的短期和中长期发展战略思路和行动路线，并将其系统纳入全球治理活动的整体布局与统筹谋划。

第二，深入评估提升 APEC 碳达峰、碳中和合作水平的可行战略。"双碳"议题未来将会是亚太地区社会经济发展的焦点，也是引领亚太地区经贸活动转型发展的重要引擎。"双碳"议题涉及亚太各成员合作的能源供应、制造业、服务贸易、国际投资等方方面面，也涉及现有亚太各成员的经贸关系。组织力量深入评估"双碳"发展策略对 APEC 带来的潜在影响，系统梳理关联风险，充分对接各成员的发展思路，研究制定有利于引领 APEC 高质量发展战略实施的工作思路和策略迫在眉睫。

第三，加紧探索 APEC 与东盟等组织在"双碳"领域的合作路径与协调机制。东盟国家在深化应对气候变化国际合作，提升本区域社会经济脱碳能力建设方面具有内在需求。一方面，印度尼西亚、泰国、缅甸、马来西亚、越南和菲律宾 6 个东盟国家是世界上受到气候变化影响较大的国家；另一方面，随着东盟国家社会与经济快速发展，化石能源消耗水平不断攀升，减碳压力逐渐增大。因此，要高度重视通过与东盟在气候变化领域合作来强化东盟关系的战略思路，充分发挥碳达峰、碳中和领域合作对于稳固东盟关系的支撑性作用。在 APEC 框架中，与东盟建立碳达峰、碳中和对话通道和平台，建立多边合作框架，制定中长期工作清单，研究评估 APEC-东盟气候变化合作与碳达峰、碳中和合作战略的对外发布方式及国际影响，联合推动 APEC 气候变化和碳达峰、碳中和相关工作。

第四，提前研究谋划能有效支撑社会经济脱碳转型发展战略的碳达峰、碳中和工作思路。在碳达峰与碳中和背景下，许多发达国家已经从企业碳排放拓展到产品全生命周期碳足迹，全球头部企业都提出零碳化供应链目标，推动对供应链上各级供应商实现碳足迹管理的全覆盖。APEC 也逐步融入这一新的发展趋势。对于全球供应链关联企业而

言，供应链的碳足迹管理要求带来了新机遇和新挑战。但是，当前企业对上游供应链进行管理时，体现的是环境污染物控制治理，而对于碳排放与零碳能源等方面的关注度还远远不够。因此，建议加大对光伏、风电、高铁、电动汽车、电池、新型电力系统、数字产业等"双碳"关联行业的引导力度，积极推动企业做好碳达峰、碳中和中长期规划，高标准对标国际规则，推动建设零碳化供应链，积极引领"双碳"相关的国际标准制定，树立 APEC 多边机制的碳中和战略实施形象。

第五，持续关注评估欧盟碳关税实施进程及对 APEC 的潜在影响及其应对策略。欧盟于 2021 年 7 月 14 日提出了建立碳边界调整机制的法规提案。碳边界调节机制（CBAM）本质上是确保进入欧盟进口商品的碳排放支付价格与欧盟国内生产商在欧盟排放交易体系下支付的价格相当。换言之，欧盟进口商必须以反映欧盟排放交易体系下的价格支付碳价，才能将针对 CBAM 的商品投放到欧盟市场，这是为了防止通过进口非欧盟国家生产的产品来抵消欧盟的温室气体减排，而且欧盟也回避使用关税的提法来界定 CBAM，以免与 WTO 规则产生冲突。随着该机制与欧盟排放交易体系覆盖范围进一步匹配衔接，将对欧盟生产企业对外投资及碳密集型产品进口产生不可忽视的影响。此外，部分 APEC 成员已经开始讨论在其国内推动类似机制，APEC 相关机构要及时跟踪欧盟碳关税实施进程，提前研究模拟 APEC 成员推进碳关税机制的框架及运行机制，为区域内企业提前应对提出系统策略。

第六，谋划设计 APEC 多层次的碳达峰、碳中和国际合作交流平台和交流机制。尽快研究推动建立 APEC 零碳城市间合作网络的可行性，加强搭建城市合作桥梁，稳固 APEC 与东盟城市之间深度合作交流，强化 APEC 与东盟气候变化合作交流机制，推动优势"双碳"产业服务 APEC 零碳产业建设示范。围绕碳达峰、碳中和带来的发展机遇，研究制定面向 APEC 成员进一步开发开放来支撑社会经济脱碳转型的新措施，通过提高开发开放水平，强化国际经贸合作交流。进一步吸引 APEC 成员进行"双碳"投资，推动建设一批零碳产业国际合作园区，打造开放新高地，吸引零碳高端技术和产业进入园区。研究设立常态化 APEC"双碳"经贸国际合作论坛和碳达峰、碳中和博览会，加强 APEC 成员"双碳"技术与产品的交流合作。

参考文献

[1] SOM Steering Committee on Economic and Technical Cooperation (SCE), Energy Working Group (EWG). APEC Energy Overview 2022[R/OL]. APERC, 2022-09.

https://www.apec.org/publications/2022/09/apec-energy-overview-2022.

[2] APEC Secretariat, APEC Policy Support Unit. APEC in Charts 2022 [R/OL]. APEC, 2022. https://www.apec.org/publications/2022/11/apec-in-charts-2022.

《巴黎协定》与碳边境税经济效果分析

孟　猛　郑昭阳*

摘　要：本文利用全球一般均衡环境模型（GTAP-E）分析了主要国家在《巴黎协定》中承诺的自愿减排及欧盟碳边境调整机制（CBAM）给各国宏观经济及中国的行业产出、对外贸易带来的影响。结果发现，欧盟实现《巴黎协定》中减排目标付出的经济增长成本较高；碳边境税对减排的调整效果相当有限，但对相关产业贸易保护的效果很强；如果欧美日形成碳边境税联盟，中国高耗能行业的出口将受到严重冲击；加大新能源在能源使用中的比重在应对自愿减排和碳边境税方面具有明显作用。

关键词：巴黎协定；碳边境税；GTAP

一、研究背景和文献综述

国际社会对全球温室气体排放可能造成气候变化的巨灾风险一直十分关注，也努力通过国际合作来降低温室气体排放。自从《京都议定书》签订并生效以来，全球温室气体减排的效果并不理想。2015 年 12 月，《联合国气候变化框架公约》195 个缔约方在巴黎举行的第 21 届联合国气候变化大会上一致同意通过《巴黎协定》，达成了具有里程碑意义的、具有法律约束力的气候变化协议。然而，发达国家内部对温室气体减排的态度也不一致。美国作为发达国家中全球温室气体排放量最多的国家，不仅在小布什执政期间退出《京都议定书》，还在特朗普执政期间退出《巴黎协定》，这种严重的倒退行为破坏了国际气候合作的努力。

---

* 孟猛，天津师范大学经济学院副教授。郑昭阳，南开大学经济学院副教授，南开大学 APEC 研究中心兼职研究人员。

在国际温室气体减排的合作中，国际分工和贸易的迅速发展使得许多高排放产业从发达国家转向新兴和发展中国家，这种现象被称为"碳转移"或"碳泄露"。一些发达国家认为，"碳泄露"的问题降低了全球温室气体减排的效果，需要增加额外的边境措施加以解决，于是碳边境税就成了一种政策选项。碳边境税又称为碳关税，是指一国或地区依据进口商品所包含的碳排放量所征收的关税，属于国际上应对气候变化采取的碳边境调节措施。从理论上讲，碳边境税可以通过对进口商品征收关税的方式来惩罚不能有效减排企业的出口，进而在降低国际碳排放方面起到一定的作用。欧盟作为碳边境税的积极倡导者，在其内部的决策中也有着不同的观点，曾经存在争论。支持者认为碳边境税可以倒逼其他国家减排，维护欧盟的减排成果；反对者则担心碳边境税作为贸易保护措施会遭到其他国家的报复，可能会弱化税收的利益。在欧盟内部，法国是碳边境税的积极推动者，马克龙政府抓住美国退出《巴黎协定》、英国退出欧盟、德国立场转向和欧委会换届这一关键窗口，联合德国一举推动碳边境税走上了立法进程。2021 年 3 月 10 日，欧洲议会以 444 票赞成、70 票反对和 181 票弃权，通过全称为"建立一个与 WTO 兼容的欧盟碳边界调整机制"（Carbon Border Adjustment Mechanism，CBAM）的草案。同年 7 月 14 日，欧盟委员会正式颁布《关于建立碳边境调节机制的立法提案》，欧盟成为全球首个推出碳边境税政策的地区。2022 年 6 月 22 日，欧洲议会以 450 票赞成、115 票反对和 55 票弃权，通过了关于建立碳边界调整机制（CBAM）草案的修正案，扩大了原有行业范围，并将生产中外购电力所包含的间接碳排放也纳入计算，实际上使其变得更加严格。为了降低 CBAM 推行的阻力，在上述修正案中将过渡期设为 2023—2026 年，CBAM 正式实施时间延长到 2027 年。

关于温室气体排放的国际合作因其给各国经济增长和国际贸易带来的影响引起了学界的广泛关注。余建辉等（2022）利用文献计量软件 CiteSpace 分析了国际贸易主题下碳中和相关文献，认为国际贸易带来的生产和消费的分离导致温室气体排放的国际转移，而发达国家没有认真落实国际减排中"共同但有区别的责任"，相反将"不等量"的国际"碳治理"责任强加给不发达国家。在目前的国际体系下，碳排放认定标准与发展中国家和发达国家间碳排放责任划分存在不平等性，使得发展中国家在国际分工体系中通过国际贸易承接发达国家产业转移时面临着资源环境与经济发展的双重压力。

对于欧盟碳边境税，国内学者也对其性质进行分析，认为其存在明显的贸易保护特征。比如，姜婷婷、徐海燕（2021）通过分析欧盟的碳边界调整机制，认为尽管 CBAM 没有直接采用征收碳关税的形式，但其要求进口商购买碳排放许可证的方式实质上实现了征收碳关税的效果。欧盟推行 CBAM 显然会对中国的出口贸易产生影响，客观上要求中国在降低国内碳减排水平的基础上加强国际合作。杨超等（2022）梳理了欧盟碳边界调节机制可能采取的 6 种碳边境税征收方式的要点，认为 CBAM 客观上可以巩固欧盟的碳定价权，而且会对全球供应链布局产生影响。当企业按欧盟要求提供碳排放强度数据时，不仅会影响未来碳边境税的税基，还可能对我国的经济情报安全提出挑战。王优酉等（2021）认为，尽管欧盟现在纳入 CBAM 机制的产品在中国向欧盟的出口中比重不大，但其将来可能针对中国的优势产业加以扩展，而且在碳边境税未来的走势中，欧美发达国家在碳边境税问题上的政治共识渐趋一致，欧盟可能推出碳边境税相关法案并使之上升到国际法层面，碳边境税政策最终将会演变成发达国家向发展中国家施压的有力武器。

对于碳边境税实施可能带来的税率情况，卢明霞等（2021）指出，中国和欧盟在碳排放强度上存在较大的差异，如果欧盟 CBAM 的实施会使中国出口欧盟钢铁和铝的价格分别上涨 5.2%和 15.4%，实际上相当于欧盟征收了等量的碳边境税。许英明、李晓依（2021）应用国际投入产出表计算中国生产单位产品所包含的隐含碳排放强度，认为如果按照 50 欧元/吨的碳价，中国出口欧盟钢铁行业和铝行业每年被征收的碳边境税分别达到 4.57 亿美元和 1.88 亿美元，按照 2020 年中国向欧盟出口金额计算的碳边境税率达到 12.17%和 13.78%。

对于碳边境税的影响，已有研究主要通过可计算一般均衡模型（CGE 模型）来分析。根据模型使用国家数量，可以分为单国为主的模型和多国模型。对于单国模型，张友国等（2015）以中国 42 个部门投入产出表为基础构建 CGE 模型，并模拟了不同碳排放系数和欧美征收不同水平碳关税对中国经济的影响，认为欧美实行的碳关税会减少中国向欧美的出口，并将部分出口转向其他国家；在降低相同碳排放量的条件下，中国在国内主动实施碳税的经济效果要显著高于欧美实施碳关税。汤铃等（2018）基于社会核算矩阵构造可计算一般均衡模型，并模拟了碳关税的效果，认为碳关税会改善我国出口结构，尤其降低能源密集型产品出口的比重，但对大部分行业国内产出的影响并不明显。在多国可计算一般均衡模型中，全球贸易分析模型（GTAP）应用得比较广泛。郭晴等（2014）应用 GTAP 模型研究欧盟、美国和日本实行碳关税对世界经济的影响，认为中国、东盟和金砖国家在实际 GDP 增长方面受到的负面冲击最大，世界农产品贸易会受到少量负面影响，但对改善世界农产品贸易结构有正向促进作用。宋建新、崔连标（2015）根据碳边境税征收的四种不确定性（只对中国征收还是对中国和主要发展中国家都征收；只对高耗能行业征收还是对全部行业征收；按照消费国碳排放核算还是按照生产国碳排放核算；发达国家是否实施国内减排）设计了共计 16 种（2×2×2×2）方案进行模拟，认为多数情况下，发达国家的碳边境税会恶化中国的福利和 GDP，但当发达国家就高耗能行业对中国与其他发展中国家同时征收碳边境税，中国的福利和 GDP 反而会随着碳税水平的提高而改善。侯升平（2019）利用 GTAP 模型分析美国征收碳关税对中国塑胶行业的影响，认为美国对中国征收碳关税会导致中国向美国出口的产品显著减少，而且中国塑胶产品的贸易条件也会恶化，但会向日本、欧盟等转移一部分向美国的出口。尹伟华（2021）利用可计算一般均衡模型对发达经济体征收碳税，以及发达经济体对中国征收碳边境税的经济效果进行分析，认为发达国家征收碳边境税在促进碳减排和减少碳泄露方面的影响十分有限，但具有较强的贸易保护效果。相反，发达国家和中国按照各自特点在本国国内征收碳税却可以显著促进全球范围的温室气体减排。

综上所述，尽管上述文献中一部分讨论碳关税、一部分讨论碳边境税，但二者从理论基础和实施方法上没有本质区别，本文接下来统一使用碳边境税的说法进行分析。碳边境税尽管以减少碳泄露、维护国际减排为名义，但其实行过程中的贸易保护效果却十分明显。在对碳边境税效果的分析中，已有文献较少在《巴黎协定》设定的各国自主减排基础上综合分析碳边境税的影响。本文的边际贡献在于以《巴黎协定》下各国自主减排为背景，分析不同条件下设定碳边境税的宏观经济影响及对中国行业产出和对外贸易的影响，从而为中国应对国际气候合作和碳边境税提供参考。

二、模型设定

可计算一般均衡（Computable General Equilibrium，CGE）模型已在经济效果的分析中得到了广泛的应用，尤其是在分析预测不同宏观经济政策可能对经济及产业造成的冲击方面更为有效。最初的 GTAP 模型并没有对碳排放的问题进行细致刻画，随着人们对碳排放问题关注度的提高，学者们对 GTAP 模型进行修正，加入刻画碳排放对经济和行业生产的影响方程。加入能源消耗的 GTAP-E 模型的最初思想参见布尔尼奥和范志强（Burniaux and Truong，2002），模型产出的基本结构见图 1，图 2 是对图 1 中资本和能源构成的具体分解。

GTAP-E 模型对经典 GTAP 模型最大的修正体现在生产中要素投入这一部分。经典 GTAP 模型中要素投入包括土地、自然资源、劳动力和资本四大部分，而 GTAP-E 模型将其中的资本扩展为资本与能源的组合，这样就可以将能源消耗和碳排放约束纳入生产环节。图 1 的右侧是生产中的其他中间品投入，与经典 GTAP 模型设置相同，是由来自国外区域 1 至区域 N 的进口品依据阿明顿（Armington）弹性的替代关系组合为进口中间品，再与国内中间品组合为总的中间品投入。

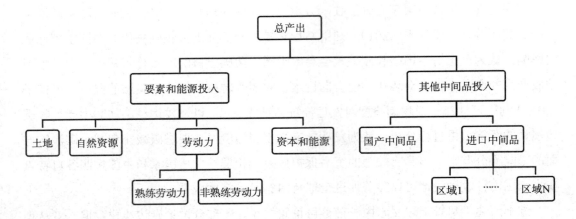

图 1　GTAP-E 模型产出基本结构

图 2 对能源的构成和使用是 GTAP-E 模型区别于经典 GTAP 模型的核心部分。在所有能源使用中，GTAP-E 模型将其拆分为电力和非电力能源两大类，非电力能源分为煤炭和非煤炭能源，非煤炭能源分为石油、天然气和石油产品三个小类。GTAP 在生产中使用的是嵌套的常替代弹性（CES）生产函数，即石油、天然气和石油产品按照 CES 生产函数合成非煤炭能源，非煤炭能源再与煤炭通过 CES 生产函数合成非电力能源，非电力能源再与电力合成全部的能源。在 GTAP-E 中，化石能源作为碳排放的重要来源，一部分作为电力部门生产的投入品，另一部分在其他行业的生产和消费中使用。化石能源直接用于生产和消费的部分所产生的二氧化碳作为各行业的直接排放，而各行业生产和消费中电力使用所隐含的二氧化碳排放作为间接排放。这种模型结构十分适合用来分析欧盟最新版碳边境税措施中既考虑相关行业直接排放，又考虑行业电力使用中的间接排放的影响。

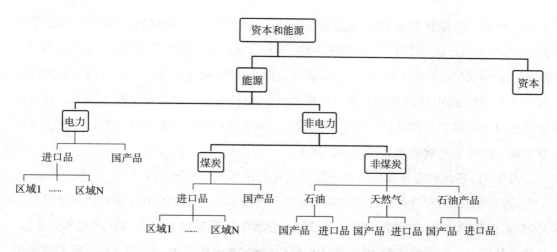

图 2 GTAP-E 模型资本和能源的构成逻辑图

注："国产品"指在国内生产的商品。

GTAP 模型不断根据各国经济贸易形式变化进行修正，本报告使用的是 GTAP9.0-E 版，其中包括 140 个国家和地区，以及 57 个行业部门。我们的主要目的是考察欧盟碳边境税的经济影响，因此在分析中根据需要对上述国家（地区）和行业部门进行汇总。具体而言，我们将 GTAP 中的国家和地区合并为 8 个国家和地区，包括欧盟、美国、中国、日本、韩国、东盟、澳新[1]，以及世界其他国家。对于模型分析中的部门，我们将 GTAP 的部门整合为四大类、共 13 个行业。第一大类是能源类，包括煤炭、原油、天然气、石油产品和电力。第二大类是能源密集型行业，包括金属及制品、有色金属、其他矿产品、化工产品，这些行业的碳排放量较高，也是欧盟碳边境税的重要行业。其中，金属及制品对应欧盟碳边境税中的钢铁行业，有色金属对应铝，其他矿产品对应水泥，化工产品对应化肥、有机化学品和塑料。第三大类是其他可贸易商品，包括农产品和食品、轻工业制成品、重工业制成品 3 个行业。第四大类只有 1 个行业，即不可贸易的服务行业。这样，我们就构建了一个包括 8 个国家和地区及 13 个行业的可计算一般均衡模型进行模拟分析。

旨在应对全球气候变化的《巴黎协定》将长期目标定在使全球平均气温较前工业化时期上升幅度控制在 2℃以内，并努力将温度上升幅度限制在 1.5℃以内。就此，各缔约方通过国家自主贡献（Intended Nationally Determined Contributions）的方式提出了减排

---

① 澳大利亚和新西兰。

目标。比如，中国计划在 2030 年之前使单位国内生产总值二氧化碳排放量较 2005 年下降 65%；美国计划到 2025 年实现在 2005 年的基础上减少 26%～28%的温室气体排放；欧盟计划到 2030 年实现在 1990 年的基础上减少至少 40% 的温室气体排放量的减排目标，并希望到 2050 年，全球温室气体排放量在 2010 年的基础上至少减少 60%。这些按照国家自主贡献方式的减排计划可以被看作未来各缔约方的长期减排计划，是落实《巴黎协定》的重要基础，将其设定为方案 1。

方案 1：各缔约方按照国家自主贡献设定的目标进行减排。

根据《中国应对气候变化的政策与行动》白皮书，[①]中国 2020 年碳排放强度已经比 2005 年下降 48.4%，超额完成了其向国际社会承诺的到 2020 年下降 40%～45%的目标。在这一基础上，中国要实现 2030 年碳排放强度较 2005 年下降 65%的目标，需要将碳排放强度在 2020 年的基础上进一步下降 32.2%。[②]其他缔约方的减排水平来自国际能源署（IEA）发布的《世界能源展望 2021》。[③]

方案 2：欧盟小范围、低标准的碳边境税。

在各国进行自主减排的基础上，考虑欧盟征收碳边境税的影响。按照欧盟 2022 年 CBAM 修正案中所包含的钢铁、铝、水泥、化肥、有机化学品、塑料、氢和氨的产品，将上述产品对应到模型第二大类的四个行业中去。中国和欧盟没有直接的电力贸易，在计算碳边境税时不考虑电力部门。由于欧盟碳边境税既考虑直接排放，又考虑商品生产中消耗电力的隐含排放，我们根据 GTAP10 数据库中各行业使用化石能源产生的直接碳排放加上行业中使用电力包含的间接碳排放，计算出行业的总体碳排放水平，并结合行业产值，计算行业单位产值对应的碳排放水平。由于欧盟碳边境税计算标准之一是欧盟的碳交易价格，而这一价格存在较大的波动。以 2021 年为例，欧盟碳排放交易系统的价格年初时只有不到 35 欧元，而年内突破 90 欧元。为此，在方案 2 中，我们设定仅在第二大类 4 个行业中征收碳边境税，征税水平按照每吨二氧化碳 60 美元计算。

方案 3：欧盟大范围、较高标准的碳边境税。

从欧盟碳边界调整机制 2021 年草案和 2022 年修正案的变化来看，其所包含的产品有所扩大，不排除未来会进一步扩大。而且，从欧盟碳排放交易系统价格来看，长期存

[①] 国务院新闻办《中国应对气候变化的政策与行动》白皮书. http://www.scio.gov.cn/ztk/dtzt/44689/47315/index.htm.

[②] 按照《中国应对气候变化的政策与行动》白皮书，中国 2020 年碳排放强度相当于 2005 年的 51.6%，到 2030 年需要降为 2005 年的 35%，2020—2030 年的排放强度需要削减（1−35%/51.6%）×100%≈32.2%。

[③] IEA. World Energy Outlook 2021. https://www.iea.org/topics/world-energy-outlook.

在上涨趋势。在方案 3 中，我们假设欧盟碳边境税扩大到所有可贸易产品，并且按照每吨二氧化碳 100 美元的较高标准征收。

方案 4：欧美日高标准、大范围征收碳边境税。

事实上，其他发达国家也有类似欧盟碳边境税的主张。比如，美国参议院金融委员会已收到名为《清洁竞争法案》的"碳关税"立法提案；英国提出要推动欧盟和七国集团（G7）国家一起创建"碳关税"联盟；日本宣称将探讨美欧日三方就包括边境调整机制在内的贸易体系采取联合行动的可行性。如果欧美日等发达国家共同推动，碳边境税联盟也有可能在未来逐步形成。在方案 4 中，设定欧盟、美国、日本均采取碳边境税措施，而且参照方案 3 中的范围和标准征收碳边境税。

方案 5：中国加速对化石能源的替代，降低碳排放水平。

中国在降低温室气体排放强度的过程中，一直重视清洁能源对传统化石能源的替代。按照《中国应对气候变化的政策与行动》白皮书中的数据，中国 2020 年非化石能源占能源消费总量的比重提高到 15.9%，比 2005 年大幅提升了 8.5 个百分点。[1]按照国务院 2030 年前碳达峰行动方案的通知，[2]中国在"十四五"和"十五五"期间均要大力发展绿色低碳技术，并在 2030 年将非化石能源在消费中的占比提高到 25% 左右。GTAP 模型中并没有清洁能源对应的行业，我们采取如下技术手段处理这一结构变化。按照清洁能源占能源消费比重的变化情况，可以得出化石能源占能源消费的比重将从 2020 年的84.1%下降到 2030 年的 75%，相当于提供单位能源生产中消耗的化石燃料数量可以下降大约 11%。[3]为此，我们设定提高新能源使用的比重，将使得中国化石燃料生产能源时的效率提高 11%。

三、模拟分析结果

表 1 列出了各国自愿减排及不同碳边境税方案对全球宏观经济的影响。在全球温室气体减排的合作的背景下，全球各个国家和地区的实际 GDP 增长率都受到了不同程度的冲击。从表 1 可以看出，除中国以外，其他国家和地区实际 GDP 和消费者福利在方案 1 至方案 5 中的差异不大，主要原因是在各国给定减排目标的基础上，欧美日对中国实

---

① http://www.scio.gov.cn/ztk/dtzt/44689/47315/index.htm.
② http://www.gov.cn/gongbao/content/2021/content_5649731.htm.
③ 计算方法为，2020 年生产 100 单位电力使用 84.1 单位的化石能源，到 2030 年 100 单位电力中只使用 75 单位化石能源，因此，化石能源生产电力的技术提高（1-75%/84.1%）×100%≈11%。

行不同范围和不同水平碳边境税的冲击,并没有改变其他国家除碳减排以外的冲击。在只进行减排而没有碳边境税的方案 1 中,自然资源和能源相对匮乏的欧盟、日本和韩国的实际 GDP 受到冲击较大,均在 1%以上。而美国、澳新、东盟和世界其他国家实际 GDP 受到的冲击均低于 0.50%。对中国而言,在方案 1 中的实际 GDP 会下降 0.65%,意味着中国在主动进行温室气体减排过程中仍要承受不小的经济增长压力。

在只有欧盟征收小范围、低水平碳边境税的方案 2 中,中国的消费者福利比方案 1 略有下降,实际 GDP 增长没有变化。在欧盟提高碳边境税的水平并且将其扩大到全部商品的方案 3 中,中国的实际 GDP 将下降 0.78%,相比方案 1 额外下降了 0.13%,中国消费者福利也比方案 1 额外下降了 0.10%。这些额外下降的消费者福利和实际 GDP 可以被看作欧盟实施碳边境税的净影响。在欧盟、美国、日本都征收碳边境税的方案 4 中,中国的消费者福利会下降 0.54%,实际 GDP 下降 0.85%,是所有方案中受到冲击最大的。在方案 2 至方案 4 中,我们模拟的是对中国征收碳边境税的影响,其他国家和地区与方案 1 相比几乎没有受到额外冲击。

在考虑中国电力部门化石能源使用效率提高的方案 5 中,中国由于减排而受到的实际 GDP 冲击显著下降,实际 GDP 仅受到 0.38%的负面冲击,相对于方案 1 下降 0.65%,有了明显的改善。而且,从中国的消费者福利看,在方案 5 中实现了由负转正,得到了显著改善。从这个模拟结果来看,中国使用清洁能源替代化石能源的消耗不仅能够有效降低温室气体排放,而且对国内经济增长及消费者福利的提高具有显著促进作用。因此,在未来中国降低温室气体排放的政策中,加快清洁能源的替代应是重点发展方向之一。

表 1　自愿减排及碳边境税政策的宏观经济影响　　单位:%

国家/地区	方案 1		方案 2		方案 3		方案 4		方案 5	
	消费者福利变化	实际GDP变化	消费者福利变化	实际GDP变化	消费者福利变化	实际GDP变化	消费者福利变化	实际GDP变化	消费者福利变化	实际GDP变化
中国	-0.32	-0.65	-0.34	-0.65	-0.42	-0.78	-0.54	-0.85	0.01	-0.38
欧盟	-1.00	-1.33	-1.00	-1.33	-0.99	-1.34	-0.99	-1.34	-0.99	-1.34
美国	-0.12	-0.29	-0.12	-0.29	-0.11	-0.28	-0.10	-0.29	-0.10	-0.29
日本	-0.62	-1.09	-0.62	-1.09	-0.62	-1.09	-0.61	-1.09	-0.62	-1.09
韩国	0.27	-1.23	0.27	-1.23	0.26	-1.22	0.26	-1.22	0.27	-1.23
澳新	-0.62	-0.41	-0.62	-0.41	-0.62	-0.41	-0.62	-0.41	-0.61	-0.41
东盟	-0.29	-0.28	-0.29	-0.28	-0.27	-0.27	-0.25	-0.27	-0.25	-0.27
其他国家	-1.02	-0.23	-1.01	-0.23	-1.02	-0.23	-1.01	-0.23	-1.00	-0.23

资料来源:作者根据 GTAP-E 模型模拟而得。

　　表 2 列出了各方案下中国主要行业产出的变化情况。在各个国家和地区按照《巴黎协定》自愿减排的方案 1 中，中国的行业产出出现了不同程度下降。其中，4 个高耗能行业的产出出现了明显下降，农产品和食品行业受减排影响较小，产出下降不明显。在只有欧盟针对高耗能行业征收碳边境税的方案 2 中，化工产品行业产出下降幅度由方案 1 的 1.37% 增加到方案 2 的 1.65%，有色金属和其他矿产品行业产出也出现了一定下降。由于在方案 2 中模拟欧盟仅对高耗能行业征收碳边境税，没有征收碳边境税的轻工业制成品和重工业制成品行业的产出下降幅度比方案 1 有所减少。在欧盟将碳边境税扩大到全部行业的方案 3 中，会对中国重工业制成品①的产出产生额外的影响。在欧美日都征收碳边境税的方案 4 中，轻工业制成品行业受到的冲击会远超方案 3。在中国积极改变能源消费结构并提升新能源比重的方案 5 中，由减排带来的各行业产出下降明显减弱。

　　表 2 的结果说明，在中国履行《巴黎协定》承诺的背景下，欧盟的碳边境税措施并没有显著降低中国高耗能行业的生产，而是通过改变产品进出口相对价格的方式，在与中国的贸易中获得贸易条件改善的好处。从这个意义上看，碳边境税在实施变相贸易保护方面的作用要大于国际减排。

表 2　自愿减排及碳边境税政策对中国行业产出的影响　　单位：%

行业名称	方案 1	方案 2	方案 3	方案 4	方案 5
化工产品	−1.37	−1.65	−1.53	−1.75	−1.01
有色金属	−1.10	−1.20	−1.20	−1.10	−0.37
金属及制品	−2.60	−2.59	−2.50	−2.25	−0.78
其他矿产品	−2.00	−2.12	−2.12	−2.13	−1.43
农产品和食品	−0.20	−0.20	−0.21	−0.27	−0.07
轻工业制成品	−0.04	0.07	−0.25	−0.50	−0.41
重工业制成品	−1.12	−0.99	−0.92	−0.66	−0.25

　　资料来源：作者根据 GTAP-E 模型模拟而得。

　　表 3 列出了各方案下中国各行业进出口的变化情况。在只有各国减排的方案 1 中，中国的高能耗行业中的金属及制品、其他矿产品、化工产品出口有所下降，这可以看作中国应对减排调整相应产业和贸易结构的结果。在欧盟对高耗能行业征收碳边境税的方案 2 中，中国高耗能行业和重工业制成品的总体出口相对于方案 1 出现了 2% 左右的额外下降，而其他三个行业的出口出现了小幅上升。在欧美日均对中国实行碳边境税的方案 4 中，中国高耗能行业的出口出现了更为明显的下降。在中国提高新能源替代化石能

---

　　① 包括电子产品、汽车、机械设备等。

源的方案 5 中，受到欧美日碳边境税冲击较大行业的出口有了比较明显的改善。

在进口方面，将方案 2～4 的结果与方案 1 相对比可以看出，碳边境税对中国高耗能行业进口的影响不大，结合方案 5 的结果可以看出，中国提高新能源比例会降低部分高耗能产业的进口需求。

表 3　自愿减排及碳边境税政策对中国行业进出口的影响　　　单位：%

行业名称	方案 1		方案 2		方案 3		方案 4		方案 5	
	出口	进口	出口	进口	出口	进口	出口	进口	出口	进口
化工产品	-1.90	-0.36	-3.99	-0.60	-3.31	-0.93	-5.63	-1.75	-4.12	-2.01
有色金属	2.90	-3.94	0.38	-4.07	0.44	-4.09	-0.41	-4.58	3.11	-6.03
金属及制品	-8.64	2.89	-10.42	2.76	-10.14	2.62	-11.42	2.01	-5.34	-0.27
其他矿产品	-2.03	1.71	-4.48	1.55	-4.26	1.44	-6.73	1.14	-5.98	1.48
农产品和食品	2.24	-1.17	2.46	-1.29	2.65	-1.94	1.76	-2.77	0.42	-1.80
轻工业制成品	1.44	-1.42	1.72	-1.54	0.79	-2.45	-0.16	-3.56	-0.65	-3.01
重工业制成品	-0.96	-1.73	-0.63	-1.84	-0.38	-2.42	0.05	-3.16	0.38	-2.92

资料来源：作者根据 GTAP-E 模型模拟而得。

在中国各行业总体进出口变化（见表 3）的基础上，我们将中国各行业出口按照不同目的地的具体变化进行分解。表 4 列出了方案 1 下中国向各个国家和地区出口商品的变化情况。在只考虑每个国家和地区的自愿减排的条件下，中国向世界其他国家和地区出口的商品结构会发生明显变化。其中，以钢铁为代表的金属及制品行业在产出下降的同时对世界各国的出口也出现了大幅下降。其中，向美国出口下降最多，达到 13.42%，向欧盟出口下降幅度也达到 9.41%，向韩国和日本出口下降也十分明显。受节能减排影响，出口下降排在第二位的产品大类是以水泥为代表的其他矿产品行业。在其他矿产品行业中，中国向澳大利亚和新西兰的出口下降幅度最大，达到 12.76%，向日本和韩国的出口下降幅度也达到 9.65% 和 9.35%，而向欧盟、美国、东盟和世界其他国家的出口幅度变化在 2% 以内。受节能减排影响，总体出口下降排在第三位的是以化肥、塑料等为代表的化工产品行业。在化工产品行业中，中国向美国、韩国、澳新、东盟和世界其他国家出口下降幅度超过 2%，而对日本和欧盟的出口几乎没有变化。在自愿减排的方案下，中国以电解铝为代表的有色金属行业出口不仅没有出现明显下降，对欧盟、日本、东盟和韩国的出口反而出现了明显上升，这可以被看作是在全球范围减排背景下产业结构调整的结果。

表4　自愿减排的方案1下中国向各国和地区出口数量变化　　　　单位：%

行业名称	欧盟	美国	日本	韩国	澳新	东盟	其他国家
化工产品	-0.14	-2.46	0.20	-2.19	-2.81	-2.21	-2.73
有色金属	7.48	-4.08	9.42	5.66	0.58	9.36	-1.00
金属及制品	-9.41	-13.42	-8.92	-11.90	-4.64	-4.71	-8.02
其他矿产品	1.06	-1.04	-9.65	-9.35	-12.76	1.52	-1.36
农产品和食品	5.52	2.57	2.96	3.71	0.16	1.28	-0.15
轻工业制成品	3.27	1.18	3.27	2.64	-1.76	1.96	-0.27
重工业制成品	-0.38	-1.43	0.96	-0.65	-2.34	0.54	-1.83

资料来源：作者根据 GTAP-E 模型模拟而得。

表5列出了欧盟针对高耗能产品征收碳边境税的方案2下中国向各国和地区出口数量的变化情况。对比表4和表5可以明显看出，当欧盟对化工产品、有色金属、金属及制品、其他矿产品4个行业的产品征收碳边境税时，中国这4个行业对欧盟的出口都出现了非常显著的下降。其中，有色金属行业变化最为明显，从出口增长7.48%变为下降14.45%，变化幅度超过20%。中国金属及制品行业向欧盟的出口在方案2中下降了23.90%，部分原因是中国自愿减排带来产业结构和出口调整，但欧盟碳边境税的额外冲击造成的下降幅度也超过10%。中国的化工产品和其他矿产品行业向欧盟的出口也下降超过10%。对于欧盟目前CBAM方案中没有涉及的农产品和食品、轻工业制成品及重工业制成品行业，中国向欧盟的出口略有上升，但幅度很小。对比表4和表5中中国对欧盟以外国家和地区的出口变化可以看出，中国对其他国家和地区的出口略有上升，但幅度很小。在欧盟征收碳边境税的高耗能行业，中国的出口出现了部分转移，从这个结果看，欧盟碳边境税对减排的整体影响不大。

表5　欧盟对高耗能行业征收碳边境税的方案2下中国向各国和地区出口数量变化　单位：%

行业名称	欧盟	美国	日本	韩国	澳新	东盟	其他国家
化工产品	-14.22	-2.13	0.49	-1.93	-2.52	-1.93	-2.40
有色金属	-14.45	-3.79	9.68	5.90	0.82	9.61	-0.70
金属及制品	-23.90	-13.04	-8.57	-11.55	-4.24	-4.35	-7.59
其他矿产品	-12.58	-0.88	-9.51	-9.21	-12.64	1.67	-1.18
农产品和食品	5.80	2.80	3.16	3.90	0.36	1.48	0.08
轻工业制成品	3.63	1.44	3.47	2.86	-1.54	2.19	0.01
重工业制成品	0.03	-1.12	1.23	-0.37	-2.04	0.83	-1.49

资料来源：作者根据 GTAP-E 模型模拟而得。

如果欧盟将碳边境税的范围扩大到全部商品，并按照 100 美元/吨的标准征收碳边境税，对中国各行业出口影响的模拟结果参见表 6。对比表 5 和表 6 可以看出，中国 4 个高耗能行业向欧盟的出口幅度变化很小。但是，如果欧盟对高耗能行业以外的行业也采取碳边境税措施，中国的农产品和食品、轻工业制成品和重工业制成品行业向欧盟的出口会出现明显下降。从这个意义上来看，欧盟通过碳边境税保护国内相关产业的做法更为明显。对于欧盟以外的国家，欧盟加征碳边境税带来的贸易转移效应使得中国对这些国家和地区的出口数量略有上升，但幅度很小。

表 6 欧盟对全部行业征收碳边境税的方案 3 下中国向各国和地区出口数量变化 单位：%

行业名称	欧盟	美国	日本	韩国	澳新	东盟	其他国家
化工产品	−13.51	−1.43	1.12	−1.34	−1.85	−1.32	−1.69
有色金属	−14.38	−3.74	9.70	5.92	0.86	9.62	−0.61
金属及制品	−23.65	−12.76	−8.27	−11.27	−3.91	−4.12	−7.29
其他矿产品	−12.36	−0.68	−9.29	−8.99	−12.48	1.88	−0.96
农产品和食品	0.37	4.00	4.21	4.94	1.50	2.58	1.27
轻工业制成品	−3.69	2.53	4.33	3.85	−0.50	3.24	1.24
重工业制成品	−2.67	−0.10	2.12	0.56	−0.99	1.81	−0.39

资料来源：作者根据 GTAP-E 模型模拟而得。

如果欧盟、美国和日本就碳边境税达成某种默契或协议，使之逐步成为环境保护话题下的国际贸易新标准，并据此向中国等发展中国家征收碳边境调节税的话，被征收碳边境税的国家出口贸易会受到显著冲击。如表 7 所示，当欧盟、美国和日本按照 100 美元/吨的标准向中国出口的全部商品征收碳边境税时，中国对这 3 个国家和地区的出口数量会出现明显下降。对于高耗能的 4 个行业，当美国和日本也向中国征收碳边境税时，中国高耗能行业向美国和日本的出口下降十分明显，幅度均超过 10%。而且，由于方案 4 模拟的是欧盟、美国和日本对全部商品征收碳边境税，中国在高耗能以外的行业向美国和日本的出口也出现了不同程度的下降，但下降幅度略低于高耗能行业。由于欧盟、美国和日本征收碳边境税会使得中国向以外的国家和地区转移一部分出口产能，但其向其他国家和地区转移的出口幅度相对较小，中国多数行业的总体出口会出现下降。

表 7　欧盟、美国、日本达成碳边境税同盟的方案 4 下中国向各国和地区出口数量变化　　单位：%

行业名称	欧盟	美国	日本	韩国	澳新	东盟	其他国家
化工产品	−12.23	−13.85	−11.00	0.10	−0.49	0.12	−0.22
有色金属	−13.51	−23.07	−10.75	6.95	1.83	10.73	0.49
金属及制品	−22.36	−25.93	−21.29	−9.67	−2.27	−2.36	−5.67
其他矿产品	−11.79	−12.91	−21.34	−8.34	−11.92	2.56	−0.31
农产品和食品	1.83	−0.96	−0.48	6.31	2.94	4.04	2.79
轻工业制成品	−2.11	−3.39	−0.68	5.27	0.84	4.88	2.86
重工业制成品	−1.04	−2.06	0.23	2.07	0.62	3.44	1.28

资料来源：作者根据 GTAP-E 模型模拟而得。

当面对《巴黎协定》的自愿减排压力及欧美日未来可能全面征收碳边境税的威胁时，中国加大清洁能源比重后出口的变化情况参见表 8。表 8 显示了两种变化趋势：其一，加大新能源比重可以使得中国高耗能行业出口受到的冲击有所下降，但对低耗能行业出口影响不明确。其二，在欧美日实现碳边境税的条件下，即使中国通过调整能源使用结构努力降低碳排放水平，碳边境税仍然具有极强的贸易保护作用。对于没有实行碳边境税的一些国家和地区，比如东盟和世界其他国家与地区，在方案 5 中中国对其出口都出现了正向增长，而且显著高于方案 4。从这个结果来看，即使欧美日实施碳边境税，中国加大清洁能源的比重，对于出口仍有显著的促进作用。

表 8　中国加大清洁能源比重的方案 5 下中国向各国和地区出口数量变化　　单位：%

行业名称	欧盟	美国	日本	韩国	澳新	东盟	其他国家
化工产品	−10.75	−12.46	−9.65	1.57	1.03	1.63	1.38
有色金属	−10.07	−19.94	−7.50	10.10	5.27	14.46	4.20
金属及制品	−16.75	−20.57	−16.07	−3.69	4.23	4.28	0.76
其他矿产品	−11.02	−12.20	−20.75	−7.70	−11.23	3.29	0.50
农产品和食品	0.39	−2.30	−1.75	5.07	1.57	2.76	1.40
轻工业制成品	−2.66	−3.85	−1.09	4.84	0.37	4.46	2.36
重工业制成品	−0.70	−1.76	0.50	2.37	0.91	3.75	1.63

资料来源：作者根据 GTAP-E 模型模拟而得。

四、主要结论

通过上面的分析，我们可以得出如下结论：

首先，旨在解决国际气候变化问题的《巴黎协定》对 2020 年后全球应对气候变化行动做出了安排，主要国家也通过自愿减排的方式做出努力。由于主要参与国家的经济结构和自愿减排目标不同，其在这一过程中需要承担 GDP 下降的成本也不尽相同。欧盟在《巴黎协定》中设立了较高的减排目标，为了实现这一目标所付出的经济增长代价也相对较高。在《巴黎协定》框架下，各个国家和地区减少温室气体排放的承诺水平仍存在一定差异，这使得《巴黎协定》即使得以执行，各个国家和地区间仍会因为温室气体排放的标准不同而引起排放转移的"碳泄露"现象。"碳泄露"现象为欧盟建立碳边界调整机制提供了形式上的理由。

其次，欧盟的碳边境税对减排的调整效果相当有限，但对相关产业贸易保护的效果很强。按照欧盟目前征收碳边境税的覆盖范围来看，碳边境税带来的产业结构调整效应十分有限。在欧盟对中国征收碳边境税的模拟中，中国四大高耗能行业中有三个产量下降 0.1%左右，可以说是影响不大。但是，欧盟碳边境税带来的贸易保护作用非常明显，中国四大高耗能行业的出口会因为征收碳边境税而下降 2%左右，而且重工业行业出口也会明显下降。如果欧美日就征收碳边境税达成联盟，中国的高耗能产业的出口下降幅度会更大。从产能和出口的相对变化可以看出，欧美发达国家通过碳边境税实行贸易保护的目的强于温室气体减排。

最后，中国在能源使用结构方面加大新能源的比重反映在模型中的结果表明，实际 GDP 增长、国民福利、行业产出和对外贸易均可以比基准模型更好。加强新能源对化石能源的替代可以显著降低中国在减排和面对碳边境税时受到的冲击，应是中国未来发展的重点方向。

五、政策建议

为了有效实现我国 2030"碳达峰"、2060"碳中和"的减排目标，以及应对发达国家碳边境税的冲击，我们认为可以从政策方面进行以下尝试：

首先，寻求国际碳减排的多边机制，反对贸易保护主义。欧盟碳边境税的一个重要出发点是可以避免"碳泄露"和维护"公平贸易"，这一逻辑意味着其不考虑不同发展阶段国家的不同排放特点，只强调现实排放的差异，加重了发展中国家碳减排的责任，违反了"共同但有区别的责任"原则。即使发展中国家按照《巴黎协定》承诺的国家自主贡献实现减排，但因为发展阶段的不同导致国内的碳税或碳交易价格显著低于欧盟，仍会被征收碳边境税。事实上，在国际气候合作中，发达国家不仅自身减排不力，也未能保障发展中国家的正当权益，欧盟的碳边境税措施进一步恶化了发展中国家的贸易环境。如果欧美日等在碳边境税问题上实现联盟，会进一步削弱"共同但有区别的责任"原则，会对发展中国家更为不利。

为此，我们要联合发展中国家，在WTO框架下对碳边境税制度的合法性发起挑战。尽管欧盟利用关税及贸易总协定（GATT）中贸易限制的例外条款为碳边境税背书，但其碳足迹的基础并不符合WTO的最惠国待遇原则和国民待遇原则。同时，中国要联合发展中国家坚持碳边境调节机制应体现《巴黎协定》的"共同但有区别的责任"原则，积极参与国际环境公约与碳排放标准讨论和谈判，就碳边境税的核算方法、工作机制、透明度、适用范围和WTO规则的兼容性等内容与欧盟开展对话，力争成为规则的制定者和参与者，而不能由欧盟单方面政策代替全球碳边境税制度。即使制定全球范围的碳边境税制度，也应联合发展中国家坚持不能简单以发达国家和发展中国家的碳价差异作为碳边境税的评估标准，而应充分考虑各国在减排过程中的实际成本作为减免或豁免碳边境税的标准。

其次，扩大国内碳交易范围，对碳税立法进行探索。针对国内碳排放交易覆盖范围较低、交易量较小的现状，要在《碳排放权交易管理办法（试行）》和《碳排放权交易管理暂行条例》的基础上，在实际操作中扩大行业覆盖范围。在电力行业之外，可优先将欧盟CBAM机制中涉及的钢铁、化工、水泥、有色金属等重点行业纳入全国碳市场交易体系，并将二氧化碳以外的6类温室气体逐步纳入交易体系，让相关企业熟悉碳边境税的规则，并通过对碳成本的测算来增强减排意识和能力。要增强企业参与碳排放权交易市场的能力，完善碳排放核算方法和信息披露制度，建立可靠的监察和核查制度，使碳排放权交易规范化。在实施过程中，为了降低企业的成本压力，可以参考欧盟CBAM在2023—2026年的过渡期内的操作方法，仍然为企业免费发放配额，同时逐步引入市场化的配额拍卖制度，并在过渡期后采取逐步减少免费配额到最后完全取消免费配额的方式。为了降低企业在购买碳排放权交易中面临的不确定性，可以探索在碳排放权交易市场中引入期货、期权等衍生金融工具，丰富碳市场交易品种体系。

碳税立法对内可以有助于实现"碳达峰"和"碳中和"，对外向相关国家出口时可以通过"避免双重征税"协议免除碳排放税等相关税费。在碳税的机制设计上，要理清碳税与现行具有碳税性质的资源税、燃油税等税种的关系，避免交叉和重复征税；在开征范围上，可逐渐从二氧化碳扩展到其他温室气体；在税率上，应适应经济发展和减排的阶段，从较低的税率开始，并且在初期可以给予企业较多的减免，然后逐步降低减免范围和提高税率，使企业成本与社会边际成本相匹配；对企业的排放量或排放强度设立免征点，对超过排放限额的部分征收碳税，实现具有累进性质的碳排放税，以促进企业通过创新自主减排。

最后，大力发展新能源产业，促进国内产业升级。鉴于我国目前使用的能源结构仍以高碳的化石能源为主，占比接近 85%，而且由于我国石油和天然气资源相对匮乏，煤炭仍在化石能源中占据较高比重。为实现"碳达峰"和"碳中和"的目标，需要大力降低化石能源占比，同时提高能源的使用效率。在实际操作中，要加快实现煤炭清洁高效利用。由于我国在较长时间内仍要以煤炭作为化石能源的主要来源，对煤炭的清洁高效利用对于减少碳排放和提高能源效率十分重要，尤其是在使用煤炭资源生产电力的过程中，要加快淘汰落后燃煤发电技术，转化为高效、低碳锅炉及发电设备，并在发电厂中逐步推广将二氧化碳进行捕集、压缩后封存或进行工业应用的技术，降低电能生产中的二氧化碳排放，减少碳边境税计算中的间接排放。在能源来源结构上，要加快发展非化石能源，构建多元化清洁能源供应体系。在电能的生产中，要综合发展核电、绿色水电、太阳能发电、风电等可再生能源的利用，并在电力基础设施方面提高对可再生能源发电量随气候或季节波动的适应能力。在高耗能的工业部门，尤其是钢铁、化工和水泥等行业，要加快产业结构转型升级，促进高碳排放产业脱碳化升级。在金融领域，一方面要加大绿色信贷和绿色债券，为绿色低碳技术开发和产业发展提供有力支持；另一方面要通过差别化的金融支持引导高耗能行业低碳化转型。

参考文献

[1] 余建辉，肖若兰，马仁锋，等. 国际贸易"碳中和"研究热点领域及其动向[J]. 自然资源学报，2022（5）：1303-1319.

[2] 姜婷婷，徐海燕. 欧盟碳边境调节机制的性质、影响及我国的应对举措[J]. 国际贸易，2021（9）：38-44.

[3] 杨超，王斯一，程宝栋. 欧盟碳边境调节机制的实施要点、影响与中国应对[J]. 国际贸易，2022（6）：28-33.

[4] 王优酉，张晓通，邹磊，等. 欧盟碳税新政：内容、影响及应对[J]. 国际经济合

作，2021（5）：13-24.

[5] 姜婷婷，徐海燕. 欧盟碳边境调节机制的性质、影响及我国的应对举措[J]. 国际贸易，2021（9）：38-44.

[6] 许英明，李晓依. 欧盟碳边境调节机制对中欧贸易的影响及中国对策[J]. 国际经济合作，2021（5）：25-32.

[7] 张友国，郑世林，周黎安，等. 征税标准与碳关税对中国经济和碳排放的潜在影响[J]. 世界经济，2015（2）：167-192.

[8] 汤铃，张亮，余乐安. 基于 CGE 模型的碳关税政策影响研究[J]. 中国石油大学学报，2018（6）：14-20.

[9] 郭晴，帅传敏，帅竞. 碳关税对世界经济和农产品贸易的影响研究[J]. 数量经济技术经济研究，2014（10）：97-109.

[10] 宋建新，崔连标. 发达国家碳关税征收对我国的影响究竟如何——基于多区域 CGE 模型的定量评估[J]. 国际经贸探索，2015（6）：72-85.

[11] 侯升平. 碳关税对中国塑胶行业出口贸易的影响——基于 GTAP 模拟的研究[J]. 山东社会科学，2019（11）：134-139.

[12] 尹伟华. 不同减排政策下碳税征收的影响及政策选择[J]. 广东财经大学学报，2021（5）：16-26.

[13] Burniaux Jean-Marc, Truong Truong. GTAP-E: An Energy-Environmental Version of the GTAP Model. GTAP Technical Paper No. 16. https://www.gtap.agecon.purdue.edu/resources/tech_papers.asp.

APEC 生物循环绿色经济模式研究

朱　丽　王薇琳*

摘　要：2022 年 APEC 会议东道主泰国大力推广生物、循环和绿色经济模式，在能源领域提出"生物–循环–绿色经济模式：能源转型促进可持续和包容性增长"的发展模式，推动 APEC 地区的能源转型和低碳发展，助力 APEC 能源合作目标的实现。本文对 APEC 生物循环绿色经济模式提出的背景、目标任务、各经济体落实的行动举措进行分析，并结合中方成果与贡献，分析中国发展生物循环绿色经济模式的意义。

关键词：APEC；生物–循环–绿色经济模式；能源合作

作为 2022 年亚太经合组织（APEC）年会的东道主，泰国将"开放、连通、平衡"作为本年度的主题，希望 APEC 能够对所有机遇"开放"，在每个维度上"连通"，在各方面上"平衡"。

当前，气候问题已成为全球性重要议题，为最大限度地减轻气候问题带来的不利影响，也为推动后疫情时代经济走向可持续发展，泰国正在推广生物、循环和绿色经济模式（Bio-Circular-Green Model，BCG Model）。BCG 经济模式是一种以保障经济和社会发展为前提，将可持续发展视作目标，通过有效利用自然资源，致力于为社会各个层面创造价值的经济模式。该经济模式以发展生物经济（Bio Economy）、循环经济（Circular Economy）和绿色经济（Green Economy）三大领域为基石，重点关注四大战略领域——农业与食品、健康与医疗、能源材料与生物化学、旅游与创意经济。

能源作为 BCG 模式的重要战略领域之一，APEC 能源工作组提出了"生物–循环–绿

---

*朱丽，天津大学 APEC 可持续能源中心教授，博士生导师。王薇琳，天津大学 APEC 可持续能源中心国际事务秘书。

色经济模式：能源转型促进可持续和包容性增长"的发展模式，推动 APEC 地区的能源转型和低碳发展，助力 APEC 能源合作目标的实现。

一、APEC 生物-循环-绿色经济模式的提出背景与发展过程

（一）全球背景

当前，人类的日常活动导致大气、海洋、陆地变暖已经成为不争的事实。受此影响，世界各地的极端天气事件不断增加，未来几十年全球所有地区都将面临气候变化加剧的考验。根据 2015 年通过的《巴黎协定》和《2030 年可持续发展议程》等国际准则，应对气候变化已经成为全人类的共同事业，所有国家应各尽其责。为更好地应对气候变化，全球能源体系正发生翻天覆地的变化，从化石燃料向可持续、环保且随时可用的可再生能源过渡势在必行。因此，APEC 区域的能源利用也将向清洁、负担得起、可靠和可持续能源转型，如何解决这一问题以确保 APEC 区域未来的可持续和包容性增长，也成为 APEC 能源工作组主要的工作方向。

实施生物-循环-绿色经济模式将产生显著的社会、经济和环境效益，是实现可持续发展目标的必要手段和重点工作内容。可持续性和生物-循环-绿色经济模式的关系是人们近年来的重点研究课题。生物-循环-绿色经济模式并不能取代可持续发展，但现如今越来越多的证据表明，可持续发展目标的实现在很大程度上取决于经济领域的发展。可持续发展是一个总括性的概念，也是一个囊括经济、社会和环境保护的宏伟目标，生物-循环-绿色经济模式可以被认为是实现这一目标的一个切实可行的政策指导框架。同时，生物-循环-绿色经济模式的有效实施将为在全球范围内实现粮食安全、加快可持续农业发展、消除贫困、提升医疗保健水平、减少环境污染、促进新能源转型等工作做出卓越贡献。

（二）APEC 背景

2018 年，亚太经合组织的 21 个成员占了全球贸易的 54%，该地区在塑造全球能源部门方面持续发挥着重要作用。APEC 地区的一次能源供应总量一直以煤炭为主体的化石能源为主，该地区占全球一次能源供应总量的一半以上。APEC 地区的一次能源供应总量显著增长的主要原因是 2018 年东南亚地区的一次能源供应总量较 2017 年增长了5.8%。APEC 地区的电力需求和发电量也呈上升趋势，导致用电量增长更快，2018 年的用电量增长率已达到 5.8%。经济的快速增长加速了 APEC 各经济体的能源消耗，对环境质量产生了重大影响。

在《2040 年 APEC 布特拉加亚愿景》中，APEC 领导人承诺"采取经济政策，加强经济合作，促进经济增长，以支持全球合作，应对气候变化、极端天气、自然灾害等各类环境挑战，共建我们可持续的地球"。在 2021 年 7 月的 APEC 领导人非正式务虚会上，领导人还一致认为，应克服疫情影响，解决气候变化和其他重大环境问题，加快经济复苏。

迄今为止，APEC 能源工作组通过的"能源工作组 2019—2023 年战略计划"中指出，通过 APEC 成员经济体的政策官员和技术专家与其他 APEC 工作组、学术界、私营企业、区域和国际组织的其他专家合作，以项目研究、研讨会、能力建设等方式、举措，实现平衡、包容、可持续、创新和安全的增长。在过去几年中，APEC 对于循环经济发展方向和促进废物管理的兴趣和讨论不断增加，利用跨工作组的合作交流及工作计划的协调，最大限度地利用资源，确保取得切实成果。然而，为了进一步在 APEC 区域推进可持续和绿色发展，进而更为有效地履行领导人承诺，需要制定一个全面的实施路径和框架，指导各经济体更全面、更系统地开展合作。

（三）发展过程

2021 年 10 月召开的第 62 届 APEC 能源工作组会议，明确下一个能源政策对话主题为"生物-循环-绿色经济模式：能源转型促进可持续和包容性增长"。随后，泰国能源工作组官方代表根据会议期间的相关建议和意见，修改完善政策对话文件；同年 11 月，分别与亚太能源研究中心和 APEC 可持续能源中心就 APEC 生物-循环-绿色经济模式的定义、如何通过该模式实现 APEC 能源目标、模型的应用等方面展开深入交流。

2022 年 2 月，泰国政府网正式发布总理巴育关于泰国即将举办 2022 年亚太经合组织领导人非正式会议的声明。声明表示，2022 年 APEC 会议的主题是"开放建立关系，连通实现平衡"，强调利用生物经济、循环经济和绿色经济理念，促进受新冠肺炎疫情影响的地区实现经济恢复和平衡发展。同年 3 月，组织召开"生物-循环-绿色经济模式：通过能源转型促进可持续和包容性增长"的能源工作组政策对话研讨会，APEC 各经济体成员代表、相关学者就相关专业问题进行了讨论和交流。结合 2022 年 6 月于中国台北召开的第 63 届 APEC 能源工作组会讨论结果，完善政策对话文件终稿，并提交泰国外交部。

二、APEC 生物-循环-绿色经济模式的目标、内容

（一）愿景目标

APEC 能源工作组提出了"生物-循环-绿色经济模式：能源转型促进可持续和包容性

增长"的发展模式,其主要目标是引起人们对气候变化问题的广泛关注,并将生物-循环-绿色经济发展模式或类似方法,作为实现可持续复苏、长期经济增长和环保目标的途径。

同时,通过推动该发展模式的运用,加速 APEC 经济体之间能源转型的步伐,从而实现到 2030 年 APEC 地区可再生能源及其发电量在地区能源结构中的比重比 2010 年翻一番及 2035 年将 APEC 地区的总能源强度水平较 2005 年降低 45%的能源目标。

(二)具体内容

1. 生物-循环-绿色经济模式的概念

生物-循环-绿色经济模式的概念包含生物经济、循环经济和绿色经济三方面内容。

生物经济是指可再生生物资源的生产和使用,以及与生物产品和工艺的发明、开发、生产和使用相关的微观和宏观经济活动。其中包括粮食和非粮食农业作物的生产,以及将其转化为粮食、饲料、生物制品、农业燃料和生物能源的技术过程。

循环经济是指通过封闭的物质流动来生产和消费商品,将与原始资源开采和包括污染在内的废物产生有关的环境外部因素内部化。在循环经济中,通过最大限度地减少自然资源的开采,最大限度地防止废物产生,以及在材料、部件和产品的整个生命周期中优化环境、社会、物质和经济价值,来改善资源的使用。

绿色经济是指生产、分配和消费商品和服务,从而长期改善人类福祉,同时不使后代面临重大环境风险或生态匮乏。它旨在通过提高资源和能源消耗的效率来减少污染和碳排放。绿色经济也倡导实现收入和就业机会的增长,这必须由公共和私人投资来推动。

因此,生物-循环-绿色经济模式概念可以被定义为以高效和可持续的方式生产、消费、分配、加工和再利用资源的模式,目的是实现所有人的繁荣,提高经济水平,同时保护环境不受污染,不使后代面临重大环境风险或生态匮乏。

可持续能源转型是当前和未来可持续发展的一个重要组成部分,因此制定可持续能源转型的解决方案是至关重要的。高效地使用清洁能源,同时尽量减少能源使用对环境的影响,是向可持续能源系统过渡的重要途径之一。提高能源系统和家庭部门的能源转换和效率,对于可持续增长至关重要。能源效率可以帮助平衡电力供应和减少能源消耗。

鉴于可再生能源在实现能源转型和可持续发展目标中的作用,在过去的几十年间,可再生能源的部署速度越来越快,包括亚太经合组织在内的许多地区,正把重点转向加快可再生能源相关的部署和技术,以促进向可持续能源系统转型。

为了解决各种社会经济和环境问题,可再生能源对环境质量和实现可持续经济增长有重大影响,因此其变得越来越重要。可再生能源在电力增长方面也发挥着重要作用。此外，随着处理其间歇性的成功技术部署的出现，如电池存储，可再生能源成为一种有用的内生资源，从而减少了对化石燃料的外部依赖，最大限度地避免了能源价格波动的风险。

　　2. 生物-循环-绿色经济模式与联合国可持续发展目标

　　联合国可持续发展目标，是联合国制定的 17 个全球发展目标，在 2000—2015 年发展目标（MDG）到期之后继续指导 2015—2030 年的全球发展工作。2015 年 9 月 25 日，联合国可持续发展峰会在纽约总部召开，联合国 193 个成员国在峰会上正式通过 17 个可持续发展目标。可持续发展目标旨在于 2015—2030 年间以综合方式彻底解决社会、经济和环境三个维度的发展问题，转向可持续发展道路。

　　生物经济：生物经济概括了所有参与生产、加工和使用生物资源以生产食品和饲料、提供生物质作为资源，以及生产生物质化学品和材料及生物能源的经济部门。

　　可持续生物经济是实现联合国可持续发展目标的必然要求。联合国制定的 17 个可持续发展目标中，约有一半与生物经济直接相关。可持续发展目标中包括消除饥饿，实现粮食安全，改善营养和促进可持续农业发展。为了到 21 世纪中叶满足约 90 亿人口的粮食需求，生物经济必须提供一个可靠的粮食供应系统，以满足世界人口的基本需求。

　　为了实现可持续发展目标 1，即在 2030 年之前结束极端贫困，需要更清晰地了解农村贫困的原因和摆脱极端贫困陷阱的途径。我们必须深入了解农业与环境危机之间的关系。在生物燃料领域，可持续发展目标与生物经济存在一定的重叠。考虑到粮食系统所面临的各种挑战，任何大规模的生物燃料应用都可能与粮食或其他生态系统服务产生深刻的竞争。然而，生物经济也可能涉及一些不与粮食供应和生态系统服务竞争的应用。例如，在可持续发展目标 7 关于获得可再生能源服务方面，生物经济可以对其进行探索并做出贡献。另一个生物经济的潜在贡献领域是人类健康，生物经济的发展为疾病和健康生态系统服务提供重要的解决方案。

　　要解决可持续性问题和挑战，关键在于获得来自科学研究和先进技术的知识。为了应对实现错综复杂的可持续发展目标的挑战，需要考虑到一系列学科和专业知识，以制定一个针对特定区域的生物经济议程，并充分考虑当地的情况、小气候和微观生态条件。

　　新兴技术的出现为解决一些发展挑战提供了新的可能性，然而，由于新兴技术的复杂性和跨学科性，我们需要对研发实践进行重大调整和组织。即便有了技术，获得清洁水、能源和可持续农业生产系统仍是发展中国家面临的主要挑战。这表明，解决这些发展挑战的办法并不仅仅在于技术方面，在很大程度上也取决于治理框架。影响农业、水和能源领域的知识获取、传播和结果之间关系的因素包括资源、基础设施、机构的力量和政策的质量等。此外，包括文化和个人行为模式在内的人的因素也影响知识传播和服务提供。

循环经济：循环经济方法是线性生产对有限自然资源、高污染和能源消耗率的限制的自然结果。在线性经济模式下，通过提取和生产货物以及消费后的产品所产生的废物，最终会作为污染困扰着我们，因为它们最终要么被填埋，要么以污染环境的方式散布。

作为一种新的经济发展模式，循环经济在全球范围内具有显著的环境、经济和社会效益。循环经济的概念强调了通过在生产、分配和消费过程中减少、重复使用和回收产品和材料来取代当前生产和消费实践中的"寿命终结"的概念。促进循环的目的是完成可持续发展，而循环经济与 17 个 SDG 中的许多目标都有联系。

研究表明，循环经济实践与可持续发展目标之间最强的关系和协同作用在于可持续发展目标 6（清洁饮水和卫生设施）、可持续发展目标 7（廉价和清洁能源）、可持续发展目标 8（体面工作和经济增长）、可持续发展目标 12（负责任的消费和生产）和可持续发展目标 15（陆地生物），这些目标在直接和间接贡献方面都有很大作用。

绿色经济：绿色经济被定义为低碳、资源高效和社会包容。在绿色经济中，就业和收入的增长由公共和私人投资驱动，这些经济活动、基础设施和资产可以减少碳排放和污染，提高能源和资源效率，并防止生物多样性和生态系统服务的损失。

这些绿色投资需要通过有针对性的公共开支、政策改革以及税收和监管的变化来促成和支持。联合国环境署提倡的发展道路是将自然资本理解为一种重要的经济资产和公共利益的来源，特别是对那些生计依赖于自然资源的穷人而言。绿色经济的概念并不取代可持续发展，而是为整个亚太区域的经济、投资、资本和基础设施、就业和技能以及积极的社会和环境成果创造一个新的重点。

绿色经济、可持续消费与生产和资源效率对可持续发展产生作用。可持续消费和生产旨在改善生产过程和消费实践，以减少整个过程和产品生命周期的资源消耗、废物产生和排放，而资源效率是指利用资源为社会提供价值的方式，旨在减少每单位产品或服务所需的资源量以及产生的排放和废物。绿色经济为可持续经济增长提供了一种宏观经济方法，其核心重点是投资、就业和技能。

目前绿色经济发挥作用的三个主要领域如下：①通过区域、次区域和国家论坛倡导可持续经济增长的宏观经济方法。②示范绿色经济方法，重点是获得绿色金融、技术和投资的机会。③支持各国制定宏观经济政策并将其纳入主流，以支持向绿色经济的过渡。

促进绿色经济的多方利益相关者伙伴关系得到支持，以加速和巩固消费和生产模式的可持续变化。除了政府和非营利组织外，私营部门也是促进资源效率和绿色经济的重要行为者。

3. APEC 成果

APEC 能源工作组通过编制《APEC 生物–循环–绿色经济模式：能源转型促进可持续和包容性增长》政策文件，采取双边、多边合作研讨的形式，确定政策文件的内容，主要包括 APEC 各经济体的最佳实践、应用领域、举措，从而推动 APEC 地区的能源转型和低碳发展，助力 APEC 能源合作目标的实现，促进 APEC 各经济体的可持续和包容性发展。

三、APEC 各经济体落实生物–循环–绿色经济模式的行动举措

（一）发展中经济体

1. 中国香港

中国香港发表的《行政长官 2019 年施政报告》中宣布，通过将创新和科技产业作为经济引擎，并与中国香港的整体发展相结合，建设一个拥有 90 万个住宅的新都市，以解决不断上升的住房需求。计划在 2023 年实施废物收费，鼓励减少和回收废物，并在 2035 年之前摆脱对填埋场和城市废物处理的依赖。这些计划有助于中国香港创造更多就业机会，加强绿色经济发展，走向低碳社会。

2. 马来西亚

马来西亚于 2021 年 9 月 27 日宣布的"第十二个马来西亚计划"（12MP）是马来西亚 2021—2025 年的发展路线图，该计划以实现建设"繁荣、包容、可持续的马来西亚"为目标，明确了马来西亚政府未来 5 年经济社会发展的优先事项。该计划以决心、韧性、重启、恢复、重振和改革为原则，通过发展人力资本、采用新技术、加强基础设施连通性和公共服务推动经济发展，明确落实"共同繁荣愿景 2030"。

作为"第十二个马来西亚计划"的一部分，环境可持续性被列为未来 5 年发展的优先事项。马来西亚政府承诺停止建造新的燃煤发电厂，到 2050 年实现碳中和，并出台国家能源政策，降低工商业领域的能源消耗，推动碳中和目标的实现。目前，政府正在制定 2035 年可再生能源转型路线图，这一路线图或包括点对点电力交易及向强制性可再生能源证书市场过渡等内容。与此同时，近年来，马来西亚政府出台了一系列法律法规鼓励可再生能源的投资开发，包括税收优惠和可再生能源拍卖等。在融资激励方面，马来西亚政府计划通过绿色科技融资计划 3.0，为企业融资金额的"绿色成本"部分提供政

府担保，资金规模达 4.85 亿美元。2021 年预算中也提到，要将绿色投资免税和绿色所得税免税优惠延长至 2025 年征收年度。此外，"第十二个马来西亚计划"的目标是逐步提高生物柴油的混合比例。此外，马来西亚计划推动生物质能和沼气用于发电或用于航空业，以提高棕榈油的附加值。

3. 菲律宾

菲律宾的一些地区也采用了与生物-循环-绿色经济模式类似的措施，如构建生态小镇。生态小镇项目通过建设垃圾再生能源发电厂、生物质再生能源发电厂、垃圾填埋场，实现由垃圾废料向建筑材料转化，并进一步发展成集垃圾发电、旅游观光、餐饮于一体的商业模式，打造兼具"生态稳定"和"经济韧性"的地方社区。

此外，菲律宾国会提出的"2020 年菲律宾循环经济法"这一法案，旨在通过制定促进循环经济和可持续消费与生产的法律文件，改善资源再利用和回收情况，减少塑料消耗，为绿色市场的发展铺平道路。

4. 新加坡

作为一个替代能源相对薄弱的经济体，新加坡计划在未来几年内致力于降低碳足迹，寻求绿色增长机会，创造新的就业机会，并将可持续发展作为未来发展的核心议题。

2021 年 2 月，新加坡政府公布了"2030 年新加坡绿色发展蓝图"，在城市绿化、可持续生活和绿色经济等方面制定了明确目标，希望推动公共领域、企业和个人在未来 10 年朝可持续发展的目标迈进。该蓝图的重点内容如下：

一是建设大自然中的城市。打造宜居和可持续的家园，以 2020 年的土地面积为基准，使自然公园面积增加 50% 以上。到 2026 年底，开发超过 130 公顷的新公园，约 170 公顷的现有公园将被茂密的植被和自然景观所覆盖；到 2035 年，全国增加 1000 公顷绿地，其中 1/5 将是新的自然公园。

二是打造具有韧性的未来。采取措施对抗海平面上升的危机，保护海岸线免受海平面上升的影响。设立 50 亿新元的海岸及洪水防护基金，用于海岸和排水防洪设施建设。2030 年之前，针对市区的东海岸、西北海岸和裕廊岛 3 个易受海平面上升影响的海岸制定保护计划。到 2030 年，确保土地出产的农产品可以满足国民 30% 的营养需求。

三是能源策略。推广洁净能源车辆，从 2022 年开始降低电动汽车的道路税；从 2025 年开始，将 8 个组屋市镇打造为"电动车市镇"；到 2030 年所有汽车和出租车须采用清洁能源，届时车辆废气排放量每年至少可减少 650 万吨。发展绿色建筑和基础设施，到 2030 年，让 80% 的新建筑成为超低能耗建筑。发展绿色能源，增加可再生能源和新兴低碳技术的研发。

四是绿色经济。推出新的企业可持续发展计划，使新加坡发展成为碳服务中心和绿色金融的领先中心，使裕廊岛发展成为可持续的能源和化学品园区等。

五是可持续性生活。在公共领域首次设定碳排放目标，争取在 2025 年左右使公共服务领域碳排放达到峰值。推出生态永续计划，将家庭耗水量减至每人每天 130 升；到 2026 年，将国民每人每天的垃圾填埋量减少 20%，到 2030 年减少 30%。

5. 泰国

基于丰富的自然资源和生物多样性优势，生物、可循环和绿色经济模式是泰国在短期内恢复经济的最佳模式。其将通过巧妙利用自然资源创造平衡的经济增长，实现可持续和包容性发展。生物、可循环和绿色经济模式通过利用高效的技术和创新，支持经济发展，并在保持经济增长的同时将成本降到最低，从而实现"以价值为基础和创新驱动的经济"。

能源在生物、可循环和绿色经济模式的综合经济理念中发挥着重要作用，具体如下：

（1）生物经济涉及生物能源资源的生产，如通过使用智能技术和创新来获得更多的产出，同时付出最小的成本。

（2）循环经济，旨在重复使用和回收各种物质资源，并将此资源转化为可增值的能源产品，如电力和沼气。

（3）绿色经济，旨在保持经济、社会和环境的平衡，通过应用先进的能源技术来支持社区的智能和综合能源供应，从而实现可持续发展。

生物、可循环和绿色经济模式将通过促进可持续农业、清洁能源、负责任的消费和生产，确保实现生物多样性的保护和可持续利用，保护环境和生态系统，从而实现联合国可持续发展目标。

（二）发达经济体

1. 加拿大

2019 年 5 月，加拿大发布首个国家生物经济战略《加拿大生物经济战略——利用优势实现可持续性未来》。该战略的核心目标是希望通过促进生物质和残余物的价值最大化，实现对自然资源的有效管理。战略提出了制定灵活的政策法规、建立生物质供应与管理体系、建立强大的企业与价值链、建设强大的可持续生态系统四项行动计划。该战略指出，大力发展生物经济是解决塑料挑战、减少化石燃料依赖、实现农业可持续增长、创造就业机会等社会问题的重要途径，号召加拿大各级政府、学术界和工业界积极响应战略提出的建议与行动计划并加快落实，促进生物经济蓬勃发展。

2. 新西兰

新西兰乳企恒天然集团多年来一直倡导践行低碳生活，坚持可持续发展战略，从牧场到消费者，都在朝着可持续发展的方向不断发力。

恒天然集团是由一万多个奶农家庭所组成的全球性乳制品营养公司。上千名奶农留下的历史遗产，使新西兰成为世界乳制品的领先者，也奠定了集团的专业基础。自 2017 年发布首份独立可持续发展报告以来，恒天然集团首次改善了围绕温室气体排放、水资源使用和固体废物填埋的三项核心环境指标，同时提升了财务业绩并继续支持社区发展。可持续发展一直是恒天然集团在全球发展的战略核心之一。恒天然集团在新西兰牧场实行的草饲放养模式帮助奶农们实现了碳排放量较全球平均水平低 70% 的减排目标。同时，恒天然集团正在通过将燃煤锅炉转为可再生能源、把运输车辆转为电动汽车等方式，力争在 2050 年实现净零排放的目标。此外，新西兰最大的天然气网络（第一输气管道，Firstgas）已经计划从 2030 年开始将新西兰的管道从天然气转换为氢气，到 2050 年转换为 100% 的氢气电网，同时将联合生态气公司（Ecogas）在雷波拉建立大型食品废物转化为生物能源项目，这将把 75 000 吨有机废物从食品废料变成清洁能源和生物肥料。

新西兰刚刚实施了逐步淘汰煤炭的政策，可再生能源可以作为一种很好的替代。同时，生物能源是一个很好的选择。新西兰气候变化委员会建议实施循环经济和生物经济战略，从线性经济转向循环系统，更多地利用生物资源。循环经济和生物经济战略所带来的好处不仅仅是减少排放，还能使生态系统更加可持续和有弹性。新西兰虽然处于发展循环方式的早期阶段，然而，凭借其丰富的自然资源，可以顺利实现向循环经济转变。2022 年 5 月，新西兰政府公布了其第一个正式的温室气体排放计划，实现新零碳排放目标具有里程碑意义，通过创造就业和使用更多清洁能源，保护自然资源，改善基础设施，促进新西兰向高工资、低排放的经济转型。该计划涉及新能源战略、新的可再生能源目标、生物能源的供应和需求、垃圾填埋场的气体捕获，将家庭和企业的有机废物转作其他用途，如生物燃料原料等。

3. 美国

智能可持续城市项目是美国-东盟智能城市伙伴关系（U.S.-ASEAN Smart Cities Partnership）下的综合城市服务的一部分，旨在为东盟的城市地区提供可持续、低碳、安全的能源、水和食物。该项目已在泰国实施，可分为以下 4 个方面：①普吉岛的可持续交通——评估全球旅行者的需求和解决方案，以实现交通系统的综合多模式；②普吉岛的水智能参与——解决水安全和系统复原力；③曼谷的能源建模和数字化——分析可再生能源整合的能源需求和加强网络安全；④城市健康——收集和分析如曼谷、普吉岛和春武里府的健康数据，如高血压、心房颤动和细颗粒物指数等数据，并加强卫生机构的应变能力。

生物、可循环和绿色经济模式将有助于进一步促进智能可持续城市的跨越式发展。

四、中国的成果与贡献

习近平主席在第 75 届联合国大会一般性辩论上指出，中国将提高国家自主贡献力度，采取更加有力的政策和措施，力争于 2030 年前达到二氧化碳排放峰值，努力争取于 2060 年前实现碳中和。这是中国应对全球气候问题时做出的庄严承诺。中国作为负责任大国，其承诺意义重大，必将深刻改变中国、影响世界。

生物质能作为重要的可再生能源，同样是国际公认的零碳可再生能源，具有绿色、低碳、清洁等特点。生物质资源来源广泛，包括农业废弃物、木材和森林残留物、城市有机垃圾、藻类生物质及能源作物等。生物质能广泛应用于发电、供热、供气、交通、农业等多个领域，是其他可再生能源无法替代的。若结合生物能源与碳捕获和储存（BECCS）技术，生物质能将创造负碳排放。在未来，生物质能将在各个领域为我国实现 2030 年碳达峰、2060 年碳中和做出巨大减排贡献。

（一）政策与实践

1. 政策支持

在生物质利用方面，中国有生物质发电、生物天然气、生物质能清洁供热等多种形式。2022 年 5 月，国家发展改革委发布了《"十四五"生物经济发展规划》，这是我国首部生物经济的五年规划，明确了生物经济发展的具体任务。中国也出台了政策支持产业发展，比如《中华人民共和国可再生能源法》《可再生能源发电价格和费用分摊管理试行办法》《关于完善农林生物质发电价格政策的通知》和《关于完善垃圾焚烧发电价格政策的通知》等。《中华人民共和国可再生能源法》规定了要对可再生能源实行全额收购。同时，又制定了《可再生能源发展基金征收使用管理暂行办法》，征收的基金主要支持风电、光伏、生物质发电等，对电价的溢价进行补贴。

在税收方面也有优惠政策。对于使用废弃物发电或者供热的企业，对其增值税和所得税进行一定的减免。2021 年，中国开启了全国碳交易市场，现在已经纳入电力行业，预计全国性的自愿减排交易也会在 2022 年启动，而生物质能的各类项目作为优质的国家核证自愿减排量资源，也会从中获益。

2. 中国实践

例 1　茅台生态循环经济产业示范园

贵州茅台集团作为全国白酒行业的龙头企业，每年仅茅台酒生产就会产出 10 万吨以上的有机废弃物——酒糟，为此，集团投资建设茅台生态循环经济产业示范园，通过对茅台酒酒糟一级利用生产酱香白酒，二级利用生产生物天然气、有机饲料、有机肥，有机肥反哺种植茅台酒生产原料，天然气反哺酱香白酒生产等酒糟多级利用、多路径处理方式，实现了茅台酒酒糟、窖泥、曲草等酿酒副产物的全部资源化利用和内外部产业链的全面贯通。

示范园实施以"酒、气、肥、农"为主线的系列项目，打造一、二、三产业联动的循环产业园新模式。建成后，年处理酒糟约 15 万吨，酿酒锅底水、窖底水 5 万吨，年产复糟酒 1～2 万吨，生物天然气 1500 万立方米，固体有机肥 5 万吨，液体有机肥 5 万吨和有机饲料 5 万吨，在经济发展中促进绿色转型、在绿色转型中实现更大发展。

例 2　海南欧绿保神州规模化生物天然气示范项目

项目以海口市及澄迈县产生的市政、农业及工业有机废弃物为主要原料，包括垃圾焚烧厂渗滤液、餐厨垃圾、市政粪渣、畜禽粪便、作物秸秆、药渣等，日处理规模约 1000 吨，日产生物天然气 3 万立方米。项目特点是改传统废弃物单一原料处理模式为综合废弃物处理模式，以实现规模效益、资源利用率、环境效益和可持续性最大化。

项目初期在没有政府原材料补贴的情况下，单位生物天然气仅原料获取的成本就达 2.65 元/立方米，而生物天然气出厂价格才不到 2 元/立方米。在政府授予废弃物处理特许经营权，并以市政餐厨收运处理服务费形式给予可行性缺口补贴后，单位生物天然气原料获取的成本由原来的 2.65 元/立方米降至 0.87 元/立方米，满足了产品原材料段单位生物天然气 1 元/立方米以下财务盈亏点。

例 3　河北京安生物能源科技生物天然气项目

项目投资约 3 亿，年利用畜禽粪污 40 万吨、秸秆 7 万吨，年提纯生物天然气 636 万方，发电并网 1512 万千瓦时。同时，项目年产生物固体有机肥 5 万吨、液体肥 20 万吨。此项目的特点是使用畜禽粪污、农作物秸秆混合原料，后端沼气一部分用于发电，一部分提纯为生物天然气，以供给县城天然气管网。另外，产生的沼渣、沼液均作为有机肥料进行还田，实现了农业种植养殖循环的高值化利用。

例 4　黑龙江省五常市拉林镇生物质热电联产项目

项目日产 4 万方沼气，其最大特点是原料使用的是含固率在 60%～80% 的干黄秸秆，日进料干黄玉米秸秆 150 吨左右。同时，项目位于中国高寒地带，冬季平均气温低于-5℃，最低低于-25℃，该项目在严寒天气下实现连续稳定运行。对项目发酵产生的沼气进行热电联产，热能可以为周边居民供暖，产生的沼渣、沼液，可被制成有机肥，形成了绿色、低碳、循环产业链。

（二）贡献

1. 下设国际组织，受邀参加政策文件编写

国家能源局牵头成立的亚太经合组织可持续能源中心（APSEC）作为 APEC 能源工作组下两大实体研究中心，自 2021 年 9 月，受泰国邀请和美国环境工作组（EWG）主席委托，APSEC 一直配合泰国，共同参与能源领域该政策对话文件的编制工作。

APSEC 与泰国已多次就 APEC 生物-循环-绿色经济模式的定义、如何通过该模式实现 APEC 能源目标、模型的应用等方面组织研讨、提出建议。2022 年 3 月，受邀参加泰国主办的"生物-循环-绿色经济模式：通过能源转型促进可持续和包容性增长"的能源工作组政策对话研讨会，并针对 APEC 生物-循环-绿色经济模式的概念进行主题发言，并与其他 APEC 成员的学者就相关专业问题进行了讨论和交流。在 2022 年 6 月召开的第 63 届 APEC 能源工作组会议上，泰国发布 APEC 生物-循环-绿色经济模式政策文件，并多次对 APSEC 为该文件给予的支持和贡献表示特别感谢。APSEC 主任表示，该政策对话契合 APEC "开放、连接、平衡"的主题，有益于 APEC 地区的能源转型和低碳发展，并将继续为该模式在 APEC 区域内的进一步推广工作提供支持，谋求与各经济体间的务实合作。

2. "中国参与 APEC 能源合作伙伴网络"支撑中国参与 APEC 生物-循环-绿色经济模式合作

协商一致是各成员参与 APEC 合作的一个基本原则，也是确保 APEC 健康发展的前提条件。本着相互尊重、求同存异的原则，在协商一致的前提下，泰国多次就《生物-循环-绿色经济模式：通过能源转型促进可持续和包容性增长政策》文件邀请中方研提建议。"中国参与 APEC 能源合作伙伴网络"作为中国支撑国家能源局参与 APEC 能源合作的组织，包括中节能咨询在内的成员单位多次就政策文件研提中方建议，推进双方务实合作，促进共同繁荣。

2022 年 3 月，中国受邀参加泰国主办的"生物-循环-绿色经济模式：通过能源转型促进可持续和包容性增长"的能源工作组政策对话研讨会。中国产业发展促进会生物质能产业分会派专家参会并就中国生物质能发展情况及生物天然气绿色低碳循环发展模式

进行汇报，介绍了中国生物质能发展概况及生物质资源情况；重点介绍了我国生物质能产业方面的支持政策，并对国内生物天然气典型项目进行分析。与会各经济体代表对我国的生物质能产业发展给予了高度评价，对生物天然气绿色循环项目赞不绝口，认为中国经验对各国发展生物-循环-绿色经济模式具有借鉴指导意义。

五、中国发展生物-循环-绿色经济模式的意义

2020 年 9 月，习近平主席在第 75 届联合国大会一般性辩论上的讲话中提出，"中国将提高国家自主贡献力度，采取更加有力的政策和措施，二氧化碳排放力争于 2030 年前达到峰值，努力争取 2060 年前实现碳中和"。碳达峰、碳中和是中国对全球应对气候变化的庄严承诺，是中国基于推动构建人类命运共同体的责任担当和实现可持续发展的内在要求做出的重大战略决策，也是中国推动经济转型升级的内在需要。

根据预测，我国 2030 年碳排放峰值在 122 亿吨左右。[①]我国承诺在 30 年时间内从碳达峰过渡到碳中和，面临的困难比发达国家大得多。这意味着我们不仅面临相关产业投资扩大、相关产业技术革新等机遇，而且迎来了传统化石能源体系受到冲击、资源型地区产业结构调整困难加剧等一系列挑战。

生物质能作为重要的可再生能源，同样是国际公认的零碳可再生能源，具有绿色、低碳、清洁等特点。生物质资源来源广泛，包括农业废弃物、木材和森林残留物、城市有机垃圾、藻类生物质及能源作物等。生物质能被广泛应用于发电、供热、供气、交通、农业等多个领域，是其他可再生能源无法替代的。在未来，生物质能将在各个领域为我国实现 2030 年碳达峰、2060 年碳中和做出巨大减排贡献。

生物-循环-绿色经济模式是我国经济转型升级的根本方向。党的十九大报告提出"建立健全绿色低碳循环发展的经济体系"[②]，并将其作为中国生态文明建设的核心，从源头上和整体上充分利用资源、减少排放、有效提高经济质量和效益，彻底转变经济领域传统发展方式和模式。在此过程中，我国围绕的其实就是资源使用问题，如土地、能源、矿产、水和气候等，这是经济社会发展的基础。综合来看，由于我国清洁能源发展的空间依然很大，建设绿色-低碳-循环发展的现代化经济体系应首先从产业和能源结构优化调整着手，应对中国能源短缺的局面。生物质能源作为可再生资源，对传统能源的替代也有较大潜力。生物质能源的再利用，既能够防止资源的浪费，又能够减少碳排放，

---

① 中国能源报，https://baijiahao.baidu.com/s?id=1728980167075745359&wfr=spider&for=pc.

② 央广网，http://military.cnr.cn/zgjq/20171029/t20171029_524004021.html.

从而助力碳中和目标的实现。

推动发展生物质能源和生物质资源循环利用是低碳经济与可持续发展的必然趋势。发展生物质能可以解决我国各类有机废弃物无害化、减量化处理问题，生物质能的环境、民生、零碳等社会价值需要获得足够的关注。对有机生活垃圾进行无害化、减量化和资源化利用，不仅可以变废为宝，还可以实现散煤替代和沼渣、沼液等副产品循环利用，极大地解决了清洁用能、土地保护和农民收入问题，从而促进我国尽早实现碳达峰。同时，可改变农村居民生产生活方式，形成新时代农村绿色低碳循环可持续发展模式，促进社会主义新农村和新型城镇化建设，为实现我国农业现代化不断注入绿色动能，实现农业现代化、高值化发展。

实现生物、循环、绿色经济发展是国内外发展的大趋势，2021 年 2 月 22 日，国务院印发了《关于加快建立健全绿色低碳循环发展经济体系的指导意见》，①这是立足于基本国情和国际形势、面向第二个百年奋斗目标做出的战略选择的具体推动措施，也是对目前构建双循环发展格局、实现碳达峰和碳中和等需求的切实回应。

参考文献

[1] 2020 年 APEC 领导人宣言. https://www.apec.org/meeting-papers/leaders-declarations/2020/2020_aelm.

[2] 联合国可持续发展目标. https://www.un.org/sustainabledevelopment/zh/development-agenda/.

[3] 12th Malaysia Plan: Nine Main Focuses Towards Nation's Economic Recovery, Hakim Mahari, 2021-09-27, https://news.iium.edu.my/?p=156490.

[4] Singapore Green Plan 2030, https://www.greenplan.gov.sg/.

[5] 中国能源报. https://baijiahao.baidu.com/s?id=1728980167075745359&wfr=spider&for=pc.

[6] http://military.cnr.cn/zgjq/20171029/t20171029_524004021.html.

[7] 中华人民共和国中央人民政府网. http://www.gov.cn/zhengce/content/2021-02/22/content_5588274.htm.

---

① 中华人民共和国中央人民政府网，http://www.gov.cn/zhengce/content/2021-02/22/content_5588274.htm.